B. PETRÍCEICU-HASDEŬ

ETYMOLOGICUM MAGNUM

ROMANIÆ

ETYMOLOGICUM MAGNUM ROMANIÆ

DICȚIONARUL
LIMBEI ISTORICE SI POPORANE

A

ROMÂNILOR

LUCRAT DUPĂ DORINȚA ȘI CU CHELTUIÉLA

M. S. Regelui CAROL I

SUB AUSPICIELE

ACADEMIEI ROMÂNE

DE

B. PETRICEICU-HASDEU

Membru al Academieĭ Române, al Academieĭ Imperiale de Sciințe și al Societățiĭ Imperiale archeologice dela St. Petersburg, al Societățiĭ de Linguistică din Paris, al Academieĭ Regale din Belgrad, al Societățiĭ Academice din Sofia, al Sylloguluĭ filologic ellenic din Constantinopole, al Societățiĭ Neo-linguistice Americane din Baltimore etc.; Director general al Archivelor Statuluĭ; profesor de Filologia comparativă la Universitatea din Bucurescĭ.

Mănținem dar aceste frumóse expresiunĭ
întrebuințate de străbunĭ, și nu ne temem de
cuvinte carĭ aŭ căpătat de vécurĭ inpămin-
tenirea...
CAROL I.

... marĭ și nétede socotéle etimologhice-tĭ,
adecă tâlcuitóre de cuvinte
Cantemir-voda (Chron. I, 8₄).

TOMUL IV.

ÎNTRODUCEREA

BUCURESCI
STABILIMENTUL GRAFIC I. V. SOCECŬ
59 — Strada Berzeĭ — 59
1898.

⊙

NEGRU-VODĂ

Un secol şi jumătate din începuturile Statuluĭ Ţereĭ-Românescĭ

(1230—1380)

CA ÎNTRODUCERE LA TOMUL IV

DIN

„ETYMOLOGICUM MAGNUM ROMANIÆ"

DE

B. P. HASDEU

PRE-CUVÎNTARE

Aveam in cuget de a da în fruntea tomuluĭ IV al Etimologiculuĭ o introducere de vr'o treĭ-patru cóle de tipar dupĕ mustra tomurilor trecute. O înțelegere luata în sinul Academieĭ Române, în sedințele din 27 și 29 Martie 1897, pune capĕt lucrariĭ mele, îngăduindu'mĭ urmarea numaĭ pînă la anul 1898. Față cu acéstă urmare, adeca curmare din partea doctuluĭ corp, de vreme ce nu voĭu maĭ pășĭ înainte, m'am hotărit de a mă executa pe mine însumĭ printr'un *nec-plus-ultra* după mĕsura mijlócelor mele. Iată de ce „Negru-voda" ese așa cum ese.

Este o datoriă a mea de inimă și de minte de a rosti aci o adâncă, o nemărginita, o adevĕrata recunoscința

Maĭestățiĭ Sale

Regeluĭ,

care singur m'a îndemnat la muncă și mĭ-a înlesnit'o, astfel că **Întemeiătoruluĭ Regatuluĭ Românilor** i se închina studiul meŭ despre **Întemeiătorii Statuluĭ Țereĭ-Românescĭ.**

Și ispravind, mândru de câte am facut, făcènd ceea ce am voit eŭ a face, las Etimologiculuĭ un marĕț veșnic adio, mângăindu-mĕ cu vorba Stăpânuluĭ meŭ: „sînt multe lăcașe" . . .

Hasdeŭ.

Câmpina, 1 Ianuarie 1898.

NEGRU-VODĂ

UN SECOL ŞI JUMĂTATE DIN INCEPUTURILE STATULUI ŢEREI-ROMÂNESCI

(1230—1380).

Fie-care tom din *Magnum Etymologicum* este preces de câte o introducere, cuprinḑênd o mcnografiă istorico-filologică, pré-intinsă saŭ pré-generală pentru a puté figura ca un simplu articol in şi-rul cel alfabetic al cuvintelor, dar menită a arunca o lumină me-todologică asupra opereĭ intregĭ. Tóte aceste introducerĭ vor formă cu timpul o colonadă de Propylee la Acropolea limbeĭ romăne.

Ca introducere la tomul al patrulea, mĭ-am ales anume pe Negru-vodă, cu care m'am ocupat fórte mult sint acum treĭ-ḑecĭ de anĭ, numaĭ astăḑi însă nu mě maĭ sfiesc de a crede că am reuşit pe deplin in deslegarea acesteĭ anevoióse problemĕ. In stu-diul meŭ despre Basarabĭ am limpeḑit maĭ intâlu elementul cel legendar ; imĭ maĭ rěmâne dară momentul cel istoric despre inte-meĭarea Ţereĭ-Românescĭ. Maĭ lămurit, din colectivitatea voevoḑilor noştri celor *Negri* din vécul de mijloc, dintre aceĭ Basarabĭ carĭ stă-pâniseră numaĭ câte o porţiune din teritoriul muntenesc înainte de unificarea Statuluĭ, trebuĭ să precisăm acum intr'un mod definitiv pe cel intâlu unificator saŭ pe unificatoriĭ ceĭ de'ntâlu, o represen-taţiune concretă, personalitatea saŭ maĭ bine epoca luĭ *Negru-vodă* celuĭ in specie.

Atât in privinţa „Basarabilor“, cât şi 'n acea a luĭ „Negru-vodă“, sint fericit de a constata că din capul loculuĭ nemerisem punctul de plecare cel adevěrat, astfel că tot ce'mĭ maĭ lipsĭa atuncĭ

erau numaĭ unele fapte documentale, óre-carĭ amărunte necesare
pentru o desăvîrşită demonstraţiune. Îmĭ maĭ lipsĭa încă ce-va : tem-
peramentul. Vrîsta cu multă greutate mĭ-a dat sângele rece de a
puté judeca fără supĕrare greşelile une-orĭ fórte supĕrăcĭóse ale al-
tora. Greşelile altora, greşelile mele, greşelile tuturor acelora carĭ se
silesc a sparge o cale viitóre saŭ a îndrepta calea cea trecută, sînt
simptome ale transformaţiuniĭ succesive, sînt crize ale progresuluĭ ;
neiertate sînt numaĭ greşelile celor îngurḑiţĭ de a sta pe loc saŭ
de a se opri în ruptul capuluĭ îndărît. Iată de ce să nu se mire
neminea, când voĭu vorbi adesea cu amicĭă şi chĭar cu admiraţiune,
cel puţin nicĭ o dată cu duşmănĭă, despre aceĭ muncitorĭ carĭ nu
se împacă saŭ întârḑĭă de a se înţelege cu vederile mele. Ḑic
„despre muncitorĭ“ ; cât despre secăturĭ, nu voĭu vorbi nemic : „de
m i n i m i s non curat praetor“.

Studiul de faţă se împarte în treĭ capitole :
1. Literatura înainte de *Istoria critică a Românilor;*
2. Literatura după *Istoria critică a Românilor;*
3. Întemeĭarea Ţereĭ-Românescĭ.

Aşeḑând *Istoria critică a Românilor* la mijloc între ceea ce'ĭ
precede şi între ceea ce'ĭ urméză, între literatura prealabilă şi
între cea ulterióră, îmĭ este dat de a puté studia întréga evolu-
ţiune a proprieĭ mele ideĭ într'un sens hegelian : de'ntâĭu controlaĭ
afirmaţiunea veche cea neverificată, controlul meŭ fiind controlat
apoĭ de cătră ceĭ-lalţĭ după mine, pe carĭ controlându'ĭ eŭ-însumĭ
la rîndul meŭ, controlul cel multiplu ambilateral îmĭ va aduce o
nouă afirmaţiune verificată.

Pentru a constitui *întréga evoluţiune,* după cum am numit'o,
voĭu notifica în literatura cea prealabilă tóte puncturile carĭ îmĭ
serviseră ca jalóne pentru „Istoria critică“, şi voĭu notifica nu maĭ
puţin în literatura cea ulterióră tóte câte mĕ ajută maĭ departe la
conclusiunea de astăḑĭ, adecă la ideea cea definitivă actuală.

Primele douĕ capitole sint premerse fie-care de a sa proprĭă
bibliografiă, pentru a nu se repeta mereŭ în cursul textuluĭ nesce
citaţiunĭ obositóre pentru atenţiunea lectoruluĭ. În capitolul al treilea
însă fie-care paragraf îşĭ are bibliografia sa a-parte, fiind de tot
specială.

Cele treĭ capitole se încheiă printr'un duplu *Apendice documental*
şi prin câte-va importantisime *Fac-simile.*

I.

LITERATURA ÎNAINTE DE ‹ISTORIA CRITICĂ A ROMÂNILOR›

§ 1. Bibliografia.

Cantemir, Hronicul Romano-moldo-vlachilor alcătuit la aniî 1710, Iașî 1835—6 in-8
t. II p. 359—402, XX. O copiă maî corectă, executată de d. Gr. Tocilescu dupặ manu-
scriptul original, în biblioteca Academieî Române. — *Filipescu (Constantin Căpitanul)*,
Istoriile Domnilor Țeriî-Românescî, la Laurian-Bălcescu, Magazin istoric t. I p. 83—7;
cfr. ib. p. 10—12. — *Radu Grecénu*, Fragmente, în Revista Română t. I p. 577, II p. 250
sq. — *Stefan Ieromonahul*, Viéța luî Nicodim Sânțitul, Bucurescî 1883 in-8 p. 30 sqq.; cfr.
Ștefulescu, Mănăstirea Tismana p. 18.—*Samuil Clain (Micul)*, Annales Principum Trans-
alpinorum, ap. Engel I p. 90—4; cfr. N. Densușianu, Monumente pentru istoria țereî Fă-
gărașuluî p. 104 sq. —*Engel*, Geschichte der Moldau und Walachey, Halle 1804 in-4, t. I
p. 57, 59, 63, 91—6, 148—9.— *Idem*, Geschichte der Bulgarey, 1797 p. 436. — *Idem*, Geschichte
von Serwien, 1801 p. 235.— *Miron Costin*, Cartea pentru descălecatul dintâîu a țeriî Mol-
doveî, la Cogălnicénu, Letopisețele t. I p. 31. — *Idem*, Chronika ziem mołdawskich y
multańskich, la I. Bogdan, Cronice inedite p. 160, 167.—*Idem*, Opisanie ziemie Mołdaw-
skiej i Multańskiej, la Dunin-Borkowski, Pisma, Lwów 1856, cfr. Hasdeŭ, Archiva istorică
t. I p. 159 sqq. —*Luccari*, Copioso ristretto degli Annali di Rausa, Venetia 1605 in-8 p.
48, 96, 104—5. — *Gebhardi*, Geschichte der mit Hungarn verbundenen Staaten: Eulgarien,
Walachey, Moldau. Leipzig 1782 in-8 p. 280 sqq. —Φωτεινός, Ἱστορία τῆς πάλαι Δακίας,
τὰ νῦν Τρανσιλβανίας, Βλαχίας καὶ Μολδαυίας, Wien 1818 in-8 t. I p. 288—94, t. II p.
2—8, 20—21. — *Filstich*, Schediasma historicum de Valachorum historia annalium Tran-
silvanensium multis in punctis magistra et ministra, Jenae 1743 in-4 p. 18. — *Hurmuzaki*,
Fragmente din istoria Românilor, Bucurescî 1879 in-8 t. I p. 227—32, 258; cfr. Hunfalvy,
Rumänische Geschichtschreibung p. 52.— *I. Eder*, Observationes criticae et pragmaticae
ad historiam Transilvaniae, Cibinii 1803 in-16 p. 53—4. — *Șincaî*, Chronica Românilor,
Iașî 1853—4 in-4 t. I p. 248—9, 288, 290, 298. — *Laurian*, Istoria Românilor, ed. IV
Bucurescî 1873 in-8 p. 243. — Φιλιππίδης, Ἱστορία τῆς Ῥουμουνίας, Leipzig 1816 in-8
t. I p. 437 sq. — *Florian Aaron*, Idee repede de Istoria principatuluî Țeriî-Românescî,
Bucurescî 1835 in-8 t. I p. XIX, 35 sq. —*Heliade*, Historia Românilor, ed. II Bucurescî
1870 in-8 p. 48, 89, 92, 98, 101 sq. — *B(auer)*, Mémoires historiques et géographiques
sur la Valachie, Francfort et Leipsic 1778 in-8 p. 32. —Безсоновъ, Болгарскія пѣсни,
Moscva 1855 in-8 p. 6—9, 18, 42, 43, 69, 70, în Временникъ Общ. Ист. и Древностей
t. XX. —*Idem*, Былины Рыбникова, Moscva 1862 in-8 p. CCCXXX sqq. — *Roesler*,
Die Anfänge des walachischen Fürstenthums, Wien 1867 in-8 p. 6 sqq. — *Idem*, Romä-
nische Studien, Leipzig 1871 in-8 p. 268 sqq. — *Kogalnitchan*, Histoire de la Dacie, des
Valaques Transdanubiens et de la Valachie, Berlin 1837 in-8 t. I p. 47 sq. — *Sulzer*,
Geschichte des transalpinischen Daciens, das ist der Walachey, Moldau und Bessara-
biens, Wien 1781—2 in-8 t. II p. 33, t. III p. 631. — *C. Aricescu*, Istoria Câmpulunguluî,
Bucurescî 1855 in 8, I—II. — *Tunusli* frațî, Istoria politică și geografică a Țereî-Româ-
nescî, trad. de G. Sion, Bucurescî 1863 in-8 p. II, 8, 12 sq.; originalul: Ἱστορία τῆς
Βλαχίας πολιτική καὶ γεωγραφική, Wien 1806 in 8. — *Vaillant*, La Romanie ou histoire,
langue etc. des Ardialiens, Vallaques et Moldaves, Paris 1844 in-8 t. I p. 138 sqq. —
Палаузовъ, Румынскія господарства Валахія и Молдавія, studiul publicat în
revista Отечественныя Записки, 1858 p. 254—7. — *Ubicini*, Provinces d'origine roumaine
(L'univers, Paris 1856 in-8) p. 29 sqq.

§. 2. Cronicele muntenesci. — Miron Costin.

Punctul cel culminant al începuturilor Ţereï-Românescï este Mircea cel Mare (1387—1418), după cum pentru Moldova punctul cel culminant este Alexandru cel Bun (1399—1432), amîndoue puncturile cele culminante încălecând anul 1400 şi formând o trăsură de unire între ambiï secolï al XIV-lea şi al XV-lea.

Intr'o epocă anteriorã luï Mircea cel Mare şi luï Alexandru cel Bun, ce-va maï curând saŭ ce-va maï târḑiŭ, se întâmplase nascerea celor doue Staturï românescï dela Dunăre, aşa numita descălecătóre, adecă un Domn în Moldova şi un alt Domn în Ţéra-Românéscă sosind d'a-călarelea din părţile Ardélului şi oprindu-se pe loc pentru a descălecà şi a rěmâné aci pentru tot-d'a-una într'un chip hotărît şi aşeḑat.

Inlăturând acum Moldova, mě voïu mărgini de astă dată numaï cu Ţéra-Românéscă.

Tóte cronicele muntenescï, dintre carï cele maï vorbăreţe sînt a luï Radu Grecénu şi a luï Constantin Căpitanul Filipescu, se unesc asupra următórelor cincï particularităţï:

1⁰. Intemeietorul se numïa Negru-vodă;

2⁰. Intemeietorul venise din Făgăraş;

3⁰. Intemeietorul stăpânïa peste Carpaţï nu numaï Făgăraşul, dar şi Amlaşul;

4⁰. Intemeietorul a fost primit în Oltenia cu braţele deschise fără luptă;

5⁰. Intemeietorul a înfiinţat maï multe oraşe în Muntenia, nu în Oltenia.

Repet încă o dată, aceste cincï particularităţï sînt comune tuturor cronicelor muntenescï, tuturora fără excepţiune; şi—notaţï bine de pe acuma—numaï aceste cincï particularităţï, aşa cum sînt ele redactate maï sus, se vor constata în fond a fi adevěrate.

Diverginţele se încep printr'o simplă amplificaţiune a primeï particularităţï: unele cronice lasă singuratec numele Negru, pe când cele maï multe îl acaţă pe Radu, făcênd astfel pe Radu-Negru.

Apoï desbinarea cea mare este acea cronologică: 1080, 1215, 1241, 1280, 1290, 1313...

Intre cronicariĭ muntenescĭ nu trebuĭ să perdem din vedere pe Miron Costin, cronicar moldovenesc, dar care utilisase totușĭ o veche cronică muntenéscă, necunoscută astădĭ. El pune numaĭ pe Negru-vodă, fără amplificativul Radu, vorbind cu treĭ ocasiunĭ despre acest întemeietor al Țereĭ-Romănescĭ:

1⁰. In „Cartea pentru descălecatul dintăĭu“, Miron Costin dice: „Iară după ce s'aŭ pustiit de Atila, că uniĭ mutațĭ preste Dunăre „la Dobroge, uniĭ preste munțĭ asupra Oltuluĭ ceĭ din țara Munte-„néscă, cestilalțĭ la Maramorăș pină la vremea luĭ Laslaŭ craĭul „creștin unguresc, la a căruĭa vreme s'aŭ descălecat al doele rind: „de Dragoș Voevod țara nóstră și de Negru Voevod țara Mun-„ténéscă. Care craĭu unguresc aŭ stătut la velétul dela Hristos „1080...“

In scurt, Miron Costin așédă în Oltenia pe Negru-vodă la anul 1080, făcéndu'l tot-o-dată contimpurén cu Dragoș-vodă din Moldova.

2⁰. Intr'o altă lucrare analógă, în limba polónă, Miron Costin urcă la acelașĭ an 1080 pe ambiĭ întemeietorĭ, pe cel muntenesc numindu'l Negru, de două orĭ așa, fără nicĭ un Radu. După legendă—maĭ adaogă el—acel întemeietor eră bastard al unuĭ voevod ardelenesc. Apoĭ desvoltă pe larg împregĭurarea că toțĭ Munteniĭ sînt negricĭoșĭ la față, și că decĭ nu cel de'ntăĭu Domn la dînșiĭ purtase numele de Negru: „zła consequentia że czarnym tego pierwszego ich hospodara zwano“. În fine, Miron Costin pune acéstă împregĭurare în legătură cu epitetul „Kara-iflak“, adecă „Negri-Romănĭ“, pe care Turciĭ îl daŭ Muntenilor: „dla czego y Turcy postrzegszy to Karawłachami to iest czarnymi Włochami ich zowią“. Acest întreg epizod e fórte interesant, dar este confus, și tot-o-dată Miron Costin scapă din vedere că și pe Moldovenĭ Turciĭ îĭ numĭaŭ de asemenea negri: „Kara-bogdan“.

3⁰. In poema despre amindoŭe țerile romăne, scrisă tot polonesce anume la 1684, Miron Costin ne lămuresce maĭ intăĭu că se rădimă pe cronice de prin mănăstirĭ moldovenescĭ și muntenescĭ: „żywoty et annales Hospodarów po monasterach Mołdawskich y „Multańskich“; apoĭ repetă legenda despre Negru-vodă ca bastard al unuĭ voevod ardelenesc, numindu'l de maĭ multe orĭ numaĭ Negru fără nicĭ un Radu; în sfîrșit, preciséză epoca descălecăriĭ cu totul altfel decăt în lucrările cele precedințĭ: nu la 1080, ci tocmaĭ între aniĭ 1280—1290, adecă „după socotéla Muntenilor sint aprópe patru-sute de anï": „blisko czterech set lat swych od Negruła licză", calculându-se ca basă data 1684 când scria Miron Costin, şi maï adaogă că întemeietorul Moldoveï este noŭ numaï cu 20 de anï, prin urmare între 1300—1310.

In secolul trecut generalul rus Bauer, care petrecuse maï multă vreme în Ţéra-Românéscă, a cunoscut, direct saŭ indirect, o cronică munténéscă cu Radu-Negru la anul 1313, dar şi cronica moldovenéscă a luï Miron Costin cea cu Negru-vodă la 1080.

Cam tot pe timpul luï Bauer, cronica luï Miron Costin cea cu anul 1080 a fost consultată de stolnicul Constantin Cantacuzin, a căruïa lucrare e publicată grecesce la 1806 de fraţiï Tunusli.

Vom vedé maï jos că acea dată 1080 din Miron Costin a fost cercetată de asemenea de Fotino.

Contimpuranitatea luï Negru-vodă cu vodă Dragoş şi coincidinţa luï Negru-vodă cu Negriï-Românï, acestea douĕ ne pregătesc deja la teoria luï Cantemir, care însă nu maï este cronicar ca Miron Costin, ci istoric în tótă puterea cuvîntuluï.

§ 3. Boierul Murgul. — Stefan Ieromonahul.

Cronica munténéscă cea maï veche, din cele cunoscute pînă acum, s'a păstrat numaï în vr'o câte-va extracte la Ragusanul Luccari, care o utilisă pe la anul 1590. Pentru cea de'ntaïu dată în tipar ne întimpină acolo, ca întemeietor al Ţereï-Românescï, un „Negro Voievoda", fără adaos de „Radu". Acest Negru-vodă ne este dat la anul 1310 ca tata al luï Vladislav-vodă, prin urmare nu alt cine-va decât Alexandru Basarabă. Aci, ca şi în cronicele cele obicïnuite, întemeïarea Statuluï muntenesc se atribue uneï descălecărï din Ardél.

La Luccari se vorbesce d'o potrivă despre întemeiarea Moldoveï ca şi a Ţereï-Românescï, înşirându-se primiï Domnï pînă pe la anul 1450. Luccari ne spune că el avea la mână o relaţiune scrisă de boierul muntenesc „Murgul", pe care 'l trimisese Danvodă ca să se împace cu sultanul Amurat pe la anul 1450. Acelaşï

an final 1450 este pentru Moldova și Țera-Românéscă. Acéstă indica-
țiune cronologică corespundênd pe deplin, este invederat că anume
Murgul a fost autorul aceleĭ cronice moldo-muntene, o cronică scrisă
numaĭ vr'o treĭ-decĭ saŭ patru-decĭ de anĭ după mórtea mareluĭ
Mircea.

Boierul Murgul fiind cel maĭ vechĭu, cel maĭ noŭ cronicar
muntenesc în privința luĭ Negru-vodă este un călugăr dela mă-
năstirea Tisména pe la începutul secoluluĭ nostru, „ieromonahul
și duhovnicul Stefan“, care ne spune că: „adunând de prin hri-
„sóvele cele vechĭ ale sfinteĭ mănăstirĭ și dela ceĭ cu sciință bă-
„trânĭ părințĭ monahĭ aĭ sfinteĭ mănăstirĭ ce aŭ viețuit maĭ 'nainte
„de noĭ, precum aŭ avut sciință dela alțĭ bătrânĭ cu sciință maĭ
„din vechime decât eĭ, așa o am scris și o am așeḑat. . .“
Crisóvele mănăstirii Tisména aflându-se acum depuse în Ar-
chiva Statuluĭ, am putut constata deplina exactitate a tuturor
datelor cronologice; nu maĭ puțin exactă, prin urmare, trebuĭ
să fie la ieromonahul Stefan tradițiunea cea culésă din gura bă-
trânilor, carĭ auḑiseră eĭ-înșiĭ „dela alțĭ bătrânĭ maĭ din vechime
decât eĭ“. O tradițiune monastică, în genere, transmițêndu-se din
secol în secol într'un cerc fórte restrîns, se conservă fără alătu-
rare maĭ bine decât o tradițiune poporană propriŭ ḑisă. Iată de ce
quasi-cronica cea dela Tisména are o importanță a sa incontestabilă,
cu atât maĭ ales că acéstă mănăstire este cea maĭ veche din tóte
cele existente în întréga România.
După ieromonahul Stefan, Radu-Negru este tatăl luĭ Mircea
cel Mare. Acest Radu-Negru a descălecat Țéra-Românéscă, dar nu
singur, ci împreună cu fratele seŭ maĭ mare Vladislav-vodă, care
el anume se pogorîse din Ardél. Pînă la amîndoĭ frațiĭ, teritoriul
Munteniei era trunchĭat: numaĭ dînșiĭ aŭ isbutit a uni ambele la-
turĭ ale Oltuluĭ cu părțile de peste Carpațĭ. Așa dară descălecarea
s'a îndeplinit treptat între aniĭ 1365—1385. In trăsurĭ esențiale,
acéstă este tradițiunea cea strecurată prin ḑece generațiunĭ de călu-
gărĭ în curs de cincĭ secolĭ, de când ființéză mănăstirea Tisména.
La ieromonahul Stefan s'a repercutat tot-o-dată o altă legendă,
care nu este o tradițiune monastică: despre rolul Românilor într'o
luptă a regeluĭ unguresc Vladislav contra Tătarilor. Amestecul ace-
steĭ legende constituă în tradițiunea cea dela Tisména un corp
străin, care lesne se extrage și care n'are a face de loc cu Negru-

vodă. Acea legendă despre regele unguresc Vladislav, altfel Laslău, noĭ o înlăturăm aci cu desăvîrşire, insistând din noŭ exclusiva-mente asupra fondului celuĭ documental şi tradiţional din relaţiunea ieromonahuluĭ Stefan : Radu-Negru nu se numia alt cine-va decăt tatăl mareluĭ Mircea, ĭar unificarea Statuluĭ muntenesc, aşa ḑisa descălecare din Ardél, a fost opera colectivă a amînduror fraţilor Basarabĭ — Vladislav-vodă şi Radu-Negru.

Raḑa de lumină cea maĭ vie asupra întemeiăriĭ Ţeriĭ-Româ-nescĭ pléca astfel din mănăstirea Tisména, care este ea-însăşĭ înte-meiată tocmaĭ din acea epocă. Începuturile cele înainte de 1365 îĭ remăn cu totul necunoscute. Ieromonahul Stefan nu scie nemic despre Alexandru Basarabă. Cu atăt maĭ vîrtos el nu se dumeresce a bănui măcar dinastia Negrilor, căcĭ Olteniĭ în genere nu cunosc pe Negri, ci numaĭ pe Basarabĭ.

Vom vedé maĭ jos că d. A. Xenopol este acela care a arătat tótă importanţa cronicaruluĭ Murgul, ĭar d. Onciul are meritul de a fi apreţiat pe Stefan Ieromonahul.

§ 4. Cantemir.

Cel întăĭu istoric, care şi-a dat ostenéla de a studia persona-litatea luĭ Negru-vodă, a fost Cantemir, un cap genial, căruĭa nicĭ o dată nu ĭ-a lipsit puterea de a străbate prin problemele cele în-tunecóse ale trecutuluĭ, dar maĭ tot-d'a-una s'a isbit de lipsa ma-terialelor. El însuşĭ nĭ-o spune într'o românéscă admirabilă: „Măr-"turisim, şi nu fără puţină tânguélă ne cutremurăm de mare şi de "nepurtat greuinţa, care asupră-ne vine, căcĭ marĭ stâncĭ în mij-"locul drumuluĭ ca neclătite staŭ, şi multe şi împletecite împede-"căturĭ înaintea paşilor ni se aruncă, carile şi paşiĭ înainte a-l muta "ne opresc, şi calea croniculuĭ nostru slobod a alerga tare astupă; "şi ca troĭaniĭ omeţilor de vifor şi vicol, în tóte părţile spulberaţĭ "şi aruncaţĭ, cărările cele maĭ de 'nainte de alţiĭ călcate atâta le "acopěr şi le ascund, că nu fără mare frică primejdia ne este, ca "nu cum-va pîrtea rătăcind şi cărarea, pe care a merge am apucat, "perḑênd, cursul istorieĭ nóstre în adâncĭ vârtopĭ şi neumblaţĭ codri, "de povaţă lipsit, să cadă, şi aşa la doritul popas şi odihnă să "nu putem ajunge...“

În privinţa luĭ Negru-vodă, între alte puncturĭ obscure din istoria romănă, cele „multe şĭ împletecite împedecăturĭ" aŭ încurcat şĭ pe marele nostru Cantemir; l'aŭ încurcat însă fără a puté să'l sperie şi să oprésca o minte atât de ageră şi pětrundětóre de a'şĭ croi totuşĭ o nouă cale.

Iată elementele, asupra cărora Cantemir îşĭ clădesce edificiul:

1⁰. Pe la 1274 exista deja o Domniă în Ţéra-Romănéscă, de vreme ce tocmaĭ pe atuncĭ regele serbesc Milutin luase în căsătoriă pe o fétă a Domnuluĭ din Ţéra-Romănéscă, ceea ce se constată într'un mod positiv la Bizantinul Nicefor Gregoras.

2⁰. De aci urméză că nu putea să se fi întâmplat maĭ târḑiŭ decât pe la anul 1274 întemeĭarea Ţereĭ-Romănescĭ de cătră „Radul Vodă Negrul dela Ardél", nu pe la 1290 ca în acea cronică a Domnilor Muntenescĭ, despre care Cantemir regretă că o cunósce numaĭ după un singur exemplar fórte noŭ, anume: „dela Radul Vodă începênd pînă la Domnia luĭ Constantin Vodă Brăncovénul".

3⁰. Fundatorul Moldoveĭ, fie Bogdan, fie Dragoş, trebuĭa să fi fost din aceĭaşĭ familiă N e g r u ca şi fundatorul Ţereĭ-Romănescĭ, căcĭ altfel nu s'ar puté înţelege epitetul de N é g r ă al Ţereĭ-Romănescĭ şi al Moldoveĭ tot-o-dată : „Acestuĭ Bogdan Vodă să'ĭ fie fost „porecla Negrul se dovedesce că şi Radul Vodă în Ţéra Muntenéscă „s'aŭ chemat Negrul, şi ţerile amîndoŭ una s'aŭ chemat Vlahia „négră, ĭară alta Bogdania négră. . ."

4⁰. Nicĭ Bogdan saŭ Dragoş în Moldova, nicĭ Radu-vodă în Ţéra-Romănéscă, nu se věd de nicăirĭ a fi fost cuceritorĭ saŭ co-tropitorĭ din afară, ci ne apar ca nesce moşnenĭ pornițĭ într'o vreme de pe câmpia cea dunărénă, adăpostițĭ cât-va timp în munţiĭ Ar-déluluĭ şi re'ntorşĭ apoĭ ca stăpânĭ netăgăduițĭ după o lungă în-străinare ; cu alte cuvinte, străinĭ fuseseră eĭ în Făgăraş şi 'n Ma-ramurăş, ĭar nu eraŭ străinĭ în Moldova şi 'n Ţéra-Romănéscă.

In modul acesta Cantemir urcă întemeĭarea Ţereĭ-Romănescĭ

la anul 1274 cel maĭ puţin, rectificând cifra pe care o găsesce în cronica muntenéscă, unde „eşirea Raduluĭ Vodă Negrul o pune la „anul dela Adam 6798, carele este dela Cristos 1290, adecă cu „16 anĭ maĭ pre urmă decât Domnul dela Gregoras pomenit“. Apoĭ în cronica luĭ Nicolae Costin, „precum în izvodul ce aŭ avut „el insemnéză“, Cantemir află că Moldova a fost întemeiată de cătră un Dragoş-vodă venit din Ardél „la anul dela Adam 6807, „carele este dela Hristos 1299, adecă cu 9 anĭ maĭ pre urmă de „eşirea Raduluĭ Vodă şi cu 25 anĭ maĭ pre urmă de Domnul Ro- „mânilor dela Gregoras pomenit“. Fiind astfel între ambele înte- meierĭ, a Ţereĭ-Românescĭ şi a Moldoveĭ, o deosebire abia de 9 anĭ, Cantemir nu se sfiesce a fixà pentru Moldova acelaşĭ cifră ca şi pentru Ţéra-Românéscă, adecă amîndoŭ Domniile se vor fi întemeiat pe la acelaşĭ an 1274. Încă 'un pas maĭ departe. Intru cât Radu Negrul şi Dragoş sînt contimpuranĭ, veniţĭ în acelaşĭ timp de peste Carpaţĭ amîndoĭ din acelaşĭ familiă N e g r u l, Cantemir îĭ înrudesce pe întemeietorul Moldoveĭ cu al Ţereĭ-Românescĭ, numindu'ĭ verĭ între dînşiĭ saŭ chiar fraţĭ, fiĭ aĭ unuĭ Domn din Ardél. Şi aşa fiind, de ce óre acel tată „Domn din Ardél“ să nu fi fost acelaşĭ „Bogdan Vodă“, pe care istoria Moldoveĭ îl menţionéză înainte de Dragoş? În sfîrşit, după Cantemir d e s c ă l e c a r e a spre Dunăre a tatăluĭ fraţilor Dragoş şi Radu Negrul n'a fost în realitate decât o re'nturnare din Ardél „la moşiile lor“ cele străbune pe şesul Româniĭ dunărene, unde părinţiĭ lor domnisera din vechime şi de unde fuseseră goniţĭ de năvala Mongolilor pe la anul 1237.

Acéstă este teoria luĭ Cantemir, din care—după cum ne vom încredinţa maĭ jos—vor remâné treĭ fapte autentice:

1⁰. Negru-vodă n'a fost de loc un Ardélén, ci numaĭ s'a în- tors din Ardél în Ţéra-Românéscă, de unde era din moşĭ-strămoşĭ de baştină;

2⁰. Intórcerea luĭ Negru-vodă din Ardél în Ţéra-Românéscă s'a întâmplat aprópe tot atuncĭ când s'a descălecat Moldova;

3⁰. N e g r u-v o d ă, o personalitate istorică precisă, trebuĭ deo- sebit de viţa cea domnéscă colectivă a N e g r i l o r, din care eraŭ toţĭ: şi Bogdan şi Dragoş şi Radu.

§ 5. Samuil Micul.

Cantemir, cu tot dreptul, este şi merită de a fi o ilustraţiune
europeană. O ilustraţiune curat românéscă a fost Transilvănénul Sa-
muil Klain, maï corect Micul, căruïa îï plăcuse a'şï germaniza po-
recla. Teolog, filolog şi istoric, maï ales ca istoric, el strălucïa între
Româniï de peste Carpaţï pe la sfîrşitul secululuï trecut.

Micul a cunoscut Croniculu luï Cantemir şi n'a putut să nu
observe pe prima linïă marea importanţă a Bizantinuluï Gregoras
despre Domnul românesc cel înainte de anul 1290, adecă înainte de
data cea atribuită luï Negru-vodă ca întemeietor al Ţereï-Românescï.
Pentru a înlătura acéstă dificultate cronologică, Micul presupune că
Gregoras vorbescé nu despre vre-o căsătorïă înainte de 1290, ci
după 1290 : „nihil est, quod computum annorum impediat, quin
„dictus Radu Negru inchoaverit Valachiae Principatum anno 1290,
„et dein non multo post Filiam suam nuptui Regi Serviae dedit“.

Micul a uïtat că pasagïul din Gregoras se află anume sub
anul 1299, referindu-se atuncï la un eveniment întâmplat cu cel
puţin douĕ-ḑecï de anï înainte, adecă după următórea socotélă:
la 1299 regele serbesc Milutin se căsătoresce cu o Gréca, înainte
de care avusese deja succesiv alte treï neveste — o Bulgară şi
o călugăriţă, ïar ca pe cea de 'ntâïu ţinuse pe o fïïcă a Domnuluï
celuï românesc, prin urmare cronologicesce cea maï depărtată de
anul 1299. Micul nu băgă în samă că cronologia luï Gregoras în
acéstă privinţă fusese fórte bine limpeḑită de cătră Cantemir,
când el ḑice: „Avem datorie a arăta, precum acest Milutin Craïul
„Sârbilor să fie luat pe fata Domnuluï Românesc pe la anul 1274,
„precum noï maï sus am pomenit. Pachimeres Istoricul scrie, pre-
„cum nunta acestuï Milutin cu Simonidis fata luï Andronic Îm-
„părat să să fie făcut la anul 1299, fiind atuncé Milutin la vârsta
„de 45 anï. Acéstă vârstă a luï Milutin o sămăluesce Posonie în
„notele luï Gregoras la capul VI. De vreme—ḑice—ce singur Gre-
„goras scrie că atuncé Milutin era cu 5 anï maï bătrân decât An-
„dronic Împăratul; ïară Andronic, când ş'aŭ dat fata după dânsul,
„era de 40 de anï; ïată că Milutin când aŭ luat pe fata luï Andronic
„aŭ fost de 45 anï. Acum de aice lesne putem socoti, că Milutin
„când s'aŭ insurat întăï de va fi fost la vârstă de 20 anï, ïată că
„cu 25 anï de acéstă nuntă a Simonideï maï înainte aŭ luat pe
„fata Domnuluï Muntenesc, care an cade, precum am ḑis, în anul

„1274. Iară de va fi fost şi maǐ tânăr de 20 anǐ (care se şi póte „crede), aşé încă maǐ cu mulţǐ anǐ înainte se dovedesce precum „acel Domn Românesc să fie fost în ţara sa cu Domnie întemeǐată „şi aşezată. . .“ Argumentaţiunea luǐ Cantemir e perfectă nu numaǐ prin textul luǐ Gregoras, dar încă prin confruntarea'ǐ cu textul • luǐ Pachymeres. Căsătoria fiǐceǐ „Domnuluǐ Românilor“ la *1290* e peste putinţă ; şi maǐ peste putinţă maǐ tărḑiǔ, după cum o admite Micul. Remâne sigur un minimum de anul *1274* ca la Cantemir.

Publicând pasagǐul din Micul, Engel afirmă că prin Domnul „τῆς Βλαχίας“ la Gregoras se înţelege principele bulgăresc Terteres, — o afirmaţiune cu desăvirşire nepermisă, căcǐ la Gregoras „Βλάχοι“ nu se confundă cu „Βουλγάροι“. Chǐar acelaşǐ pasagǐu despre „ἄρχων Βλαχίας“ vorbesce alăturea deosebit despre „ἄρχων Βουλγαρίας“. Ce·va maǐ mult, anume tocmaǐ pe Terteres îl menţionéză Gregoras ḑicênd că stăpânǐa Bulgaria : „τῶν Βουλγάρων αρχὴν“. Asupra afirmaţiuniǐ luǐ Engel noǐ vom reveni maǐ jos (§ 6). In orǐ-ce cas, ea este maǐ puţin sciinţifică decât ipotesa luǐ Micul, de altmintrelea o simplă ipotesă, la care istoricul ardelén nu ţine pré-mult, ci se grăbesce a recurge la o altă teoriă.

In satul Vineţia-de-jos, în ţéra Făgăraşuluǐ, Micul a găsit zidită în păretele caseǐ protopopuluǐ Ionaş Mone o pétră cu următórea inscripţiune, pe care într'o copiă maǐ exactă decât la Engel a reprodus'o d. N. Densuşianu şi a transcris'o cu completarea abreviaţiunilor : „Vixit Gregorius primus Venetus Anno Domini 1185. „Genealogia authentica Monestica. Gregorius Venetus Thesaurarius „V a i v o d a e N i g r o (sic), a quo donatus quatuor vallibus cum „silvis et campis; genuit Gregorium secundum Anno 1216. Hic „genuit Gregorium ex quo Mailath, 1250 filia Komana et secundus „Gregorius. Hi divisi (1279) Mailath primam vallem Kutsulata, Ko„mana secundam vallem, Gregorius tertiam vallem (1390), hoc est Ve„netia(m) et Rivulum salsum sortiti sunt, et Gregorius genuit tertium „Gregorium, Komanum, Stoicam, Thomam; divisi Gregorius quartam „integram sortitus genuit Stephanum, (et) Gregorium (1449). Hic ge„nuit Salamonem (a matre Mone dictum) et Stephanum Mone. Salamon „genuit Man Mone 1499. Hic genuit Stephanum Mone secundum. „Hic genuit Voik Mone. Hic genuit secundum Man Mone. Hic ge„nuit Ioannem Mone, ex quo Ionas Mone venerabilis Vicarius ge„neralis. 1728“. In traducerea d-luǐ Densuşianu : „A trăit Grigorie

„cel de'ntâiŭ Veneţianul în anul Domnuluĭ 1185. Genealogia au-
„tentică a Familieĭ Monea (e următórea). Grigorie Veneţianul, vi-
„stierul luĭ Negru-Vodă, din partea căruia a fost dăruit cu patru
„văĭ, cu pădurĭ şi câmpurĭ, a născut pe Grigorie al doilea (anul
„1216). Iar acesta a născut pe Grigorie, din care s'a născut Maïlat
„(1250), fiĭca Comana şi Grigorie al doilea. Aceştia împărţindu se
„(1279), Maïlat a căpětat valea de 'ntâiŭ Cuciulata, ĭar Comana
„valea a doua, Grigorie valea a treia (1390) adecă Veneţia şi Pă-
„riul sărat. Şi Grigorie a născut pe al treilea Grigorie, pe Coman,
„pe Stoica şi pe Toma. Aceştia împărţindu-se, Grigorie a căpětat
„întrégă valea a patra, şi a născut pe Stefan şi pe Grigorie (1449).
„Iar acesta a născut pe Solomon (care după mumă-sa s'a numit
„Monea) şi pe Stefan Monea. Şi Solomon a născut pe Man Monea
„(1499). Acesta a născut pe al doilea Stefan Monea, ĭar acesta pe
„Voicu Monea, acesta pe al doilea Man Monea, şi acesta pe Ion
„Monea, din care s'a născut Ionaşcu Monea, venerabilul Vicariŭ
„general. 1728".

Tot d. Densuşianu observă cu drept cuvînt că data 1185 din
inscripţiunea de maĭ sus cată să fi fost cunoscută Sasuluĭ Filstich,
care în disertaţiunea sa din 1743 pune de asemenea pe Negru-
vodă în secolul XII, ḑicênd că aşa o aflase el dela bătrăniĭ Românĭ
după o tradiţiune străbună.

Deşi inscripţiunea datéză abia din începutul secoluluĭ XVIII şi
deşi între aniĭ 1279—1390 în genealogia cea lapidară este o lacună,
totuşĭ Micul ḑice că protopopul Ionaş Mone nu putea să născocésca
o minciună : „non enim credibile est talem virum mentiri voluisse",
şi decĭ admite că acea pétră este o fântână istorică pentru secolul
XII şi că un „Negru-vodă" existase în realitate pe la anul 1185,
dar nu „Radu Negrul", ci numaĭ un simplu „Negrul", adecă cu
numele de familiă „Negrul", vre-un străbun al luĭ „Radu-Negrul".
Cu alte cuvinte, Micul îmbrăţişéză în fond explicaţiunea luĭ Cantemir
că a fost un ném întreg Negru-vodă tradiţional, din care s'a
tras Negru-vodă cel istoric, o personalitate deosebită, descăle-
cător al Ţereĭ-Românescĭ.

Ideea, o idee fórte luminósă, Micul a împrumutat'o dela Can-
temir, dar a modificat'o aşa ḑicênd ardelenesce, împăcând amorul
propriŭ al Transilvanieĭ : el stăruesce adecă cu orĭ-ce preţ a lăsa
intactă în textul croniceĭ muntenescĭ întemeĭarea Ţereĭ-Românescĭ de
cătră un Făgărăşén de viţă Radu-Negrul la 1290, pe când la Can-

temir acel întemeietor fusese numaĭ cât-va timp pribég în Făgăraş, re'ntors de acolo în patria sa Romănia dunăréna pe la 1274.

Cum óre ajunge Micul a argumenta acéstă întorsetură? I-a servit ca punct de plecare inscripţiunea cea atât de şubredă a protopopuluĭ Ionaş Mone, susţinută apoĭ de diploma regeluĭ unguresc Bela IV din 1247, unde se menţionéză voevoḑiĭ romănescĭ Lynioy şi Seneslav: aceştia—ḑice Micul—eraŭ nesce voevoḑĭ Negri din ţéra Făgăraşuluĭ, pogorîtorĭ din Negru-vodă cel dela 1185 şi din carĭ s'a tras în urmă Negru-vodă cel dela 1290, toţĭ Făgărăşanĭ. Din nenorocire pentru acéstă teoriă, regele Bela IV nu vorbesce nicăirĭ în acea diplomă despre regiunea Făgăraşuluĭ. Textul este acĭ tot ce póte fi maĭ lămurit: voevodul Lynioy era din Oltenia propriŭ ḑisă, numită „tota terra de Zewrino“, ĭar voevodul Seneslav era în direcţiunea Moldoveĭ, specificată prin „tota Cumania“.

Între Cantemir şi între Micul este un punct comun în principiŭ:

Un Negru-vodă, personalitatea istorică cea represintată ca întemeiător al Ţereĭ-Romănescĭ, maĭ corect ca unificator al Statuluĭ Muntenesc, erà din familia cea princiară a Negrilor, carĭ domniseră cu mult maĭ de 'nainte, dar pe o întindere teritorială maĭ mică saŭ bucăţită.

Cheea problemeĭ, sîmburele soluţiuniĭ, se află deja pe de'ntregul la Micul şi maĭ cu samă la Cantemir. După dînşiĭ însă, perḑêndu-se pîrtea începutuluĭ, cestiunea s'a încurcat din noŭ, s'aŭ încălcit iţele ţesetureĭ, maĭ ales la Engel, a căruĭa operă se bucura de o autoritate precumpênitóre.

§ 6. Engel. — Gebhardi. — Eder.

Prin cele douĕ tomurĭ de „Istoria Valachieĭ şi a Moldoveĭ“, publicate la 1804 şi făcênd parte din voluminósa „Istoriă a Statuluĭ Unguresc“, Austriacul Engel aduse pentru timpul seŭ un serviciŭ nepreţuit Romănilor. Lesne i se iértă direcţiunea cea retăcită politică de a băga naţiunea romănă sub coróna Sântuluĭ Ştefan: o simplă etichetă, ca şi când ar lipi cine-va un petec de hârtiă scrisă „vin unguresc“ pe o sticlă de „Bordeaux“, ceea ce n'ar strica întru nemic calitatea Bordouluĭ. Meritul cel netăgăduit al luĭ Engel este de a fi cules cel întâĭu o fórte mare grămadă bibliografică de materialurĭ asupra totalităţiĭ istorieĭ romăne, uşurând astfel sarcina urmaşilor, pe prima liniă a luĭ Şincaĭ.

Dar a grămădi, numaĭ a grămădi, era singura preocupaţiune a luĭ Engel, zorit de a ticlui în scurt timp pentru Romănia ca şi pentru Bulgaria, pentru Serbia, pentru Galiţia, pentru Căzacĭ etc. El nu avea destul răgaz pentru a poposi asupra analiseĭ critice, măcar că adesea avea multe mijlóce la disposiţiune. Tot aşa de pripit a fost el şi în privinţa luĭ Negru-vodă.

Deşi cunósce pe Cantemir, deşi reproduce din manuscript pe Samuil Micul, deşi cetesce pe Luccari, adecă pe boierul Murgul, şi citéză diferite diplome unguresci fórte importante, totuşĭ Engel, când ajunge la capitolul seŭ pragmatic despre intemeĭarea Ţereĭ-Romănescĭ, uĭtă tóte şi repetă fără nicĭ o controversă afirmaţiunea croniceĭ muntenescĭ: „Radu Negrul saŭ Negru-vodă, 24 anĭ, între 1290—1314". Nicĭ o scântee de lumină!

Neputênd a mănui cu inlesnire nămolul de materialurĭ pentru o mulţime de ţerĭ tot-o-dată, Engel adesea se contradice, scăpând din vedere ceea ce o maĭ spusese deja. Aşa maĭ sus, de exemplu, cu ocasiunea luĭ Samuil Micul despre insurătórea regeluĭ serbesc Milutin în prima căsătoriă cu féta „Domnuluĭ Romănilor" din Gregoras, noĭ am vĕdut că Engel pe acel „Domn al Romănilor" îl identifică cu Bulgarul Terteres. Eĭ bine, cu treĭ anĭ înainte, în *Istoria Serbieĭ*, el identificase pe acelaşĭ „Domn al Romănilor" cu sebastocratorul Ion Angel din Tesalia. Contradicţiunea e şi maĭ mare cu şépte anĭ înainte, în *Istoria Bulgarieĭ*, unde Engel vorbĭa nu despre regele serbesc Milutin, ci despre fiĭul acestuĭa Stefan Uroş, pe care 'l căsătoresce de'ntăĭu cu fata sebastocratoruluĭ Ion Angel, apoĭ cu féta luĭ Terteres, ş'apoĭ, schimbându-se immediat, pe cea de'ntăĭu o numesce „Romăncă": „die erste Wlachische Frau". Este o confusiune spăimintătóre. Şi totuşĭ Engel face mereŭ confus pe Luccari, pe care'l despreţuesce fără nicĭ o vină seriósă, cel puţin sub raportul istorieĭ romăne.

Maĭ vechĭu decât Engel şi maĭ puţin erudit, Gebhardi este maĭ critic şi maĭ metodic. El construesce un edificiŭ armonic, ĭar nu se mulţumesce a stringe material peste material, fără a alege saŭ fără a sci să alégă, elemente bune şi elemente rele, adesea imponcişate, fără a avé în vedere vre-un plan combinat maĭ de 'nainte. Ca şi Engel, Gebhardi intercaléză Romănia în fantasia giganticuluĭ Stat unguresc, o adevĕrată caricatură a Imperiuluĭ Roman sağ a Imperiuluĭ luĭ Carol-Magnul, pe când în faptă Maghiariĭ nu reuşiseră de a clădi vre-o dată, nicĭ măcar momentan, un fel de Imperiŭ al luĭ Cinghis-han. Ca şi luĭ Engel, acéstă utopiă, acéstă copilărósă vanitate a Ungurilor, trebuĭ s'o ĭertăm de asemenea luĭ Gebhardi. Despre Negru-vodă în specie, Gebhardi are meritul de a fi înţeles importanţa luĭ Luccari, pe care'l nesocotesce tot d'a-una Engel, prefăcându-se obicĭnuit că par'că n'ar cunósce nicĭ pe Gebhardi. El fixéză descălecarea luĭ Negru-vodă între aniĭ 1310—1313, explicând'o prin starea anarchică de atuncĭ în Ungaria după mórtea regeluĭ Ladislaŭ Cumanul. Fiĭul acestuĭ Negru-vodă—ḑice Gebhardi —era Vladislav Basarabă. Deosebind însă pe acel Negru-vodă de cătră Alexandru Basarabă, adevěratul tată al luĭ Vladislav Basarabă, Gebhardi e silit a admite un al doilea Vladislav, făcênd astfel douě persóne dintr'una singură, ceea ce îl încurcă.

Înainte de Engel, dar după Gebhardi, Sasul Eder, un spirit fórte ager, cunoscea deja cronica munteněscă a luĭ Radu Grecénu, dar despre întemeiarea Statuluĭ Ţereĭ-Românescĭ el nu se hotăresce nicĭ pentru anul 1215, nicĭ pentru 1290, nicĭ pentru o descălecare din Făgăraş, ḑicênd că sigur este numaĭ faptul contrariŭ al uneĭ descălecărĭ tocmaĭ din Ţéra-Românéscă în Făgăraş pe la 1372 sub Domnul muntenesc Vladislav Basarabă, a căruĭa diplomă vorbesce limpede despre o „nova plantatio" românéscă pe acolo. Eder cel întăĭu a atras atenţiunea asupra acestuĭ punct, care constituă un noŭ element de discuţiune.

Despre Sulzer n'am nemic de ḑis. El consideră ca înteme-iător al Statuluĭ Ţereĭ-Românescĭ pe un Radu-Negru pe la 1290 întocmaĭ după cronica munteněscă cea tipică; dar în amărunte el nu întră, căcĭ acéstă cestiune îĭ era reservată pentru partea a doua a opereĭ sale, pe care n'a publicat'o.

§ 7. Şincaĭ. — Laurian.

Şincaĭ cunoscea pe Cantemir şi pe Micul prin extractele din Engel; totuşĭ pe dînşiĭ ĭ-a trecut cu vederea, fără a menţiona măcar pluralitatea Negrilor, admiţênd numai pe un singur Negru-vodă. El respinge cu drept cuvînt anul *1290* cel admis de cătră Engel ca an al întemeieriĭ Ţereĭ-Romănescĭ ; dar rătăcesce de a găsi o altă cifră maĭ potrivită.

Pe de o parte, nenorocirile luĭ Şincaĭ de a pribegi mereŭ din loc în loc, fără a puté să lucreze liniştit într'o bibliotecă posedênd maĭ multe mijlóce la îndemână ; pe de altă parte, forma cea strict analistică a Croniceĭ sale, împedecându'l într cât-va de a concentra într'un singur punct o cestiune cronologică controversată asupra diferitelor date ; acestea justifică încurcătura.

Şincaĭ argumentéză sub anul 1215 : „Sciŭ că Andreĭu III în „decretul seŭ din anul 1291 apriat ḑice că Făgăraşul este al luĭ „Ugrin şi a fost maĭ 'nainte al maĭ marilor luĭ, de unde încheĭu „şi eŭ că Făgăraşul n'a putut fi al luĭ Negru-vodă în anul 1290 „când ḑice cronica cea veche că a trecut Negru-vodă în Valahia ; „drept aceea a trebuit să tréca cu mult maĭ nainte". Apoĭ sub anul 1258 combinat cu 1247 Şincaĭ ajunge la conclusiunea că Negru-vodă a putut să fi domnit la 1215, dar adaogă că nicĭ acesta, nicĭ urmaşiĭ luĭ pînă la 1300, nemine „n'a domnit peste „tótă Ţéra-Muntenéscă, ci numaĭ peste câte o parte a eĭ". Aşa fiind pînă la anul 1300, nu fusese încă nicĭ un „Negru-vodă" în sensul de întemeietor al Statuluĭ, de óră-ce, după Şincaĭ, Statul era pe atuncĭ bucăţit în maĭ multe voevodaturĭ şi chinezaturĭ mărunte ca în diploma cea din 1247 a regeluĭ Bela IV. Resultatul e negativ.

Şincaĭ cunósce preţiosul pasagĭu din Nicefor Gregoras cel cu „Domnul Romănilor" ; nu cutéză totuşĭ sub anul 1299 a se rosti asupra numeluĭ „Vlachia" din acel text : „eŭ nu poсĭu hotărĭ prin „Vlachia carea trebue să se înţelégă : cea de acuma care se chĭamă „şi Ţéra-Muntenéscă, aŭ Vlachia cea mare ce se ḑice şi Moglena". Acéstă îndoélă, negreşit, îĭ era fórte permisă ; noĭ o vom studià cu d'amăruntul maĭ departe ; orĭ-cum însă, e constatat că la Şincaĭ Negru-vodă rămâne cu mult maĭ întunecos decum l'am vĕḑut la Cantemir şi la Micul.

Tot aşa de nedecisă stă problema la Laurian, care se ţine într'o reservă absolută, fórte prudentă maĭ cu samă într'o carte didactică. Ajungênd la anul 1290, el întituléză capitolul „Radu-Negru" şi apoi urméză :

„Pe timpurile acestea spun cronicele Ţereĭ-Romănescĭ că trecŭ
„Radu-Negru, ducele Făgăraşuluĭ şi al Amnaşuluĭ, peste munţĭ în
„Dacia australă, şi aşeḑă scaunul la Câmpulung, de unde apoĭ se
„mută la Argeş, edifică o curte domnéscă şi o mănăstire. Sub
„dînsul se uniră diverselе ducate într'un principat. Radu Negru
„domni cu multă gloriă 24 anĭ. — La Făgăraş, pe la anul 1291
„domnía magistrul Ugrin, precum se vede dintr'o diplomă fórte
„însemnată dela regele Andreĭu III...“

Astfel—ne face a înţelege Laurian—din cronice s e s p u n e
despre un Radu-Negru, se v e d e însă dintr'o diplomă fórte însem-
nată un Ugrin în locul luĭ Radu-Negru ; decĭ : Ugrin este un per-
sonagĭu istoric, Radu-Negru — o legendă.

§ 8. Fotino. — Cogălnicénu. – Palauzow.

Pe la începutul secoluluĭ nostru, un Grec de ném şi de limbă,
dar om de casă al Banuluĭ Dinu Filipescu, Dionisie Fotino simţĭa
romănesce şi numaĭ din ĭubire pentru ţéră a scris o Istoriă a tu-
turor Romănilor, fórte importantă pentru acea epocă. El nu cu-
noscea pe Engel, nicĭ pe Gebhardi. Isvórele sale sînt deosebite.
Intru cât se atinge de începuturile Ţereĭ-Romănescĭ, Fotino ne in-
tereséză prin fântânele sale cele serbescĭ şi romănescĭ manuscripte,
póte unele dispărute.

Despre timpul luĭ Negru-vodă în specie, pe care'l numesce
„Ῥάδουλ Βοέβοδας Νέγρος Βασσαράβας“, Fotino a stat multă vreme la
nedumerire. In tomul I el a desbătut una după alta diferite date
începênd dela Miron Costin cu 1080 pînă la 1215 a mănăstirĭ
Câmpulung şi pînă la 1290 a cronicelor muntenescĭ, dar le-a res-
pins pe tóte, ajungênd la conclusiunea că data cea maĭ conformă
cu mersul evenimentelor este anul 1241, când năvala Mongolilor
a trebuit să producă o mare mişcare generală în regiunea Carpa-
ţilor. După aceea în tomul II, primind data 1241 ca acea cernută
şi recunoscută deja definitiv, Fotino descrie apoĭ domnia luĭ Radu-
Negru după cronice, maĭ adăogênd rădicarea episcopuluĭ de Făgăraş
la scaunul mitropolitan al Ţereĭ-Romănescĭ şi presupunênd că epi-
tetul Negru i se va fi dat descălecătoruluĭ din causa că era ne-
griсĭos la faţă : „μελαγχρινός“.

Maĭ jos este fórte important capitolul despre Radu-vodă „fratele luĭ Vladislav-vodă şi tatăl luĭ Mircea cel Mare" la anul 1376. Intre altele, Fotino ne spune aci că la mănăstirea Tisména se află un crisov dela Dan-vodă din 1386, fratele luĭ Mircea cel Mare, unde pe tatăl lor îl numesce Radu-vodă N e g r u. Cu acéstă ocasiune Fotino constată că uniĭ dintre urmaşiĭ descălecătoruluĭ Negru-vodă aŭ purtat de asemenea numele N e g r u ca titlu saŭ epitet: „τὸ Νέγρος ὡς τίτλον, ἢ ὡς ἐπίθετον".

In acest mod Fotino ghicise cel de'ntâĭu dualitatea saŭ chĭar pluralitatea Negrilor-voevoḑĭ în prima periódă a istorieĭ Ţereĭ-Românescĭ, aşa că'ĭ lipsĭa numaĭ dóră de a identifica numele N e g r u cu numele B a s a r a b ă.

Un adept direct al luĭ Fotino a fost marele nostru Cogălnicénu, când la vrîsta de 18 anĭ, student atuncĭ la Berlin, el a publicat frantusesce o istoriă a Românilor. Deşi consulta mereŭ pe Engel, el a preferit totuşĭ pe Fotino.

După Fotino, saŭ maĭ adevărat după Cogălnicénu, urméză Palauzow, maĭ observând că epoca emancipăriĭ luĭ Radu-Negru de sub dominaţiunea corónei Sântuluĭ Stefan era cea maĭ potrivită anume pe la jumătatea secululuĭ XIII, de óră-ce tocmaĭ atuncĭ Ungaria era încurcată într'un răsboĭu contra Veneţieĭ (1244) şi contra Austrieĭ (1248—53), maĭ fiind ameninţată de Tătarĭ (1261).

Din cele-lalte douĕ cărţĭ grecescĭ contimpurane luĭ Fotino, nu mĕ opresc de loc asupra luĭ Dimitrie Filippide, ĭar despre fraţiĭ Tunusli mĕ mărginesc a menţiona notiţa mea, intercalată în prefaţa luĭ Sion la traducerea românéscă a publicaţiuniĭ lor. Despre Dimitrie Filippide în parte mĕ tem a mĕ atinge în orĭ-ce mod, în bine saŭ în reŭ, căcĭ nepotul saŭ strănepotul seŭ, d. profesor Alexandru Filippide dela Iaşĭ, se supĕră foc când eŭ vorbesc despre Dimitrie Filippide, se supĕră éraşĭ foc când eŭ nu vorbesc despre Dimitrie Filippide, şi de sigur se va supĕra foc şi acuma când eŭ, fără a vorbi, ḑic numaĭ că nu vorbesc despre Dimitrie Filippide. Ierte-mĕ !

§ 9. Aron Florian. — Heliade.

La Românĭ primul manual didactic de istoriă naţională a fost „Ideea repede" a luĭ Aron Florian saŭ Florian Aaron, după cum se numĭa el la început. Publicată la 1835, cartea luĭ Florian este fórte remarcabilă pînă astăḑĭ, nu ca o lucrare critică, ci *ad narrandum*, cu mult bun simţ şi într'o limbă curat românéscă. În prefaţă Florian ne spune : „Intr'acéstă vreme, când Rumăniĭ sînt puşĭ pe „drumul înaintăriĭ, când duhul şi chipul lor de a se gândi le che- „zăşuesce tot binele, trebuinţa de istoria ţĕriĭ s'a simţit maĭ mult „şi maĭ adânc decât tot-d'a-una. Dar o ast-fel de istoriă a patrieĭ, „care să corespundă cu trebuinţa şi dorinţa de obşte şi care să „se potrivéscă cu adevĕrul ce se cere într'acest véc şi după cea „d'acum stare a lucrurilor, este un fapt fórte îndrăsneţ, supus la „miĭ de pedice nebiruite şi care aduc la desnădăjduire şi pe cel „maĭ înfocat şi maĭ întreprinḑĕtor duh de Rumân. Isvórele ce póte „cine-va consulta spre a scóte fapte şi întâmplărĭ spre a le clasi- „fica după vreme, loc şi persóne, ca să urḑéscă şi să ţésă o istoriă „a Ţereĭ-Rumânescĭ, sînt multe ; aicĭ însă pentru pildă numesc „numaĭ douĕ : hronografurile ţeriĭ şi istoriile străine, şi din cer- „cetarea acestora se va vedé greutatea la care e supusă alcă- „tuirea de istoria Ţeriĭ-Rumânescĭ. Dintr'o mulţime de hronografurĭ „ce se află pe la uniĭ alţiĭ nu se potrivesc douĕ ; istoriile străine, „afară că nu conglăsuesc nicĭ de cum cu hronografurile ţeriĭ, apoĭ „şi ele singure îşĭ contraḑic una alteĭa. . ."

Necunoscênd pe Fotino, căcĭ nu scieà grecesce, ĭar pe Samuil Micul şi pe Şincaĭ cunoscêndu'ĭ numaĭ din auḑite, căcĭ nu eraŭ publicate, Florian se conducea aprópe exclusiv de cronica munte-néscă cea obicĭnuită şi de Engel. El a lăsat neatins pe Radu-Negru cel dela 1290, apoĭ reŭ a încălcit pe urmaşiĭ luĭ, pe Mircea cel Mare îl face fiĭu al luĭ Dan-vodă, pe adevĕratul Radu-Negru dela 1373 îl uĭtă cu desăvîrşire etc. Şi totuşĭ o lungă generaţiune de Românĭ învĕţaseră în şcólă istoria romănă numaĭ după Florian, atât de ademenitor prin frumuseţea limbeĭ de pe atuncĭ. Pentru mine însumĭ, departe în Basarabia, cea de'ntâĭu carte românéscă, pe care o citiĭ încântat şi o scieam pe din afară la vrista de şése anĭ, aŭ fost extractele din Florian, intercalate în Crestomatia cea ruso-moldovenéscă a luĭ Hincu.

Al nostru Heliade nu era poet, nu era filosof, nu era istoric; dar totuşĭ era un om de geniŭ. Geniul nu scie, nu vede, ci brodesce. Dacă geniul a învěţat multă carte, el póte să controleze, să verifice şi să rectifice ghicitura sa pe o cale metodică. Dacă n'a învěţat, remâne numaĭ cu ghicitura, o ghicitură necontrolată, neverificată, nerectificată, adesea o singură picătură de adevěr între o mulţime de greşelĭ. Acea picătură însă merită de a fi semnalată, după cum merită a se scóte dintr'o movilă de năsip o foiţă de aur. Bătrânul Asachi, pe care uniĭ îl compară cu Heliade, era învěţat, fórte învěţat, dobă de sciinţă şi de artă tot-o-dată, maĭ vorbind vr'o ẟece limbĭ,—dar Asachi nu avea nicĭ o schîntee de geniŭ: dela dînsul nu va remâné nemic.

In privinţa luĭ *Negru-rodă* Heliade a dibăit, că punctul de plecare cel luminos se află numaĭ la Cantemir. Apucând însa punctul de plecare, Heliade a împins conclusiunile pré departe, lipsit cu desăvirşire de metoda sciinţifică. El recunósce că tuturor vechilor voevoẟĭ din familia Basarabilor li se putea ẟice *Negri*, începênd tocmaĭ din epoca de formaţiune a naţionalităţiĭ romàne. Dintre aceĭ Negri aprópe în acelaşĭ timp s'a tras de o potrivă câte un deosebit descălecător pentru Ţéra-Românéscă, pentru Moldova şi pentru Imperiul romàno bulgar. Càt despre Ţéra-Românéscă în specie, Heliade nu primesce anul descălecăriĭ 1215, nicĭ pe 1290, ci preferă dela Fotino pe 1241, fiind maĭ apropiat de Donmul Romànilor cel din 1274, menţionat de cătră Nicefora Gregoras.

Am dat scheletul teorieĭ luĭ Heliade, înlăturând cu totul amăruntele şi nomenclatura.

§ 10. Hurmuzaki. -- Hunfalvy.

Mare, immens este serviciul adus istorieĭ romàne de Codicele Diplomatic cel în şépte volume al luĭ Eudoxiŭ Hurmuzaki. Aşa este publicaţiunea cea întitulată: „Documente privitóre la istoria Romànilor". Aci mě 'nchin. Dar cu totul alt ce-va este propria operă a luĭ Hurmuzaki: „Fragmente". N'ar fi trebuit ca Ministeriul Instrucţiuniĭ Publice să se grăbéscă a publica acéstă neisprăvită lucrare a reposatuluĭ Benedictin, căcĭ el·însuşĭ, de sigur, n'ar fi dat'o la lumină în starea în care a lăsat'o. Modest şi răbdător, s'ar pute ẟice chĭar sfiicĭos, tot o dată copleşit de nesce

ocupațiunĭ oficiale, în privința cărora era fórte migălos, Hurmuzaki
lăsa anĭ întregĭ fără a îndrepta și fără a maĭ completa prima re-
dacțiune a notițelor sale. Când l'am cunoscut eŭ personal în Viena
la 1868, venerabilul bătrân — eŭ eram tînĕr atuncĭ — îmĭ spunea că
maĭ are mult, mult de făcut, dar n'are de o cam dată destulă
vreme pentru a se întórce la manuscriptul seŭ. Peste cincĭ saŭ șése
anĭ, el a murit. Repet încă o dată, pentru a nu știrbi nemuritórea
memoriă a ilustruluĭ Bucovinén, am fi datorĭ să păstrăm cu sfin-
țeniă, dar nu să ne pripim a publica nerevĕḑute „Fragmentele din
istoria Românilor" ale luĭ Hurmuzaki, carĭ în orĭ-ce cas ni se înfă-
țișéză ca ce-va ne-gata.

Despre Negru-vodă Hurmuzaki nu aduce nemic în sprijinul
afirmațiuniĭ sale: absolut nemic. Ḑicend că: „spune tradiția lesne
de împăcat cu fapta istorică", el ne asigură că Radu-Negru „pro-
clamă Valachia neatârnată ca stat propriŭ" în 1290, apoĭ domnesce
între 1290—1314, la 1304 înființéză episcopia Rîmniculuĭ, lasă doĭ
fiĭ Dan și Radu dintre carĭ cel întâĭu domnesce „immediat" după
tată-seŭ la anul 1333 (la 1333 *immediat* după 1314!), în fine de-
scrie pe larg instituțiunile politice și juridice la descălecarea Țereĭ-
Românescĭ, și despre tóte acestea nicĭ o citațiune, decât numaĭ pe
Miklosich despre cuvîntul „boier".

Repet dară încă o dată, lucrarea luĭ Hurmuzaki este o confusă
schiță preliminară pentru usul intim *ad referendum*, care nu tre-
buĭa publicată pe cât timp nu era încă de publicat și pe care noĭ
nu avem dreptul de a o imputa autoruluĭ, de vreme ce totul s'a
făcut contra voințeĭ sale. Recunoscința Românilor se datoréză luĭ
Hurmuzaki pe deplin pentru bogata colecțiune de documente, nu
însă pentru așa numitele „Fragmente", considerându-le ca nule și
neavenite.

Este instructiv că din totalitatea literatureĭ istorice a Româ-
nilor faĭmosul agitator maghiar Hunfalvy îșĭ găsise pe gust numaĭ
și numaĭ „Fragmentele" luĭ Hurmuzaki, declarând că acesta singur
„se mișcă pe un teren cu totul istoric (bewegt sich durchaus auf
„historischem Boden)". O asemenea apreciațiune ne scutesce de a
vorbi despre Hunfalvy în privința luĭ Negru-vodă în specie, iar cât
se atinge de originile cele medievale ale naționalitățiĭ romàne în
genere, acest polemist nu este decât o fórte palidă repercuțiune
a luĭ Rösler.

In adevěr, Hunfalvy n'ar trebui să figureze aci în capitolul de faţă, de óră-ce el este posterior *Istorieĭ critice a Românilor*. Dar fie înainte, fie după, o minte de acest calibru fiind subiectivă pînă în măduva creeruluĭ, o asemenea minte în orĭ-ce epocă şi'n orĭ-ce situaţiune scie nu ceea ce este în realitate, ci numaĭ ceea ce vrea să scie. Chĭar peste un secol, Hunfalvy ar persista tot la punctul „Fragmentelor" luĭ Hurmuzaki.

§. 11. Bezsonov.

Publicând o colecţiune de poesiile poporane bulgare în textul original, eruditul rus Bezsonov işĭ dă modestul titlu de „editor" pe când maĭ mult decât jumătatea volumuluĭ întreg este o lucrare proprie fórte interesantă şi importantă, nu numaĭ adnotaţiunĭ, un glosar şi un tractat de gramatică, dar maĭ cu samă un vast studiŭ introductiv despre: „Eposul serb şi bulgar în raportul reciproc istoric şi topografic", — o lucrare magistrală pentru timpul când s'a scris şi care remăne în picióre pînă astădĭ.

Adânc cunoscětor al poesieĭ epice serbo-bulgare, Bezsonov a urmărit în ea cu dinadinsul rolul Românilor între eroiĭ Slavilor meridionalĭ şi tot-o-dată antagonismul între ambele némurĭ. Acest antagonism în specie ne preocupă aci. Bezsonov nu scie nemic despre Basarabĭ, nicĭ despre descălecarea Ţereĭ-Românescĭ ; el nu cunósce de loc pe Cantemir şi pe Miron Costin, carĭ ar fi putut să'ĭ deştepte o suggestiune; şi totuşĭ, prin simpla concepţiune internă a texturilor poporane, el a descoperit cel întâĭu că în vécul de mijloc Serbo-bulgariĭ caracterisaŭ adesea pe duşmaniĭ Românĭ ca N e g r i şi tocmaĭ ca A r a b ĭ. Scriind de'ntâĭu la 1855, Bezsonov a revenit apoĭ din noŭ în 1862 la aceiaşĭ cestiune, dar şi de astă dată fără a'şĭ căuta un raḑem în istoriă.

Aserţiunea luĭ Bezsonov, maĭ mult un fel de vagă divinaţiune, mĭ-a dat o mână de ajutor pentru a cerceta maĭ departe în aceiaşĭ direcţiune, a controla, a completa a r a b i z a r e a Românilor, a o combină cu resultatele altor direcţiunĭ şi a ajunge în sfîrşit a destăinui, din ce în ce maĭ pe deplin, adevěrata origine a 'luĭ N e-g r u · v o d ă.

§ 12. Rösler.

După cum pentru istoria Romei antice era necesară critica cea negativă a lui Niebuhr, tot aşa de necesar e Rösler pentru periódele cele obscure din istoria Românilor. Niebuhr moştenise o idee a lui Beaufort; Rösler pe a lui Sulzer; totuşi Beaufort şi Sulzer, adevěraţii părinţi ai ideei, remân departe în umbră, posteritatea lor apărênd pré-luminósă pe primul plan prin pětrunderea spiritului şi puterea muncei.

Inchipuiţi-vě un peïsagïu, ale căruïa elemente constitutive abia se zăresc la o distanţă pré-depărtată. Este o pădure, ḑic unii; este o insulă pe un lac, ḑic alţii; este un oraş pe un munte, ḑic o samă. Niebuhr şi Rösler respund: nu se vede; şi ei demonstréză că nu se vede. O asemenea negaţiune este un merit necontestabil de a opri pe cei pripiţi şi de a'ï ageri să mérgă din ce în ce maï aprópe de peïsagïu. Acela care demonstréză că nu se vede, nu demonstréză prin acésta că nu este, dar împinge pe cei-lalţi de a cerceta cu stăruinţă pentru a se vedé ceea ce este.

Un Niebuhr saŭ un Rösler produc o impresiune profundă atàt de durabilă, încât sîntem datorï a recunósce mărimea lor chïar atuncï când nu se maï mânţine maï nemic în picïóre din negaţiunea lor, căcï dînşii ne-aŭ silit a eşi fără voe din lenea nóstră cea rutinară, a sgândări, a munci, a ajunge în sfîrşit la adevěrul total saŭ parţial, pe care 'l înlocuiam în trecut printr'o mincïunósă afirmaţiune.

Rösler a murit tině încă. El era pe cale de a se întări tot maï mult şi maï mult treptat. Dela 1871, când publicase *Studiele Românescï*, pînă la 1873, când a scris *Punctul cronologic al aşeḑării Slavilor la Dunărea de jos*, el cresce prin vigórea analisei. Rösler nu pré sciea de o cam dată românesce şi era fórte slab în me toda linguistică, pe care cu timpul şï-ar fi apropriat'o, devenind póte maï gróznic prin scepticism, póte însă renunţând măcar la o parte sceptică, dar în orï-ce cas şi maï util ca îndemn la urmărirea adevěruluï. Vorbind ca în filosofia hegeliană, aş puté ḑice că Rösler represintă negaţiunea afirmaţiunï nu pentru a nimici ideea, ci pentru a servi la dobândirea integraţiunï din ce în ce maï perfecte.

Să ne mărginim cu N e g r u - v o d ă. Rösler cunósce aprópe întréga literatură a cestiunï. El respinge cu despreţ aşa ḑisa Cronică a luĭ Huru din 1495 şi Actul Magistratuluĭ Sas-Sebeşuluĭ dela 1396, douĕ învederate falsificaţiunĭ, pe carĭ noĭ n'am creḑut de cuviinţă nicĭ de a le menţiona măcar, deşi ele n'aŭ uĭtat, între altele, de a atinge descălecarea Ţereĭ-Romănescĭ. Data 1290 din cronicele muntenescĭ, ca şi datele cele admise de Miron Costin, de Cantemir, de Şincaĭ, de Fotino etc., Rösler le respinge de o potrivă pe tóte, maĭ respingênd şi inscripţiunea cea câmpulungénă din quasi-1215. Despre Basarabĭ în secolul XIII Rösler nu scie nemic. Nicĭ o pogorire din Făgăraş nu s'a întâmplat. Pasagĭul din Nicefor Gregoras este citat în trécĕt, dar fără a i se acorda vre-o importanţă. Tot aşa nu se dă nicĭ o importanţă luĭ Ottocar de Horneck, pe care'l citéză. Pe Luccari nu'l cunósce Rösler, nicĭ pe Gebhardi. Resultatul final este ştergerea cu buretele a orĭ-ce întemeiare a Ţereĭ-Romănescĭ. Nicĭ vechimea Basarabilor, nicĭ vre-un Negruvodă, nemic. După o lungă şi laboriósă cercetare, executată într'un mod magistral, Rösler ne lasă o fóiă albă, remănênd ca alţiĭ s'o umple.

Fără negaţiunea cea fórte seriósă a luĭ Rösler, eŭ n'aş fi simţit imperiósa datoriă, fară a maĭ amână, de a întreprinde *Istoria critică a Romănilor*, urmată apoĭ de lucrările d-luĭ Onciul şi de opera d-luĭ Xenopol, eŭ cel de'ntăĭu în acéstă cruciată pentru redobândirea Sântuluĭ Mormint.

II.

LITERATURA DUPĂ «ISTORIA CRITICĂ A ROMÂNILOR».

§ 13. Bibliografia.

Hasdeŭ, Istoria critică a Românescĭ, Bucurescĭ 1873 in-4; ed. II 1874.—*Idem*, Histoire critique des Roumains, édition entièrement refondue, trad. p. F. Damé, 1^r fascicule, Bucarest 1878 in-8. — *Idem*, Originile Craiovei 1230—1400, Bucurescĭ 1878 in-8. — *Idem*, Basarabĭ: cine? de unde? de când? Bucurescĭ 1894 in-4 (cfr. Etym.-magnum t. III p. 2540—92). — *Idem*, Strat şi substrat: genealogia popórelor Balcanice, Bucurescĭ 1893 in-4 (cfr. Etym. magnum t. III p. V—XXXVII). — *Idem*, Româniĭ Bănăţenĭ, Bucurescĭ 1896 in-4. — *A. Xenopol*, Istoria Romănilor dela întemeĭarea ţerilor române pînă la Petru Rareş, Iaşĭ 1890 in-8 p. 13—35, 68—77; cfr. la Tocilescu, Rev. pentru istoriă 1885 p. 13—28.—*Idem*, Istoria Romănilor pentru clasele primare, ed. IV Bucurescĭ 1881 in-8 p. 47—8, 116—7; ed. X Iaşĭ 1891 in-8 p. 63 sq. — *Idem*, Histoire des Roumains de la Dacie Trajane, Paris 1896 in-8 t. I p. 194 sqq. — *D. Onciul*, Radu Negru şi originile principatuluĭ Ţeriĭ-Romănescĭ, in Conv. lit. t. XXIV p. 817—33, 944—53, 1044—55; t. XXV p. 41—50, 100—10, 520—39; t. XXVI p. 24-68, 257—58, 332—7. — *Gr. Tocilescu*, Manual de Istoria romănă pentru şcólele secundare, Bucurescĭ 1894 in-8 p. 25, 26,

30; cfr. D. Dan, Toponimia. — *Puşcariŭ*, Date istorice privitóre la familiele nobile române, Sibiŭ 1892—5 in-4 t. I p. 154, t. II p. 256, 322, 388. — *S. Krzyžanowski*, Początki Wołoszczyzny, Kraków 1889 in-8 — *N. Şolmescu*, Domnul B. P. Hasdeŭ şi Radu-Negru, Bucurescĭ 1885 in-8. — *Dr. Réthy*, Az Oláh nyelv és nemzet megalakulása, Nagybecskereken, 1890 in-8 p. 164 sqq ; cfr. Sercambi, Le croniche lucchese, t. I p. 326—8. — *Idem*, Deslegarea cestiuniĭ originiĭ Românilor, trad. de I. Costa, Budapesta 1896 in-8 p. 24 sq.; cfr. Rakovsky, Блъгарска старина p. 124, 194. — *E. Kałużniacki*, Historische Notizen, in Miklosich, Wanderungen der Rumunen p. 39 sqq. — *T. Tamm*, Ueber den Ursprung der Rumänen, Bonn, 1891 in-8 p. 136. — *Miletič et Agura*, Дако-ромъните и тъхната славянска писменность, Sofia 1893 in-8 p. 17 sq., 36, 48. — *V. A. Urechia*, Comisiunea însărcinată de Ministeriul de Interne cu cercetarea stemelor Regatuluĭ şi ale judeţelor, Bucurescĭ 1891 in-4 p. 9—10. — *N. Beldicénu*, Elemente de istoria Românilor, Iaşĭ 1894 in-16, II p. 25, III p. 19. — *A. Mihaelescu*, Istoria Ţeriĭ-Românescĭ, Ploiescĭ 1894 in-8 p. 25. — *Idem*, Legende istorice, Ploiescĭ 1894 in-8 p. 17—20. — *B. Dragoşescu*, Estract din istoria Românilor pentru usul şcólelor primare. Ed. IX. Ploescĭ, 1889 in-8, p. 21. — *B. Secărénu*, Prescurtare din Istoria Românilor pentru elevĭĭ şcólelor primare. Ed. X. Bucurescĭ 1893 in-8 p. 25, 30. — *C. Gallin*, Lecţiunĭ din istoria Românilor pentru şcolile primare. Ed. III. Botoşanĭ 1893 in-8 p. 27. — *Preut A. Popescu*, Noua metodă pentru învěţămîntul istorieĭ Românieĭ. Bucurescĭ 1881 in-8 p. 12—14. — *E. Ropală*, Noţiunĭ de istoria Românilor pentru şcólele primare, ed. III, Iaşĭ 1883 in-8 p. 23 - 5. — *M. Andreĭan*, Mic curs de istoria Românilor, Pitescĭ 1886 in-16, ed. III p. 42—8. — *A. Puĭu*, Prescurtare din istoria Românilor, Iaşĭ 1887 in-16, ed. IV p. 8 sqq. — *I. Vasiliŭ*, Curs de istoria Românilor, Běrlad 1883 in-8, ed. I p. 20—1; 1891, ed. V p. 29. — *G. Cristescu*, Manual de istoria Românilor pentru şcólele primare, Iaşĭ 1877 in-8 p. 39—41, 170—72. — *G. Hrisoscoleŭ*, Elemente de istoria Românilor, Iaşĭ 1878 in-32, ed. II p. 21. — *C. Handocă*, Prescurtare din istoria Românilor, Galaţĭ 1877 in-8 p. 19 sq. — *M. Florenţiŭ*, Noţiunĭ de istoria Românilor, Bucurescĭ 1882 in-8, ed. XIII p. 26—31. — *Serafim Ionescu*, Istoria Română conform noueĭ programe, Fălticenĭ, 1893 in-8, I p. 13, II p. 30—32. — *M. Ţintă*, Curs elementar din istoria Românilor, Focşanĭ 1891 in-32 p. 22—26. — *C. Moşescu*, Primele cunoscinţe după istoria Românilor, Brăila-Constanţa 1880 in-8 p. 14 sq. — *G. R. Melidon*, Istoria naţională, Bucurescĭ 1876 in-8 p. 6, 36 etc. — *Scraba, Negulescu şi Teodosiŭ*, Carte de citire, Bucurescĭ 1897 in-8 p. 114—15. — *Ghenadie Enăcénu*, Creştinismul în Dacia şi creştinarea Românilor, Bucurescĭ 1878 in-8 p. 184, 222 ; cfr. V. Predénu, Existenţa şi organisaţiunea ierarchieĭ bisericescĭ la Românĭ, Bucurescĭ 1896 in-8 p. 76 sq. — *A. Densuşianu*, Negriada, epopeia naţională, Bucurescĭ 1879 - 84, in-8.

§ 14. Istoria critică a Românilor şi suplementele.

Immediat după publicarea „Studielor românescĭ" ale luĭ Rösler, sguduit prin acea măéstră lucrare, eŭ m'am apucat a scrie şi am publicat la 1873 prima ediţiune din *Istoria critică*, după care a urmat apoĭ a doua ediţiune „revědută şi fórte adaósă" la 1874. Titlul special al volumuluĭ era tot-o-dată ca o programă : „Pămîntul „Ţereĭ-Românescĭ în secolul XIV: întinderea teritorială — nomencla-„tura — acţiunea natureĭ — reacţiunea omuluĭ — urbile danubiane — „urbile carpatine — urbile câmpene — sintesa. Primul cap din istoria „analitică a formaţiuniĭ Staturilor Române". Din acea programă apăruse numaĭ primele treĭ puncturĭ ; ĭar primul punct singur, întinderea teritorială, fórte amplificat în maĭ multe privinţe, a fost publicat franţusesce la 1878, fiindu'mĭ cerut atuncĭ de Ion Brătianu pentru Congresul dela Berlin. Este de regretat că ediţiunea francesă a remas apróape necunoscută specialiştilor şi nu maĭ este de vinḑare.

Apariţiunea opereĭ mele produse o impresiune fără exemplu la noĭ. Din prefaţa ediţiuniĭ a doua extrag următorul pasagĭu :

„Publicând prima ediţiune în făscióre, înainte de a fi început „volumul II, se cerea deja o a doua ediţiune a volumuluĭ I. Par-„lamentul, în şedinţa din 16 februariŭ 1873, votă un premiŭ pentru „continuarea Istorieĭ Critice a Românilor. Sîntem datorĭ în acéstă „privinţă a mulţumi maĭ cu samă principeluĭ Demetriŭ Ghica, d. „B. Boerescu, d. C. Grădişténu, d. Gună Vernescu, d. G. Chiţu, „d. T. L. Maiorescu, d. C. Aninoşianu etc. Domnitorul se prenu-„mără la maĭ multe exemplare, şi a bine-voit a ne exprime do-„rinţa de a vedé o ediţiune francesă sub auspiciele Mărieĭ Sale. „Afară de acésta, printr'un decret din 3 februariŭ 1874, Domni-„torul a decernut autoruluĭ marea medaliă de aur pentru istoria „naţională. D-niĭ E. Caligari, Dr. Davila, N. Cretzulescu, August „Pişacov din Craiova, N. Mandrea, Dr. V. Vlădescu şi alţiĭ aŭ con-„curs mult la respândirea opereĭ, ĭar d. librar Socec s'a grăbit „din propria iniţiativă a ne oferi hârtiă în condiţiunile cele maĭ „înlesnitóre. Sîntem recunoscătorĭ d-luĭ Ion Brătianu de a fi con-„ceput ideia înfiinţăriĭ uneĭ societăţĭ pentru susţinerea întreprinderiĭ „nóstre, deşi proverbul despre copil cu două móşe ne făcuse, con-„servând simţimîntul de gratitudine, a declina propunerea. D. prim-„ministru Lascar Catargiŭ a încuviinţat a se tipări a doua ediţiune „la Imprimeria Statuluĭ, ĭar d. General Tell, atuncĭ ministru de Culte, „luă prin prenumeraţiune un numĕr însemnat de exemplare pentru „a fi distribuite la examene scolastice. In fine, ceea-ce ne-a mişcat „nu maĭ puţin, Consiliul Permanent al Instrucţiuniĭ Publice admise „ca obligatóre în învĕţămîntul primar cartea de istoria romană a „d-luĭ M. C. Florentiŭ, basată pînă la anul 1400 pe resultatele cer-„cetărilor nóstre, pe carĭ le-am vĕḑut adoptate de asemenea în „manualul colegial de geografiă a d-luĭ Anghel Demetrescu, în „„L'annuaire général de la Roumanie" a d-luĭ Frederic Damé, etc."

In străinătate, ca prim resunet al acestuĭ succes în România aŭ fost profesoriĭ Hugo Schuchardt şi Gustav Meyer.

Lăsând acum la o parte din *Istoria critică* mai multe cestiuni fórte importante, desbătute acolo pentru cea de'ntâiu dată, dar fără o legătură directă cu lucrarea de faţă, mě voiu mărgini a indica după a doua ediţiune în studiul al doilea următorii paragrafi, în cari se limpeḍesce raportul între Basarabă şi Negru-vodă, precum şi realitatea cea concretă a unui Radu-Negru:

§ 43. Doi Negri-voevoḍi.

„ 45. Personificarea originilor naţionale la Români.

„ 46. Originea fabulei despre venirea lui Negru din Făgăraş.

„ 47. Originea fabulei despre închinarea Basarabilor lui Negru-vodă.

§ 49. Resumat despre mitul lui Negru-vodă.

„ 50. Cine a fost Negru-vodă cel adevěrat.

„ 52. Radu-Negru şi Radu Grecénu.

„ 53. Originea mănăstirii Tisména.

„ 54. Originea mănăstirii Cozia.

„ 55. Originea mănăstirii Cotména.

„ 56. Originea mănăstirii Câmpulung.

„ 57. Resumat despre Radu Grecénu.

„ 63. Resumat despre adevěratul Radu Negru.

„ 64. Ţéra Negrilor în sagele scandinave.

„ 65. Négra-Bulgariă, Négra-Ungariă şi Marea-négră.

„ 66. Charta epică a Arabiei dela Dunăre.

Resultatul cercetărilor mele a fost:

In munţii Olteniei, al Haţegului şi al Temişianei elementul românesc, începênd din epoca lui Traian, s'a mănţinut nestrămutat în tot cursul véculuï de mijloc.

Pe acéstă întindere teritorială, mai ales în Oltenia, domnia peste Români némul Basarabilor, a cărora marcă nobilitară, adecă emblema pe stég, era capul negru.

Basarabii, respândindu-se treptat afară din Oltenia spre resărit, capul cel negru de pe stég a dat nascere legendei poporane despre Negru-vodă, de unde apoi Negri toţi Românii din regiunea Dunării.

Statul Ţerei-Romănesci n'a fost întemeiat vre-o-dată de un singur principe, ci opera succesivă a mai multora, dintre cari cel mai însemnat a fost Alexandru Basarabă între 1310—1360.

Ca personalitate concretă, n'a existat în istoria nóstră nici un alt Radu-Negru afară numaĭ de fiĭul luĭ Alexandru Basarabă, tatăl luĭ Mircea cel Mare, vestit maĭ ales prin fundarea de mănăstirĭ.

Dintre predecesoriĭ luĭ Alexandru Basarabă, doĭ aŭ fost cu desevârşire necunoscuţĭ înainte de *Istoria critică:* însuşĭ tatăl acestuĭ principe: Tugomir, maĭ corect Tehomir, înainte de 1310, ĭar la 1240 „banul Basarabă", deja atât de puternic încât cuteḑase a se opune teribileĭ invasiunĭ a Mongolilor luĭ Batu-han.

După apariţiunea *Istorieĭ critice*, n'a încetat de a mě preocupa aceĭaşĭ teoriă, căutând a o completă şi a o perfecţionă, anume cele treĭ elemente esenţiale: de'ntâĭu continuitatea naţionalităţiĭ romăne în Dacia luĭ Traian, apoĭ originea Basarabilor, în fine epoca şi modalitatea formaţiuniĭ Statuluĭ Ţereĭ-Romănescĭ. Ca suplemente ulterióre la opera cea fundamentală, am publicat astfel succesiv:

Strat şi substrat şi *Romăniĭ Bănăţenĭ*, ca respuns definitiv la prima întrebare;

Basarabiĭ şi *Originile Craioveĭ*, relativ la întrebarea a doua, cătră care în Marele Etimologic se maĭ póte adăoga articlul *Asén*.

Maĭ rěmăne acuma pentru a treia:

Negru-vodă.

Maĭ întâĭu de tóte, voĭu resuma întréga literatură a acesteĭ ultime probleme în intervalul de aprópe un pătrar de secol dela 1874 pînă la 1897.

Tată al teorieĭ, am aşteptat destul timp, lăsând'o să se cérnă printr'o îndelungată critică. Ascultaĭ tăcênd doě-ḑecĭ şi doĭ de anĭ. Regret a constata că nu tocmaĭ mult m'aŭ folosit observaţiunile altora. Îmĭ reieaŭ dară pe Negru-vodă pentru a mě rosti eŭ-însumĭ asupră'ĭ într'un mod definitiv, într'un mod definitiv cel puţin pentru mine, căcĭ bătrăneţile îmĭ anunţă óra plecăriĭ, pe jumătate fiind deja plecat.

§ 13. A. Xenopol.

Din cele douě redacţiunĭ ale lucrăriĭ speciale a d-luĭ Xenopol despre Negru-vodă, una din 1885 şi cea-laltă din 1890, deosebindu-se una de alta pré-puţin, voĭu avé acĭ în vedere numaĭ pe cea de'ntâĭŭ, fiind îndreptată şi maĭ completă.

Adversarul cel maĭ fără reservă al teorieĭ mele din *Istoria critică* este d. Xenopol, adversar fórte cuviincĭos şi maĭ cu samă fórte meşter.

El nu primesce pe nicĭ un Negru-vodă afară de acela din cronica muntenéscă cea din epoca luĭ Mateĭu Basarabă, adecă nu primesce decât pe Radu-Negru cel descălecat din Făgăraş anume la anul 1290. După d. Xenopol acest Negru-vodă era tot din familia Basarabilor, dar nu Severinén, ci Ardelén néoş.

Pe lîngă cronică, d. Xenopol se raḑimă pe documentele cele dela Câmpulung. Intr'o notă el ḑice: „Este de observat că d. Haş-„deŭ, pentru a 'şĭ întemeĭa argumentarea, nu amintesce prin nicĭ „un cuvînt de cele 6 documente, carĭ pomenesc despre hrisovul „luĭ Radu-Negru“. In aparenţă, obiecţiunea e sdrobitóre. In realitate însă, cele 6 documente ale oraşuluĭ Câmpulung, chĭar dacă ele ar fi originalurĭ, nu nesce simple copie ca cele existente, sint întocmaĭ omogene cu documentele cele despre Tisména, Cozia, Cotména, ba şi despre mănăstirea tot dela Câmpulung, a cărora absolută falsitate eŭ am demonstrat'o în *Istoria critică*. Prin urmare, faţă cu o asemenea perfectă omogenitate, nu eŭ trebuĭam să mĕ maĭ opresc degĭaba asupra mistificaţiuniĭ celeĭ cronologice ale celor 6 documente relative la oraşul Câmpulung, ci însuşĭ d. Xenopol era dator să se opréscă asupra Tismeneĭ, Cozieĭ, Cotmeneĭ, maĭ în specie asupra mănăstiriĭ dela Câmpulung, pe când pe tóte acestea el „nu le amintesce prin nicĭ un cuvînt“. A mĕ 'ntreba d. Xenopol pe mine în loc ca să se 'ntrebe pe sine însuşĭ, ĭată ceea ce este o culme de abilitate.

Incă ce-va ca un apendice la acea abilitate. D. Xenopol se face a nu fi citit în *Istoria critică* la pag. 148 un crisov original din anul 1576, în care se constată limpede că numele *Negru-vodă* îl purtase tatăl luĭ Mircea-cel-Mare, adecă Radu-vodă cel de pe la 1370. Despre acest R a d u - N e g r u — un adevĕrat R a d u - N e g r u — este un crisov original, nu copiă, şi este un crisov cu mult maĭ vechĭu decât tóte cronicele muntenescĭ cele păstrate pînă astăḑĭ. D. Xenopol nu vrea să scie nimic despre acest crisov, ĭar pe tatăl luĭ Mircea cel Mare îl numesce numaĭ *Radu* fără nicĭ un adaos de *Negrul*. O asemenea adâncă tăcere despre un act necontestabil este inexplicabilă altfel decât numaĭ dóră ca un fel de abilitate, un hazliŭ *neznaĭ* al Muscaluluĭ.

O altă abilitate este aserţiunea d-luĭ Xenopol că: „Cronica ano-

„nimă, care *a fost redactată în partea lui cea veche cam pe timpul* „*lui Radu cel Mare (1493—1508), aşa dar cu vre-o 200 de ani în* „*urma coborîrii lui Radu-Negru*, raportéză etc.". Dar cine óre a dovedit vre-o-dată că acea parte a croniceĭ anonime este de pe la 1493? In acea cronică s'a intercalat viéţa patriarculuĭ Nifon, scrisă în adevĕr în prima jumătate a secululuĭ XVI, atâta tot; restul întreg, fie înainte de Nifon, fie în urmă, este din a doua jumătate a secululuĭ XVII, mult maĭ incóce decât crisovul de maĭ sus din 1576, mult şi maĭ incóce maĭ ales decât relaţiunea luĭ Luccari.

Despre acest Luccari, la care am ajuns, d. Xenopol vorbesce fórte frumos: „Raguzanul *Giacomo di Pietro Lucari* scrie pe la „1590 nisce anale ale patrieĭ sale. Pentru a preţui însemnătatea „arătărilor luĭ Lucari asupra împregĭurărilor istorieĭ române, tre- „bue să scim că maĭ mulţĭ membri din familia luĭ aŭ jucat rolurĭ „insemnate în ţĕrile dela Dunăre. Aşa un străbun al sĕŭ, Marcu „Lucari, fusese ambasador al republiceĭ Raguzeĭ la regele Serbieĭ „Uroş în anul 1323. Un altul, Nicolae Lucari, mijlocise ceva maĭ „târḑiŭ căsătoria fliceĭ luĭ Vladislav Basarab domnul Muntenieĭ, „Slava, cu Uroş al V-lea al Serbieĭ. Mateĭ Lucari deveni ban al „Slavonieĭ în timpul tinereţelor luĭ Ioan Corvin de Huniade şi „ajută mult acestuia a se urca în fruntea statuluĭ unguresc. Se „vede decĭ că antecesoriĭ luĭ Giacomo di Pietro se purtase şi prin „ţĕrile romine saŭ trăise în vecinătatea lor, încât el putuse culege „informaţiile sale din însemnările lăsate de eĭ. Acésta este cu atâta „maĭ necesar de admis cu cât între izvórele consultate de Giaco- „mo di Pietro, pentru alcătuirea croniceĭ sale, se vĕd arătaţĭ numaĭ „Bonfinius, Botero şi Cromer, carĭ tocmaĭ nu conţin nimic asupra „faptuluĭ descălecăriĭ Munteniĭ, încât se cunósce din acéstă îm- „pregĭurare că el a trebuit să'şĭ fi luat sciinţele privitóre la acéstă „parte a relaţiunilor sale din alte isvóre..."

Pînă aci fórte frumos. Acum însă se incurcă. Pe la 1450, după bătălia dela Cossovo, Domnul muntenesc Dan-vodă trimise la sul- tanul Amurat pe boierul Murgul ca să încheie cu Turcia un trac- tat de pace. Am vĕḑut maĭ sus (§ 2) că acel ambasador romă- nesc scrisese pe la 1460 o preţiosisimă notiţă cronologică moldo- muntenéscă, pe care o posedă în manuscript Luccari. D. Xenopol recunósce epoca şi extrema importanţă a aceleĭ notiţe. Este cea maĭ veche schiţă de cronica romanéscă tocmaĭ de pe la jumătatea se-

colulŭ XV, sub generaţiunea immediat următóre după marele Mir-
cea. Incă o dată, d. Xenopol o recunósce. Eĭ bine, acea cronică
confirmă ea óre pe un Radu-Negru dela 1290? Nicĭ decum. Luc-
cari ne spune că „Negro-Voievoda" domnĭa la 1310 şi era tatăl
luĭ Vladislav Basarabă, adecă nicĭ un fel de R a d u, ci celebrul
Alexandru Basarabă, bunicul mareluĭ Mircea.

Isbindu-se de acest text, d. Xenopol ḑice: „Deosebirile în pri-
„virea dateĭ, pe care Lucari o pune la 1310 în loc de 1290, şi
„numele nedeplin al intemeietoruluĭ Negru-vodă în loc de Radu-
„Negru, ne arată tocmaĭ că Lucari nu reproduce tradiţia curată,
„astfel cum ea se află în gura poporuluĭ, şi decĭ tocmaĭ acéstă va-
„riaţiune, precum şi greşéla invederată care face din descăletor
„tatăl luĭ Vladislav Basarab, daŭ o maĭ mare valóre spuselor sale".
O maĭ mare valóre, da; nu însă în favórea teorieĭ d-luĭ Xenopol,
pe care o dăramă cu desăvîrşire cronica luĭ Murgul. Cănd se va
apuca cine-va a lăsa numaĭ partea finală din numele d-luĭ Xenopol
şi 'l va atribui d-luĭ Xenopol o paternitate mincĭunósă, fi-va acésta
„a da o maĭ mare valóre spuselor sale"? Ce fel de pledoariă este
una ca asta ?

Tot aşa „bonne mine à mauvais jeu" face d. Xenopol în pri-
vinţa căsătorieĭ regeluĭ serbesc Milutin cu fiĭca unuĭ Domn al Ro-
mănilor, o căsătoriă pe care atăt de bine o fixézĭ Cantemir la anul
1274 prin confruntarea textuluĭ luĭ Gregoras cu textul luĭ Pachy-
meres. D. Xenopol nu bagă în samă pe Pachymeres şi ḑice : „Nu póte
„decĭ să se refere Valachia luĭ Nicefor Gregoras decăt la Muntenia,
„ĭar principele a căruĭ fiĭcă Milutin o ţinuse în prima luĭ căsătoriă
„nu póte fi decăt Radu-Negru, întru căt în ceĭ 10 anĭ trecuţĭ de-
„la 1290, data întemeieriĭ statuluĭ muntén, pînă la 1300, epocă
„cănd Milutin voesce să închee a patra luĭ căsătoriă, el avuse timpul
„de a ţiné şi a lepĕda pe cele treĭ ale luĭ femeĭ". A lepĕda 3 ne-
veste în 9 anĭ, fie; dar d. Xenopol uĭtă că la 1299 Milutin era de
45 anĭ, decĭ pentru prima óră se va fi căsătorit în 1290 la virsta
de 36 anĭ, flăcăŭ unguresc, întărḑiănd peste mĕsură pentru hatirul
teorieĭ, deşí—tot după aceĭaşĭ teoriă a d-luĭ Xenopol—regele sèrbesc
era aşa de grabnĭc de a schimbă 3 neveste în 9 anĭ ! Cantemir fixă
acea căsătoriă la anul 1274, Engel la 1276, bunul simţ nu per-
mite a pogorî data maĭ jos; dar atuncĭ ce facem cu 1290?

In sfîrşit, actul unguresc cel din 1291 despre Ugrin ca stăpân
al Făgăraşuluĭ nu se pare d-luĭ Xenopol a fi o incompatibilitate pentru

a aşeḑa la 1290 pe un Radu-Negru ca duce al Făgăraşuluĭ : unul — argumentéză d. Xenopol — era stăpân peste oraşul Făgăraş, celalt era duce al întregeĭ ţerĭ a Făgăraşuluĭ. Urméză dară că Radu-Negrul era senior direct, ĭar Ugrin vasal. Fie. Cum de se întâmplă însă că vasalul Ugrin se duce a se judeca departe tocmaĭ la Belgrad, fără a se menţionă măcar în diplomă seniorul cel direct? S'ar puté în-timpina că Radu-Negrul îşĭ va fi perdut ducatul cu un an înainte prin plecarea peste Carpaţĭ. Dar perḑênd ducatul, cum de maĭ rě-mânea el duce? Despre Ugrin eŭ unul susţin pur şi simplu că el n'a stăpânit nicĭ o dată vre-o moşiă în ţéra Făgăraşuluĭ, ci numaĭ căpětase un drept pe hârtiă. D. Xenopol a scăpat din vedere acest motiv de recurs, singurul serios, dar prin care procesul luĭ Radu-Negru cel dela 1290 totuşĭ nu se câştigă.

In sfera luĭ Negru-vodă d. Xenopol profită din *Istoria critică* numaĭ de douĕ puncturĭ, carĭ amîndouĕ ĭ-aŭ fost de reŭ ogur.

Pînă la mine niminea nu sciuse că tatăl luĭ Alexandru Basa-rabă se numïa Tugomir. D. Xenopol adoptă acest punct documental şi ḑice: „Tatăl luĭ Alexandru Basarab este decĭ după documentul „maghiar Tugomir, după acel muntenesc Negru Basarab, de unde „se vede că ambele aceste numĭ eraŭ purtate de una şi acelaşĭ „persónă şi că întemeietorul Munteniĭ era el-însuşĭ un Basarab". D. Xenopol ţine fórte mult ca întemeietorul Munteniĭ să fie tot-o-dată Radu. Acum dară acest întemeietor pórtă nu un dublu, ci un triplu nume: Tugomir-Radu-Negru Basarab, ce-va des la Spa-niolĭ, fără exemplu la Românĭ.

D. Xenopol maĭ ţine în acelaşĭ mod la titulatura luĭ Negru-vodă cel din 1290 ca duce al Amlaşuluĭ şi Făgăraşuluĭ, fiind că aşa este în cronică. Nesocotind acéstă particularitate, când ajunge apoĭ la diploma luĭ Vladislav Basarabă din 1372, unde titula-tura se publica tot-d'a-una înainte: „dux novae plantationis *terrae* Fagaras", d. Xenopol observă: „Credem cu D-l Hasdeŭ, Ist. Crit. „p. 19, că trebue citit novae plantationis *et de* Fagaras; căcĭ Fă-„găraşul, ducatul vechïu de baştină al voevoḑilor muntenĭ, numaĭ „*nova plantatio* nu putea fi". Dar la mine acea „nova plantatio" în diploma din 1372 se explică prin „Amlaş". D. Xenopol va tre-bui dară să ştérgă Amlaşul din titulatura luĭ Negru-vodă cel dela 1290. Ştergênd pe Amlaş, de ce să nu ştérgă şi pe Făgăraş?

Să maĭ adaog că tot dela mine, d. Xenopol adoptéză intact pe „Basarabă-ban" cel dela 1240.

Erudit, muncitorĭ şi fórte abil, dar maĭ pe sus de tóte ultra-conservator in sciinţă, duşman instinctiv al veḑerilor nouĕ, al radicalismuluĭ sciinţific, d. Xenopol este un factor necesar in literatura nóstră istorică. Amîndoĭ sîntem pré-indrăsneţĭ, eŭ a sparge căĭ nebătăturite, d. Xenopol a propti cu orĭ-ce preţ drumul cel vechiŭ, eŭ nemulţămit cu ceea-ce este, d. Xenopol îngrijit ca nu cum-va să ésă maĭ reŭ. Este o absolută diferinţă de tendinţe. Ca d. Xenopol, nu scie niminea la noĭ a susţine maĭ cu tăriă şi a argumenta maĭ cu meşteşug datele cele înrădăcinate în istoriă. Este dară bine ca inovaţiunile să tréca maĭ întăiŭ prin antagonismul d-luĭ Xenopol. Dacă acest antagonism nu reuşesce, dacă inovaţiunea resistă pînă la capĕt biruitóre, atuncĭ d. Xenopol ar trebui să se retragă, n'are încotro, dar se va retrage folositor ca mareşalul Massena prin Elveţia. A trecut şi *Negru-vodă* prin d. Xenopol, uf!

Am spus că eminentul istoric se va retrage. Este maĭ bine a ḑice că el se va întórce la matcă. In adevĕr, d. Xenopol începuse din capul loculuĭ de a împărtăşi aprópe pe deplin teoria mea, a-nume în manualul seŭ de „Istoria Romănilor pentru clasele primare". In primele ediţiunĭ, dintre carĭ eŭ am de'nainte'mĭ pe a patra „revĕḑută şi corectată", la 1881 d. Xenopol nu ţinea la anul 1290, se pleca maĭ mult cătră anul 1210, afirma cucerirea Făgăraşuluĭ de cătră Basarabĭ între aniĭ 1170—1180, recunoscea că Radu-Negrul cel istoric este numaĭ tatăl luĭ Mircea cel Mare etc.; Iar în „Note pentru profesor" la finea volumuluĭ d. Xenopol invócă mereŭ autoritatea *Istorieĭ critice*. Acele prime ediţiunĭ nu sémănă însă de loc cu cele ulterióre, dintre carĭ am la îndemână pe a ḑecea „revĕḑută, corectată şi adaosă", la 1891, publicată peste un an după apariţiunea opereĭ celeĭ vaste a d-luĭ Xenopol, unde tatăl luĭ Mircea cel Mare este numaĭ „Radu" fără „Negru", Iar Radu-Negru se aşéḑă ţĕpĕn la 1290, întocmaĭ în conformitate cu cronica cea tipică. In primele ediţiunĭ d. Xenopol îmĭ stringe măna, în cele următóre îmĭ întórce spatele. Eŭ eram cam supĕrat pentru acésta, dar nu mĕ maĭ supĕr...

§ 16. I. Puşcarĭu.

Cele douĕ volume: „Date istorice" ale d-luĭ I. Puşcarĭu, sînt
de o mare importanţă pentru istoria Românilor peste tot, nu nu-
maĭ ca o fórte bogată adunare de materialurĭ, ci maĭ ales ca un
colosal îndreptător pentru a întreprinde şi a utilisa cercetărĭ şi
descoperirĭ ulterióre. Ni se maĭ promite un al treilea volum, pe
care 'l aşteptăm cu o legitimă neràbdare. Să observăm că d.
Puşcarĭu ne dă material şi érăşĭ material, dar nu pretinde a des-
cóse el-însuşĭ acele „Date istorice", a le armonisà, a trage din ele
conclusiunĭ definitive totale, şi nicĭ măcar pe cele parţiale.

Cunoscènd bine literatura istoriei romàne, d. Puşcarĭu o în-
trebuinţéză din când în când pentru a adnotà unele puncturĭ docu-
mentale din colecţiunea sa, se feresce însă cu stăruinţă de a se
rosti într'un mod decisiv asupra cestiunilor celor controversate.

Tot aşa în privinţa luĭ Negru-vodă.

Reproducem in-extenso un lung pasagĭu :

„Negru-vodă, numit şi Radu-Negru-vodă, Domnul Ţěreĭ Ro-
„mânescĭ, duce al Făgăraşuluĭ şi Amlaşuluĭ. Despre existenţa is-
„torică saŭ mitică a luĭ Radu Negru-vodă aŭ scris maĭ mulţĭ sa-
„vanţĭ maĭ vechĭ şi modernĭ fără d'a fi putut veni la un resultat
„positiv. Sînt uniĭ carĭ indigitéză că trecerea Românilor din păr-
„ţile Făgăraşuluĭ şi Amlaşuluĭ peste munţĭ în Valachia s'a întâm-
„plat în urma strîmtoririĭ lor prin colonisarea Saşilor în Ardél cu
„ocasiunea expediţiunilor cruciate pe la mijlocul secoluluĭ XII. Alţiĭ
„aduc ocuparea Valachieĭ prin Negru-vodă în legătură cu fundarea
„Imperiuluĭ Blacho-bulgar sub Asaniḑĭ (1186--1205). Inscripţiunea
„dela Câmpulung arată că mănăstirea de acolo e zidită de Negru-
„vodă la 1215, prin urmare descălecarea luĭ a trebuit să se în-
„tâmple maĭ 'nainte de aceea. Hasdeŭ admite că Românĭĭ din ţéra
„Făgăraşuluĭ între 1200 — 1210 aŭ ocupat regiunile dela Câmpu-
„lung şi Argeş, şi de aci încolo pe la 1270—1280 pînă în direc-
„ţiunea Kilieĭ; dar ţine pe Negru-vodă numaĭ de o firmă ce o aŭ
„purtat Basarabiĭ şi maĭ nainte şi după aceea, ĭar o persónă po-
„sitivă istorică numită Radu-Negru-Basarab află el numaĭ în Radu
„tatăl luĭ Mircea I. Fotino pune descălecarea luĭ Radu-Negru dela
„Făgăraş în Valachia la 1241 ca urmare a invasiuniĭ Mongolilor.
„Istoricĭĭ ungurĭ, începènd dela Engel, Sulzer etc., ca să lase loc
„liber celor cuprinse în diploma luĭ Bela IV dată Ioaniţilor în 1247

„şi să pótă urma immediat şi diploma luĭ Andreĭu III din 1291,
„dată luĭ Ugrin ca stăpânitor al Făgăraşuluĭ şi Sâmbeteĭ, strîm-
„toresc descălecarea luĭ Negru-vodă între marginile anuluĭ 1290.
„Din tóte acestea, precum şi din tradiţiunile poporuluĭ, care şi as-
„tădĭ maĭ numesce ruinele din Colţiĭ Brezeĭ lîngă Făgăraş Cetatea
„luĭ Negru-vodă, — din inscripţiunea mănăstiriĭ Câmpulung din 1215,
„şi din nenumărate texte istorico-cronice, se póte deduce fără
„indoélă că un Negru-vodă, care, descălecând dela Făgăraş şi tre-
„cênd peste munţĭ cu o mulţime de locuitorĭ, a fundat statul Va-
„lachieĭ, a existat negreşit; t i m p u l î n s ă c â n d a t r ă i t ş i c â n d
„a u r m a t d e s c ă l e c a r e a l u ĭ, p î n ă a c u m n'o a p u t u t f i x a
„n i m e n e a, ş i c r e d c ă n'o v a p u t é d e t e r m i n a n i c ĭ c â n d...“

In pasagiul de maĭ sus, resumând părerea mea din *Istoria
crĭtică*, d. Puşcarĭu a scăpat din vedere afirmaţiunea mea că miş-
carea cea medievală din Făgăraş spre Câmpulung, spre Argeş, spre
Kilia, nu se datoría Făgăraşenilor de baştină, ci S e v e r i n e-
n i l o r celor cuceritorĭ maĭ de'nainte aĭ Făgăraşuluĭ.

Cu tótă reserva sa, într'un alt pasagĭu d. Puşcarĭu se arată
dispus, fórte dispus a atribui luĭ Negru-vodă, ca întemeietor al
Ţereĭ-Românescĭ, anul ce-va inainte de 1215, ĭar unuĭ alt Ne-
gru din acelaşĭ familiă anul 1290, recunoscênd tot-o-dată că acel
Negri nu eraŭ Făgăraşenĭ, ci Severinenĭ. Acest pasagĭu sună:
„Radu Negru-vodă, Domnul Ţereĭ-Românescĭ, duce al Făgăraşuluĭ
„şi Omlaşuluĭ, a trecut cu o mulţime mare de Românĭ peste Car-
„paţĭ încă înainte de 1215, pentru că inscripţiunea ˝ce se vede la
„mănăstirea luĭ Radu Negru-vodă din Câmpulung spune că el o a
„zidit la 1215. Se vede că el a reîntemeĭat statul Valachieĭ îndată
„după înfiinţarea Imperiuluĭ Bulgaro-valah sub Asaniḑĭ, întrând cu
„aceştiĭa în óre-care confederaţiune, din care apoĭ aŭ urmat multe
„controverse cu statul Ungarieĭ, carele aspira nu numaĭ la Valachia,
„dar exercita óre-care jurisdicţiune suzerană şi peste ducatul Fă-
„garaşuluĭ, unde Domniĭ Valachieĭ conferĭaŭ donaţiunĭ etc. La 1291
„în adunarea regnicolă a Nobililor: Secuilor, Saşilor şi Olahilor,
„óre-care Ugrin reclamă şi căştiga dominiul Făgăraşuluĭ ca eredi-
„tate dela protopărinţĭ. Eŭ sint de părere că şi Ugrin acesta a fost
„un următor din dinastia luĭ Negru-vodă, transformându-se *Negru*
„în *Ugrin*“.

Uitând o distanță aprópe seculară între 1215—1291, un interval de 86 ani, d. Pușcariu ne spune în sfîrșit într'un alt loc: „După ce Radu Negru-vodă, Domnul Făgărașului, curând înainte „de actul luĭ Ugrin maĭ sus amintit (1291), a fost trecut peste Carpații, venim la presumțiune că el a trebuit să fie unul dintre pro- „topărințiĭ luĭ Ugrin, și că deosebirea între numirea de *Negru* și „*Ugrin* nu provine de aĭurea decât numaĭ dela diferința dialectică „dintre limba romană și cea maghiară. De altcum numele Ugrinus „ocure și între voevoḑiĭ Ardélului la 1274 și între baniĭ Severi- „nuluĭ la 1268—75". Intr'un alt pasagĭu, ce-va maĭ reservat, d. Pușcariu pune un nota-bene: „După ce Radu Negru-vodă, Domnul „Făgărașuluĭ, curând înainte de actul luĭ Ugrin maĭ sus amintit „a fost trecut peste Carpații, óre n'a fost și el unul dintre proto- „părințiĭ luĭ Ugrin? și óre deosebirea numiriĭ de *Ugrin* și *Negru* „nu e numaĭ o schimonositură stilistică?", unde descălecarea luĭ Negru-vodă o pune puțin înainte de anul 1291, nicĭ decum înainte de 1215.

Contradicțiunea între diferitele pasage se explică prin nesigu- ranța d-luĭ Pușcariu față cu divergința părerilor și a indicațiunilor. Pe de o parte, impresionat fórte mult de inscripțiunea cea din 1215 a mănăstiriĭ dela Câmpulung, o inscripțiune pe care o adoptase și Șincaĭ, dar care este învederat apocrifă, de vreme ce nicĭ o mă- năstire n'a existat în Țéra-Romănéscă înainte de anul 1366, cea maĭ veche fiind aceea dela Vodița sub Vladislav Basarabă; pe de altă parte, vědênd în *Istoria critică* demonstrațiunea că aŭ fost maĭ mulțĭ *Negri-voevoḑĭ*, carĭ eraŭ toțĭ din țéra Severinuluĭ, ĭar nu din Făgăraș; în sfîrșit, neputênd a nu recunósce importanța fap- tuluĭ documental al luĭ Ugrin din 1291, asupra căruĭa insistase maĭ ales Laurian; d. Pușcariu a căutat să'șĭ formeze un al seŭ *modus vivendi*, care să'l mulțuméscă într'un chip provisor, deși nu este de loc mulțumitor nicĭ chĭar pentru dînsul. Orĭ-și-cum, prin plura- litatea *Negrilor* venițĭ dela Severin și trecuțĭ prin Făgăraș d. Puș- cariu se apropiă în principiŭ de *Istoria critică*, maĭ mult în orĭ ce cas decât de orĭ-care alta teoriă.

§ 17. Gr. Tocilescu.

In privinţa luĭ Negru-vodă, d. Tocilescu se ţine aprópe de *Is-
toria critică*, dorind totuşĭ a nu se pré-depărta de cronica cea
muntenéscă, adecă tot-o-dată de d. Xenopol. Din cronică el ĭea
anul descălecăriĭ la 1290, dar din *Istoria critică*, ca şi d. Xenopol
de astă dată, adaptéză la acea epocă pe Tugomir, punênd: „Tugomir
„Basarab numit în Domniă R a d u - N e g r u - v o d ă (1290—1320)“,
cătră care aplică érăşĭ amăruntele cronceĭ, încheiând că: „Tugomir
„putu să unéscă pe toţĭ Românĭĭ şi să'şĭ statornicéscă stăpânirea
„asupra întreg Principatuluĭ“, lăsând însă la o parte Făgăraşul,
contra d-luĭ Xenopol, pentru a nu se ciocni cu Ugrin. După aceea,
tot din *Istoria critică* d. Tocilescu admite pe un al doilea „Radu-
Negru“, anume pe tatăl luĭ Mircea cel Mare: „Radu-vodă Basarab
numit şi N e g r u - v o d ă (1372)“.

Acestea le daŭ după ediţiunea din 1894 a *Manualuluĭ* d-luĭ
Tocilescu. Maĭ târḑiŭ, în anul trecut, el a revenit asupra cestiuniĭ
într'o conferinţă, pe care însă, nefiind publicată, eŭ regret de a o
cunósce numaĭ după o notiţă anonimă fórte confusă în ḑiarul *Epoca*
(3 Decembre 1896). Acéstă notiţă conchide: „D. Tocilescu e dispus
„—după tóte aparenţele—să identifice pe Radu-Negru cu Barbat,
„fratele luĭ Lythuon, pomeniţĭ în documentul luĭ Ladislaŭ Cumanul
„din 1355“. Este o învederată greşélă de tipar „1355“ în loc de
1280. Noua teoriă a d-luĭ Gr. Tocilescu aprópe coincidă cu anul
1274 la Cantemir după Nicefor Gregoras.

Acésta frămintare critică e bucurătóre.

In *Manualul* d-luĭ Tocilescu s'a strecurat o indiscreţiune fórte
scusabilă, pe care tocmaĭ de aceea eŭ mě cred dator a o înregistra
în trécět. Vorbind despre Litén-vodă, d. Tocilescu ḑice: „Cel de
„'ntăĭu care a încercat să unéscă pe toţĭ Românĭĭ din Ţéra-Româ-
„néscă fu Litén-vodă. El vě̦ḑend (în 1272) pe tronul Ungarieĭ un
„copil numaĭ de 10 anĭ, Ladislaŭ IV saŭ Cumanul, cuprinse în
„unire cu fraţiĭ seĭ banatul Severinuluĭ, se declară neatîrnat de
„orĭ-ce legătură de supunere cătră Ungurĭ şi nu maĭ voi să le plă-
„těscă nicĭ o dare. Pină ce aceştiĭa să vină cu armele, *se sculară
„Serbiĭ. Litén îi bătu în nenuměrate rînduri, şi aşa de tare, incât
„pină astăḑĭ ei îl pomenesc în cântecele lor ca pe un vodă vitéz şi*

„*resboĭnic*. . .“ Despre resboĭul între Serbĭ şi Litén-vodă istoria nu
ne spune nemic. Cântecele serbescĭ nu vorbesc de loc despre acest
Domn românesc. De unde dară? Faptul este că într'o comunica·
ţiune amicală orală eŭ împărtăşiĭ d-luĭ Tocilescu că am descoperit
pe al nostru Litén-vodă într'o baladă poporană serbéscă, care po-
vestesce o luptă pentru căsătoriă, nemic însă despre amestecul cu
Ungurĭĭ, nemic despre „nenumĕrate rîndurĭ“, nemic despre maĭ multe
„cântece“. Comunicaţiunea mea, póte nu destul de clară, fiind orală,
a încurcat pe d. Tocilescu, şi nu mĕ sfiesc a mărturisi vina mea.
Cât despre acea baladă poporană serbéscă despre Litén-vodă, o ba·
ladă fórte preţiósă, eŭ voĭu vorbi pe larg maĭ jos.

Încă ce-va. În *Manualul* d-luĭ Tocilescu ni se spune că pe la
anul 1240 : „Tot pe atuncĭ în Ţéra-Românéscă la resărit de Olt
„se afla un principat român cu capitala în Tîrgovişte. Peste el
„domnĭa voevodul Seneslaŭ ; din oraşe existaŭ : T.-Severin, Craĭova,
„R.-Vâlciĭ, Brăila, Gĭurgĭu, Câmpu-Lung, Argeş, Pitescĭ, Slatina, Ce-
„tatea-de-Flocĭ, Buzeŭ şi Bucurescĭ ; ĭar din mănăstirĭ : Govora,
„Glavacĭoc şi Snagov. Ţéra era împărţită în judeţe, avea o admi-
„nistraţiune regulată, o armată bine întocmită. . .“ Tóte acestea
pe la 1240 ! Acest pasagĭu întreg, o adevĕrată Fata-Morgana, se
va fi furişat în *Manual* fără scirea erudituluĭ meŭ amic, atât de
cumpĕtat, atât de păzit, atât de neîncreḑĕtor chiar în privinţa *Is·
toriĭ critice*. Fiind pré grăbit une orĭ, pe semne, îĭ va fi scăpat de
asemenea, maĭ ḑilele trecute, de a pune un elogios *imprimatur* pe
o altă Fata-Morgana, o tesă de licenţă curat alandala, pe care eŭ
o respinseĭ, dar pe care d. Tocilescu o recomandă ca „metodică“,
metodică numaĭ dóră în felul paratoponimieĭ de maĭ sus.

§ 18. V. A. Urechia.

Într'o lucrare oficială, d. Urechia studiază între altele „stema
Ţereĭ-Românescĭ“. Din câte aprofundéză acolo, mĕ voĭu mărgini
asupra pasagelor celor relative la *Istoria critică*. Pentru a nu mĕ
pré-întinde, voĭu numerotà :

1⁰. Convins că blasonul cel cu „capete negre“ al Ţereĭ-Româ-

nescĭ nu se află decât numaĭ la Levinus Hulsius, d. Urechia de-
clară că „diferă de părere cu d. B. P. Hasdeŭ“ şi urméză: „N'aŭ
„avut Basarabiĭ saŭ Muşătesciĭ, dacă aceştiĭa sînt rude cu Basarabiĭ,
„n'aŭ avut eĭ nicĭ treĭ, nicĭ douĕ capete de Arapĭ orĭ de negri în
„stemele lor, şi nicĭ aŭ fost aceste capete în herbul Muntenieĭ şi
„al Moldoveĭ, ci aŭ existat numaĭ sub penelul orĭ condeĭul igno-
„rantuluĭ desemnator, orĭ şi maĭ ignorantuluĭ scriitor străin“. Maĭ
jos d. Urechia adaogă că: „D. D. Sturdza se unesce cu opiniunea
„mea (a d-luĭ Urechia) cât privesce teoria d-luĭ B. P. Hasdeŭ de-
„spre ceĭ treĭ negri aĭ luĭ Hulsius“.

Pentru a nu mĕ opri asupra „condeĭuluĭ ignŏrantuluĭ desem-
nator orĭ şi maĭ ignorantuluĭ scriitor“, căcĭ ignoranţa în genere
mĕ desgustă, trimit fără discuţiune pe d. Urechia la studiul meŭ
Basarabiĭ, unde va vedé capetele negre pe stéma cea oficială a
dinastieĭ muntenescĭ cu maĭ bine de un secol şi jumătate înainte
de Hulsius, sub Mircea cel Mare şi sub Vlad Dracul, pe timpul
Conciliuluĭ dela Constanţa la 1417, da: *1417;* şi tot-o dată va citi
acolo propria definitiva opiniune a d-luĭ D. Sturdza, care în orĭ-ce
cas este un bărbat serios.

D. Urechia a reuşit de o cam dată a desfiinţa numele de
botez al luĭ Miron Costin, făcênd din Miron un nume de familiă,
astfel că bietul cronicar a remas nebotezat; Miron fie, Costin fie,
dar capetele cele negre ale dinastieĭ Basarabilor d. Urechia n'a putut
a le desfiinţa.

O nostimadă extremă este că d. Urechia cunósce „un vechĭu
„portulan italian *din secolul V*, care represintă litoralul Măriĭ-negre,
„şi asupra localităţilor dela Dunărea de jos este desemnat un scut
„cu treĭ capete“. D. Urechia a vĕḑut acel portulan *din secolul V*
în „biblioteca regală din Madrid, secţiunea manuscriptelor LXII B“.
Incă odată: „din secolul V“, tocmaĭ din epoca luĭ Ammian Mar-
cellin. Să'mĭ permită d. Urechia a'l trage de mănecă. Un portulan
italian din secolul V, chĭar „din timpul Hunilor“—maĭ adaogă în-
suşĭ d. Urechia pentru ca să se scie că nu este o erŏre de tipar.
O mare minune se află la Madrid. Tot în Madrid se vor fi pă-
strând ochilariĭ luĭ Attila.

2⁰. In diploma luĭ Vladislav Basarabă din 1372 eŭ îndreptaĭ
titulatura princiară altfel de cum fusese ea publicată pînă acuma,

adecă în loc de: „Dux novae plantationis *terrae* Fogaras" eŭ pre-
ferii lectura: „Dux Novae plantationis *et de* Fogaras". Corecțiunea
mea a fost admisă și de d. Xenopol. D. Urechia mě acusă pe mine
de a nu scie latinesce. Chiar dacă ar fi „et de" în originalul di-
plomei, d. Urechia tot încă s'ar îndoi. Vladislav Basarabă nu tre-
buia să facă o greșélă de gramatica latină. „Ș'atunci—observă d.
„Urechia—m'aș fi întrebat: óre putea un latinist dice: *Dux de*
„*Fogaras?* Genitivul acesta ne latin era, de sigur, cel puțin înlo-
„cuit cu adjectivul în *ensis*". Cu alte cuvinte, după d. Urechia,
s'ar puté „Dux Fogarasensis", nici o dată „Dux de Fogaras". Fără
a controversà despre gramatica latină, pe care eŭ nu contest că
o sciŭ altmintrelea decât d. Urechia, constat numai că în diplomele
cele latine ale Domnilor Țerei-Romănesci, multe-puține câte se con-
servă din secolul XIV, figuréză anume: „Dux *de* Fogaras". Așa:

pe sigilul diplomei luĭ Vladislav Basarabă din 1368: „Dux
de Fugras" la Marienburg;

în textul diplomei dela același din 1369: „Dux *de* Fogaras"
la Battyanyi;

în diploma luĭ Mircea cel Mare din 1395: „Dux *de* Fogaras"
la Pray, etc.

Părdalnica de gramatica latină!

Cu acéstă ocasiune voiu atrage atențiunea asupra unuĭ altfel
de specimen latinesc al luĭ însușĭ d. Urechia, care a reprodus din sar-
cina Academiei Romăne și a resumat pe *Codex Bandinus.* Acolo
la pag. CLX, 156, textul latin sună: „Csöbörcsök. Est oppidum in
„ripa fluvij Nester situm, unde tribus Ungaricis milliaribus Album
„Castrum seu Nester Alba distat", adecă ni se spune că pe malul
Nistruluĭ se afla orașul *Ciubărciŭ treĭ miluri ungurescĭ departe de
Cetatea-albă,* iar d. Urechia resumă: „orașul *Cetatea-albă saŭ pe un-
guresce Csöbörcsök".* Cu felul acesta s'ar puté dice: „Bucurescĭ, pe
turcesce Giurgiu".

D. Urechia e nu numai „latinist", dar este tot-o-dată nu
maĭ puțin geograf. El publicase óre-când o „Cartografiă romănă".
Cunoscênd pină și portulanul cel „din timpul Hunilor", e de mirare
că pe vechea cartă a Moldovei de Reichersdorf d. Urechia n'a vĕdut
pe acel *Csöbörcsök,* anume *Tuborcza :* pe malul Nistruluĭ între Bender
și Akkerman.

D. Urechia e nu numaĭ latinist și geograf, dar maĭ este
încă tot-o-dată nu maĭ puțin slavist, de óră-ce óre-când îmĭ în-

drepta traducerea mea din polonesce cu ocasiunea poemeĭ luĭ Miron Costin saŭ Costin Miron. Mĕ mir dară că în *Zapiski* a Societăţiĭ Istorice din Odesa, t. 2 p. 563, d. Urechia n'a vĕḑut pe acelaşĭ *Csöbörcsök* sub vodă Petru Rareş, anume pe „Tomşa pârcălabul de *Ciobărciŭ*", adecă — iertare — nu „de Ciobărciŭ", ci „Ciobărcensis" după gramatica latină.

3⁰. D. Urechia a citit *Istoria critică*, cel puţin o citéza luând'o peste picĭor: prăpădesce pe ignorantisimul Hulsius şi scapă din ignoranţă pe genitivul latin, dar pe Radu-Negru cel dela 1290 il primesce cu braţele deschise ca ce-va sfint fără discuţiune, şi 'l aşéḑă chĭar pe marca Ţereĭ-Românescĭ. „Voevoḑiĭ Transalpiniĭ — ḑice „d. Urechia — aŭ introdus în sigilul lor icóna noului recent eveni-„ment: pogorirea luĭ Radu-Negru". Peceţile cele domnescĭ cu un om de o parte şi o femeĭă de alta, stând amîndoĭ lîngă un arbore, nu represintă pentru d. Urechia alt ce-va decât pe acel Radu-Negru, negreşit cu cucóna d-sale, despre care se ḑice că era catolică, dar tocmaĭ acésta ar caracterisà un duios simbol de toleranţă religiósă.

In scurt, studiul d-luĭ Urechia avea tótă buna voinţă de a dărima *Istoria critică* pe de'ntregul; se acăţa însă de mine pré de departe şi fără nicĭ o armă, fără nicĭ o custură măcar, cât dela Ciubărciŭ pînă la Cetatea-albă, „tribus Ungaricis milliaribus distans", remănênd astfel la o mare distanţă cu o simplă gesticulaţiune organică, o gesticulaţiune gratuită şi obositóre pentru el-însuşĭ, ceea ce'mĭ pare fórte reŭ.

Din respect pentru d. Urechĭa, eŭ eram dator a'ĭ rĕspunde; din respect pentru mine insumĭ, eram dator a-ĭ spune adevĕrul.

§ 19. **Cărţile didactice.**

Laurian, Heliade, Aron Florian, d. Xenopol şi d. Tocilescu fiind fruntaşĭ, manualurile lor de istoria romănă aŭ fost menţionate fie-care deosebit la locurĭ de onóre. Aci voĭu inşira la olaltă restul literatureĭ nóstre didactice, în care — cu pré-puţine excepţiunĭ — *Istoria critică* a produs o mişcare generală, fie d'a-dreptul, fie prin compromisul d-luĭ Tocilescu.

Voĭu preveni totuşĭ că manualurile de acest fel nu'mĭ sint tóte cunoscute. De o bucată de timp, fie-care institutor la noĭ, fie-care invěţător, pînă şi dascăliĭ de prin sate, doresc de a fi autorĭ cu orĭ-ce preţ, contribuind cu mult zel la o colectivă galimaţiă pedagogică. A vinde o carte de şcólă, este privit de cătră dînşiĭ ca un legitim suplement la léfă. Resultatul este un talmeş-balmeş in creeriĭ şcolarilor.

D. Dragoşescu se ţine întocmaĭ de cronică. Nicĭ măcar despre Tugomir el nu scie nemic. Are însă pretenţiunea de a judeca printr'o notă: „Trecerea luĭ Radu-Negru se arată de istoricĭ in deosebite „timpurĭ. Din aceste arătărĭ, cea maĭ credută este cea dela 1290".

D. G. Hrisoscoleŭ nu cunósce Istoria critică, dar nicĭ de altă autoritate habar n'are. El auḑise despre un Radu-Negru „pe la „anul 1215, alţiĭ pe la 1245 şi alţiĭ pe la 1290", dar nu'şĭ bate capul cu asemenea mărunţişurĭ şi conchide că: „tot ce se scie c u „s i g u r a n ţ ă este că Radu-Negru, domnul Almaşuluĭ şi al Făgă- „raşuluĭ din Transilvania, a venit la Cămpulung..." Halal de fericitul de Cămpulung, care n'are nevoe de cronologiă!

Cam tot aşa este manualul d·luĭ C. Handocă. El se rostesce însă hotărit in favórea anuluĭ 1290, punênd pe descălecătorul Ţereĭ·Românescĭ sub protecţiunea d·luĭ doctor Rîmnicénu, căruĭa 'ĭ dedică opera chĭar pe titlu.

De Heliade se ţine preutul C. Moşescu.

D. A. Puĭu urméză după Istoria critică, inlăturând orĭ-ce altă teoriă.

Preutul A. Popescu a utilisat Istoria critică cum a putut: „Statul Român s'a întemeĭat sub Alexandru Basarab. Alexandru „Basarab a fost fiĭul luĭ Tugomir. El ocupă tronul Ţereĭ·Românescĭ „la anul 1310. Alexandru Basarab domni 50 de anĭ..." Apoĭ pe tatăl luĭ Mircea cel Mare îl pune ca „Radu-Negru Basarab".

D. I. Vasiliŭ în primele ediţiunĭ se ţine de Istoria critică, in cele din urmă se conforméză cu variaţiunea d·luĭ Tocilescu.

Tot de d. Tocilescu se ţine, cu Litén-vodă cu tot, d. Serafim Ionescu, care maĭ ticluesce in versurĭ o „legendă naţională" despre Radu-Negru":

> Dela Făgăraş
> Trece la Almaş,
> Pe Românĭ unesce
> Şi cu el pornesce...

D. Gallin se ţine de d. Tocilescu pînă şi cu „Litén-vodă bătu „în maï multe rîndurï pe Serbï", mulţumindu-se a perifrasà pînă şi greşelele.

D. Secărénu urméză şi el după eclectismul d-luï Tocilescu.

D. E. Ropală s'a incercat a împăca *Istoria critică* cu teoria luï Şincaï, dar într'un mod cïudat. El scie pe Tugomir Basarab înainte de 1310 şi recunósce că Radu-Negru este numaï tatăl luï Mircea cel Mare între 1372—82 ; totuşï pune pe un descălecător al Ţereï Românescï la 1215, pe care 'l numesce Radu Basarab fără „Negru".

Maï priceput într'o încercare analógă, d. M. Andreïan începe cu Şincaï, fixând pe întemeïetorul Ţereï-Românescï după 1210, dar nu pe un Radu, ci pe simplul „Negru vodă, ducele Făgăraşuluï", ïar pe Radu-Negru îl aşéçlă la 1372. Despre lungul interval de un secol întreg dela 1210 pînă la Alexandru Basarabă în 1310, d. Andreïan se strecóră din încurcătură prin : „urmaşiï acestuï Domn nu se cunosc".

Tocmaï acel lung interval speriă cu drept cuvînt pe d. G. Cristescu. El ç1ice : „A spune copiilor din şcólele primare că în „curs de un véc aŭ urmat la tronul ţereï maï mulţï Domnï fără „a se sci numele lor, este pentru mintea copiilor un lucru greŭ „de înţeles". De aceea d. Cristescu urméză după *Istoria critică* despre cucerirea Făgăraşuluï de cătră Basarabï înainte de 1210, apoï după Şincaï despre Radu-Negru şi ceï-lalţï Domnï pînă la Alexandru Basarabă, şi 'n fine dela 1310 ïarăşï după *Istoria critică.*

Din aceïaşï direcţiune, fórte pe scurt, este d. M. Ţintă.

D. N. Beldicénu nu se desparte de d. Xenopol. Statul muntenesc a fost fundat la 1290 : „Tugomir Basarab, numit maï apoï Radu „Negru, trecu munţiï Carpaţï în fruntea unuï mare numěr de Ro-„mănï din ducatul Făgăraşuluï în Muntenia". După aceea d. Beldicénu desfiinţéză pe Vladislav Basarabă, unul din ceï maï iluştri Domnï aï Românilor, şi chiar pe Radu-Negru cel adevěrat, tatăl luï Mircea cel Mare, ç1icênd : „După Alexandru Basarab, maï mulţï „Domnï slabï ocupară pe rînd tronul Ţereï-Românescï pînă la „anul 1386".

D. A. Michaelescu urméză de asemenea d-luï Xenopol, maï reproducênd legenda luï Bolintinénu despre Radu-Negru :

Radu-Negru 'ntinde braţul spre hotare,
Şi sub el Romănii fac o ţéră mare...

În cartea didactică cea maĭ nouă, institutoriĭ asociațĭ dd. Scrabă, Negulescu şi Teodosiŭ, proced cu mult tact, deosebind legenda de cronică, ĭar cronica de *Istoria critică*, tóte acestea fórte metodic pe înțelesul copiilor.

Maĭ încă una.

Cartea d-luĭ G. Melidon pórtă pomposul titlu : „Istoria națio-
„nală pentru popor saŭ némul, sapa, arma, casa şi mintea Româ-
„nilor prin tóte timpurile şi locurile“. Ca devisă : „Virtus Romana
rediviva“. Pe frontispiciŭ ne maĭ încăpênd alte cuvinte, nu se spune
că este o carte didactică ; în prefața însă autorul o spune, maĭ
adăogênd : „Nu am nicĭ cum pretențiunea de a fi un descoperitor
„în domenul istorieĭ şi mărturisesc chĭar că tóte datele istorice din
„acéstă carte le-am luat numaĭ din acea scrisă de D. Laurian. Dar
„istoria nóstră presintă încă atâtea lacune şi o aşa confusiune, cât
„istoricĭ din ceĭ maĭ erudițĭ, ca D. Hasdeŭ spre exemplu, sînt si-
„lițĭ încă a procede în urmăririle lor maĭ mult prin inducțiune. In
„aşa situațiune, ocupându-mě cu studiul istorieĭ naționale ca pro-
„fesor în curs de maĭ mulțĭ anĭ, am avut şi eŭ ocasiune a mě
„gândi, cum fie-care din evenimentele, carĭ se presintă une-orĭ în
„mod atât de încurcat saŭ contradicĕtor, ar fi putut a se urma în
„mod natural, şi ast-fel a nemeri póte mersul cel maĭ adevĕrat al
„istorieĭ nóstre. Pentru mine sper şi sînt convins că viitorul va
„aduce descoperirĭ carĭ să justifice maĭ tóte induc-
„țiunile mele...“

In aşteptarea unuĭ „viitor“ fórte problematic, despre manualul
d-luĭ Melidon eŭ nu maĭ pot vorbi.

§ 20. D. Onciul.

D. Onciul mě pune din capul loculuĭ în antitesă cu Rösler :
„Cu maĭ mult succes decât Rösler a mănuit stilul criticeĭ d. Hasdeŭ
„în Istoria critică a Românilor. In cestiunea nóstră, atinsă numaĭ
„în lineamente generale cu ocasia cercetărilor făcute asupra altor
„întrebărĭ, critica constructivă a d-luĭ Hasdeŭ ajunge la resultate
„maĭ îndestulătóre decât cele ale criticeĭ maĭ mult destructive a
„luĭ Rösler. Ea privesce cu deosebire analisa tradițiuniĭ indigene
„despre originile Principatuluĭ, înlăturată de Rösler fără a fi înlo-
„cuită prin o teoriă întemeĭată, care să explice ceea ce tradițiunea

„tinde a explica“. Si apoĭ urméză: „Dacă şi ingeniósa teoriă a
„d-luĭ Hasdeŭ, desvoltată cu cunoscuta'ĭ măiestriă, nu va puté fi
„susținută în întregimea eĭ, de bună samă însă direcțiunea dată
„de d-sa e singura dela care în mare parte putem aştepta resol-
„virea cestiuniĭ“.

D. Oncĭul combate pe d. Xenopol, pe care'l numesce „cel maĭ
hotărît apologist al şcólei vechĭ“ în privința luĭ Negru-vodă dela
1290 ; spulberă cele şése pretinse crisóve ale Câmpulunguluĭ, carĭ
tóte la un loc forméză o colecțiune de copie după un singur crisov
dela Mateĭu Basarabă ; şi constată că Radu-Negru cel descălecător
al Țereĭ-Românescĭ din cronicele muntenescĭ este Radu-vodă tatăl
luĭ Mircea cel Mare, un Domn fórte bisericos, pe care călugăriĭ l'aŭ
rădicat în slavă.

Desființându-se astfel mistificațiunea cea scrisă, maĭ remâne
totuşĭ în picióre legenda cea poporană. Un *Negru-vodă* maĭ trăesce
pînă astădĭ pe icĭ pe colo în gura Muntenilor şi a Ardelenilor. O
asemenea legendă nu póte să fie ştérsă cu buretele. Criticul este
dator s'o limpeḑéscă, cel puțin s'o scotocéscă.

D. Oncĭul resumă următorul mod al meŭ de a vedé acéstă
problemă : „Negru vodă al tradițiuniĭ poporale nu e decât o perso-
„nificațiune a dinastieĭ Basarabilor pentru timpul maĭ vechĭu, nume
„poetic format de fantasia poporuluĭ din numele Basarab prin pre-
„schimbarea părțiĭ *arab* cu *negru (= arap)*. Din argumentele aduse
„în sprijinul acesteĭ ipotese, numim maĭ ales epitetul de *negru* dat
„Muntenieĭ de cătră vecinĭ, la carĭ se găsesce chĭar şi forma *arap*
„pe lîngă *negru*, şi capetele de *arap* în stema Munteniei după Levin
„Hulsius (1597)“. Apoĭ în notă, despre epitetul „Arapĭ“ şi „Negri“
aplicat Românilor în eposul Slavilor meridionalĭ, d. Oncĭul adaogă:
„Arabisarea Românilor în poesia poporană sud-slavică, asupra acestuĭ
„punct pré-puțin lămurit nu mĕ pot pronunța hotărît, neavènd
„la mână colecțiunile cântecelor respective. Sub *Arabia* din Nibelun-
„genlied şi din cronicele ungurescĭ cred însă că trebue să se în-
„țelégă numaĭ imperiul Arabilor din timpul Cruciatelor“.

D. Oncĭul are o deplină dreptate că eŭ am greşit despre „Arabia“
din Nibelungenlied şi din cronicele ungurescĭ. Aşa este. Acéstă
greşélă e un epizod care se va suprime în noua ediţiune a *Istorieĭ
critice*, fără a fi cătuşĭ de puțin solidară cu restul textuluĭ. Regret
că am greşit, dar regret şi maĭ mult că însuşĭ d. Oncĭul n'a putut
să controleze pe Româniĭ ceĭ A r a p ĭ în baladele poporane bulgare

şi serbe; regret şi maĭ mult că stema cea cu N e g r i ĭ a Basara-
bilor d. Oncĭul a cunoscut'o — ca şi maĭ sus d. Urechia — numaĭ
din Levin Hulsius dela 1597; ba incă aş puté să maĭ ḑic că re-
gret şi maĭ mult că un bărbat ca d. Oncĭul, un istoric fruntaş
necontestabil, nu o reputaţiune usurpată, nu un savant de reclamă,
s'a grăbit a afirma că B a s a r a b ă n'are a face cu N e g r u l, s'a
grăbit a afirma inainte de a'şĭ fi procurat intăĭu „colecţiunile cânte-
celor respective" şi inainte de a se fi incredinţat tot-o-dată că deja
in secoliĭ XIV şi XV scutul cu N e g r i ĭ era stema dinastică cea
oficială a Basarabilor, după cum eŭ am demonstrat'o. Orĭ-unde in
afară din Oltenia se arătaŭ cetele unuĭ Basarabă, tocmaĭ in afară din
Oltenia era lucrul cel maĭ firesc ca stégul atât de caracteristic cu
stema N e g r i l o r să inspire altora pentru acele cete epitetul de
N e g r i - R o m â n ĭ avénd in frunte pe un N e g r u - v o d ă. Nesocotind
acest „punct pré-puţin lămurit", pe cel maĭ lămurit după convic-
ţiunea mea, pe cel maĭ plastic şi maĭ simplu, d. Oncĭul a fost silit
a presupune că dela Tătarĭ căpětaseră Romăniĭ ceĭ din Muntenia
epitetul de N e g r i, ĭar după aceştĭ Muntenĭ s'a ḑis apoĭ unuĭ Domn
al lor N e g r u - v o d ă, tóte acestea anume in afară din Oltenia
Basarabilor.

D. Oncĭul ḑice: „D. Hasdeŭ a caracterisat mitul luĭ *Negru-vodă*
„ca personificare a originilor Statuluĭ la Romăniĭ numiţĭ cu epitetul
„de *Negri.* Acest punct de plecare trebue recunoscut ca cel maĭ
„nimerit şi maĭ sigur. In istoriă intâlnim, maĭ la tóte popórele,
„nenuměrate casurĭ de analogiă pentru asemenea personificărĭ, in-
„cât ne putem crede dispensaţĭ de a ne maĭ opri la acest punct.
„Intrebarea ce are să ne preocupe este: cine sînt *Negriĭ-Romănĭ?*"
La acéstă intrebare, pe care şi-o pune d. Oncĭul, eŭ respunseĭ: Ba-
sarabiĭ avénd pe stindarde imaginea unuĭ cap n e g r u, de aci pentru
Domn epitetul de N e g r u - v o d ă, ĭar pentru ceĭ supuşĭ N e g r i - R o-
m â n ĭ, ambele epitete inrădăcinându-se nu in Oltenia, de óra-ce acolo
nu era ce-va noŭ care să impresioneze imaginaţiunea poporană,
ci inrădăcinându-se anume afară din Oltenia. La acelaşĭ intrebare d.
Oncĭul respunde: „Avem a face cu o particularitate a popórelor
„turanice, care distingea posiţiunea dominantă saŭ centrul cu epi-
„tetul *alb.* Centrul fiind *alb,* o parte a periferiĭ devine prin con-
„trast *négră.* Ḑicem numaĭ o parte, căcĭ nu tóta periferia e négră,
„ci numaĭ partea din afară de teritoriul principal. Cu alte cuvinte:
„ţéra impropriă saŭ supusă se numesce *négră,* spre deosebire de

„ţéra proprăă saŭ dominantă numită *albă*“. Prin urmare, Turaniĭ aŭ calificat N e g r i pe Românĭ ceĭ supuşĭ, de unde Domnul acestora N e g r u - v o d ă. De aci conclusiunea: „Decĭ şi mitul luĭ Negru-vodă „póte fi primit numaĭ ca personificare a originilor Statuluĭ la Ne-„griĭ-Românĭ, nu însă şi ca personificare a dinastiĕĭ Basarabilor“. Mărturisesc eŭ-unul că nu ințeleg, dar nu ințeleg de loc, întréga doctrină a d-luĭ Onciul: cu centrul, cu periferia, cu nu tótă peri-feria, cu numaĭ partea din afară etc.

A fost o poticnélă nenorocită, care nu s'a oprit cel puțin la timp, ci din pas în pas l'a împins pe d. Onciul la o teoriă excen-trică, o teoriă nouă, pe care am puté-o numi b u l g ă r é s c ă. Din dată ce N e g r u - v o d ă nu este un Basarabă, trebuĭ să căutăm pe alt cine-va ca să nu fie din dinastia cea oltenéscă, astfel ca să se potrivéscă neapĕrat cu „tradițiunea despre închinarea Basarabilor, „care va fi avênd óre-care temeĭu istoric“, căcĭ singurul punct la care d. Onciul mănține cu stăruința în totalitatea relațiunĭ din cro-nice munteneşcĭ, este închinarea Basarabilor la Negru-vodă, deşi —fie ḑis în parentesĭ—aceleaşĭ cronice munteneşcĭ afirmă că Negru-vodă era şi el unul din Basarabĭ, ceea ce este mult maĭ important decât particularitatea cea cu „închinarea“. Urmărind dară pe atare Negru-vodă, căruĭa să i se închine Basarabiĭ, d. Onciul îl află din B u l g a r i a.

S'ar puté argumenta că primiĭ Asanĭ, adecă ceĭ treĭ fraţĭ, eraŭ originarĭ din România carpatină, ĭar nu din cea balcanică. S'ar maĭ puté argumenta că prin acéstă origine se explică ajutórele ce le veniaŭ lor dela Cumanĭ şi dela Românĭ cis-danubianĭ în lupta contra Bizanţiuluĭ. Acestea s'ar puté argumenta, dar d. Onciul nu le utiliséză, nu le atinge măcar, ci privesce pe primiĭ Asanĭ ca Ro-mânĭ de peste Dunăre, şi totuşĭ susţine că eĭ stăpâniaŭ peste Bul-garia şi peste Ţéra-Românéscă tot-o-dată: „Mitul luĭ Negru-vodă, „căruĭa se închină şi Basarabiĭ din Oltenia, cată decĭ să represinte, „în forma sa originală (fără adaosul posterior despre pretinsul descă-„lecat din Amlaş şi Făgăraş) domnia Asenescilor în Ţéra-Românéscă“; şi d. Onciul maĭ întăresce: „Trebue să ţinem la Asenescĭ. Eĭ aŭ „pus temelia Statuluĭ roman în stânga Oltuluĭ, şi lor s'aŭ închinat „Baniĭ din Oltenia“.

Acéstă teoriă nu se dovedesce absolut prin nemic, de vreme-ce ea se întemeĭază pe următórele imaginare temeĭurĭ:

1⁰. Despre diploma luĭ Ioan Caliman Asén din 1250, în care împĕratul se intituléză „Domn al Bulgarilor şi Grecilor şi peste *Moldovlachia*", d. Oncĭul mărturisesce că este un „document falsificat", dar observă: „Părerea falsificatoruluĭ că Moldovlachia făcea „parte din imperiul româno-bulgar trebue să aĭbă de basă „tradiţiunea".

2⁰. D. Oncĭul dă o mare importanţă aşa numituluĭ *Tzarstvcn-nikŭ*, o istoriă bulgărésca scrisă la 1762 de cătra stareţul Paisie din Sântagora, o lucrare modernă fără nicĭ o valóre seriósă, care ne spune că: „Asén a luat în stăpânirea sa şi *amîndoue Vlachiile*", ceea ce constituă o gólă afirmaţiune, o afirmaţiune cu atât maĭ gólă cu cât ea este în concordanţă cu *Moldo-vlachia* din diploma cea falsă de maĭ sus, aflătóre tocmaĭ la Sântagora, unde scria autorul.

3⁰. In diplomele cele slavice ale Asanilor: „împĕrat al Bulgarilor şi Grecilor şi *al celor-lalte părţĭ*", d. Oncĭul ne asigură că prin „cele-lalte părţĭ" se înţelege Ţéra-Românésca, adecă Ţéra-Românésca este un „et-caetera", „καὶ τὰ λοιπά", un argument ca „lucus a non lucendo".

4⁰. În diploma regeluĭ maghiar Bela IV din 1239, pasagiul: „circa partes Bulgariae in terra quae Zeuren nominatur", adecă: în vecinătatea Bulgarieĭ ţéra numită Severin, d. Oncĭul explică: „ceea ce va să ḑică cam atâta cât şi în părţile Bulgarieĭ", ce-va ca proverbul: „baculus in angulo, ergo pluit".

Atâta tot.

Unde este dară acea stăpânire a Asanilor asupra Ţereĭ-Românescĭ? Un vechĭu document fals, de care se folosesce un noŭ călugăr agramat, apoĭ un *et-caetera*, şi'n sfîrşit un „înlăuntru" în loc de un „aprópe".

Chĭar dacă Asaniĭ şi Basarabiĭ n'aŭ fost din aceiaşĭ castă olténésca a Sarabilor, totuşĭ legătura de amiciă saŭ de alianţă între dînşiĭ este sigură. Există despre acésta un preţios document din 1235, pe care eŭ îl voĭu reproduce maĭ jos, — un document nu ca cele patru argumente de maĭ sus. Un fiĭu al bătrânuluĭ Asan s'a luptat în Oltenia pentru Românĭ contra Ungurilor. Iată un fapt istoric. Dar o stăpânire bulgărĕscă în regiunea Carpaţilor, nicĭ după Asan, nicĭ înainte de Asan, nu înfăţişĕză nicĭ o umbră de probă. Tocmaĭ documentul cel din 1235 învederĕză că întemeietorul Statuluĭ muntenesc n'a fost şi nu putea să fi fost din Bulgaria.

Avênd o consideraţiune cu totul excepţională pentru fórte remarcabila activitate sciinţifică a d-luĭ Oncĭul, maĭ sciind că este încă tinĕr şi are de'nainte'ĭ un lung strălucit viitor pentru a se perfecţionà din ce în ce maĭ mult, de aceea voĭu maĭ atrage atenţiunea'ĭ asupra uneĭa din nesce greşelĭ destul de grave.

Pentru a explica anexarea Făgăraşuluĭ cătră Ţéra-Românéscă, d. Oncĭul ḑice: „se află în posesiunea Domnilor românĭ *prima dată* „în timpul luĭ Vladislav I ţinutul numit maĭ tărḑiŭ Amlaş la 1366, „şi *ţéra Făgăraşuluĭ la 1369*". De ce dară Făgăraşul nu înainte de 1369? Fiind-că d. Oncĭul cunósce din colecţiunea Hurmuzachi diploma luĭ Vladislav-vodă din 20 Ianuarie 1368, unde Domnul îşĭ dă titlul: „Woyevoda Transalpinus et Banus de Zeurino" fără Făgăraş. Eĭ bine, în colecţiunea Hurmuzachi diploma în cestiune nu este reprodusă întrégă, anume fără pecete. Documentul original se păstrĕză în archivul municipal al Braşovuluĭ. Acest original a fost pentru întâia óră reprodus la 1806 de cătră Marienburg cu amărunta descriere a peceţiĭ. Pe pecete titlul luĭ Vladislav-vodă sună: „Weyvoda Transalpinus Ban de Zeurinio et D u x d e F u g r u s". Diploma fiind din Ianuariŭ 1368, este învederat că pecetea fusese deja în fiinţă cel puţin din 1367, adecă: titlul cu „Făgăraş" este cu mult anterior anuluĭ 1369. Necunoscênd pecetea, d. Oncĭul trage conclusiunea greşită că Basarabiĭ stăpâniseră Amlaşul înainte de Făgăraş, şi prin acésta motivéză în titulatura diplomelor ulterióre *Amlaşul* înainte de *Făgăraş*. Motivarea este tot aşa de neîntemeiată ca şi conclusiunea. Nu urméză de loc că Amlaşul va fi aparţinut luĭ Vladislav-vodă înainte de Făgăraş, ci este probabil tocmaĭ contrariul de a se da în titulatură prioritatea uneĭ acuisiţiunĭ próspete, întru cât ea era maĭ importantă pentru Basarabĭ prin posiţiunea maĭ în inima Transilvanieĭ. Iată de ce Amlaşul, ca o acuisiţiune maĭ próspětă, se numĭa o „ţĕră nouă" în alăturare cu Făgăraşul cel stăpânit maĭ de 'nainte. In diploma luĭ Vladislav-vodă din 1372 titlul este: „Dux Novae Plantationis et d e

Fugaras", insemnând : „ducele Amlaşuluĭ şi al Făgăraşuluĭ", după cum l'am stabilit eŭ în *Istoria critică* şi după cum a admis'o şi d. Xenopol, ĭar nicĭ decum „Novae Plantationis terrae Fugaras", după cum o afirmă dd. Urechia şi Oncĭul, uĭtând amîndoĭ că în diplomele latine ale luĭ Vladislav-vodă ne întîmpină numaĭ „de Fugaras", fără „terra".

§ 21. Dr. L. Réthy.

In privinţa istorieĭ şi a filologieĭ specifice romăne, d. Réthy este considerat între Ungurĭ şi se consideră el-însuşĭ ca cel maĭ competinte ; ba încă printre Romănĭĭ de peste Carpaţĭ el şĭ-a găsit un disciplu admirator pe d. Ioan Costa, care susţine că d. Réthy ne-a pus în cófă pe noĭ toţĭ ceĭ-lalţĭ : „Numele luĭ Clain, Şincaĭ, Maior, „Cipariŭ şi Hasdeŭ vor stîrni în noĭ tot-d'a-una simţul devotamen-„tuluĭ şi reverenţeĭ adevĕrate, pe carĭ, convinşĭ noĭ de greşelile „lor, nu'ĭ vom batjocori, ci închinându-ne naintea genialităţiĭ lor, „le vom arăta smeriţĭ calea cea veche greşită—a lor—şi acea nouă „a adevĕruluĭ", adecă a d-luĭ Réthy. Mersi personal că cel puţin „nu mĕ va batjocori" d. Costa, şi mersi tot-o-dată din partea Ro-mănilor cis-carpatinĭ că a acordat măcar unuĭa din eĭ un locuşor lîngă ceĭ patru trans-carpatinĭ.

Nu voĭu desbate aci teoria fórte nostimă a d-luĭ Réthy despre venirea Romănilor de peste Dunăre în vĕcul de mijloc nu din vre-o altă causă, ci numaĭ şi numaĭ fiind-că —argument serios— fonetica romănéscă se asémĕnă aşa de mult cu fonetica italiană, ceea ce înainte de d. Réthy neminea n'a observat'o. O las la o parte. Sînt silit a mĕ mărgini cu problema luĭ Negru-vodă.

Nesciind că slavonesce -*in* este un sufix adjectival şi genitival, d. Réthy citesce într'un document serbesc : „басарабину землю", casul acusativ dela „басарабина земля", adecă „ţéra *basarabéscă*", „terra Ba-sarabica", şi apoĭ conchide că numele cel organic nu e „Basarabă", ci este „Basarab*in*". Acăţându-se de flexionarul slavic *n*, care de loc n'are a face cu tulpina numeluĭ celuĭ romănesc, d. Réthy gă-sesce pe *n* în „*busurman* saŭ *musulman*, precum numĭaŭ po-„pórele tătare şi slave ale Rusieĭ sudice pe mohamedanĭ", unguresce „böszörmény", şi etă'l că exclamă: „*Basarabin* este *busurman !*", Iar prin urmare Basarabiĭ nu eraŭ Romănĭ, ci Cumanĭ de ceĭ mahometanĭ. Pentru a face pe Basarabĭ să'şĭ pĕrḑă naţionalitatea şi religiunea dintr'o dată, era de ajuns d·luĭ Réthy sufixul slavic genitivo-adjectival ·*in*, care n'are absolut nicĭ un fel de legătură cu numele Basarabă. Reposatul Bulgar Rakovski, om fórte cum se cade, dar care nu sciea latinesce, zăresce la Amédée Thierry o ci·taţiune latină din Cicerone: „Belgarum", adecă genitivul plural din „Belga" despre poporul celtic Belgĭ, şi declară cu o profundă convicţiune că Cicerone vorbĭa despre „Bulgarĭ". Pe Rakovski l'a bucurat casualul latin ·*r*, pe d. Réthy casualul slavic ·*n*.

Dar măcar lătinesce scie óre d. Réthy cel apoteosat de d. Ioan Costa? Pentru a identifică pe „Basarabă" cu „Busurman", d. Réthy citéză doue diplome fórte interesante despre un Romăn din Transilvania de pe la jumătatea secoluluĭ XIV. In diploma din 1350 este: „Egidius filius Johannis de Bezermen-Zanchal"; în diploma din 1361: „Egidius filius Bazarab de Zanchal". D. Réthy argumentéză: „Prin aceste doue documente se elucidéză că numile Be-„zermen şi Bazarab în vécul XIV aŭ aceĭaşĭ valóre, cea de'ntălu „formă a numeluĭ fiind maghĭară, cea din urmă slavo română". O curiósă equivalenţă. Ambele documente se completéză la o-laltă aşa: „Egidius filius Iohannis Bazarab de Bezermen-Zanchal". Este vorba despre fiĭul unuĭ Ion Basarabă: „filius Iohannis" la 1350, „filius Bazarab" la 1361, avĕnd satul Beszermény-Szancsal: la 1350 „de Bezermen-Zanchal", la 1361 „de Zanchal", adecă: „Bazarab" despre om, „Bezermen" despre pămînt, ĭar d. Réthy ḑice: „Bazarab" este „Bezermen". Ce-va maĭ minunat. Insuşĭ d. Réthy ne spune că numaĭ la 1350 regele Ludovic a dăruit aceluĭ Egidiŭ moşia Bezermen-Zanchal, pe care o stăpăniseră înainte „filii Pauli dicti Pyrus de eadem". Decĭ pînă la 1350 Egidiŭ nu avea pe „Bezermen". Totuşĭ tatăl seŭ se numĭa „Bazarab". Dacă dară „Bezermen" insemnéză „Bazarab", în casul de faţă „Bazarab" nu putea să fi existat înainte de 1350. Consequenţa firésca este că pînă la 1350 Egidiŭ trăĭa deja, dar nu avea încă pe tată. Resultă clar că Bazarab, tatăl luĭ Egidiŭ, nu se născuse încă el-însuşĭ pînă ce fiĭul seŭ n'a reuşit a căpĕta maĭ întălu satul Bezermen, de vreme ce Bazarab şi Bezermen sînt tot una. Iată de ce eŭ maĭ întreb încă o dată: măcar lătinesce scie óre d. Réthy? Căt despre d. Ioan Costa, îl las să admire „calea cea nouă a adevĕruluĭ".

Sufixul slavic *·in* şi teoria „filius ante patrem", atâta a putut
s'o scóţă la lumină d. Réthy pentru a dovedi mahometismul Ba-
sarabilor. El singur mărturisesce că n'are alte probe documen-
tale, ci numaĭ combinaţiunĭ etnografice, dintre carĭ cea maĭ
originală este o domniă a Ungurilor Iazigĭ pe la 1330 în Ţéra-
Românéscă. Şi cum aşa ?

Şub regele maghiar Carol-Robert, Saşiĭ din Ardél ajunseseră la
o însemnătate politică atât de mare, încât pe la 1320 eĭ nu s'aŭ
temut chĭar de a se rescula contra Ungarieĭ cu arma în mână,
conduşĭ de contele lor Henning : „comes Henningus de Villa Petri
erecto vexillo, aggregata multitudine Saxonum". Saşiĭ dară aveaŭ
pe atuncĭ o armată proprĭă a lor, de care îşĭ permiteaŭ a dispune
intr'un mod independinte de Ungaria. La 1330 Bulgariĭ şi Româniĭ
purtând un resboĭu contra regeluĭ serbesc Stefan Milutin, cu dînşiĭ
eraŭ aliaţĭ şi Saşiĭ, o cétă trimisă în ajutorul luĭ Alexandru Basa-
rabă, de sigur fără autorisaţiunea Ungarieĭ. Vorbind despre acel
resboĭu, un act serbesc menţionéză pe Saşĭ : „господство сашко", adecă
„dominium Saxonum", după cum obicĭnuĭaŭ a se întitula cele şépte
cetăţĭ ale Ardéluluĭ. Printr'o eróre de lectură, editorul actuluĭ a
publicat : „господство iашко", ca şi când ar fi „dominium Iasonum",
ceea ce n'are nicĭ un sens istoric. Profitând de confusiunea grafică
cirilică între „са" şi „iа", d. Réthy ne asigură că aliaţĭ Românilor
eraŭ Ungurĭ Iazigĭ, aşeḑaţĭ în Ţéra-Românéscă, ba încă maĭ
adaogă o ipoteă topografică : „Principatul Iazigilor din Muntenia
„nu putem să'l circumscriem d'o cam dată, dar bănuim că putea
„fi între Olt şi între Ialomiţa", afirmând că acel Iazigĭ eraŭ anume
mahometanĭ, căcĭ mahometanĭ îĭ trebuĭ pretutindenĭ cu orĭ-ce preţ
d·luĭ Réthy. De astă dată el mahometiséză pe Saşĭ : Saşĭ mahome-
tanĭ—nu glumă.

Astfel la sufixul slavic *·in* şi la „pater post filium", se maĭ
acaţă acum un puternic principat unguresc mahometan între Olt şi
între Ialomiţa, înfiinţat prin dreptul de cucerire al unuĭ *i* în loc
de *s*. Dacă ar citi cine-va greşit *Béthy* pentru *Réthy*, d. Réthy s'ar
metamorfosa într'o femee *Elisabetha*, ceea ce n'ar fi maĭ de mirare
decât mahometisarea Saşilor. Iar d. Ioan Costa se resgăĭă de mân-
drĭă, maĭ-maĭ gata de a batjocori pe „Clain, Şincaĭ, Maĭor, Ci-
parĭu şi Hasdeŭ".

Incă un argument de aceiași natură din arsenalul d-luĭ Réthy,
nu documental,. nicĭ etnografic, ci óre-cum din sfera belelor-arte.
Ca probă că stema cu capetele cele negre a Basarabilor caracteri-
séză pe mahometanĭ, d. Réthy ne spune că într'o biserică ungu-
résca din Ardél se află următórea veche icónă :

unde este represintată lupta între regele maghiar sântul Ladislaŭ
și între un Tătar saŭ un Peceneg saŭ un Cuman, un mahometan
în orĭ-ce cas. Pentru a face d-luĭ Réthy o deosebită plăcere estetică,
iĭ atrag atențiunea asupra miniaturelor din secolul XIV, reproduse
în cronica italiană lucchesă a luĭ Sercambi, unde, în bătălia dela
Nicopole din 1396, pe stégul turcesc figuréză un cap negru, maĭ
negru decât chĭar în biserica cea secuéscă din Ardél. Arabiĭ fiind
poporul ales al luĭ Mahomet, ĭar Arabiĭ ceĭ maĭ cuceritorĭ în Europa
fiind Mauriĭ, adecă „Negriĭ“, de aci creștiniĭ se apucaseră a figurà pe
musulmanĭ în genere prin Negri. Acésta o scie și d. Réthy. Nicĭ
Arabiĭ însă, nicĭ Turciĭ, nicĭ ceĭ-lalțĭ mahometanĭ, ceea ce d. Réthy
nu vrea s'o scie, nu'șĭ atribuiaŭ vre-o-dată eĭ-înșiĭ blazonul cel cu
capetele negre. După creștinĭ este negru și dracul, dar nicĭ dînsul
nu se zugrăvesce așa, nicĭ nu jócă vre-un rol în eraldică. Ceea ce
érășĭ n'o scie d. Réthy, este că, înainte de nascerea creștinismuluĭ
și cu maĭ mulțĭ secolĭ înainte de Mahomet, deja sub Cesar (Strab.
XVI, 4, 27) Greciĭ numĭaŭ une-orĭ pe Arabĭ negri, „ἐρεμνοὺς“, con-
fundându'ĭ cu Etiopiĭ. D. Réthy dară să lase în pace mahometismul
cu musulmaniĭ saŭ busurmaniĭ luĭ. Un Engles numit Muryson pórtă
în stema nobilitară un „cap negru“, fiind-că „Mury“ sémănă cu

„Maurus" însemnând pe Arab. Întocmaï aşa Românul Basarabă pórtă în stema nobilitară de asemenea un „cap negru", fiind-că numele se termină prin -a r a b. Nicĭ Muryson, nicĭ Basarabă nu eraŭ mahometanĭ. N'aŭ fost mahometanĭ nicĭ Italianiĭ Saracenĭ, nicĭ Româniĭ Sărăcinĭ—dintre carĭ este în ḑilele nóstre generalul austriac Sărăcin din Banat. Eĭ aŭ dreptul de a purta în stema lor nobilitară un cap negru, întru cât numile lor se asémĕnă cu „Saracenus = Arabs = Maurus". Să se observe însă că la Românĭ—de carĭ se intereséză d. Réthy—numele de familiă S ă r ă c i n, de unde numele cel topic S ă r ă c i n e s c ĭ, nu se trage de loc din Arabiĭ „Saracenĭ", ci este o simplă formaţiune din adjectivul s ă r a c „pauvre", întocmaĭ după cum Muşatin din cronica moldovenéscă este acelaşĭ sufixaţiune din adjectivul muşat=frumos. Aşa numitul r e b u s în eraldică nu cere o equivalenţă etimologică, cu atât şi maĭ puţin o proveninţă etnică, mulţumindu-se cu o simplă asemĕnare fonetică.

A afirma dară, după cum o face d. Réthy, cumcă orĭ-ce stemă nobilitară cu un cap negru indică prin acésta o origine mahometană, este un curat „non-rebus". Cu o ast-fel de interpretare naturalistă a blazonuluĭ ar fi permis d-luĭ Réthy să susţină într'o ḑi că Moldoveniĭ aŭ purtat óre-când córne pe frunte, de vreme ce aŭ un zimbru în stema lor. Nemic, absolut nemic nu póte fi de mirare la d. Réthy, care exceléză tot-d'a-una prin extrema naivitate a expuneriĭ. Încă un exemplu. Pentru a apropia pe *Basarabă* de *musulman*, d. Réthy are aerul de fineţă de a ne da a înţelege într'un loc că forma cea corectă este *Masarabă*, fiind-că într'un text unguresc reŭ descifrat el a găsit: „Mazarath wayuoda". Maĭ încolo, vorbind despre chinezii romanĭ din diploma dela 1247, acolo unde regele maghiar Bela IV ne spune el-însuşĭ că dînşiĭ eraŭ Românĭ, „Olachi", anume Ioan, Farkas şi Seneslav, d. Réthy ne spune că Farkas era Ungur, ĭar Seneslav era Bulgar. De ce óre nu maĭ adaugă că acel al treilea chinez Ioan era Evreŭ, de vreme ce numele este de originea ebraică? O asemenea copilăriă compromite sciinţa maghiară.

D. Réthy a citit *Istoria critică*. O citéză nu o dată. Recunósce chĭar că s'a folosit de cartea mea: „Hasdeu meg éppen nagy „apparatussal bizonyitja (adataink jó részét neki köszönhetjük)".

Eĭ bine, ar fi trebuit să se incredinţeze de acolo cel puţin atâta
că provincia cea românéscă dintre Prut şi Nistru se chiamă intrégă
Basarabia abia dela anul 1812 incóce, ĭar in trecut se numĭa
aşa numaĭ acea porţiune dunărénă care apărţinuse intr'o vreme
Domnilor muntenescĭ Basarabĭ, maĭ ales sub Mircea cel Mare.
Inainte de acea epocă nu exista vre-o Basarabiă peste Prut.
Şi totuşĭ d. Réthy crede cu tăriă că teritoriul dintre Prut şi
Nistru era o ţéră mahometană numită Basarabiă inainte de a
fi fost Basarabĭ in Oltenia, inainte de Mircea, Radu-Negru, Vla-
dislav şi Alexandru. Aşa trebuĭ să fie, ḑice d. Réthy; documente
nu sint, dar nu póte sa fie altmintrelea, adaugă d. Réthy; „des-
făşurarea istorică este acum evidentă“, conchide triumfal d. Réthy:
„e történetek folytatása már világos“. Ce să'ĭ facĭ d-luĭ Réthy?
D. Réthy a convins pe d. Ioan Costa. Mĕ maĭ aştept de acum
inainte pe d. Réthy descoperind „calea cea nouă a adevĕruluĭ“ că
eŭ-insumĭ sint un mahometan renegat.

§ 22. Dr. Krzyzanowski.

Pe cele 28 pagine ale broşureĭ sale, d. Krzyżanowski ne ĭea
la respĕr pe câte-treĭ: şi pe mine, şi pe d. Xenopol, ba şi pe
Rösler; ĭar pe d. Onciul nu'l cunósce, căcĭ altmintrelea nicĭ pe
dinsul, de sigur, nu l'ar fi ĭertat.

Chiar pe titlul lucrăriĭ sale d. Krzyżanowski manifestă un fel
de superb despreţ pentru Românĭ in genere. Acésta ar fi instruc-
tiv, dacă n'ar fi comic. Acel titlu: „Początki Wołoszczyzny“ in-
semnéză: „Inceputurile Valahimiĭ“. După cum in trecut Româniĭ nu-
mĭaŭ pe Polonĭ Leşĭ saŭ Polonia Lehĭă, tot aşa Poloniĭ numĭaŭ
altă dată pe Românĭ Wołochy, ĭar Ţéra-Românéscă Wołosz-
czyzna. Dar un Român bine crescut nu maĭ ḑice astăḑĭ Polonilor
„Leşĭ“, decât numaĭ dóră in semn de supĕrare. Un Polon bine-
crescut, dacă nu e supĕrat, ḑice astăḑĭ Românilor „Rumuny“, de-
spre România—„Rumunija“, despre Ţéra-Românéscă—„Ziemia Ru-
muńska“. De ce óre pe noĭ se va fi supĕrând d. Krzyzanowski?
Inainte de a intra in materiă, incepênd deja dela frontispiciŭ, „le
ton fait la musique“.

Constatând tonul, mĕ interéză acum numaĭ câte mĕ privesc
pe mine.

D. Krzyżanowski citéză nu numaĭ textul romănesc al *Istorieĭ critice*, dar şi traducerea franceză. El ḑice : „Istoria critică a luĭ Hasdeŭ nu pré corespunde titluluĭ seŭ“. O condamnaţiune preala-bilă, scurtă şi cuprinḑétóre. Să vedem.

Observ din capul loculuĭ că d. Krzyżanowski, deşi Polon, to-tuşĭ scrie fórte încurcat polonesce. Stilul e greoĭu şi expunerea confusă. Cu anevoe îl poţĭ traduce cu destulă claritate. Aşa d. Krzyżanowski aliséză *Istoria critică* în următorul chip, aşa că nicĭ eŭ-însumĭ n'o maĭ înţeleg bine : „Hasdeŭ nu numaĭ crede in „continuitatea elementuluĭ romănesc în Dacia, dar încă îĭ permite „a persista pe şesurile Romănieĭ, unde apoĭ, împreună cu parti-„zaniĭ immigraţiuniĭ, vede renăscéndu-se maĭ târḑiŭ Statul, şi po-„runcesce voevoḑilor romănescĭ să plece de acolo pentru a cuceri „in Ungaria în secolul XIII banatul Severinuluĭ, Amlaşul şi Făgă-„raşul, silindu-se a lega într'un mod óre-care istoria cu tradiţiunea“. D. Krzyżanowski habar n'are de argumentaţiunea mea. Intre altele, e caracteristic că pentru d. Krzyżanowski banatul Severinuluĭ se află în Ungaria. De ce óre tot în Ungaria nu se află Lembergul, de óră ce regiĭ Ungarieĭ îşĭ ḑiceaŭ : „reges Galitiae“? Apoĭ după d. Krzyżanowski Romănĭĭ n'ar fi putut fundă un Stat în Dacia, dacă ar fi locuit maĭ de 'nainte tot în Dacia, ci trebuiaŭ neapérat veniţĭ de peste Dunăre *ad-hoc*. O curiósă logică. Presupun că am priceput pasagĭul de maĭ sus.

D. Krzyżanowski mě mustră fórte aspru, pe mine ca şi pe d. Xenopol şi pe Rösler, că noĭ toţĭ am atribuit luĭ Alexandru Basarabă victoria asupra Ungurilor la 1330. După d. Krzyżanowski, Alexandru nu era de loc Basarabă, ci fusese Basarabă numaĭ tatăl luĭ Alexan-dru, şi nicĭ tatăl acestuĭ tată nu era Basarabă, ci fusese numaĭ Tugomir, căcĭ — érăşĭ după d. Krzyżanowski — Basarabă era numele personal al unuĭa singur, nicĭ de cum un nume de familiă saŭ de dinastiă, acăţându-se acel nume personal maĭ în urmă pe nedrept de cătră urmaşĭ ca un epitet onorific : „potomkowie przybierali później „chętnie czcią powszechną otoczone imie“. Pentru a completă acéstă suméţă galimatiă, d. Krzyżanowski ne maĭ mustră cu aceiaşĭ as-prime pe noĭ toţĭ, într'o lungă notiţă, că am cutezat noĭ toţĭ a con-fundă în documentele unguresci numele *Bazarad* cu numele *Ba-zarab*, căcĭ *Bazarab* nu este *Bazarad*: „o nazwę się nie troszczą, „czy brzmi Bazarad czy Bazaradi, bo przemieniają ją zawsze na „Bassarab lub Bazarab“. Aci d. Krzyżanowski întrece prin non-

sens chĭar ... chĭar pe d. Réthy, ceea ce mi s'ar fi părut a fi peste
putinţă.

D. Krzyżanowski ţine morţiş că înainte de anul 1330 nu exi-
stase în istoria romănă numele Basarabă. Ce face dară cu Fazel-
ullah-Raşid cel din *Istoria critică,* utilisat apoĭ de d. Xenopol ?
Acel text sună sub anul 1240: „după ce a trecut *ţéra Aluta,*
„ĭĭ ese înainte *Bazaran-bam* cu o armată" etc., apoĭ maĭ jos:
„trecu peste munţĭ, întrând la *Kara-ulaghĭ,* şi a bătut popórele
„*ulaghice*. . ." Despre *Ulaghĭ* şi *Kara-ulaghĭ,* adecă Romănĭ şi Ne-
gri-Romănĭ, d. Krzyżanowski nu vorbesce nemic, întocmaĭ ca o
măţă care, când îşĭ închide ochiĭ, crede că neminea n'o vede ;
ĭar despre *Bazaran-bam* cel de lîngă Olt d. Krzyżanowski ḑice că
nu póte să fi fost un ban Basarabă. Este o născocire a luĭ Hasdeŭ.
„Cât de meşteşugită este o asemenea combinaţiune — mĭ-o taiă scurt
„d. Krzyżanowski — acésta nicĭ n'are trebuinţă de a fi dovedit (Jak
„sztuczną jest cała kombinacyja, nie potrzeba dowodzić)". Adevĕrul
cel adevĕrat este că pe cele 28 pagine, nu numaĭ de astă dată,
ci la fie-care pas, nu se găsesce nicăirĭ vre-o umbră de dovadă.
Pretutindenĭ d. Krzyżanowski ḑice că „n'are trebuinţă de a dovedi".
Cine óre să fi fost *Bazaran-bam* cel dela 1240? Cine?—pentru d.
Krzyżanowski lucrul e fórte simplu : eră un „general unguresc
(wodz węgierski)". Apoĭ de ! Cu acelaşĭ temeĭu d. Krzyżanowski
ar puté să pretinḑă că regele polon Ion Șobieski era un general
rusesc.

Intr'o singură cestiune nicĭ chĭar d. Krzyżanowski nu mĕ con-
traḑice. El recunósce că Radu-Negrul n'a fost alt cine-va decât nu-
maĭ tatăl luĭ Mircea cel Mare. Aprobarea d luĭ Krzyżanowski nu
mĕ bucură.

§ 23. Kałuzniacki. — Tamm.

D. Kałużniacki nu s'a ocupat în specie cu originile Ţereĭ-Ro-
mănescĭ. In principiŭ însă el nu numaĭ se unesce cu *Istoria critică*
contra luĭ Rösler, dar încă maĭ adaogă unele noue consideraţiunĭ
importante, maĭ cu samă faptul că deja înainte de anul 1230 o
poporaţiune curat romănéscă reuşise a se aşeḑa departe peste Nistru
în regiunea Volinieĭ, fundând acolo câte va micĭ principate confe-

derate, cunoscute în cronica rusescă sub numele de „PrincipÎ Bo-
lohovescÎ".

Sînt acum treÎ ḑecÎ de anÎ, într'un modest „Calendar pentru
toțÎ pe 1867", editat de librarul bucurescén Wartha, eŭ publicaÎ
un articol întitulat: „Pe unde sînt şi pe unde aŭ fost RomânÎ",
în care la pag. 4 este următorul pasagÎu: „In provincia numită Po-
„dolia, la hotarele BasarabieÎ, pe la aniÎ 1230—40 cronicele locale
„menționéză „BolohovskaÎa zemlÎa", adecă Țéra-Românéscă, care
„se întindea pe un spațiŭ destul de vast, dela malurile NistruluÎ
„pînă la fluviul Buh. RomâniÎ posedaŭ în acéstă regiune o mulțime
„de oraşe saŭ tîrguşóre, precum Bakota, Kudin, Kornetin şi altele,
„Îar fie-care din acele republice era administrată de câte un prin-
„țuşor, toțÎ unițÎ prin cea maÎ strînsă alianță defensivă şi ofensivă,
„luptând cu forțele comune contra învecinateÎ Polonie, dela care
„eÎ aŭ reuşit a cuceri o parte a VolinieÎ. După un moment de
„existință politică destul de sgomotósă, numele acelor RomânÎ
„despare pentru tot-d'a-una din istoriă. PuşÎ la mijloc între PoloniÎ
„din Mazovia şi RuteniÎ din Galiția, nu e îndoélă că timpul Î-a
„desnaționalizat şi pe eÎ, precum desnaționalizase pe RomâniÎ din
„Moravia".

Acestea le spuneam eŭ la 1867. După ḑece anÎ, canonicul
Petruszewicz dela Lemberg emise întocmaÎ aceiaşÎ părere într'un
articol publicat rusesce la 1877, fără a mĕ menționa, ca şi când
ar fi conceput'o el cel întâÎu. D. Kału̧niacki dară, necunoscênd notița
mea, a atribuit canoniculuÎ Petruszewicz paternitatea i·leeÎ : „Diese
„Ansicht wurde zum ersten Male von Petruszewicz geäussert",
—ceea ce e greşit. Vina este a mea, în adevĕr, că în Istoria critică
la 1873 eŭ n'am maÎ revenit asupra „Principilor BolohovescÎ", aş-
teptând atuncÎ a maÎ stringe elemente de argumentațiune, a le maÎ
cóce pînă la o altă ocasiune.

Unele asemenÎ elemente de argumentațiune corroboréză toc-
maÎ în lucrarea d·luÎ Kału̧niacki.

Sub anul 1164 Bizantinul Niceta Choniates no aratź că cete
de RomânÎ locuiaŭ în vecinătate cu Galiția; un prețios pasagÎu,
care îmÎ scăpase cu totul din vedere în Istoria critică şi pe care
contra luÎ Rösler îl aduce d. Kału̧niacki în legătură cu istoria Prin-
cipilor BolohovescÎ.

Pe de o parte, o împregÎurare, observată maÎ întâÎu de mine
în Istoria critică şi reprodusă apoÎ de d. Kału̧niacki, cumcă o lo-

calitate in Volinia, cu mult înainte de secolul XVI, era cunoscută sub numele „Vadul luĭ *Basarabă"* ; pe de altă parte, tot din *Istoria critică,* textul dintr'o veche cronică polonă sub anul 1259: „Thartari, subiugatis *Bessarebenis,* Lithvanis, Ruthenis", unde indicațiunea topică se potrivesce pe deplin cu regiunea Volinieĭ ; aceste doue fapte concórdă cu ipotesa că aceĭ „Principĭ Bolohovescĭ" erau anume dintre B a s a r a b ĭ.

Asupra acestuĭ punct eŭ voĭu insista pe larg în studiul meŭ despre Bĕrlad.

Astădĭ mĕ mărginesc numaĭ de a nu uĭta pe d. Kałužňĭacki.

Tot aci voĭu înregistra pe d. Tamm, un alt adversar al luĭ Rösler, dar care atinge *Istoria critică* abia în trécĕt şi mi se pare că a cunoscut'o numaĭ pe la capĕtul lucrăriĭ sale, ceea ce eŭ regret mult, căcĭ mĭ-ar fi limpeḑit, póte, unele puncturĭ controversate.

D. Tamm, ca şi 'n *Istoria critică,* nu recunósce pe nicĭ un Radu-Negrul dela 1290 în sensul croniceĭ muntenescĭ. „Tóte cặte „i se atribue — ḑice el — nu aparțin unuĭ singur principe, ci unuĭ „întreg şir de principĭ".

D. Tamm respinge însă cu desăvîrşire itinerarul cuceririlor succesive ale Basarabilor din Severin în sus la Făgăraş şi apoĭ de acolo în jos la Cămpulung şi spre Marea-négră, după cum încercaĭ a o stabili eŭ în *Istoria critică.* D. Tamm are deplină dreptate. Acel itinerar nu'l maĭ primesc nicĭ eŭ. Îĭ mulțumesc dară eŭ-însumĭ pentru îndreptarea uneĭ greşelĭ.

§ 24. Dr. Mileticĭ şi Agura.

In importanta publicaţiune bulgară oficială *Sbornik,* dd. Miletiĭ şi Agura, profesorĭ la Universitatea din Sofia, au întercalat doue studie, reproduse apoĭ deosebit: 1, *Notiţe despre o călătoriă sciinţifică în Romănia;* 2, *Daco-Romăniĭ şi literatura lor cea slavică.*

O colaboraţiune în genere a doĭ saŭ maĭ mulţĭ la o singură monografiă, fie literară, fie sciinţifică, are tocmaĭ marele pĕcat de a fi o poligrafiă: unitatea de concepţiune şi de execuţiune lipsesce, înlocuindu-se printr'un fel de contract synallagmatic. Prin concesiunĭ dintr'o parte şi din cea-laltă, armonia aparentă maschéză o contradicţiune reală, ĭar în casul cel maĭ bun lasă golurĭ asupra puncturilor celor ne'mpăcate.

Aşa aŭ păţit'o dd. Agura şi Mileticĭ: fie-care din eĭ, luat în parte, ar fi fost în stare de a produce o lucrare maĭ solidă.

Autoriĭ cunosc *Istoria critică*, opera d-luĭ Xenopol şi studiele d-luĭ Oncĭul. Despre mine eĭ se pronunţă: „ilustrul profesor şi cel „maĭ vechĭu slavist în România (знаменитыятъ професоръ и най-старыятъ приятель на славистиката въ Ромъния г. Б. П. Хъждеу)". Apoĭ comparând pe d. Xenopol cu d. Oncĭul, eĭ se rostesc în favórea d-luĭ Oncĭul: „orĭ-cum ar fi, Oncĭul e mult maĭ aprópe de adevĕr (всѣкакъ, Oncĭul е много по-близу до истината)". Eĭ bine, acolo unde eĭ se opresc pe larg asupra luĭ Negru-vodă, dd. Mileticĭ şi Agura mĕ uĭtă pe mine cu desăvîrşire, pe d. Oncĭul îl trec cu vederea, şi se asociază pe de'ntregul cu d. Xenopol, adecă cu Radu-Negru dela 1290 cel cu faĭmósele crisóve ale Câmpulunguluĭ.

Dd. Agura şi Mileticĭ câştigă un *plus* prin ambilaterala erudiţiune a amîndurora, dar obţin un *minus* sub raportul consequenţeĭ celeĭ dualistice, eşind drept resultat un *plus-minus*.

Reŭ calculând matematicesce că doĭ lucréză neapĕrat de doue orĭ maĭ spornic decât unul singur, ambiĭ autorĭ nu numaĭ şĭ aŭ făcut unul altuĭa nesce conciliaţiunĭ recipróce în dauna sinteseĭ, dar încă aŭ zorit a isprăvi lucrarea cu orĭ-ce preţ pré ĭute, s'aŭ precipitat fără cale, căpĕtând astfel o valóre efemeră.

Un exemplu.

Dd. Agura şi Mileticĭ sciŭ bine că Rösler dete o lovitură de mórte aşa ḑisuluĭ Notar anonim al reguluĭ Bela. Orĭ-ce punct dintr'un asemenea isvor suspect trebuĭ respins fără cruţare, întru cât acel punct nu se póte întemeĭà pe vre-o altă fântână sigură saŭ pe maĭ multe fântâne converginţĭ. Intre altele, contra unor autorităţĭ atât de respectabile ca Dümmler şi Büdinger, Rösler a resturnat cu toptanul din sfera Notaruluĭ anonim teoĭa anterióră despre existenţa medievală la nord de Dunăre a vre-unuĭ Stat bulgăresc. Bulgariĭ stăpânind unde-va în Dacia cea medievală, este o curată fantasiă, ḑice Rösler. De aceea Jireček, istoricul cel maĭ recent şi maĭ critic al Bulgarilor, se feresce cu stăruinţă de a vorbi despre

Salanus, despre Kean, despre ceĭ-lalțĭ „duces Bulgarorum" din regiunea Carpaților înainte de Asanĭ. Dd. Xenopol și Onciul s'aŭ alunecat pe acest pripor; dar nicĭ într'un cas nu trebuĭaŭ s'o facă dd. Mileticĭ și Agura, de vreme ce eĭ sînt specialiștĭ pe terenul istoriĭ bulgare; iar de pretind că bine aŭ făcut'o, atuncĭ eraŭ datorĭ a demonstra erórea luĭ Rösler. Neavênd destul timp și socotind de prisos a lucra încetișor pentru a aprofunda cestiunea, dd. Mileticĭ și Agura nu se sfiesc a vorbi cu siguranță despre stăpânirea cea veche a Bulgarilor pe malul nordic al Dunăriĭ: principele bulgar Kean, principele bulgar Salanus, principele bulgar Achtum, principele bulgar Glad, principele bulgar Menumorut, Bulgarĭ peste Bulgarĭ. Nicĭ după Asanĭ, nicĭ înainte, nicĭ în Temișiana, nicĭ în Ardél, nicĭ în Țéra-Romănéscă, nicĭ în Moldova, o dominaţiune bulgăréscă istoricesce dovedită n'a fiinţat. Bulgarĭ b e j e n a r ĭ în diferite timpurĭ și locurĭ aŭ fost, fără îndoélă, ca bună-óră Bolgar-Cserged în Transilvania saŭ maĭ multe sate numite Șcheĭ pe aĭurea; dar nicăirĭ Bulgariĭ la nord de Dunăre n'aŭ fost nicĭ-odată stăpânĭ saŭ cuceritorĭ, afară numaĭ de prima epocă a treceriĭ Bulgarilor, adecă a Slovenilor, în secoliĭ VI—VII la Iornande și la Procopiŭ. Am vĕḑut maĭ sus, cât de șubredă a fost documentarea d-luĭ Onciul despre un Stat bulgăresc cis-danubian post-asanic; tot așa de șubredă este contra luĭ Rösler orĭ-ce documentare pentru periódele cis-danubiane cele ante-asanice. Ș'apoĭ dd. Agura și Mileticĭ nicĭ nu se încércă măcar de a documenta bine-reŭ.

Insistând asupra uneĭ fictive perióde bulgărescĭ în Romănia, dd. Xenopol, Onciul, Mileticĭ și Agura, negreșit și d. Krzyżanowski, toțĭ la olaltă combat în *Istoria critică* o interpretare a mea în legătură cu cea maĭ veche așeḑare a Romănilor Dunărenĭ în Făgăraș, adică a N e g r i l o r - R o m ă n ĭ.

O voĭu reproduce acĭ in-extenso:

„Cea maĭ veche menţiune despre Făgăraș ne întimpină într'o „diplomă din 1231. Primul punct, care ne isbesce într'însa, este „că laturea Făgărăşénă se numĭa tot d'a-una, chiar cu mult înainte „de secolul XIII, „țéra Romănilor": *terra Blacorum*. Acest dat, „expres în modul cel maĭ clar, se cĭocnesce cu o altă indicaţiune „de tot obscură, care nu póte fi descurcată fără ajutorul uneĭ la-„borióse critice. Actul povestesce, în ce chip satul Boĭa, deși pri-„mitivamente nu făcea parte din jurisdicţiunea Făgărașuluĭ, totușĭ „maĭ la urmă i s'a supus prin forţă: „a temporibus jam, quibus

„ipsa terra Blacorum *terra Bulgarorum* extitisse fertur". Adecă:
„*Numaĭ de când se dice c'aŭ venit Bulgariĭ in acéstă țéră a Româ-
„nilor.* Bulgariĭ năvăliți in Făgăraș și anexând cătră el un sătuleț
„dela margine, carele ținuse maĭ 'nainte de un alt scaun, écă o
„adevěrată cimilitură. Ş'apoĭ să se bage de samă o impregĭurare.
„Intre anul diplomeĭ și intre anul aceleĭ cuceririĭ bulgare cată să
„fi trecut cel puțin vr'o cincĭ-decĭ de anĭ, de óră ce naratorul pre-
„ciséză timpul evenimentuluĭ numaĭ printr'un *se dice*, ca nesce lu-
„crurĭ depărtate, aflate dela bătrânĭ, nu vědute și audite. Ar urma
„dară că Bulgariĭ vor fi cuprins Făgărașul pe la 1160—1180. Insă
„tocmaĭ atuncĭ eĭ zăceaŭ in sclavia Grecilor, de unde s'aŭ smuls
„abia intre 1190—1200. Este invederat că *Bulgari* din diplomă
„insemnéză alt ce-va. Să aruncăm o căutătură asupra geografieĭ
„din evul-mediŭ, și totul se va impăca. Bizantinul Leone Gramatic
„din secolul XI, vorbind despre transportarea unor compatrioțĭ aĭ
„seĭ pe malul nordic al Dunăriĭ in Țéra-Românéscă, dice: in *Bul-
„garia* de peste Istru. Carta catalană din 1375 dă Românieĭ danu-
„biane numele corupt de *Burgaria*, pe când Bulgarieĭ propriŭ dise
„iĭ reservă forma cea corectă: *Bulgaria*. Cronicarul oriental Rașid,
„carele trăia in Persia intre 1250—1300 și lucra după fântâne ofi-
„ciale, când descrie o invasiune mongolă din 1240, numesce *Bul-
„gariă* acea regiune unde se afla „*țéra Karavlachilor* și a luĭ *Ba-
„sarab-ban*", și să se observe că in acea expedițiune Tătariĭ nu
„trecuseră de loc peste Dunăre. Acéstă confusiune nominală avea
„in vedere maĭ ales banatul Severinuluĭ, despre care la 1237, nu-
„maĭ șése anĭ după datul documentuluĭ de maĭ sus, regele maghiar
„Bela IV scriea cătră papa Gregoriŭ IX: „terram Zemram *circa
„partes Bulgariae*", Iar intr'o diplomă din 1239: „*Circa partes Bul-
„gariae* in terra quae Zeuren nominatur". Cu alte cuvinte, Olteniĭ
„pentru Transilvanĭ eraŭ „Bulgarĭ" *prin vecinătate cu Bulgaria*, in-
„tocmaĭ precum pentru Româniĭ cis-carpatinĭ sint pînă astă-dĭ
„„Ungurenĭ" frațiĭ noștri din Transilvania *prin vecinătate cu Un-
„garia:* „circa partes Hungariae". Pînă in timpiĭ maĭ nouĭ, Arde-
„leniĭ ne botezaŭ pe noĭ câte o dată cu epitetul de Bulgarĭ, incât
„suburbiul muntenesc dela Brașov, remarcabil prin biserica luĭ Né-
„goe Basarabă și unde nu vețĭ audi o singură vorbă bulgăréscă, se
„poroclesce in limba maghiară „Bolgárszék" saŭ *scaunul Bulgarilor*,
„Iar romănesce se dice „Şcheĭ", precum cronicele nóstre cele vechĭ
„numiaŭ pe *Bulgarĭ*. Sasul Reichersdorfer, scriĕnd in prima jumă-

„tate a secolului XVI, se rostesce despre suburbiele Brașovului:
„„*unum incolunt Bulgari*, alterum Hungari, Saxones agricolae ter-
„tium". Cine óre nu recunósce aci sintesa celor trei naționalități ale
„Ardélului? Cu câte-va rîndurĭ maĭ jos, însușĭ Reichersdorfer pune
„în loc de *Bulgari* pe „Valachi". Dar de ce să maĭ vorbim despre
„Brașov, când avem o mărturiă tot atât de positivă chĭar în pri-
„vința Făgărașului? Un poet săsesc de pe la 1550 îl descrie în
„următorul mod:

> „Arx iacet ad ripas piscosae dives Alutae
> „Cui Fogaras prisci nomen tribuere coloni,
> „Undique cum fossis valido circumdata muro...
> „Hanc habitant *circum fodientes rura Traballi*
> „*Innumeri*, quibus arx leges et iura ministrat".

„Adecă: „Pe malurile pescosuluĭ Olt stă vestita cetate, căriĭa ve-
„chiĭ locuitorĭ îĭ impuseră numele de Făgăraș, încungĭurată de
„pretutindenĭ cu șanțurĭ și cu puternicul zid, unde *locuesc împregĭur,*
„*dedațĭ plugăriĭ, nenumărațiĭ Tribalĭ*, supușĭ legilor și dreptuluĭ
„dictate din acel castel". Celebrul Sas Eder, editând poema luĭ Sche-
„saeus, observă: „*Sub epitetul de Tribalĭ, sinonim cu Bulgariĭ, sint*
„*înțeleșĭ Românĭĭ de lingă Făgăraș, precum tot Bulgarĭ se numesc*
„*Românĭĭ dela Brașov*". Așa dară asupra numeluĭ *Bulgarĭ* în înțeles
„de Românĭ danubianĭ noĭ avem marturĭ: 1. Leone, scriitor grec
„de pe la anul 1010; 2. Rașid, analist oriental din secolul XIII;
„3. Mappa catalană din secolul XIV; 4. Reichersdorfer, autor tran-
„silvan din secolul XVI; 5. Schesaeus, compatriot și contimpurén
„al acestuia din urmă; 6. Accepțiunea actuală a vorbeĭ „Bolgárszék"
„la Brașov. Primele treĭ mărturie sînt prețĭóse prin epoca lor dintre
„secoliĭ XI—XIV; ultimele treĭ sînt nu maĭ puțin importante prin
„aceea că emană tocmaĭ din nesce sorgințĭ transilvane, ĭar Schesaeus
„maĭ cu samă se referă anume la Făgăraș. Ne resumăm: Brașovul
„ca și Făgărașul, d'o potrivă așeḑate la marginea Muntenieĭ, pri-
„miseră în cursul evuluĭ mediŭ din porțiunea danubiană a Dacieĭ
„un noŭ contingent de element românesc, pe care Sașiĭ, Unguriĭĭĭĭĭĭĭĭĭĭĭĭĭĭĭĭĭ
„și chiar frațiĭ noștri de peste Carpațĭ nu scieaŭ cum să-l distingă
„decât numaĭ atribuindu-ĭ porecla de *Bulgarĭ*, fiind-că veniaŭ din
„regiunea „circa partes Bulgariae", pe când Românilor transcarpa-
„tinĭ li se reserva maĭ cu preferință, precum vedem în documentul
„din 1231, epitetul de *Blachĭ*. Și totușĭ în puține regiunĭ ale Pro-

„vincieĭ Traiane viţa romănă e maĭ neamestecată cu elemente
„străine, maĭ pură ca în ţéra Făgăraşuluĭ. Făgăraşeniĭ—ḑice d. Bariţ
„—nu se încuscresc nicĭ o dată cu ne-Romănĭ. Exegesa unuĭ singur
„cuvînt, asupra căruĭa noĭ nĭ-am dat ostenéla de a grămădi probe
„peste probe, împrăştiă tótă negura. Termenul „Bulgari“ din actul
„dela 1231 capĕtă o deplină claritate: eraŭ Romănĭ dela Dunăre...“

Argumentaţiunea mea din *Istoria critică*, orĭ-cine s'o fi desa-
probat, eŭ o mânţin şi astăḑĭ în fond.

Pasagĭul din diploma dela 1231: „terra Bulgarorum extitisse
fertur“ póte să nu fie tradus: „se ḑice că s'aŭ aşeḑat Bulgariĭ“,
căcĭ latinul *exto* însemnéză: a resări, a se arăta, a fi de faţă.
Schimbându se expresiunea orĭ-şi-cum, sensul remăne acelaşĭ.

Argumentaţiuniĭ mele neminea încă n'a opus o contra-argu-
mentaţiune. Dd. Agura şi Mileticĭ în specie, cu obicĭnuita lor pripă
colectivă, înlătură orĭ-ce discuţiune: „Provincia Făgăraşuluĭ aparţi-
„nuse în vechime Bulgarilor (областьта Фогарашъ е принадлежала въ прѣ-
дишни врѣмена на Българитѣ)“. Pentru eĭ remăne necontestabil, „несхи-
ненно“, o nediscutabilă axiomă că: „la Făgăraş în anul 1231 se
„maĭ aducea încă a-minte primul imperiŭ bulgăresc, care stăpănise şi
„peste Transilvania (първото българско царство, което е имало власть и въ
„Трансилвания)“. Atăta, şi tot. Acésta se chiamă a face istoriă *à vol
d'oiseau.*

O singură contra-argumentaţiune s'ar puté opune argumenta-
ţiuniĭ mele, şi tocmaĭ eŭ-însumĭ o voĭu face. In actul dela 1231
între termeniĭ „Bulgari“ şi „Blachi“ nu se manifestă un antagonism
etnic, nu se vede nicĭ decum o vrăjmăşiă internaţională, ci numaĭ
se menţionéză o schimbare de situaţiune juridică: de când s'aŭ in-
trodus o nouă stare de lucrurĭ. In acest act nu se ḑice că „Bul-
gari“ nu maĭ sînt în ţéra Făgăraşuluĭ la 1231; din contra, eĭ
persistă, de vreme ce menţiunea lor este o necesitate practică;
dar se constată că nu existaseră acolo óre-când în „terra Bla-
corum“, fiind atuncĭ fórte de de-mult o altă situaţiune juridică.
De când Făgăraşeniĭ figuréză în istoria Transilvaniĭ, trăsura lor
juridică cea maĭ caracteristică este instituţiunea boierilor, carĭ
nu ne apar nicăirĭ la ceĭ-lalţĭ Ardelenĭ, afară de Făgăraş şi de
Haţeg, cele doue regiunĭ strîns legate cu casta nobilitară cea ol-
tenésca a Basarabilor. *Boĭar*, în paleo-slavica *bolĭar*, „болꙗре“, este
la Romănĭ un bulgarism, negreşit, însă nu însemnéză de loc că bo-
ieriĭ romănĭ eraŭ saŭ trebuiaŭ să fie Bulgarĭ, după cum tot slavic

este la noĭ *kinez*, paleo-slavicul *knĭanzĭ*, „кнѧзь“, pe care Slaviĭ îl împrumutaseră din germanul *kuning*, măcar-că nobilimea lor nu erau Nemţĭ. Aşa dară, cu mult înainte de anul 1231 Basarabiĭ introduseseră la Ardeleniĭ din Făgăraş, în „terra Blacorum“, o schimbare de situaţiune juridică, un noŭ raport de proprietate teritorială, anume „ţéră boieréscă“. După vechea fonetică românésca se dicea *bolĭarĭ*. În paleografia latină este anevoĭă a deosebi pe *g* de *y*. În actul din 1231 e dară permis de a ceti textul: „a temporibus jam quibus ipsa terra Blacorum terra b u l y a r o r u m extitisse fertur“. Decĭ ajungem tot la Basarabĭ, nicĭ decum la Bulgarĭ.

Dd. Mileticĭ şi Agura, în conformitate chĭar cu titlul celor douĕ lucrărĭ ale lor, ar fi adus un mare serviciŭ Românilor şi Slavilor tot-o-dată, dacă s'ar fi apucat a grupă elementele românescĭ istorice cele împrăştiate cu prisos în poesia poporană a Bulgarilor, maĭ ales în acea epică. Între altele, bună-óră, cu câţĭ-va anĭ înainte de dd. Agura şi Mileticĭ, d. Draganov a descoperit tocmaĭ la Bulgariĭ din Macedonia un cântec despre ceĭ doĭ voevodĭ româneşcĭ: Iancul-vodă şi Negriţă-vodă (Янкул войвода и Мигрица войвода), poetisând cunoscuta duşmănĭă a luĭ Ioan Huniade contra luĭ Vlad Dracul, pe care'l omóră la 1446. Prin acest cântec, unde Vlad Dracul pórtă numele de Negru-vodă, dd. Agura şi Mileticĭ ar fi priceput că epitetul de N e g r u se aplică de o potrivă bine la orĭ-care Basarabă, toţĭ Basarabiĭ avênd pe stégul lor capete negre. Începênd din vremile cele maĭ vechĭ ale relaţiunilor internaţionale, Românii n'aŭ încetat nicĭ o dată de a ajuta pe Bulgarĭ; ĭar Bulgariĭ, drept o recunoscinţă inconscientă, în baladele lor aŭ cântat mereŭ bogata memorĭă a Basarabilor: pe Radu, pe Mircea, pe Dan şi alţiĭ. Despre acestea, dd. Agura şi Mileticĭ tac mutesce. De sigur, nu printr'o nerecunoscinţă conscientă.

———————

Cele cântărite în capitolul de faţă, începênd dela d. Xenopol şi pînă la dd. Mileticĭ şi Agura, mĭ-aŭ adus o viuă lumină.

Ele m'aŭ luminat a mĕ convinge prin contra-probă că *Istoria critică* în privinţa luĭ Negru-vodă a avut o desăvîrşită dreptate.

Verificarea făcută, planul aprobat, temelia fiind tare şi încercată, pot merge maĭ departe cu cugetul împăcat, clădind acum un

edificiŭ definitiv, pentru care—după ce nu voĭu maĭ fi pe pămînt
—reparaţiunile ulterióre, necesare din timp în timp la orĭ-ce clă-
dire, nu vor compromite opera architectuluĭ. Pentru asemenea re-
paraţiunĭ vor fi suficienţĭ nesce simpli calfe de architectură.

În capitolul următor, prin care se încheiă munca mea, unele
pasage din *Istoria critică* vor fi intercalate întregĭ, servind ca un
fel de soclu architectonic la completarea şi terminarea opereĭ, de
óră ce'l aveam gata maĭ de'nainte, nesguduit printr'o durată de
treĭ-ḑecĭ de anĭ.

III.

INTEMEIAREA ŢEREĬ-ROMĂNESCĬ.

Boierul Murgul, cel maĭ vechĭu analist al Moldoveĭ şi al Mun-
tenieĭ tot-o-dată, scriind pe la 1460, ne spune că Statul Ţereĭ-
Românescĭ fusese întemeiat la anul 1310 de cătră tatăl luĭ Vla-
dislav, adecă de cătră Alexandru Basarabă, pe care 'l numesce
Negru-vodă.

Abia peste un secol după boierul Murgul, doue crisóve munte-
nescĭ de cea maĭ perfectă autenticitate, păstrate în Archiva Sta-
tuluĭ printre ale mănăstirĭi Tisména şi reproduse aci in fac-simile,
unul din 1569, cela-lalt din 1576, ambele numesc Negru-vodă de
o potrivă pe Vladislav şi pe Radu, ceĭ doĭ fiĭ aĭ luĭ Alexandru
Basarabă, anume crisovul din 1569 pe Vladislav il califică „Negru-
„vodă cel întâĭu întemeiător al Ţereĭ-Românescĭ" (єщєж ѡт
сѫздаиїє влашкоє зємлє прѫво ѡт Нєгрѫл вoєвoдa), ĭar crisovul din
1576 luĭ Radu îĭ ḑice simplu: „Negrul-voevoda".

Mărturia celor doue crisóve din 1569 şi 1576 este pe deplin
conformă cu biografia sfîntuluĭ Nicodem, pe care, după tradiţiunea
bătrânilor călugărĭ dela Tisména, a scris'o ieromonahul Stefan,
spunêndu-ne că Statul Ţereĭ-Românescĭ fusese întemeiat de 'ntâiŭ
de cătră Vladislav Basarabă, pe a doua linĭă de cătră fratele maĭ
mic Radu.

Despre boierul Murgul şi despre ieromonahul Stefan eŭ am
vorbit deja pe larg maĭ sus în §§-fiĭ 3 şi 13.

Aşa dară, după cele maĭ vechĭ şi cele maĭ necontestabile date
cronistice, întemeiarea Ţereĭ-Românescĭ, treptata unificare a teri-

toriuluĭ pe ambele laturĭ ale Oltuluĭ de 'npreună cu o parte din
Ardél, se întâmplase nu de o dată şi nu sub un singur prin-
cipe, ci în interval de treĭ pătrare de secol, între aniĭ 1310—1385,
de cătră Alexandru şi apoĭ succesiv de cătră fiiĭ seĭ Vladislav şi
Radu, câte-treĭ apărându-ne sub acelaşĭ epitet de Negru-vodă.

Luând ca punct de plecare pe boierul Murgul din 1460 şi
cele douĕ crisóve din 1569 şi 1576, eŭ voĭu începe prin a des-
bate maĭ întâĭu întrégă epoca cea preliminară dela 1230 pînă la
1310, ş'atuncĭ voĭu ajunge cu deslegarea definitivă, ca punct de
sosire, la aceiaşĭ măréţă triadă: Alexandru-Vladislav-Radu, tatăl cu
fiiĭ seĭ, ceĭ treĭ Negri în quintescenţă, flórea Basarabilor,
dintre carĭ Radu forméză apogeul, expresiunea cea maĭ completă
a trinitățiĭ, întemeiătorul cel final al Statuluĭ Ţereĭ-Romănescĭ,
dînsul care—într'un crisov din 1379, reprodus în fac-simile, se in-
tituléză înainte de fiul seŭ Mircea: „marele voevod şi Domn, oblădu-
„ind şi stăpânind tótă ţera Ungro-vlahieĭ şi laturile de peste munţĭ
„şi încă ţerile cele tătărescĭ şi ducele Amlaşuluĭ şi al Făgăraşuluĭ şi
„ban al Severinuluĭ şi pe ambele malurĭ ale Dunăriĭ întregĭ chiar
„pînă la Marea cea mare şi al oraşuluĭ Silistria stăpân".

§. 25. Mehedinţul în stăpânirea Ungurilor.

Bibliografia: *Istoria critică* t. I, p. 26—8. — *Archiva istorică* t. III p. 191—93. —
Kemény, Ueber die Knesen, în Kurz's Magazin t. II p. 304—5. — *Olahus*, Hungaria et
Atila, Vindobonae 1763 in—8 p. 76. — *Pesty*, A Szörenyi bánság, Pest 1878 in—8 t. I
p. 248 sq. — *Idem*, A Temesi bánság, Pest 1868 in-8 p. 10. — *Fejér*, Codex diplom.
Hungariae, t. III vol. 2 p. 348, t. IV, vol. I p. 22, vol. 3 p. 552. — *Marienburg*, Kleine
siebenbürgische Geschichte, Pest 1806 in—16 p. 224. — *Moldovan-Bariț*, Diplomatariul în
Transilvania 1871 p. 55. — *Szabó*, Székely Oklevéltár, Kolozsvártt 1872 in-8 t. I
p. 7.— Синодикъ царя Бориса, în Раковскн, Нѣколко рѣчн о Асѣню, Bielgrad
1860 in-4 p. 51.—*Stritter*, Memoriae etc., t. II p. 459.—*Ph. de Mouskes* în Du Cange, Hi-
stoire de l'empire de Constantinople, Paris 1657 in-f. t. 1 p. 229.— *Katona*, Historia cri-
tica etc., t. V p. 653, 688, 714.

Cel de 'ntâĭu Ban unguresc al Severinuluĭ a fost Luca: „Lucas
Banus de Scevrin" într'o diplomă din 1233. Prin urmare, ce-va
înainte de acel an Unguriĭ cuceriseră pentru prima óră Seve-
rinul.

Prin „banat de Severin", din punctul de vedere al Ungurilor
nu se înţelegea Oltenia întrégă, ci numaĭ o parte a districtuluĭ
Mehedinţ, anexată cătră o parte orientală a Temeşianeĭ.

Acest punct de vedere trebue bine lămurit.

Despre secolii XIV și XV întinderea teritorială a banatuluĭ celuĭ unguresc al Severinuluĭ este necontestabilă.

Pentru secolul XV, Nicolae Oláh, trăind în prima jumătate a secoluluĭ următor, ne spune fórte limpede că la Unguri Banul Severinuluĭ stăpânĭa cetatea Severin, căruĭa îi eraŭ supuse Or-șova, Mehadia și Peth, nu maĭ mult decât atâta: „Severinum arx, infra Trajani pontem, cum tribus aliis, Orsova, Peth, Mi-hald, illi subditis, harum praefectus Banus...“

Cam tot atâta, plus valea Almașuluĭ în Temeșiana, era în se-colul XIV, după cum resultă din alăturarea a treĭ acte autentice: unul unguresc și douĕ românscĭ, tóte din acelașĭ an 1387.

Cel unguresc sună: „Noĭ Stefan Losonczy, Ban de Severin și „pintre cele-lalte demnităţĭ comitele Temeşianeĭ, facem cunoscut „pe viitor prin actul de faţă, cum că avênd în vedere demnele de „laudă merite ale credinclóselor servicie, pe carĭ Petru fiĭul luĭ „Deș, kinez din districtul numit Almaș al casteluluĭ regesc Me-„hadia, precum și fraţiĭ seĭ uterinĭ Cristea și Mihaiŭ, expunêndu'șĭ „averea și viéţa în maĭ multe pericole și de maĭ mult timp, „le-aŭ adus maiestăţiĭ regescĭ sub predecesoriĭ noștri Banĭ aĭ ḑi-„suluĭ nostru banat, și chiar noue pe când lucram pentru liberarea „dómneĭ regine Maria, decĭ în resplata acelor servicie, precum și „pentru a-ĭ maĭ îndemna la altele și de acum înainte, lĭ-am con-„ferit în virtutea oficiuluĭ nostru un sat regesc numit Patak în „districtul supra-scrisuluĭ castel Mehadia, cu tóte folósele și depen-„dinţele de orĭ-ce natură, lor și moștenitorilor lor, ca să'l albe și „să'l ţină sub condiţiunile și dările de maĭ jos, adecă etc. Dat în „Ineŭ, a doua ḑi după serbătórea sântuluĭ confesor Alexiŭ (18 „Iuliŭ), anul Domnuluĭ 1387“. Să se observe că Losonczy, deșĭ nu numaĭ Ban de Severin, dar și comite al Temeșianeĭ în acelașĭ timp, totușĭ dăruiesce fraţilor Deșenĭ satul din regiunea Almașuluĭ anume în calitate de Ban de Severin și pentru nesce servicie fă-cute anume pe teritoriul banatuluĭ de Severin: „videlicet Banis dicti nostri Banatus“. Almașul, „districtus vocatus Halmagy“, îm-preună cu castelul Mehadia, „castrum Mihald“, făcea dar o parte integrantă nu din comitatul Temeșian, „comitatus Themesiensis“, ci din banatul de Severin, „banatus Sewrinensis“. Pe când Lo sonczy, dându-șĭ titlul de *Banus Sewrinensis*, dăruĭa la 1387 unor Românĭ din Almaș un sat din acea lature, în acelașĭ an noĭ vedem pe Mircea cel. Mare întitulându-se de asemenea *Ban de Severin*. Cum óre „banatus Sewrinensis" putea să li aparţină amîndurora în acelaşĭ moment? Nu cum-va titulatura marelui Mircea va fi fost numaĭ de paradă? Prin un azard fericit, tocmaĭ din acel an 1387 nĭ-aŭ remas doue crisóve mirciane relative la Oltenia, din carĭ una pórtă datul de 21 Iuniŭ, adecă este posterióră abia cu o lună donaţiuniĭ luĭ Losonczy. Acest crisov arată limpede, printr'un şir de localităţĭ : Tisména, Vodiţa etc., cum-că Unguriĭ puteaŭ stă-pâni atuncĭ ţermul danubian cel mult pînă la Orşova, iar teritoriul spre resărit de riuleţul Cerna era întreg al Muntenilor. Maĭ pe scurt, Losonczy se întitula *Banus Sewrinensis*, însă poseda numaĭ Mehadia şi Almaşul. Chiar actul seŭ e scris nu în Oltenia, şi nicĭ în apropiare, ci la Ineŭ, actualmente Boroş-ineŭ, o localitate în părţile Aradului.

Pentru Ungurĭ dară, din totalitatea Olteniei numaĭ Mehedinţul făcea parte din „banatul de Severin". Chiar la Români banatul de Severin, luat din punctul de vedere cel unguresc, se numia une-orĭ „banat de Mehedinţ", bună óră în actul latinesc dela Vlad-vodă din 1511 : „Radulo Bano de Mehedince". Legătura între Mehadia, maĭ românesce „Mehedia", şi între banatul de Severin a fost atât de intimă şi îndelungată, încât nu numaĭ porţiunea vest-sudică a Olteniei conservă pînă astă-dĭ numele de *Mehedinţ*, dar usul poporan întinde câte o dată acéstă denominaţiune chiar asu-pra Olteniei întregĭ, bună-óră în doina la Alexandri :

> Frunġă verde maghiran,
> Volnicel *Mehedinţén*,
> Sînt născut pe frunġĭ de fag
> Ca să fiŭ la lume drag,
> *Şi's scăldat de mic în Olt*
> Să mě fac vitéz de tot . . .

Urcându-ne maĭ sus în secolul XIII, nu resultă de nicăirĭ ca banatul de Severin să fi fost pe atuncĭ pentru Ungurĭ maĭ mult decât Mehedinţul, total saŭ chiar numaĭ în parte. În diploma re-gelui Bela IV din 1247, Oltenia peste tot se numesce „tota terra de Zewrino", dar tocmaĭ caracteristicul „tota" arată că din to-talitate numaĭ o parte constituià „banatus de Zewrino"; ş'apoĭ în-săşĭ Ungaria nu pretindea acolo asupra acesteĭ totalităţĭ alt ce-va decât o simplă suzeranitate. Învěţatul Ungur Pesty a publicat o vastă lucrare în treĭ tomurĭ despre banatul Severinuluĭ, începênd din secolul XIII. El reproduce o grămadă de documente. Eĭ bine, nu se află la dînsul absolut nicĭ o indicaţiune de stăpânirea Ungurilor în Oltenia afară din regiunea Severinuluĭ.

Aşa dară, ce-va înainte de anul 1233, Ungaria apucase dela Olteni regiunea Mehedinţuluĭ, numind acolo pe Luca şi dându'ĭ titlul de „Banus de Scevrin“. Maĭ în urmă acest titlu a putut deveni în ierarchia Curţiĭ dela Buda un ce de tot fictiv, dându-se tradiţionalmente câte unuĭ favorit regesc chiar când Unguriĭ nu stăpânîaŭ în fapt nicĭ un petec în Oltenia; dar pentru prima óră, ca temeiŭ al deprinderiĭ curat nominale ulterióre, trebuia să fi fost la anul 1233 o raţiune seriósă, o posesiune óre-care reală asupra uneĭ părţĭ din teritoriul oltén.

Peste şépte anĭ, la 1240, vedem pe un al doilea Ban unguresc de Severin, numit Oslu: „Oslu Bano de Zevreno“. Dela acesta ne-a remas nu numaĭ o menţiune în diplome maghiare, dar încă —lucru maĭ semnificativ—suveniri topografice în regiunea occidentală a Olteniĭ: în districtul Gorj valea *Oslea* şi muntele *Oslea*, ambele la hotar, iar în Mehedinţ doĭ munţĭ *Oslea*, de asemenea lă hotar, pe când nicĭ un nume local analog nu ne întimpină nicăirĭ în interiorul ţereĭ şi pe aĭurĭ în restul Românieĭ. Ar fi important de a cerceta, dacă nu cum-va Mehedinţeniĭ şi Gorjeniĭ vor fi păstrând vre-o legendă despre acel Ban Oslu.

Este sigur dară, maĭ repetăm încă o dată, între aniĭ 1230—1240 Unguriĭ cuceriseră dela Românĭ Mehedinţul, cel mult cu o făşiă mărginaşă a Gorjuluĭ şi a Doljuluĭ, înfiinţând un banat al Severinuluĭ.

Cucerind Mehedinţul, în capul căruĭa puseră pe Luca pe la 1233 ca Ban al Severinuluĭ, Unguriĭ pe de o parte aŭ respins de acolo pe Românĭ, iar pe de alta s'aŭ vĕḑut în vecinătate cu Bulgaria, cu care pînă atuncĭ eĭ nu se învecinaŭ nicăirĭ la Dunărea de jos. Trebuiră dară să continue o luptă, în care pe Românĭ nu puteaŭ să'ĭ ajute maĭ bine decât Bulgariĭ, maĭ corect dinastia cea romănéscă a Asanilor. Domnĭa atuncĭ împĕratul Ioan Asan, fiĭul primuluĭ Asan, al fundatoruluĭ imperiuluĭ romăno-bulgar. Erà unul din ceĭ maĭ marĭ principĭ aĭ epoceĭ, acela despre care episcopul frances contimporan Filip de Mouskes ḑicea că era fórte vitéz şi fórte în-

ţelept: „Ki mult ot valor et haut sens". În adevĕr, Bulgariĭ n'aŭ
zăbovit contra Ungurilor în ajutorul Oltenilor.

In archivul Szecsénian dela Pesta se păstréză în original o
diplomă cu data 1235, pe care şĭ-a copiat'o contele Kemény, de
unde fragmentată de canonicul Stefan Moldovan în Fóia Asocia-
ţiuniĭ Transilvane pentru literatura romănă, însoţită de sumarul
adnotat de reposatul Bariţ. Prin acea diplomă regele Bela IV dă-
ruesce magistruluĭ Dionisiŭ treĭ sate în Ungaria, drept resplată
pentru serviciele aduse într'un crâncen rĕsboiŭ contra luĭ Ale-
xandru, frateluĭ împĕratuluĭ bulgăresc: „contra exercitum Ale-
xandri fratris ipsius Imperatoris Bulgarorum".

Ca frate al luĭ Ioan Asan, Alexandru este cunoscut de de-
mult. In aşa numitul Sinodik din secolul XIV, între membriĭ fa-
milieĭ Asanilor el este numit după Ioan Asan: „Sebastocratorul
Alexandru, fratele mareluĭ împĕrat Asan". Bizantinul contimporan
Akropolita ḑice: „Primul rege bulgăresc Asan avusese doĭ fiĭ pe
Ioan şi pe Alexandru". De aci genealogia la Stritter:

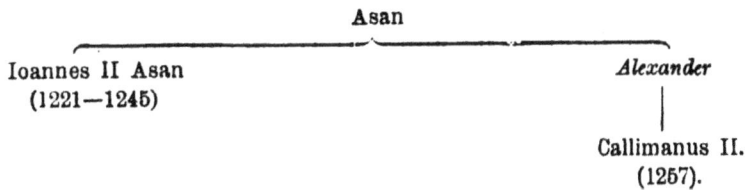

Asan

Ioannes II Asan
(1221—1245)

Alexander

Callimanus II.
(1257).

Reproducênd fragmentul după canonicul Moldovan, Bariţ ob-
servă: „Vede orĭ-cine că aceste bătăĭ eraŭ între Ungurĭ-Secuĭ şi
„între vecinĭĭ Romănĭ confederaţĭ pe atuncĭ cu Bulgariĭ". Canoni-
cul Moldovan scurtase peste mĕsură diploma cea din 1235, fă-
cênd astfel pe Bariţ să créḑă, ba chiar să fie convins că Bul-
gariĭ se băteaŭ cu Secuimea în Ardél, fiind aliaţĭ cu Romăniĭ de
acolo. A ascunde dintr'un text o porţiune esenţială, nu e cinstit.
Canonicul Moldovan indusese într'o gravă eróre pe venerabilul Bariţ.
Maĭ corect a fost profesorul Szabó dela Cluj în diplomataŕiul se-
cuesc, unde publică de asemenea un fragment, dar maĭ complet,
anume urmĕtorul pasagĭu, care lipsesce la Bariţ: „Dum in obsi-
„dione Castri Budung essemus constituti, egredientibus e Ca-
„stro militibus ex adverso, iam dictus Dionysius primus inter alios
„conflictum iniens cum eisdem, ipsos in Castrum redire compulit,

„absque ulla nostrorum lesione"; adică: acel Dionisiŭ se luptase contra Bulgarilor şi ĭ-a respins atuncĭ când regele Bela IV asediâ cetatea Vidinul. Nicĭ o alusiune la Ardél. Tocmaĭ Vidinul, „castrum Budung", este acela care ne luminéză. Diploma ne spune că în aceiaşĭ expediţiune contra Vidinuluĭ sebastocratorul bulgar Alexandru surprindea mereŭ pe Ungurĭ, împrăştiaţĭ pentru a despuia şi a pustii ţéra cea de lîngă Vidin, lovindu'ĭ pe dînşiĭ făţiş saŭ prin stratageme, ba şi robise chiar pe comitele Bogomir fiĭul luĭ Zuboslaŭ, capul Secuilor: „qui (Alexander) per multas „acies et latentes insidias, nostros homines ad depopulandam et „spoliandam terram dispersos frequenter invadere consveverat, „qui etiam Bogomerum filium Zubuslay comitem et Ductorem Si-„culorum captiverat". Din causa canoniculuĭ Moldovan, Bariţ în-ţelegea că Bulgariĭ „despuĭaŭ şi pustiĭaŭ" Transilvania, pe când textul este fórte lămurit: Unguriĭ despuĭaŭ şi pustiĭaŭ regiunea Vidinuluĭ.

Nicĭ profesorul Szabó n'a făcut bine de a se mărgini cu un fragment. Numaĭ diploma întrégă limpeḑesce pe deplin situaţiunea cea istorică. Acea diplomă figuréză întrégă în colecţiunea luĭ Fejér, unde ni se arată — pe prima liniă — că data 1235 e greşită, ci data cea autentică este 1236, de vreme ce datéză din anul al doilea al regeluĭ Bela IV. Apoĭ — pe a doua liniă — din textul diplomeĭ întregĭ resultă că resboĭul cel dela Vidin fusese înainte de alte doue evenimente, carĭ amîndoue se întâmplaseră în anul 1233: un resboĭu în Galiţia şi un resboĭu cu Austria, ambele înregistrate la Katona. Resboĭul în Galiţia este maĭ cu samă precis, fiind-că între aniĭ 1233—1236 n'a maĭ fost altul, pe când cu Austria regele Bela a maĭ avut o luptă cu Austria la 1235, în ambele însoţind pe tatăl seŭ regele Andreĭu. Decĭ resboĭul sebastocrato-ruluĭ Alexandru contra Ungurilor avusese loc ce-va înainte de 1233. Am constatat că tot ce-va înainte de 1233 avusese loc vic-toria Maghiarilor asupra Românilor din Mehedinţ, când s'a şi în-fiinţat pentru prima óră banatul cel unguresc al Severinuluĭ. Me-hedinţul este faţă 'n faţă cu regiunea Vidinuluĭ de peste Dunăre. E peste putinţă de a nu recunósce strînsa legătură între ambele resbóie. Olteniĭ şi Bulgariĭ ne apar aci ca aliaţĭ contra Ungurilor. Mehedinţul fiind cucerit, Unguriĭ aŭ trecut immediat în Bulgaria pentru a pedepsi pe aliaţĭi Oltenilor. După ce Unguriĭ numiseră pe „Lucas Banus de Scevrin", tot atuncĭ la 1235, érăşĭ pentru prima óră, coróna Sântuluï Stefan işï bagă Bulgaria în titulatura cea regéscă: „rex Bulgariae".

Alianţa Bulgarilor cu Olteniï, maï în specie alianţa cu dinastia cea romănéscă a Asanilor, este fórte semnificativă. Intre altele, diploma din 1235, adecă acea din 1236, dăramă cu desăvîr-şire teoria d·luï Oncïul — maï sus §·ful 20 — despre întemeiarea Statuluï Ţereï-Romănescï de cătră acea dinastiă. Dacă o asemenea întemeiare nu s'a îndeplinit sub împĕratul Ioan Asan, apoï maï tărḑiŭ ea era cu totul peste putinţă din partea Bulgarilor, căcï după mórtea acestuï mare principe, adecă dela 1245 în jos, puterea imperiuluï trans-danubian începe a scădé repede, stingĕndu·se tot-o·dată posteritatea cea romănéscă a primilor Asanï.

§. 26. Doljul şi Romanaţul sub stăpânirea Cumanilor.

Bibliografia: Originile Craioveï, Bucurescï 1878 in-8. — Archiva istorică t. III p. 192 etc.—*Albericus Trium fontium*, Chronicon ed. Leibnitz Lipslae 1698 -700 in-4 part. II p. 573, 578 - 9.—*Du Cange*, Hist. de Constantinople, t. II p. 121.—*Joinville*, Mémoires de Saint Louis, Paris 1859 in-16 p. 150—2. — *Kuun*, Codex Cumanicus, Budapestini 1880 in-8.—*Rabbi Petakhia* ap. Lelewel, Géographie du moyen-âge, Bruxelles 1852 in—8 t. III p. 201. — Венелинъ, Влахо-болгарскія граматы, Petersb. 1840 in-8 p. 10, 56 etc. — *Fotino*, Ιστορία t. I p. 282—3.— *Tunusliï*, trad. Sion p. 10—11. — *Bolliac*, Topographie de la Roumanie, Paris 1856 in-8 p. 23. — *Pappasoglu*, Guide du voyageur de Sé-verin à la Mer noire, Bucurescï 1863 in-16 p. 29. — *Margot*, O viatoriă în cele 17 di-stricte ale Românieï, Bucurescï 1859 in-8 p. 51.—*Ubicini*, Provinces roumaines p. 29.— Раковски, Нѣколко рѣчи p. 64. — *Tincu-Velea*, Istorióra bisericéscă, Sibiü 1865 in-8 p. 245—6.—*Laurian-Bălcescu*, Magazin istoric t. I. p. 10.—*A. Xenopol*, Istoria Românilor t. I, p. 525—6.

Puţin după cucerirea Mehedinţuluï de cătră Unguri, cam pe la 1235 plus-minus, Cumaniï cuprinseră restul cel dunărén al Oltenieï : Romanaţul şi Doljul.

Maï întâïu, cine óre să fi fost Cumaniï ?

S'a găsit de de-mult în Veneţia şi s'a dat la lumină un manual întreg de limba cumană, scris în anul 1303, când Cumaniï ocupaŭ încă maï tótă partea orientală a Româniel. Ca model, étă cuvintele de sub rubrica intitulată „calităţile timpilor", în care alăturï cu formele cumane noï punem pe cele turce, aşa după cum se pronunţă în Constantinopole:

resărit,	cumanesce *cun tousin,*	turcesce *ghĭun dogusu;*
apus	— *cun batisi*	— *ghĭun battsi;*

timp	—	*ouad*	—	*'aht;*
noros	—	*bulud*	—	*buluth;*
timp ploĭos	—	*ĭamgurlu haua*	—	*ĭagmurlu hava;*
obscur	—	*carangu*	—	*qaranlï;*
norï	—	*bulutlar*	—	*buluth-lar;*
zăpadă	—	*char*	—	*qar;*
negură	—	*touman*	—	*duman;*
brumă, rouă	—	*çig*	—	*çih;*
vint	—	*yel*	—	*ĭel* etc.

In curs de vr'o treĭ secolĭ, acéstă odraslă turcă s'a aflat într'un contact de tóte dilele cu străbuniĭ noştri, ş'apoĭ nu numaĭ în Moldova, dar şi în Muntenia pînă la Olt. Districtul Teleorman conservă pînă astă-dĭ un nume curat cumanic. După fonetica turcă ar fi *Deli-orman*, adecă „pădure désă", literalmente „pădure nebună". Aşa se chiamă, între altele, o pădure din Dobrogia. După fonetica cumană, turculuĭ inițial *d* îĭ corespunde tot-d'a-una *t*, în cât *Deli-orman* trebuĭ să ne apară aci sub forma de *Teli-orman*. In vocabularul cuman din 1303 noĭ găsim în fapt ambele elemente constitutive ale acestuĭ nume: „*teli* — stultus" şi „*orman* — boscus". Cumanismul „Teleormanuluĭ" este dară matematicesce sigur. Rĭul căpetase acest nume după vre-o pădure de pe mal, ĭar după rĭŭ s'a numit apoĭ districtul.

In dialectul peceneg, înainte de dominațiunea Cumanilor în România, se chiamă tot aşa un munte de prin Buzăŭ saŭ Rîmnic-sărat, pe care Bizantinul Cinnam, vorbind sub anul 1152 despre un resboĭu între Grecĭ şi Pecenegĭ, îl numesce ὄρος Τένουορμον. Acéstă formă „Tenuormon" presintă acea particularitate dialectală, că pecenegul *tenu-* corespunde cumanuluĭ *teli-*, adecă *n* între vocale alternéză cu *l*. Din puținele graĭurĭ turanice, ale căror dicționare îmĭ sînt la disposițiune, în limba tungusă nebunul se dice *tenäk*, în limba buriată *tenek* şi'n dialectul tatar karagassic *tenäk*, ceea-ce abia diferă de pecenegul *tenu*, póte maĭ corect *teneh*, căcĭ Cinnam şi Bizantiniĭ în genere nu exceléză printr'o transcripțiune perfect exactă a numirilor barbare. Pecenegiĭ şi Cumaniĭ vorbĭaŭ aceeaşĭ limbă; variantele *Teli-orman* ne arată totuşĭ între ambele popóre nisce divergințe dialectale destul de pronunțate, cel puțin sub raportul fonetic.

In orĭ-ce cas, Cumaniĭ aŭ ocupat Teleormanul, şi l'aŭ ocupat un timp atât de îndelungat saŭ într'un mod atât de durabil, încât memoria lor se maĭ păstréză în numele districtuluĭ.

Judecând după posiţiunea relativă a localităţilor, tocmaĭ de pe aci trebuĭ să fi eşit pe la 1235 cete de Cumanĭ, păşind prin „Vadul Cumanilor" dela Olt în direcţiunea Craĭoveĭ, de unde maĭ în urmă, prin „Vadul Cumanilor" dela Dunăre, dînşiĭ aŭ trecut în Bulgaria şi s'aŭ dus la Constantinopole.

În districtul Olt, lîngă măreţul rîŭ dela care şĭ-a împrumutat numele, se află în plasa Şerbănesciĭ un sat numit *Comaniĭ*, despre care Frunḑescu ne spune că are 1600 locuitorĭ şi este reşedinţa sub-prefectureĭ.

În districtul Dolj, lîngă Dunăre, în plasa Câmpuluĭ, se află un alt sat numit *Comaniĭ*, despre care érăşĭ Frunḑescu ne spune că face o singură comună cu învecinatele sate Maglavit şi Golenţ, avênd peste tot 2590 locuitorĭ.

În dicţionarul luĭ Frunḑescu se găsesc o mulţime de localităţĭ numite *Comana* (Vlaşca), *Comanca* (Romanaţĭ, Vâlcea, Argeş), *Comănescĭ* (Bacăŭ, Mehedinţ, Covurluĭu, Gorj, Dorohoĭu), *Comaniţa* (Olt) şi *Coman* (Némţ, Bacăŭ); dar numaĭ cele douě de maĭ sus se chĭamă *Comaniĭ*.

Aruncând o căutătură asupra mapeĭ, étă posiţiunea relativă a ambelor sate:

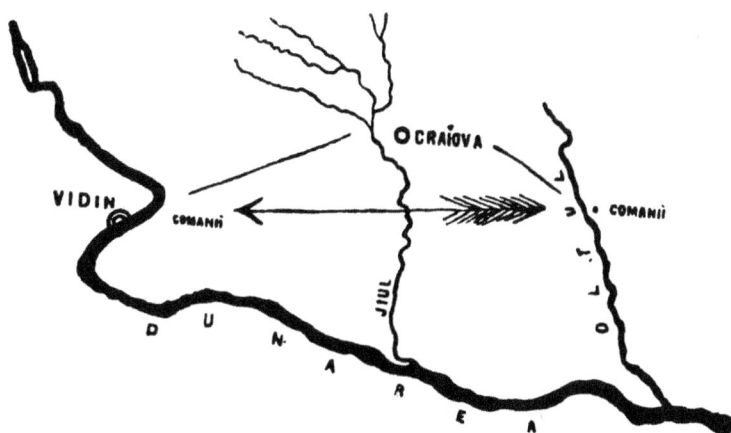

În acest mod, dacă vom trage un segment dela Comaniĭ-pe-Olt pînă la Comaniĭ-pe-Dunăre, spaţiul intermediar va cuprinde partea sudică a districtelor Romanaţĭ şi Dolj, avênd Craiova în vîrf.

Omonimitatea celor doĕ sate şi posiţiunea lor perfect analogă la puncturile de trecere peste cele doĕ fluvie, să fie óre un simplu efect al azardului ?

Cată, maĭ întâĭu de tóte, să restabilim forma cea corectă a numeluĭ.

Satul „Comaniĭ" din Dolj este o proprietate a Tismeneĭ.

Graţiă avutuluĭ archiv al acesteĭ vechĭ mănăstirĭ, depus în Archivele Statuluĭ şi care consistă din doĕ marĭ condice vechĭ, treĭ condice noue şi sute de documente originale, istoria satuluĭ Comaniĭ s'ar puté urmări în sus pînă pe la jumătatea secoluluĭ XIV.

Cea maĭ veche diplomă existinte este din 1385, dela vodă Dan, fratele şi predecesorul luĭ Mircea cel Mare, ambiĭ fiĭ aĭ luĭ Radu-Negrul, nepoţĭ aĭ luĭ Alexandru Basarabă. Acest crisov sună literal :

„. . . maĭ confirmă domnia „mea *tóte câte dedese sânt-repo-* „*satul parinte al domnieĭ mele* „*Radu voevod: satul Vadul Cu-* „*manilor* cu Toporna, şi balta „Bistreţ dela Topliţa pînă la „gârla cea repede maĭ sus de „Covaciţa cu satul Hrisomuinţiĭ, „şi Tisména pe ambele părţĭ „cătă a fost Ligăcéscă şi Ru- „şéscă ; apoĭ maĭ confirm şi tóte „câte dedese în scris mănăstiriĭ „sântuluĭ Antoniŭ unchĭul dom- „nieĭ mele sânt-reposatul Vla- „dislav voevod: satul Jidoştiţa „cu pâriul, şi tótă pescăria du- „nărénă cea din mijloc. . ."

. . . къ сѣм потвръжда гⷭвоми и ѥ҆⸗ лика с҇топочивши рѡдⷮiте́л гⷭвами радоуль воевода приложи. село коу⸗ манскъ̵ брод с топорна. и блато внстреⷰ. ѿ топлъца до бръзого гръла въ̵ше ковачица. сⸯ селѡⷨ хръсомꙋинци. и тисменж по ѡбою странꙋ елико вⷮѣ лигачешско и рꙋ⸗ шешско къ сим потвръждаⷨ. и ѥ⸗ лика мⷮнастирю с҇тго антонiа при⸗ ложи и подписа стрⷰиц гⷭвами с҇то⸗ почивши владислав воевода. село жидовщица с потокоⷨ. и на дꙋ⸗ навⷮѣ срⷮѣдныⷯи внⷰр вⷰс. . ."

şi la sfîrşit :

„Tóte acestea s'aŭ scris în „Argeş din porunca domnuluĭ „voevod Dan, în anul 6894, in- „dictionul 9, a luneĭ octobre „ḑiua 3.

сїа всⷮѣ записашⷮж оу аргиши повелⷮѣнiем гⷮна воеводж дана. влⷮѣт ҂ѕ҃ѿ. ч҃д. индиктiⷮwн. а. мⷮца wк⸗ товрⷮiа дⷮнь, г҃.

De aci resultă că satul Cumaniĭ, cu mult înainte de anul 1385, a existat deja sub caracteristicul nume de Коумаискыи бродъ, adecă „Vadul Cumanilor“. Cu acelașĭ nume îl găsim în tóte documentele Tismeneĭ din secoliĭ XIV şi XV. Abia în secolul XVI numele *Vadul Cumanilor* se înlocuesce printr'o formă maĭ scurtă: *Cumaniĭ* saŭ *Comaniĭ*, bună óră în crisovul dela Alexandru-vodă din 28 aprile 1576: „село еж се зовет команïи еж сът близ код ïдïн (satul ce se chĭamă Comaniĭ, care se află aprópe de Vidin)“.

Eĭ bine, ce fel de înţeles putea să fi avut numele cel vechĭu: „Vadul Cumanilor“? Sub anul 1475, vorbind despre înfrângerea Turcilor de cătră Stefan cel Mare, cronicarul Urechea dice: „Iar „Stefan-vodă pornitu-s'a după dînşiĭ cu Moldoveniĭ seĭ şi aceĭ 2000 „de Leşĭ, şi aŭ gonit pe Turcĭ pînă *ĭ-a trecut Siretul la Iondşescĭ*, „*unde se chĭamă Vadul Turcilor şi pînă astădĭ*...“ Pe mapa luĭ Reichersdorffer de pe la 1550 acéstă localitate se pune slavonesce: *Tureczky broth*, maĭ corect: Тоурецкыи бродъ. „Vadul Cumanilor“ saŭ Коумаискыи бродъ şi „Vadul Turcilor“ saŭ Тоурецкыи бродъ exprimă douĕ fapte analóge: pe de o parte retragerea Turcilor din Moldova peste Siret, pe de alta — retragerea Cumanilor din Oltenia peste Dunăre.

Dacă însă Cumaniĭ aŭ eşit din Oltenia prin „vadul“ dunărén de lîngă Vidin, se nasce întrebarea: pe unde óre să fi întrat eĭ în acésté ţéră? Negreşit printr'un óre-care „vad“ al Oltuluĭ. Iată-ne aduşĭ vrênd nevrênd la satul Cumaniĭ-pe-Olt, unde trecerea riuluĭ, în adevĕr, este înlesnită — după mijlócele de transport pe apă din acea epocă — prin existenţa câtor-va insule, întocmaĭ ca şi 'n Dunăre de'naintea Vidinuluĭ. Ḑic „după mijlócele de transport pe apă din acea epocă“, căcĭ un martur ocular, călĕtorul evreesc Rabbi Petakhia, ne spune că Cumaniĭ nu aveaŭ corăbiĭ saŭ luntri, ci treceaŭ riurile pe peĭ de cal cusute, ceea-ce — firesce — îĭ silĭa a căuta o plutire pe cât se putea maĭ scurtă: dela o insulă la alta.

Cumaniĭ-pe-Olt este „Vadul Cumanilor“ cu acelaşĭ drept ca şi Cumaniĭ-pe-Dunăre, cu singura deosebire că cel întâĭu a servit Cumanilor la intrare, iar cel-lalt la eşire. Dar între momentul întrăriĭ şi între momentul eşiriĭ cată să fi fost un interval de timp, în cursul căruĭa cel puţin o parte din districtele Romanaţ şi Dolj s'a aflat sub dominaţiunea Cumanilor.

Fiind-că din secolul XIV nu avem nicĭ o urmă de o asemenea dominaţiune, ba nicĭ măcar o probabilitate, de vreme ce Cumaniĭ aŭ despărut atuncĭ aprópe cu desăvîrşire de pe scena istorieĭ, faptul trebuĭa să se fi întâmplat în secolul XIII.

Acuma, răzĕmându-ne pe desvoltările de maĭ sus, unde nomenclatura topografică ne-a procurat cea maĭ neaşteptată lumină, nu ne va fi greŭ de a înţelege naraţiunea călugăruluĭ Alberic despre un *Rex Jonas*, „craĭu Ion" de pe la 1235, pe care acest cronicar contimpuran îl numesce: „major in Regibus Comanorum" (cel maĭ mare dintre regiĭ Cumanilor), ĭar un alt scriitor de asemenea contimpuran, celebrul Joinville, îĭ dă epitetul de: „le grant roy des Commains" (marele rege al Cumanilor).

Scriitorul bizantin Georgiŭ Acropolita, carele descrisese cele petrecute în timpul seŭ între aniĭ 1204—1261, ne spune sub 1239 că o armată cruciată de 60,000 Francĭ, venită prin Ungaria contra Grecilor în ajutorul Latinilor din Constantinopole, unde abia se urcase atuncĭ pe tron junele Baldovin de Courtenay, a fost bine primită în cale de cătră Bulgarĭ şi avusese ajutóre dela „Scițĭ". Sub epitetul de „Scițĭ", se scie că Acropolita înţelege pe Cumanĭ.

Acea expediţiune a Francilor, cronicarul Alberic nĭ-o povestesce cu nesce amărunte, pe carĭ nu le găsim aĭurĭ.

El ne spune că în armata cruciată, deşi eraŭ 700 cavalerĭ şi 30,000 de călăreţĭ, afară de pedestrime, totuşĭ ea cu anevoiă ar fi putut străbate prin Bulgaria, dacă n'ar fi fost ajutată de Cumanĭ, cu carĭ—ḑice Alberic—s'aŭ încuscrit doĭ din capiĭ cavalerilor: „vir nobilis Nargoldus de Toceia (Corceio) duplex fecerat matrimonium, ipse scilicet et Conestabulus".

Acest pasagiŭ, cronica luĭ Alberic îl explică şi'l compleţéză sub anul 1241 în următorul mod:

„Soronius insuper Traditor quidam duas habuit filias baptizatas „in Constantinopoli, quarum unam duxit Guillelmus Conestabuli „filius, alteram Balduinus de Hainaco; filiam vero regis Jonae, qui „videbatur esse major in Regibus Comanorum, duxerat Nargeldus „(Nargoldus) Balivus, qui Nargeldus hoc anno decessit et praedicta „uxor ejus facta est monialis".

De aci resultă că Cumaniĭ, cu carĭ armata francă s'a întâlnit în Bulgaria şi de cătră carĭ a fost susţinută într'un mod atât de eficace, aveaŭ în fruntea lor doĭ principĭ maĭ însemnaţĭ: pe *craĭul Ion*, „considerat ca cel maĭ mare dintre regiĭ Cumanilor", şi pe

un altul numit, saŭ maĭ bine latinisat sub numele de „Soronius“;
din aceştiĭa, pe fiĭca craĭuluĭ Ion a luat'o de soţiă ilustrul cavaler
Nariot de Toucy, regentul imperiuluĭ latin de Constantinopole
după mórtea împĕratuluĭ Robert de Courtenay, ĭar cele douĕ fiĭce
ale luĭ Soronius s'aŭ căsătorit cu senioriĭ Baldovin de Hainaut şi
Guilelm fiĭul Conetabiluluĭ; peste puţin însă murind Nariot de Toucy,
fiĭca craĭuluĭ Ion, remasă vĕduvă, s'a făcut călugăriţă.

Tot aşa interpretéză pasagĭul Du Cange, care scriea pe la ju-
mătatea secululuĭ XVII, astfel că cronica luĭ Alberic ĭ-a fost cu-
noscută încă numaĭ în manuscris; cu singura deosebire — puţin
esenţială — că el pune cele treĭ căsătoriĭ deja după întrarea armateĭ
france în Constantinopole, ceea-ce este maĭ probabil, deşi nu se cu-
prinde în text.

Iată comentarul seŭ:

„Au printemps ensuivant il (Baudouin) mit son armée en cam-
„pagne, qui fut fortifiée d'un grand nombre de Comains, qui lui
„arrivèrent sous la conduite de Ionas et de Soronius leurs rois ou
„princes... Ces deux princes vinrent à Constantinople avec leurs
„familles et y furent très bien accueillis par les barons français:
„lesquels afin de les intéresser et de les engager fortement dans
„leur parti, firent épouser à Guillaume fils de Geoffroy de Méry
„connétable de Romanie l'une des filles de Soronius et une autre
„à Baudouin qu'Alberic surnomme de Haynaut, par ce que peut-
„être il était originaire de ce comté, l'une et l'autre ayant reçu le
„baptème. Nariot de Toucy, seigneur puissant, qui avait été Bail
„de l'Empire probablement après le décès de Robert, étant lors
„veuf de la fille de Branas, épousa la fille de Ionas, qui était le
„plus grand d'entre les princes des Comains“.

Epitetul de „trădător“, pe care Alberic îl dă luĭ Soronius, Du
Cange îl comentéză într'un alt loc prin trecerea ulterióră a acestuĭ
principe cuman în partea Grecilor contra Francilor; înainte însă
de a adopta o asemenea interpretaţiune, care nu se justifică prin
fapte, ar trebui consultate tóte manuscrisele existinţĭ ale croniceĭ,
pentru a vedé dacă nu cum-va „traditor“ ar fi o lecţiune greşită.
In loc de: „Soronius insuper *Traditor quidam* duas *habuit* filias...“
s'ar puté citi: „Soronius insuper *traditur quidem* duas *habuisse*
filias...“, şi atuncĭ sensul ar fi pur şi simplu: „cât despre Soro-
nius, se ḑice că el a avut douĕ fiĭce etc.“ Acest „traditur quidem“
(se ḑice), care indică o îndoélă din partea luĭ Alberic asupra nu-

měruluĭ fetelor celor căsătorite ale luĭ Soronius, se potrivesce cu pasagiul de sub anul 1239, unde cronicarul, vorbind despre ambiĭ principĭ cumanĭ, craĭul Iona şi Soronius, ḑice: „duplex matrimonium“ (îndoită căsătoriă), acordând prin urmare fie-căruĭa din eĭ câte o singură fiĭcă.

Orĭ-cum să fie, nu Soronius, fie el trădător saŭ ba, ne preocupă în casul de faţă, ci numaĭ craĭul Iona, în privinţa căruĭa textul luĭ Alberic este de o perfectă claritate, şi maĭ adaogă apoĭ: „Mor-„tuus est hoc anno (1241) Rex Jonas praedictus nondum baptizatus, „et idcirco sepultus est extra muros civitatis (Constantinopolis) in „altissimo tumulo et octo armigeri suspensi sunt vivi à dextris et „sinistris, et ita voluntarie mortui, et viginti sex equi vivi similiter „sunt ibi appensi“. Adecă: „In acelaşĭ an 1241 a murit menţio-„natul rege Iona, şi fiind-că nu se botezase încă, de aceea a fost „îngropat afară din muriĭ Constantinopoliĭ sub o măgură fórte „înaltă, ĭar d'asupra'ĭ, la drépta şi la stânga, aŭ fost spînḑuraţĭ opt „ostaşĭ, carĭ s'aŭ sacrificat de bună voe, şi douĕ-ḑecĭ şi şése caĭ viĭ“.

In acest mod, eşit din Cumania propriŭ ḑisă, adecă Moldova şi porţiunea orientală a Munteniĭ, maĭ în specie prin Teleorman, de unde aŭ trecut apoĭ în Oltenia, lăsând aci urmele sale în cele douĕ vadurĭ ale Cumanilor, „marele Craĭu Iona“ s'a aliat în Bulgaria la 1239 cu o cétă de cruciaţĭ Francesĭ, s'a încuscrit acolo cu unul din capiĭ lor şi a venit împreună cu ginerele seŭ la Constantinopole, unde murind nebotezat la 1241, a fost îngropat păgânesce sub o măgură, cu ómenĭ şi caĭ omoriţĭ pe mormîntul seŭ.

Trecerea regeluĭ Iona din Oltenia peste Dunăre în Bulgaria se întâmplase ce-va înainte de 1239, anul alianţeĭ luĭ cu Franciĭ cea descrisă de călugărul Alberic. Trebuĭ să admitem dară că şederea Cumanilor în Romanaţ şi în Dolj durase un interval óre-care între 1235—1238, adecă tocmaĭ după stabilirea administraţi-uniĭ ungurescĭ în Mehedinţ şi după resboĭul regeluĭ Bela contra sebastocratoruluĭ Alexandru. Sub primiĭ Asanĭ, Cumaniĭ din România dunărénă, uniţĭ cu Românĭĭ dela noĭ, eraŭ necontenit în raporturĭ amicale cu Bulgariĭ, cărora le trimiteaŭ mereŭ ajutóre. Este maĭ mult decât probabil că aşeḑarea regeluĭ Iona în partea Olteniĭ cea învecinată cu Vidinul fusese provocată anume contra Ungurilor în împregĭurările fundăriĭ Banatuluĭ de Severin. Cu alte cuvinte, Cumaniĭ nu veniaŭ ca duşmanĭ improtiva Oltenilor şi aĭ Asanilor, ci ca prietenĭ, împrietenind apoĭ cu Bulgariĭ pe Francĭ, cu carĭ aŭ păşit eĭ-înşiĭ maĭ departe spre Constantinopole. Plecând craĭul Iona, Românĭĭ aŭ remas singurĭ în Romanaţ şi în Dolj, conservând suvenirea celor doue Vadurĭ ale Cumanilor şi tradiţiunea despre un „craĭu Ion" „marele rege" după cum îl numĭaŭ contimporaniĭ, „major in Regibus Comanorum" la Alberic, „le grand roy des Commains" la Joinville.

Fotino şi anonimul publicat de fraţiĭ Tunusli, ambiĭ de pe la începutul seculuĭ nostru, aŭ combinat cel de'ntâĭu, dacă nu mě înşelă memoria, o teoriă despre originile actualeĭ capitale a Oltenieĭ.

Fotino ḑice: „Pe timpul acela craĭul Ión al Bulgaro-români„lor stăpânind şi peste cele cincĭ districte de peste Olt ale Dacieĭ, „sub el s'a fundat Craĭova, numită ast-fel după numele luĭ, fiind-că „românesce şi bulgăresce Ión se chiamă *Iova* saŭ *Ivan*, ĭar regele „*kral*, de unde *Craliova:* domnia luĭ Ión. Acest craĭu Ión, la 1205, „a clădit în Craĭova şi vechĭa biserică numită Bănésca cu hramul „mareluĭ martir Dimitrie." De unde va fi luat Fotino, că împěratul Ioniţĭŭ din dinastia Asanilor „stăpânĭa şi peste cele cincĭ districte ale Oltenieĭ" şi că luĭ i se datoresce biserica „bănéscă" a sântuluĭ Dumitru din Craĭova, pe care o va fi clădit anume la anul 1205, nicĭ maĭ curând, nicĭ maĭ tărḑiŭ? acésta nu se scie.

Anonimul Tunusliilor, rostind o părere analogă, are aerul de a o sprijini pe o fântână istorică; în realitate însă, când îl cumpănescĭ maĭ de aprópe, este şi el tot atât de obscur ca şi Fotino. Iată cuvintele sale: „Petru şi Asan, doĭ fraţĭ Românĭ, carĭ făcu„seră în ţéra lor o biserică în numele mareluĭ martir Dimitrie..." Apoĭ maĭ departe: „Aice cată să spunem, că aceştĭ doĭ fraţĭ eraŭ „din domnitoriĭ celor cincĭ districte ale Craĭoveĭ, căcĭ acolo este şi „biserica cu serbarea mareluĭ martir Dimitrie, numită Bănéscă, *pre*„*cum din hrisovul fundatoruluĭ eĭ se vede.*" Ce fel de „hrisov al *fundatoruluĭ*", de vreme ce se pretinde a fi fost doĭ fundatorĭ, ĭar nu unul? Orĭ-câţĭ fundatorĭ să fi fost, unde óre şi în ce condiţiunĭ se va fi aflând acel problematic „hrisov"?...

O dată asvarlindu-se în circulaţiune de cătră Fotino şi fraţiĭ Tunusli, acéstă genealogiă a Craĭoveĭ alţiĭ s'aŭ grăbit a o reproduce fără control, une-orĭ maĭ împodobită cu ipotese secundare tot atât de nedovedite.

„Craĭova — ḑice Cesar Boliac — doit son nom et sa fon-
„dation à un empereur roumain, nommé Ionitza-Atsan, qui régnait
„au commencement du treizième siècle." Aci lucrul se afirmă
deja pur şi simplu, ca şi când ar fi o axiomă asupra căriĭa nu se
discută.

„Craĭova — ḑice Pappazoglu — ville bâtie au 10-me siècle
„par le roi Iovan qui lui donna son nom." Iată împĕratul Ioniţiŭ
strămutat pe negândite în secolul X, sărind în sus peste douĕ
sute de anĭ!

„Craĭova — ḑice T. Margot — este un oraş fórte antic; se
„pretinde că maĭ intaĭu fu o cetate dacică ce se dărima de cătră
„Romanĭ, carĭ apoĭ înălţară pe locul acela un oraş noŭ cu numele
„de Castra-nova (tabără nouă); în urmă Craĭul Ĭovan (Ioaniţă), re-
„gele Bulgarilor şi al Românilor, îl maĭ mări, îl înfrumuseţa şi îl
„ocoli cu fortificaţiunĭ noue şi maĭ intinse pe la anul ·1180, şi îĭ
„dede numele seŭ şi d'atuncĭ se numi Craĭova." Ce de maĭ flori-
cele, incepĕnd dela Castra-nova pînă la „ocolire cu fortificaţiunĭ
noue şi maĭ întinse" de cătră împĕratul Ioniţiŭ „pe la anul 1180",
adecă cu vr'o doue-ḑecĭ de anĭ înainte de urcarea sa pe tron!

„Jean, roi des Valaques et des Bulgares — ne spune Ubi-
„cini — possédait aussi le banat de Craĭova. Il passe pour le fon-
„dateur de la ville qui porte ce nom, formé du sien (Cral ou Craĭ,
„Iov ou Ivan, Jean). Il y fit, dit on, construire l'église Banesa, qui
„existe encore aujourd'hui"... Şi ḑicĕnd acestea, Ubicini citéză pe
Fotino.

Fotino şi anonimul Tunusliilor, susţinĕnd originea asanică a
luĭ St. Dumitru din Craĭova, se pare a fi avut în vedere un text
din Bizantinul Niceta Choniat, scriitor pe la finea secolulŭ XII,
care ne spune, ca fântână contimpurană, cum-că fraţiĭ Petru şi Asan
ar fi zidit o biserică în onórea luĭ St. Dumitru. Acea biserică insă
a fraţilor Petru şi Asan va fi fost ea clădită în România? Nu.
Biserica în cestiune se află anume în acea parte superióră a
Balcanilor care se chiamă „Munţiĭ dela Sliven", unde primul Asan,
după fântânele istorice bulgare, înfiinţase vr'o doue-ḑecĭ şi patru
de mănăstirĭ, formând ca o republică călugăréscă în felul aceleĭa
dela Sântul-munte. Tóte acestea n'aŭ a face cu capitala Olteniĭeĭ.
Fotino şi anonimul Tunusliilor nu inţelesese textul luĭ Choniat.

Dînşiĭ nu sînt maĭ fericiţĭ in privinţa etimologieĭ Craĭoveĭ
din Craĭu-Ĭova.

Forma cea obicĭnuită în vechile nóstre crisóve este *Cralĭeva*.
Forma modernă *Craĭova* este o simplă muĭare din slavicul *Kra-
lĭeva*, saŭ maĭ bine dintr'un tip vulgar *Kralĭova*. *Kralĭeva* saŭ
Kralĭova, la rîndul seŭ, nu e decăt un adjectiv posesiv femeesc
din крддь „rege", întocmaĭ ca *Bucova* din *bukŭ* „fag", *Sadova* din
sadŭ „plantă", *Rogova* din *rogŭ* „corn", şi atătea alte localităţĭ din
România, unele chĭar în vecinătatea Craĭoveĭ. Decĭ, în composiţi-
unea cuvintuluĭ *Craĭova* nu întră nicĭ decum numele personal *Ĭova*.
Oraşul unuĭ rege Andreĭu, Petru, Mihaĭu, Constantin etc. se póte
numi *Kralĭeva* saŭ *Kralĭova* cu acelaşĭ drept ca şi oraşul unuĭ
rege Ion; şi nu numaĭ un oraş, ci orĭ-ce fel de localitate, fie rĭŭ,
fie baltă, fie măgură, căcĭ semnificaţiunea vorbeĭ este aci de tot
generală: „lucru regesc".

In acest mod, singura conclusiune legitimă, pe care trebuĭ s'o
tragem din cuvintul „Craĭova", este că va fi avut óre-când, direct
saŭ indirect, a face cu vre-un „craĭu". Acel „craĭu" putea să fi
fost Ion, precum s'a şi întâmplat a fi; dar acésta nu resultă cătuşĭ
de puţin din istoria bisericeĭ sântuluĭ Dumitru, unde nu este nemic
anterior anuluĭ 1500 saŭ chĭar 1652, şi nu resultă cătuşĭ de puţin
din numele Craĭoveĭ, în care nu figuréză nicĭ un element personal.

Fotino şi anonimul Tunusliilor cată să fi auḑit peste Olt o
tradiţiune despre un „craĭu Ion", o personalitate legendară pe care,
nesciind cum să şĭ-o explice, eĭ aŭ legat-o cu pasagĭul din Niceta
Choniat şi cu numele Craĭoveĭ, identificând-o într'un mod destul de
ingenios cu celebrul împĕrat Ioniţiŭ.

Ceea-ce însă Fotino şi anonimul Tunusliilor n'aŭ sciut, este că
o legendă analogă s'a conservat la Românĭi din Temeşiana. Un
preut de acolo, Nicolae Tincu-Velea, ḑice: „Poporul român în Almaş
„păstréză din vécurĭ o tradiţiune curiósă, ale căriĭ urme cel puţin
„autorul nu le află în istoria Banatuluĭ. Iacă tradiţiunea: cumcă
„pre rîpa de lîngă satul Lăpoşnicel, unde se vĕd şi astă-ḑĭ ruine
„de zidire, să fi fost un castel, unde să fi reşedut regentul Alma-
„şuluĭ, numit de popor „Craĭu Ĭova" (Ĭovan-Ĭovian-Ĭoan); cumca
„acesta, după un timp óre-care, cu fórte multe familie s'a dus în
„România şi acolo a întemeĭat oraşul de astăḑĭ Craĭova, numit aşa
„după numele seŭ; cumcă şi rîul ce cură pre sub rîpa unde a
„stat acel castel, apoĭ şi întreg ţinutul acela se chĭamă şi pînă

„astădĭ „Craĭova“, dar şi „Crăină“ saŭ „Craină“. Tot acolo, ce-va
„maĭ departe cătră resărit, în lunca Iablaniţeĭ sub délul Străgiţa,
„ĭarăşĭ se află remăşiţe de un castel mare şi larg, unde tot tradi-
„ţiunea ḑice că ar fi locuit un domn mare. Aci săpând ómeniĭ aŭ
„scos maĭ multe monete antice romane, dintre carĭ una de aur cu
„inscripţiunea: „Traianus Hadrianus an. 60“ (?) se află astăḑĭ —
„am vĕḑut-o însumĭ — în posesiunea paroculuĭ Iablaniţeĭ Nicolae
„Tatuc...“

Acéstă tradiţiune, aşa cum o avem aci, ne presintă o impo-
sibilitate logică.

Memoria unuĭ popor reţine câte-o-dată în curs de secolĭ suve-
nirea uneĭ localităţĭ vĕḑute, dar nu a uneĭ regiunĭ pe care n'o cu-
noscuse. Dacă o parte óre-care din locuitoriĭ Temeşianeĭ de pe ma-
lurile Caraşuluĭ ar fi emigrat în Oltenia d'a-stânga Jiuluĭ, fie cu
un „craĭu-Iova“ saŭ cu orĭ-cine altul, atuncĭ în Almaş ar fi putut
să remână o vagă aducere aminte despre plecarea pribegilor, nu
însă amăruntul că: „s'aŭ dus la Dolj şi aŭ întemeĭat acolo Craĭova“.
In Dolj — da — ar fi fost logică tradiţiunea că străbuniĭ Craĭovenilor
vor fi venit în vechime din Almaş; ar fi fost logică, fiind-că pentru
acel străbunĭ Almaşul fusese ce-va cunoscut, a căruĭa noţiune, prin
urmare, eĭ a putut'o transmite posterităţiĭ; în Almaş, din contra,
o asemenea legendă nu este logică, de óră-ce Bănăţeniĭ ceĭ remaşĭ
nu avuseseră nicĭ o dată a face cu Doljul, ba nicĭ chĭar ceĭ ple-
caţĭ dintre dînşiĭ nu eraŭ în stare de a lăsa vorba a-casă că se
duc la Craĭova, căcĭ Craĭova nu era încă în fiinţă. Coloniştiĭ en-
glesĭ din Boston saŭ din Washington sciŭ prin comunicaţiune orală
dela părinţĭ şi moşĭ, cum-că moşiĭ saŭ părinţiĭ lor aŭ trecut din
Anglia în America; nu există însă nicĭ o localitate în Anglia, unde
să ni se spună din gura poporuluĭ, fără ajutorul cărţilor, că o cétă
de acolo se va fi dus într'un timp pentru a fundı în America Bo-
stonul saŭ Washingtonul.

Singura cale posibilă de a scăpa pe „craĭul Iova“ al Bănăţe-
nilor din acest impas, este de a interverti itinerariul seŭ: el n'a
venit din Almaş la Craĭova, ci din Craĭova la Almaş. Cu alte cu-
vinte, o emigraţiune olténă din Dolj a dus cu sine în Temeşiana
legenda despre fundaţiunea Craĭoveĭ şi, găsind acolo la îndemână
nesce ruine din epoca romană, ruine unde se descoper pînă astăḑĭ
monete de ale luĭ Adrian, aŭ aplicat cătră aceste vechiturĭ din
noua patriă, după obiceĭul tuturor pribegilor, numirile şi remini-

scinţele patrieĭ celeĭ vechĭ. Tincu-Velea ne spune că localitatea cea din Almaş se chĭamă nu numaĭ „Craĭova", dar şi „Craĭna". *Craĭna* însemnéză slavonesce „loc mărginaş" şi nu are radicalmente nicĭ o legătură cât de depărtată cu *Cralĭeva* „loc regesc". Există însă, negreşit, o mare asemĕnare curat fonetică între *Craĭna* şi *Craĭova*. Acéstă asemĕnare a fost de ajuns pentru ca coloniştiĭ din Dolj să prefacă cu atât maĭ lesne „locul mărginaş", unde aŭ venit să se aşeḑe, „loc regesc", de unde plecaseră şi pe care—légăn al lor — cu greŭ puteaŭ să'l uĭte.

Numaĭ astfel se explică cunoscinţa Almăşenilor din Banat cu Craĭova cea din Oltenia.

O dată acest punct stabilit, tradiţiunea se limpeḑesce în tóte amăruntele sale.

Modul nostru de a interpreta preţĭósa legendă, pe care nĭ-o comunică Tincu-Velea, decurge nu numaĭ din bunul simţ, dar se confirmă şi prin istoria cea positivă a Banatuluĭ, a căruĭa popora-ţiune a fost adesea re'noită prin stolurĭ de ţeranĭ fugiţĭ din Ol-tenia, pe când fenomenul contrar al emigraţĭunilor din Temeşiana cătră Olt nu ne întimpină nicăĭrĭ. Ne ajunge a spune, că între aniĭ 1641—1646, peste 10,000 de familiĭ oltene s'aŭ aşeḑat în Banat, colonisând acolo districtul Vărşeţuluĭ şi al Timişóreĭ. Ase-menĭ migraţiunĭ s'aŭ întâmplat nu o dată. O bună parte din împo-porarea actuală a Temeşianeĭ, maĭ ales toţĭ aşa numiţiĭ „Ţeranĭ" de acolo, sînt veniţĭ din Oltenia.

Unele din aceste colonisărĭ succesive cată să fi fost fórte vechĭ, astfel că cele maĭ antice douĕ cronice ale Ţereĭ-Romănescĭ, în carĭ — observaţĭ bine — se vorbĭa fórte mult anume despre „origi-nile banatuluĭ Craĭoveĭ", probabil şi despre „craĭul Iova", aŭ fost scrise tocmaĭ în Banat. Iată ce ḑice despre ele neuĭtatul Bălcescu: „Cele maĭ vechĭ cronice ale Ţereĭ-Romănescĭ ce am găsit sînt din „vécul XVII. Douĕ cronice, *carĭ le credem mult maĭ vechĭ*, nu le-am „putut încă găsi. Acestea sînt: *Cronologia dela Vărşeţ* (oraş în Te-„meşiana) şi *Cronologia Ianculuĭ-vodă* (Huniade). După mărturia iero-„diaconuluĭ Naum Clococénu, care le citéză într'o precuvîntare a „sa asupra cronologieĭ Domnilor Ţereĭ-Romănescĭ, ele sînt fórte „interesante şi *vorbesc cu d'amăruntul despre întemeĭarea banatuluĭ* „*Craĭoveĭ*".

În orĭ-ce cas, tradiţiunea despre „craĭul Iova", legendarul fundator al Craïoveï, a colindat într'o epocă óre-care din Oltenia în Temeşiana.

Copia cea próspetă din Almaş întăresce originalul cel învechit din Dolj.

Lăsând la o parte biserica sântuluï Dumitru şi numele Craïoveï, carï ambele aŭ încurcat pe Fotino şi pe anonimul Tunusliilor, să ne mărginim dară a lua drept punct de plecare acéstă tradiţiune, al cărïa caracter poporan se probéză prin variantul seŭ din Banat. Ḑic „caracter poporan", căcï istoricul cată să se feréscă cu spaïmă de acele pretinse legende, pe carï le inventéză din când în când semi sciinţa, ba câte o dată reuşesce chïar a le altoi prin propa- gandă în unele localităţï.

Ceea-ce distingea pe craïul Iona al Cumanilor, cată să fi fost acea înfăţişare plină de demnitate, acel aer de impunere, acel pre- stigiŭ exterior à-la Agamemnon saŭ à-la Frederic Barbarossa, care deosebesce câte o dată chïar pe capiï selbatecilor şi impresionéză adânc pe toţï aceï ce se apropiă de un asemenea favorit al natureï, deşi în realitate el póte fi de o capacitate fórte mediocră: numaï astfel despre acest craïu Iona se explică epitetul de „mare rege" la Alberic şi la Joinville, consideraţiunea ce-ï arătaŭ superbiï baronï feudalï, conservarea memorieï sale peste Olt. . .

Sînt acum douĕ-ḑecï de anï, la 1876, eŭ publicaï pentru prima óră cercetarea mea despre trecerea Cumanilor prin Oltenia. Asupra aceluï studiŭ, d. Xenopol a făcut următórea observaţiune: „Tóte „cele spuse de d. Hasdeŭ despre Craïul Ionas sînt adevĕrate; dar „în ce legătură stă acest mare rege al Cumanilor cu oraşul Craïova, „étă ceea ce nu reiese din scrierea d-luï Hasdeŭ, şi de sigur că „acesta era punctul interesant în originile Craïoveï. D-sa singur „combate pe Fotino şi Tunusli, carï deduc acest cuvînt dela *Oraïul* „*Ioan*, arătând că *Craïova* conţine în sine cuvîntul *Craïul*, nicï când „însă cuvîntul *Ioan*. D. Hasdeŭ, care respinge pe *Ioniţă* al luï Fo- „tino ca întemeietor al Craïoveï, îï substitue pe *Ionas* al Cumanilor. „Pe ce temeïu óre?"

D. Xenopol a scăpat cu totul din vedere vechea legendă po- porană cea fórte preţiósă despre un *Craïu Ion* saŭ *Craïu Iova* ca fundator al *Craïoveï*. Întru cât nu póte fi vorbă despre împĕratul romăno-bulgar Ioniţă, care nu stăpânise nicï o dată în Oltenia, ş'apoĭ Asaniĭ în genere pentru Românĭ eraŭ tot-d'a-una împĕraţĭ, ĭar nu craĭ; întru cât însuşĭ d. Xenopol admite şi reproduce întocmaĭ după mine că marele rege Iona al Cumanilor stăpânise Romanaţul şi Doljul, fie un timp orĭ-cât de scurt; întru cât cuvîntul *Craĭova* însemnéză „al craĭuluĭ“, fără a se puté constata în regiunea Doljuluĭ în secolul XIII şi chĭar în secolul XIV vre-un alt craĭu afară de „major rex Ionas“; întru cât Craĭova se află singurul punct strategic în calea regeluĭ Iona dela Olt spre Dunăre între cele douĕ „Vadurĭ ale Cumanilor“; tóte acestea constituă un suficient „temeĭu“, respunḑênd pe deplin la întrebarea d-luĭ Xenopol. Negreşit, *Craĭova* nu însemnéză că craĭul a fundat'o aşa după cum Petersburgul aparţine luĭ Petru cel Mare, adecă n'a fost o nouă creaţiune edilică, ci numaĭ s'a pus un nume noŭ, dându-se uneĭ vechĭ localităţĭ o aducere a minte a evenimentuluĭ că pe aci locuise craĭul. In scurt, Craĭova pe la 1235 fusese conacul regeluĭ Iona, un conac—nemic maĭ mult decât atâta. Cred că ne-am înţeles.

§ 27. Saşiĭ în Vâlcea.

Bibliografia: *Istoria critică* p. 22.—*Teutsch-Firnhaber*, Urkundenbuch zur Geschichte Siebenbürgens, Wien 1857 in 8 p. 56, 83.—*Fejér*, Cod. diplom. t. VI vol. I p. 350; t. VII vol. 4 p. 81, 129; t. VIII vol. 5 p. 276; t. X vol. 2 p. 332; t. XI p. 467--87, 502. — *Trausch*, Diplomatarium Transilvano-Saxonicum, in-4 t. 1 ad ann. 1322-36, Mss. in Bibl. Evangelică din Braşov. — *Eder*, Exercitationes diplomaticae, 1802 in-4, Mss. ibidem. — *Kölscri*. Auraria Romano-dacica, Posonii 1780 in-8, mapa. — *Del Chiaro*, Istoria delle moderne rivoluzioni della Valachia, Venezia 1718 in-4, mapa. — *Sulzer*, Gesch. d. transalp. Daciens t. I p. 178.—*Tunusliĭ*, trad. Sion p. 185. — *Schuler*, Umrisse und kritische Studien zur Geschichte von Siebenbürgen, Hermannstadt 1872 in-16 part. II p. 144, III p. 37—8. —*Springfels*, Beschreibung der österreichischen Walachey, in Ungrisches Magazin t. III (1788) p. 183.—*C. Iannescu*, Studiĭ de geografiă militară, Bucurescĭ 1894 in-8 t. I p. 174. —*A. Napoleon*, Curs de geografiă militară, Bucurescĭ 1897 in-8 p. 29, 33, 37.

Pe la aniĭ 1230—32, atuncĭ când Unguriĭ cuprinseră Mehedinţul, ce-va inainte de a se pripăşi Cumaniĭ în Romanaţ şi în Dolj, tocmaĭ în acelaşĭ timp Saşiĭ aŭ străbătut în Vâlcea, reuşind a pune mâna pe o fâşiă fórte importantă.

Intr'o diplomă din 1233, regele Bela IV vorbesce pe larg despre marile merite ale conteluĭ Corlard fiĭul luĭ Cryspann: „comitis Corlardi filii Cryspanni“, care servise cu rîvnă, obosind şi cheltuind de maĭ mulţĭ anĭ în tóte chipurile, fie în Ungaria, fie în străinătate: „sumptibus suis multiplicibus non pepercit, et labores cor-

„porales in regno et extra regnum alacriter tolleravit", ba încă se
aflase pe lîngă însăşĭ persóna regală din copilăriă: „a primevis
„pueritie nostre temporibus". Drept tóte acestea, diploma dăruesce
conteluĭ Corlard pămîntul numit Lovişte dela rîul Lotru pînă unde
se vérsă în Olt: „terram convenientem Loystha vocatam, ab aqua
„Lothur vocata, que fluit ad aquam Olth". Dar acel conte Corlard
era óre Sas? Să observăm că în documente numele variază: Cor-
lard, Corland, Corrard, reducêndu-se la forma cea corectă Conrad.
Aşa dară, maĭ întreb încă o dată: acel conte Conrad era óre Sas
de ném?

Schuller a atras deja de de-mult atenţiunea, măcar că numaĭ
în trécĕt, asupra unuĭ alt conte săsesc, anume stăpânul Cisnădieĭ
„Petrus dictus Cseh de Disznajou", care figuréză în istoria Tran-
silvanieĭ maĭ tărḑiŭ, cu vr'un secol în urmă, dar în legătură de
înrudire cu contele Conrad. Eĭ bine, numele de familiă *Cseh*, adecă
„Ceh", însemnéză B o h e m, indicând astfel o origine cu totul ne-
săséscă şi chiar negermană. Tot atât de negerman este numele
tatăluĭ conteluĭ Conrad „filii C r y s p a n n i". *Cryspann* este curat
bohem: K r y s p a n, contras din K r y s t - p a n, corespunḑênd pe
deplin în onomastică luĭ „Crăcĭun", născut cine-va în ḑiua na-
sceriĭ Mântuitoruluĭ saŭ botezat după acea ḑi, bohemesce „Na-
rozenj Krysta Pana". K r y s p a n dară nu póte să fie german, şi
nicĭ alt ce-va decât numaĭ bohem. Căpĕtând dela coróna Sântuluĭ
Stefan un întins teritoriŭ în părţile Ardéluluĭ, cavalerul bohem
Conrad, venit de departe, om de casă al părinţilor reguluĭ Bela:
„patri nostro et matri nostre reverendus", nu era Sas, ci numaĭ
peste Saşĭ.

Némul contal Ceh şi némul contal Kryspanoviĉ eraŭ de o
potrivă boheme, şi tot-o-dată strins legate unul cu altul prin posi-
ţiunea teritorială. Ambele familie se înrudĭaŭ prin alianţă. Graţiă
numeróselor documente, maĭ cu deosebire acelora din colecţiunea
luĭ Fejér, genealogia se stabilesce în următorul mod:

contele Conrad, din doue căsătorie, avusese doĭ fiĭ: Nicolae
şi Ioan, şi treĭ fiĭce: Elisabeta, Caterina şi una anonimă;

din ceĭ doĭ fiĭ, Nicolae nu avuse nicĭ un băiat, ci numaĭ o
fiică, măritată cu contele Hezo de Insula Christiani, adecă senior
de Grossaue de lîngă Sibiĭu;

fiĭul cel-alt, Ioan, avuse un băiat Mihaĭu;

din cele treĭ fiĭce, Elisabeta a fost măritată cu nobilul Nicolae de Spindorf, din care doĭ băieţĭ Mihaĭu şi Paul;

anonima a fost măritată cu nobilul Hennyngh de Fenyöfalwa de lîngă Sibiĭu, din care fiĭul Cristian;

Caterina a fost măritată cu contele Petru Ceh de Cisnadia, nemţesce Heltau, din care doĭ fiĭ Nicolae şi Ioan.

Astfel contele Petru Ceh de Cisnădia era ginere al contelui Conrad „filii Cryspanni“. Amîndoĭ Bohemĭ, eĭ se născuseră afară din cele şépte scaune ale Saşilor, unde s’aŭ germanisat apoĭ prin proprietăţĭ şi prin încuscrirĭ. Paternitatea contelui Petru Ceh este cunoscută prin documente. Tatăl seŭ era „Michaël Castellanus de Solmus“, adecă avusese maĭ întâĭu în Temeşiana un sat românesc numit unguresce Solymos în regiunea Aradului, unde se află pînă astăḑĭ ruinele vechĭului castel. Un alt sat cu numele Solymos se află şi în Transilvania, însă în regiunea Turdeĭ, afară din teritoriul Saşilor. In orĭ-ce cas dară „Michaël Castellanus de Solmus“ nu era din ţéra săséscă. E fórte remarcabil în genere de a indica şi de a urmări între Saşiĭ din Ardél elemente aristocratice ne-germane, pe carĭ istoriciĭ indigenĭ, uniĭ de prima ordine ca Schuller, Eder, Marienburg, Teutsch şi alţiĭ, le scapă din vedere saŭ le înlătură. Asemenĭ elemente se învederéză aci tocmaĭ în părţile Sibiĭului în contact direct cu Oltenia şi cu ţéra Făgăraşului.

Să fac în parentesĭ o apropiare linguistică. In actul de donaţiune din 1233 ambiĭ termenĭ topicĭ Lotru „aqua Lothur“ şi Loviştea „terra Loystha“ sînt de o potrivă bohemĭ. Din tóte dialectele slavice, lotr cu sensul „hoţ“, nemţesce Lotterbube din latinul latro, italienesce ladrone, se află exclusiv la Bohemĭ şi la Polonĭ, unguresce lator cu o diferinţă fonetică, ca şi la Croaţĭ lotar cu o altă nuanţă logică; ĭar loviştĕ cu sensul „loc de vînătóre“, deşi se trage dintr’o rădăcină pan-slavică лов-, totuşĭ nu ne întimpină ca o formaţiune lexică decât la Serbĭ şi la Bohemĭ, căcĭ sinonimul polon łowisko are un alt sufix. Lotr şi loviştĕ nu se găsesc la Bulgarĭ şi la Ruşĭ. Decĭ în toponimia oltenéscă numaĭ Bohemilor sînt propriĭ ambiĭ termenĭ. La Moldovenĭ cuvîntul comun lotru se 'datoréză vecinătăţiĭ Polonilor; ca termen însă topic oltenesc, Lotrul e bohem, aplicându-se fórte nimerit ca „hoţ“ unuĭ rîŭ de munte ĭute şi violent, „die Lotoira ein schnelles und reissendes Wasser“ după expresiunea maiorului austriac Springfels. Nu maĭ puţin de bine s’a dat bohemesce numele *Lovişte* unuĭ teritoriŭ vestit prin vînătoriă, fie de animale selbatece, fie de pescĭ.

Aci e necesară o lămurire.

Astădĭ „Lovişte" se chiamă o plasă saŭ un plaĭu, adecă un arondisment, la nordul districtuluĭ Argeş; în secolul trecut însă, acest nume se aplică tot-o-dată şi cătră partea nordică învecinată a Vâlciĭ, la Sulzer şi la Tunuslĭĭ cuprinḑênd ambele laturĭ sub-carpatine ale Oltuluĭ, acea din Vîlcea şi acea din Argeş, laturĭ unite deja în epoca Romanilor printr'o trecĕtóre: „Pons Aluti".

Pe la 1720, când Oltenia se afla sub dominaţiunea austriacă, un inginer german a schiţat o mapă a celor cincĭ districte : „Valachia cis-alutana in suos quinque districtus divisa", în care numele de „Lovista" se dă actualuluĭ arondisment de Cozia al Vâlciĭ, în aşa feĭ că cuprinde în sine tot cursul rîuluĭ Lotru pe amîndouĕ malurile, dar trece în acelaşĭ timp şi 'n districtul Argeş, acolo unde la Del Chiaro o altă mapă din aceiaşĭ epocă, scrisă italianesce, pune „Monte di Lobisto".

Cu cincĭ sute de anĭ înainte, pe la 1233, acelaşĭ porţiune a Vâlciĭ purta acelaşĭ nume de „Lovişte", precum şi riul ce o străbate se chiăma tot „Lotru" ca şi astădĭ : „terra *Loystha* vocata, „ab aqua *Lothur* vocata, fluit ad aquam Olth. . ."

Acuma, pentru a ne da bine sama despre rolul conteluĭ Conrad în Oltenia faţă cu Basarabiĭ, la carĭ vom ajunge în paragraful următor, cată maĭ întâĭu de tóte să aruncăm o privire asupra schiţeĭ de maĭ jos.

Contele Conrad apucă Loviştea cea de lîngă Lotru tocmaĭ atuncĭ când Unguriĭ, la capĕtul cel-alalt al Olteniĭ, apucaseră Mehedinţul. Regele Bela pe de o parte numesce la sud un Ban al Severinuluĭ, ĭar pe de alta la nord dăruesce o plasă întrégă din Vâlcea unuĭ senior fórte devotat tronuluĭ unguresc. De aci doue împregĭurărĭ resultă din capul loculuĭ : 1º. Contele Conrad trebuĭa să fi cuprins dela Românĭ Loviştea înainte de 1233 printr'o posesiune de fapt anterióră, situată într'o regiune cu totul ne-transilvană şi ne-unguréscă, ş'apoĭ maĭ de'nainte deja dînsul botezase bohemesce *Lotrul* şi *Loviştea.* 2º. Acéstă cucerire trebuia să fi fost prevĕḑută în planul Ungurilor contra Olteniĭ, adecă contra Basarabilor, de óră-ce ar fi anevoĭă de a privi ca un simplu azard coincidenţa cea semnificativă între mişcarea la sud şi între mişcarea la nord, o mişcare în Mehedinţ şi cea-laltă în Vâlcea, ambele pornind de o potrivă în interesul regeluĭ Bela.

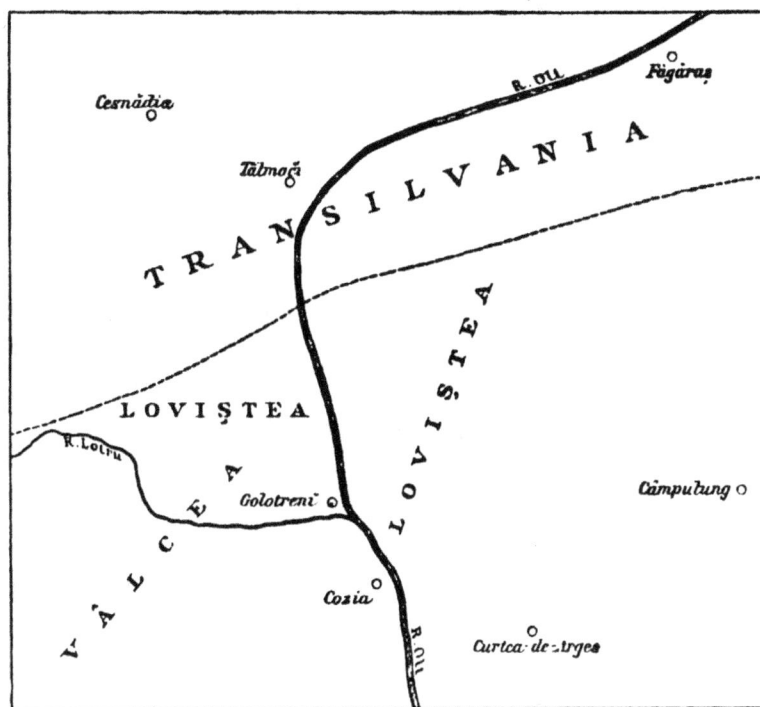

Importanţa strategică a Lovişteĭ a fost studiată de curând de cătră doĭ eminenţĭ militarĭ Românĭ. Colonelul Iannescu ḑice: „Munţiĭ „Lotruluĭ forméză un tot care înglobéză întregul basin al Lotruluĭ. „Eĭ apar la sudul Lotruluĭ într'o puternică crésta, care, cu munţiĭ „Părânguluĭ, forméză ca un adevĕrat zid ne'ntrerupt din Jiĭu pînă „în Olt; pe când în stânga Lotruluĭ ridică eĭ o crésta şi „maĭ imposantă...“, şi maĭ adaogă că „ţéra Lotruluĭ" servia în secolul XIII ca „o redută în care se înculbă viéţa de stat a „Românilor ce'şĭ găsesc aci scăpare la adăpostul munţilor pe timpul „invasiunilor". Locotenentul Napoleon observă de asemenea: „Ca „valóre defensivă, valea Lotruluĭ posedă bune posiţiunĭ de oprire, „carĭ pot intercepta mersul orĭ-căruĭ detaşament care ar scoborî „valea acestuĭ rîŭ, in scop de a ameninţa saŭ întórce linia Oltuluĭ „dela frontieră pînă la gura luĭ"; şi maĭ jos ḑice că din totalitatea aşa numituluĭ defileŭ al Oltuluĭ, „secţiunea cuprinsă între gura Ol- „tuluĭ şi Călimănescĭ e cea maĭ importantă". Ambiĭ autorĭ, atât de competinţĭ, ne explică astfel marele interes, pe care 'l avea regele Bela de a pune mâna pe malul Lotruluĭ, în specie pe cel stâng, de unde i se deschidea o mare uşă de intrare în Oltenia din partea Transilvanieĭ, maĭ cu samă în concordanţă atuncĭ cu cucerirea Mehedinţuluĭ.

Basarabiĭ se aflaŭ într'o posiţiune cu atât maĭ periculósă, cu cât contele Conrad n'a întârdiat de a se fortifica prin artă în excelentul seŭ retranşament natural, înălţând la gura Lotruluĭ o cetate cunoscută după aceea sub numele de *Lothorvár*, „cetatea de lîngă Lotru“, asupra căriĭa Saşiĭ nu încetaŭ de a rădica pretenţiunĭ contra Românilor chiar în secolul XV. La 1453, regele maghiar Vladislaŭ autorisă pe ceĭ dela Sibiĭu de a o restaură contra Tur-cilor: „prout melius poterunt fortificare, et praefatam viam muris „et aliis fortalitiis ita praecludere debeant, ut hostium insultus „etc.“ Nu e de mirare că Saşiĭ, cu tótă autorisaţiunea cea regală, n'aŭ putut restaură acel „castrum Lothorwar“, de vreme ce dînşiĭ nu'l stăpâniaŭ; dar rěmâne totuşĭ constatat că pe la 1453 acea cetate era deja de de-mult dărâmată, firesce de cătră Românĭ.

Ruinele maĭ existaŭ încă pe la 1720, când le-a vědut Spring-fels, care ne spune următórele: „Lotrul este o apă ĭute. La revěr-„sarea sa în Olt, se věd pitulate d'a-stânga, pe virful munteluĭ, „remăşiţele unuĭ vechĭu castel, numit *Domnişor*. După spusa locui-„torilor, a fost un castel de hoţĭ“. Cu acéstă ocasiune editorul Seyvert bănuesce cu drept cuvînt că acolo trebuĭa să fi fost ve-chĭul Lothorvar: „Sollte ich wohl irren, wann ich dieses geadchte, „verfallene Bergschloss darunter die Lotoira fliesset, für das alte Lo-„thorwár halte?“ In adevěr, Lotrul fiind mic şi aparţinênd întreg Olteniĭ, dela isvor pînă la gură, castelul conteluĭ Conrad nu putea să fie aĭurea.

De aci treĭ conclusiunĭ:

1º. Castelul conteluĭ Conrad se afla în apropiare de actualul sat Golotrenĭ, al căruĭa însuşĭ numele, atât de bine românisat, dar necunoscut nicăirĭ în nomenclatura topografică a Româniĭ, nu este alt ce-va decât *Gŏu-Lothor* (sat de lîngă Lotru), traducerea medio-germană a maghiaruluĭ *Lothor-vár;*

2º. Ţeraniĭ Vâlcenĭ dicéaŭ luĭ Springfels că locul era *Cetatea Lotruluĭ*. Printr'un qui-pro-quo fórte scusabil, Némţul a înţeles „ceta-tea lotrilor“ traducênd'o prin „ist es ein Raubschloss gewesen“, „un castel de hoţĭ“, ce-va ca în Europa cea feodală, maĭ ales pe Rin. Nicĭ o dată în România hoţiĭ nu năvălĭaŭ din zidurĭ, ci numaĭ din păduri la aer slobod. După tradiţiunea nóstră poporana cea povestită luĭ Springfels, stăpânul *Cetăţiĭ Lotruluĭ*, din contra, nu era un hoţ, ci tocmaĭ un boĭer: *Domnişorul*.

3⁰. După cum memoria invasiuniĭ cumane în Dolj a străbătut vécurĭ în persóna „craĭuluĭ Ion“, tradiţionalul fundator al Craioveĭ, aşa în Vâlcea poporul român n'a uĭtat pe contele Conrad din ace-ĭaşĭ epocă, fundatorul casteluluĭ celuĭ dela gura Lotruluĭ, numindu-l *Domnişorul*, cuvînt întrebuinţat în cronicele nóstre tot-d'a-una în sensul „usurpator“ saŭ „pretendent la Domniă“, bună-óră la croni-carul Urechea sub Petru Şchĭopul: „în anul 1578 Iulie 26 nişte „Căzacĭ cu un *Domnişor* aŭ venit la Nistru, şi aceĭa toţĭ şĭ-aŭ pus „capetele...“, ĭar la 1592 sub Aron-vodă: „s'aŭ rădicat Orheieniĭ „şi Soroceniĭ cu un *Domnişor* ce'ĭ zicea Ionaşco, pre carele l'aŭ fost „ales dintre eĭ cap şi'ĭ pusără nume Bogdan-vodă...“

In scurt, profitând de o epocă fórte grea pentru Oltenia, con-tele Conrad isbutise a'şĭ întemeià un mic principat în Vâlcea, de unde acest *Domnişor* se pregătĭa să usurpeze apoĭ maĭ departe posesiunile Basarabilor. Pe la 1235, din întréga Oltenĭă Basarabiĭ maĭ aveaŭ abia Gorjul cu o parte maĭ puţin însemnată din Vâlcea, restul aparţinénd Ungurilor, Cumanilor şi conteluĭ Conrad. Instrăi-narea Lovişteĭ în specie era nu numaĭ o perdere directă, dar încă o durerósă lovire pieziş. Pus la mijloc, contele Conrad împedecă orĭ-ce legătură a Basarabilor cu ţéra Făgăraşuluĭ, căcĭ contactul nu era cu putinţă decât prin regiunea Lotruluĭ. Din tóte punctu-rile de vedere, Saşiĭ trebuĭaŭ goniţĭ din Lovistea. Peripeţiile lupteĭ ne sînt necunoscute, dar este sigur că înainte de 1241, fie surprin-dere, fie trântă pe faţă, contele Conrad a fost silit a părăsi pentru tot-d'a-una superbul seŭ domen din Vâlcea, conservându'şĭ drept mângăĭare diploma cea din 1233 şi retrăgéndu-se peste Carpaţĭ în direcţiunea Sibĭuluĭ, unde şĭ-a înjghebat maĭ tărdiŭ, mult maĭ tărdiŭ, un alt noŭ domen: orăşelul Tălmacĭu cu o mulţime de sate.

La 1233 contele Conrad nu stăpânĭa încă Tălmacĭul. Nicĭ dînsul atuncĭ, nicĭ tatăl seŭ Kryspan înainte, nu eraŭ „de Tol-mach“. Numaĭ la 1265 contele Conrad ne apare pentru prima óră „comes Corlardus de Tolmach“, când rógă pe regele Stefan de a întări diploma cea din 1233: „super concessione et donatione „terre Loysta vocate confectum, petens a nobis humiliter, et de-„vote, ut ipsum privilegium ratificare et nostro dignaremur privi-

„legio confirmare". Fiĭul seŭ „comes Nicolaus de Tolmach" obţine o nouă confirmaţiune la 1311 dela regele Carol-Robert. De aci într'un lung şir de acte figuréză Tălmacĭul cu alte proprietăţĭ numĕróse, atât ale conteluĭ Nicolae precum şi ale frateluĭ seŭ Ioan, tóte stăpânite de fapt saŭ trecênd prin transacţiunĭ din mână în mână; dar cât despre *Loviştea* cea de pe *Lotru*, contele Conrad la 1265 şi posteritatea'ĭ în urmă, de când eĭ deveniseră „de Tolmach", păstraŭ numaĭ dóră repetata confirmaţiune a diplomeĭ din 1233, însă vre-un petec de pămînt în Oltenia—nu. Prin atarĭ confirmaţiunĭ succesive le remânea, negreşit, un drept pe hârtiă care se putea realisà la cas de cucerirea Olteniĭ de cătră Ungurĭ, ceea ce totuşĭ nu s'a maĭ întâmplat. La 1241, năvălind Mongoliĭ în ţéra Făgăraşuluĭ, la trecerea Oltuluĭ eĭ nu se întâlnesc de loc cu contele Conrad, care atuncĭ nu se vede încă nicĭ vre-unde-va pe la Tălmacĭu, ci hanul Orda, fratele luĭ Batŭ, dă d'a-dreptul faţă 'n faţă cu un Basarabă.

§ 28. Invasiunea Mongolilor şi un Radu-Negrul.

Bibliografia: *Istoria critică* p. 68. — *Fotino*, Ἱστορία t. I p. 291.— *Ulĭanitzkiĭ*, Матеріалы для исторіи въ XIV—XVI вѣкахъ, Москва 1887 in-8 pag. 44. — *D'Ohsson*, Histoire des Mongols, La Haye 1834 in-8 t. II pag. 627—8, cfr. ib. t. I p. XXXV. — *Klaproth*, Asia polyglotta, Paris 1831 in-4 p. 4. — *Pertz*, Monumenta Germaniae historica, Scriptores t. XXIV p. 65; cfr. *N. Densuşianu*, Documentè, Bucuresci 1887 in-4 p. 188, 190. — *S. Moldovan*, Ţéra nóstră, Sibiĭu 1894 in-16 p. 147 sq. — *Rogerius* în Endlicher, Monumenta Arpadiana, Sangalli 1849 in-8 p. 267.—*Kemény*, Diplomatariul în fóia „Transilvania" 1871 p, 55, cfr. 1874 p. 18. — *Karamzin*, Исторія государства россійскаго ed. Einerling, Petersburg 1842 in-8 t. IV nota 8.—*Brătescu, Moruzi* şi *Alessandrescu*, Dicţionar geografic al judeţuluĭ Prahova, Tîrgovişte 1897 in-8 p. 77; cfr. Inventarul Cotrocenilor p. 14 Mss. în Archiva Statuluĭ; de asemenea ibidem Condica Mss. a Nuceluluĭ p. 14 Letopisiţile, ed. I t. I p. 140, t. II p. 231, 236; I. Văcărescu, Poesiĭ p. 352 etc. — *Marienburg*, Karte der beiden Decanate, în Archiv d. Vereines f. siebenbürg. Landeskunde, 1871, t. IX.

Faptul cel maĭ preţios şi cel maĭ autentic asupra originilor Statuluĭ muntenesc din secolul XIII, adecă cel întâĭu Domn oltén numit în istoriă *Basarabă* arătându-se deja ca un principe puternic şi fórte îndrăsneţ, a fost descoperit de cătră tatăl meŭ, căruia i se datoréză de asemenea singurul document explicit asupra originilor Statuluĭ moldovenesc al Bĕrladuluĭ în secolul XII.

Despre Bĕrlad nu e aci locul. Sciŭ că d. I. Bogdan a con-

testat autenticitatea documentuluĭ celuĭ bĕrlădén din 1134, fiind-că
nu se potrivesce cu paleografia paleo-ruséscă, măcar că nu este în
desacord cu paleografia cea paleo-serbésca. Contestabilă în acéstă
privinţă este numaĭ dóră argumentaţiunea d-luĭ Bogdan. Un ne-
rusism saŭ chïar un anti-rusism, înlocuit printr'un serbism într'un
act scris rusesce în Romănia, unde se cïocnïaŭ diferite curenturĭ
slavice, cele orientale ca şi cele occidentale, este departe de a fi o
probă de falsitate, întru cât nicĭ o altă probă de neautenticitate nu
există. Tot ce ar fi fost permis d-luĭ Bogdan, era de a conchide : aşa
numita diplomă bĕrlădénă nu e pe deplin rusésca. Iată tot. Aşa cred
şi eŭ că trebuĭa să fie, de vreme ce Bĕrladul nu era rusesc decât
într'o mică parte: se aflaŭ pe acolo Ruteni, Cumanĭ, Bulgarĭ, maĭ
ales Romănĭ. Dar las în lăturĭ de o cam dată Bĕrladul şi mĕ 'n-
torc la Oltenĭ, ḑic la Oltenĭ ceĭ dela Jiĭu, căcĭ de altmintrelea pînă
în secolul XV în crisóvele moldovenescĭ o parte din regiunea Bĕr-
laduluĭ purtà tocmaĭ numele Oltenĭĭ, nume nu próspĕt pe atuncĭ.
Ar fi de dorit ca d. Bogdan să explice actul din 1435, publicat
de Ulĭanitzkiĭ la 1887, unde „ţinutul Tutoveĭ" cuprinde în sine
„Oltenĭĭ" la un loc cu Bĕrladul, Covurluluĭ şi Tecucĭul : „дєржавѹ
„ѿ Тѹтовѹ и трьгъ Брьладскыи съ ѹсєю волостию и млины Ковор-
„лѹйскыи и мисто Тєкѹчъ съ ѹсєю волостию и Олтѣны", adecă în-
tréga topografia a diplomeĭ bĕrladene din 1134, deşi actul din 1435
a fost de tot necunoscut pînă la 1887. Scurt, rĕmâne nesguduită
în picĭóre autenticitatea aceleĭ diplome; şi trec la cea-laltă desco-
perire a tatăluĭ meŭ, pe a cărĭĭa mare importanţă nicĭ însuşĭ d.
Bogdan n'a contestat'o.

Aşa dară tatăl meŭ observase înainte de toţĭ extrema însem-
nătate a următoruluĭ pasagĭu din cronica persiană a luĭ Fazel ullah-
Raşid, care scriea pe la anul 1300 după raporturile oficiale ale au-
toritătilor mongole, astfel că naraţiunea 'ĭ oferă tótă ponderositatea
uneĭ mărturiĭ oculare :

„In primă-véra anuluĭ 1240 principiĭ mongolĭ trecură munţiĭ
„Galiţieĭ (ڬاڸ ڠاڸع)pentru a intra în ţéra Bulgarilor (بولغ) şi Ungurilor.
„Ordă, carele mergea spre drépta, după ce a trecut ţéra Alula
„(ابلۊ)ĭĭ ese înainte Bazaran-bam (بزﺮنبﻢ) cu o armată, dar e bă-
„tut. Cadan şi Buri aŭ mers asupra Saşilor şi ĭ-aŭ învins în treĭ
„bătăliĭ. Bugek din ţéra Saşilor trecu peste munţĭ, întrând la Ka-
„ra-ulaghĭ, şi a bătut popórele ulaghice. . ."

Din capul loculuĭ o lămurire cronologică. Pasagĭul de maĭ sus este dat aci după D'Ohsson, care transforméză prin anul creştin 1240 pe cel mahometan 638. In principiŭ, transformaţiunea e corectă, cu singura însă deosebire că anul Hegireĭ 638 se începea în luna luĭ Iuliŭ, după primăvéra anuluĭ nostru 1240, ĭar prin urmare invasiunea Mongolilor în Transilvania avusese loc în primăvéra nu din 1240, ci în 1241. În adevĕr, tóte fântânele contimpurane sînt unanime în acéstă privinţă. E maĭ cu samă precisă notiţa din jumătatea secululuĭ XIII cea reprodusă de Pertz, unde vorbesce tocmaĭ despre Transilvania şi în specie despre ţéra Bârseĭ: „Anno „incarnationis domini *1241. Ipsa die resurrectionis dominice* Tartari „per alpes et silvas irrunpentes Rodanam quoddam opidum Un-„garie intraverunt et IIII. mil. hominum vel amplius ibidem inte-„remerunt. *Eodem die* alter exhercitus eorundem tartarorum *ingre-„diens provinciam que Burza dicitur ducem exhercitus transilvane terre* „cum omnibus suis interfecit...“ După calendarul medieval, „Resurrectio Domini“ este 26 Marte. Aceĭaşĭ dată o fixéză regele Bela IV în scrisórea cătră papa Gregoriŭ IX: „circa festum dominice resurrectionis“. Decĭ pe la sfîrşitul luĭ Marte din 1241 şi pe la începutul luĭ Aprile s'aŭ întâmplat cele povestite de Fazel-ullah-Raşid.

In acea expediţiune capul suprem era vestitul Batù, cel maĭ în vîrstă şi cel maĭ cu véḑă dintre toţĭ nepoţiĭ luĭ Cinghis-han; dînsul însă, grăbit a păşi d'a-dreptul asupra centruluĭ Ungarieĭ, încredinţase cucerirea Transilvanieĭ la patru fraţĭ saŭ verĭ aĭ seĭ: Cadan fiĭul luĭ Ogotaĭ, Buri fiĭul luĭ Cĭagataĭ, Bugek fiĭul luĭ Tuluĭu, şi Ordà fiĭul luĭ Djuci. Primiĭ treĭ năvăliseră asupra Saşilor în ţéra Bârseĭ, unde ĭ-aŭ şi sdrobit. Doĭ dintre aceştiĭa, Cadan şi Buri, se opresc aci; dar al treilea, Bugek, şi maĭ cu deosebire al patrulea, Ordà, carĭ s'aŭ îndrumat maĭ departe în doue direcţiunĭ contra Românilor, ne preocupă în specie.

Despre Bugek cronica persiană ne spune că „din ţéra Saşilor el trecù peste munţĭ, întrând la Kara-ulaghĭ“; ĭar Ordà, „mergênd spre drépta“, se înţelege la apus de Braşov, n'a trecut munţiĭ, ceea ce arată limpede că „ţéra Aluta“, pe unde el ţinea calea, însemnéză la Fazel-ullah-Raşid nu Oltenia cis-carpatină, ci anume „ţéra Oltuluĭ“ cea făgărăşénă, la marginea căriĭa, unde-va nu departe de Tălmacĭu, Mongoliĭ aŭ fost întimpinaţĭ de „Bazaranbam cu armată“.

Nomenclatura din pasagiul de maĭ sus nu cere aprópe nicĭ o explicaţiune, fiind fórte lămurită. Aşa:

1⁰. Regiunea Făgăraşuluĭ se chiamă pînă astădĭ „Ţéra Oltuluĭ", şi nicĭ nu pórtă ea la Românĭ vre-un alt nume. D. Silvestru Moldovan ne spune că Făgărăşeniĭ nu se consideră ca „Ardeleniĭ", ci ca „Olteniĭ", ĭar ţinutul lor nu este pentru dînşiĭ „Ardél", ci numaĭ „Ţéra Oltuluĭ".

2⁰. Numele „Bazaranbam" la Fazel-ullah-Raşid póte să fie o composiţiune contrasă din Basarabă-ban, dar şi maĭ bine s'ar puté lua fără titlul ban ca simplul Basarabă sub o formă nasalisată. In orĭ-ce cas, fie într'un chip saŭ în altul, este tot una în fond.

3⁰. Ulaghiĭ, „popórele ulaghice", pe carĭ la Fazel-ullah-Raşid munţiĭ îĭ despărţĭaŭ de Saşiĭ din Ardél, sînt învederat Românĭĭ ceĭ sub forma unguréscă „Oláh"; ĭar prin „Kara-ulagh", literalmente „Negriĭ-Românĭ", cu „kara = negru" în tóte limbile tătărescĭ, cronica persiană califică Munteniĭ ceĭ isbiţĭ de Bugek immediat după trecerea Carpaţilor, adecă pe ceĭ din Prahova.

Dintre ceĭ patru nepoţĭ de aĭ luĭ Cinghis-han, năvăliţĭ în Ardél după relaţiunea luĭ Fazel-ullah-Raşid, dela Cadan există într'o latinitate ultra-barbară un act din 1242, unde se întituléză „Kalka-zultan seu supremus Dux", poruncind Saşilor, Secuilor şi Românilor: „Flandry, Zycly et Blachy", ca moneta mongolică: „num-"mos nostros wulgo Keser chunich Tatar Pensa", s'o priméscă eĭ în circulaţiune întocmaĭ ca şi moneta bizantină: „tanquam nummos Byzantinos". Acel Cadan îşĭ organizase în grabă o administraţiune proprie: „committimus vobis Rugas, Bylany, Korus, Castellani Comites". Ungurul contimpuran canonicul Rogerius în „Miserabile Carmen super destructione regni Hungarie per Tartaros facta", ne spune el-însuşĭ că dintre toţĭ regiĭ Mongolilor de atuncĭ Cadan se bucură de reputaţiunea de a fi cel maĭ drept: „Cadan in probitate melior dicebatur". După actul din 1242, care nu se pare a fi fals, Cadan se adreséză numaĭ cătră autorităţile din regiunea Clujuluĭ şi a Turdeĭ, póte şi a Belgraduluĭ, nicĭ decum cătră Braşov şi Sibiĭu.

Strîns la un loc cu Cadan, cronica persiană pune pe a doua liniă pe Buri, despre care eŭ nu maĭ sciŭ nemic remarcabil. La Karamzin cronica ruséscă cea numită a luĭ Nikon numesce de asemenea strîns la un loc pe amîndoĭ „voevodiĭ", dar în ordinea inversă, punênd pe Buri maĭ sus de Cadan: „Бирю и Кадaнъ". Maĭ jucat-a óre Buri vre-un rol în Transilvania? Orĭ-cum, pe Românĭ,

şi amĭ în specie pe Basarabĭ, aceştĭ doĭ principĭ mongolĭ nu'ĭ pré-
intereséză.

Deosebit de Çadan şi de Buri este menţionat la Fazel-ullah·
Raşid principele Bugek — în cronica ruséscă Bucek — care „din ţéra
„Saşilor trecu peste munţĭ, întrând la Kara-ulaghĭ şi a bătut po-
„pórele ulaghice“. Memoria acestuĭ năvălitor s'a eternisat în topo-
nimia română, după cum věduserăm deja că s'aŭ păstrat în acelaşĭ
mod Ungurul Oslu-ban în numele de munte, Cumanul Iona Craĭul
în al unuĭ oraş, şi săsescul conte Conrad „Domnişorul“ în nesce
ruine. Intrând la noĭ din părţile Braşovuluĭ, Mongoliĭ trebuiaŭ să
lovéscă maĭ întâĭu în Prahova, unde tocmaĭ în drumul lor se aflaŭ
munţiĭ numiţĭ în urmă Bugecĭu saŭ Bucegĭu din Buceg saŭ
Bugek, numele teribiluluĭ năvălitor. Intru cât este istoricesce sciut
că la 1241 acel Bugek îngrozise pe Prahovenĭ; întru cât e nu maĭ
puţin sigur că gróza se năpustise atuncĭ asupra Prahoveĭ pornind
din direcţiunea acelor munţĭ; întru cât alte localitățĭ aŭ fost bo-
tezate de cătră Românĭ într'un mod analog în aceiaşĭ epocă dintre
aniĭ 1230—1250; întru cât, în fine, nicĭ o origine lexică obicĭ-
nuită pentru „Bucegĭu“ saŭ „Bugecĭu“ nu ni se înfăţişéză, eti-
mologia cea propusă e aprópe ne 'ndoiósă. Să maĭ adaog că
unul din munţiĭ aceluĭaşĭ grup pórtă un nume de asemenea mon·
golic: Caraĭman, adecă Caraman, probabil din aceleaşĭ vremurĭ
turanice medievale, întemeiându-se şi el pe vre-o legendă uĭtată saŭ
necunoscută încă, totuşĭ perpetuându-se în onomastică. Ce e dreptul,
autoriĭ Dicţionaruluĭ geografic al judeţuluĭ Prahova ne spun ur-
mătórele: „Priviţĭ din valea Ialomiţeĭ, Bucegiĭ se věd pětaţĭ pe
„lîngă cóstele de lîngă muchie de o mulţime de tufişe de jnepĭ. Po-
„porul numesce hucĭu, hucég şi bucég un păduriş des şi jos, prin care
„nu poţĭ străbate decât cu greŭ. Cu putinţă e ca, cuvîntul de bugég
„luat de plural, să fi dat nascere vorbeĭ ce servesce să denuméscă
„tóta seria de înălţimĭ ce se înfăţişéză privirĭ acoperită cu jnepĭ.
„Din toţĭ munţiĭ Carpaţilor Bucegiĭ sînt ceĭ maĭ înalţĭ etc.“ Vorba
hucég există; vorba bucég însă ar trebui maĭ întâĭu dovedită: eŭ
n'am auḑit'o şi n'am cetit'o nicăirea. Să presupunem că acéstă vorbă
există, şi tot încă sensul de „păduriş des şi jos“ nu se potrivesce
de loc cu ideia de „din toţĭ munţiĭ Carpaţilor ceĭ maĭ înalţĭ“, chiar
dacă ar fi la plural, măcar că în faptă acest plural nu e organic, ci

modern. In limba veche figuréză tot-d'a-una singularul *Bucegîul* saŭ *Bucecîul*. La Enachi Văcărescu:

Bucegîul l'aŭ de Elicon...

In Inventarul mănăstiriĭ Cotrocenĭ din 1681 : „şi lară să hie svintiĭ mănăstiri o moşie în muntele *Bucécĭuluĭ*...“ In crisovul luĭ Négoe Basarabă din 1516, dat mănăstiriĭ Nucetul, de asemenea: *Bucécĭu*. Eŭ mănţin dară etimologia dela mongolul *Bugek = Bucek*, cu finalul *k* tre- cut la popor în *č* întocmaĭ ca în „copacĭu= copac“, „melcĭu=melc“ etc. Acéstă transiţiune fonetică e şi maĭ justificată în *Bugecĭu=Bucecĭu*, de vreme ce finalul *č* saŭ *ğ* resultă prin asimilaţiune cu medialul *č* saŭ *ğ*, pe când în „copacĭu“ saŭ „melcĭu“ asimilaţiune nu este. Voĭu maĭ adăoga la finea filiilor că după acelaşĭ nume mongolic Bugek saŭ Bucek din aceiaşĭ epocă a remas în Podolia în vecinătatea Basara- bieĭ orăşelul polones Buczacz, pe care cronicele moldovene îl trans- forméză în Bucecĭu, de exemplu la Urechia sub anul 1493: „cetatea „*Bucecĭul* multă nevoe aŭ avut“, lar la Neculcea sub Dimitraşco- vodă Cantacuzin: „din Nistru dela *Bucecĭ* pe la Satanova şi până la „Nejiboje şi pe la Leticĭova cât cuprinde Podolia toată...“ Las pe alţiĭ să cerceteze originea tîrguşoruluĭ *Bucece* în districtul Botoşanĭ, a căruĭa vechime nu'mĭ e cunoscută.

Primul loc în pasagĭul din Fazel-ullah-Raşid aparţine prin- cipeluĭ Ordă. El era frate bun al luĭ Batŭ. Contimpuranul Plano Carpini ne spune că Ordă avea o prioritate între toţĭ generaliĭ mongolĭ. Dînsul năvălise în Transilvania anume asupra ţereĭ Fă- găraşuluĭ, pe care a ocupat'o întrégă fără resistenţă pînă la mar- gine; dar acolo, lîngă Olt, unde-va nu în depărtare de actualul Turnu-Roş, l-a eşit înainte Basarabă în fruntea uneĭ oştirĭ. Eraŭ Românĭ din Oltenia. Eĭ aŭ fost bătuţĭ. Cronica persiană nu ne arată consecinţele lupteĭ, lăsându-ne totuşĭ a vedé că Mongoliĭ n'aŭ înaintat maĭ încolo, de vreme ce eĭ n'aŭ trecut Carpaţiĭ în acea direcţiune, şi decĭ bătălia fusese fórte cruntă, astfel că Ordă, maĭ isbindu-se în acelaşĭ timp de dificultăţĭ strategice ale terenuluĭ, a lăsat pe Basarabă fără a'l maĭ urmări. Bătălia, maĭ repet încă o dată, trebuĭa să fi fost fórte cruntă, maĭ cruntă decât cele treĭ ciocnirĭ în ţéra Bârseĭ şi cele-lalte în Prahova, de óra-ce acelea tóte sînt anonime, pe când despre lupta de lîngă Olt se menţionéză cu precisiune adversarul Mongolilor: Basarabă.

Dacă Basarabă n'ar fi stăpânit mai de'nainte Vâlcea, dacă n'ar fi gonit din Loviște pe contele Conrad și n'ar fi apucat dela Sași o fășiă de pămînt mai jos de Sibiiu la hotarul Făgărașului înainte de anul 1241, întâlnirea cu Ordă ar fi imposibilă. Acest resultat istoric devine dară absolut sigur. Nu sigură d'o-cam-dată, ci numai probabilă, dar fórte probabilă, este posesiunea lui Basarabă în țéra Făgărașului, mai mult saŭ mai puțin, în momentul invasiunii Mongolilor. Faţă cu textul lui Fazel-ullah Rașid, este militărește legitim următorul comentar: din dată ce ajunge vestea despre năvală, Basarabă se precipitéză din țéra Făgărașului la graniţa cea opusă intrării Mongolilor, concentrând lîngă Olt tóte forţele sale de ambele laturi ale Carpaţilor și aşteptând acolo pe Ordă. In acelaşi mod ar fi procedat ori-care bun general, căutând a oferi lupta în punctul cel mai resistinte prin puterea numerică a armatei și prin condiţiunile topice tot-o-dată.

Pentru Ordă era nu numai anevoios de a pětrunde în Oltenia prin munţii Lotrului, dar nu era tocmai uşor de a înainta măcar pînă acolo, căci spaţiul intermediar dintre Făgăraş și Haţeg, mai jos de Sibiiu și mai sus de Carpaţi, era pe atunci un immens codru, numit în diploma regelui unguresc Andreiŭ II din 1224: „Sylva Blacorum“, „Pădurea Românilor“, după cum a demonstrat'o Marienburg, — un codru pe care nu'l stăpâniaŭ și nici nu pretindeaŭ a'l stăpâni Sașii, ci se mulţumiaŭ a'l utilisa împreună cu Românii și cu resturile Pecenegilor: „silvam Blacorum et Bissenorum cum „aquis usus communes exercendo cum predictis scilicet Blacis et „Bissenis eisdem contulimus“. Intr'o asemenea regiune Basarabă a fost bătut de cătră Mongolii, dar nu putea să fie fugărit, ci numai s'a înfundat într'un codru necunoscut duşmanilor și greŭ de străbătut, de unde Românilor le da mâna de a negoţiă cu Ordă. In ori-ce cas, Mongolii aŭ apucat pe o altă cale, iar Basarabă remase stăpân nu numai în Oltenia pe admirabilul bulevard al Lotrului, dar încă și la nord peste acea „Sylva Blacorum“, unde mai târḑiŭ s'a format aşa numitul „ducat al Amlașului“.

Pasagiul din Fazel-ullah-Rașid scapără multă lumină. Intre altele, el confirmă vechea confusă credinţa oltenéscă despre o luptă a Basarabilor contra lui Batù în legenda sântului Nicodim cea scrisă de Stefan Ieromonahul după tradiţiunile mănăstirii Tisména. In adevěr, în capul Mongolilor din Făgăraş nu era însuşi Batù, dar totuşi era tocmai fratele acestuia: Ordă. Mai cu deosebire interesantă e divinaţiunea luĭ Fotino despre un Negru-vodă pogorindu-se din Transilvania în Oltenia la 1241 din causa invasiuniĭ Mongolilor:

„Δῆλον οὖν ἐκ ταύτης τῆς ἀψευδοῦς ἱστορίας, ὅτι ὁ Νεγροβόδ ἐν τούτῳ τῷ 1241
„ἔτει μετέθεσε τὸν θρόνον του ἐκ Τρανσιλβανίας εἰς τὴν Βλαχίαν, καὶ οὐχὶ πρότερον
„ἢ μετέπειτα...“

Cronica persiană conservă numaĭ numele de familiă saŭ de castă: *Basarabă*, fără nicĭ un nume personal. Intru càt lipsesce vre-o altă lămurire, acel Basarabă din Fazel-ullah-Raşid putea să fi fost un Mircea, un Vlad, un Dan, un Radu saŭ orĭ-şi cum altfel. Să presupunem că era *Radu; Negru-voͩă* era de sigur; cu *Făgăraşul* şi cu *Amlaşul* avusese a face.

Ajunge a constata că:

1⁰. Intre 1230—1235 Basarabiĭ perdusera din totalitatea Olteniĭ Mehedinţul, pe care l'aŭ cucerit Unguriĭ, maĭ perͩend tot-o-dată nordul Vàlciĭ, cuprins de Saşĭ;

2⁰. Intre 1235—1240 Basarabiĭ aŭ reuşit a goni pe Saşĭ din Vàlcea şi aŭ apucat peste Carpaţĭ hotarele Amlaşuluĭ şi ale Făgă-raşuluĭ, fără totuşĭ a redobàndi Mehedinţul;

3⁰. La 1241 Basarabiĭ aŭ resistat cu vigóre invasiuniĭ Mon-golilor.

Representantul Basarabilor la 1241 nu se vede a fi fost altul decàt acelaşĭ care se luptase la 1235 şi la 1230: un principe călit prin resbóie şi puternic printr'un îndelungat prestigiŭ, voevodul adecă peste toţĭ kineziĭ oltenescĭ de atuncĭ, căcĭ vom vedé îndată că dintre maĭ mulţĭ kinezĭ se alegea la Olteni un singur voevod.

Este un fapt positiv că Romàniĭ din Reşinar, un vechiŭ mare sat din regiunea Sibiĭuluĭ, maĭ corect din sfera fostuluĭ „ducat al Amla-şuluĭ“ după cum o voĭu dovedi maĭ la vale, asiguraŭ într'un proces la 1833 că peste părţile lor şi ale Cisnădieĭ un „Radu-vodă Negrul domnise la anul 6740“: „Principis Radul voda Negru anno 6740 regnantis“, ĭar anul dela zidirea lumiĭ 6740 corespunde anuluĭ creştin **1232**,—tocmaĭ Radul tocmaĭ atuncĭ şi tocmaĭ pe acolo unde trăĭa Basaraba cel din cronica luĭ Fazel-ullah-Raşid.

Este o adevĕrată problemă.

Reşinăreniĭ susţineaŭ în aceĭaşĭ ocasiune că acésta cronologiă a luĭ Radu-Negru o sciusera deja strămoşiĭ lor în timpul regeluĭ Mateĭu Corvin la 1488.

Neapĕrat, o asemenea aserţiune nu póte fi considerată ca o fàntână istorică propriŭ ͩisă. Ea se potrivesce însă de minune cu făntănele istorice cele maĭ necontestabile dintre aniĭ 1230—1241, pe carĭ Reşinăreniĭ la 1833 nu le puteaŭ bănui de nicăirĭa, ĭar textul luĭ Fazel-ullah-Raşid abia la 1834 s'a publicat şi s'a făcut cunoscut în Europa. Ş'apoĭ anul precis 1232 are o învederată originalitate, care se deosebesce de tóte datele cronologice anterióre, fie din cronicele romănescĭ, fie cele străine de pe aĭurea despre Radu-Negru. Maĭ amintesc că Reşinăreniĭ n'aŭ în vedere o întemeiare a Statuluĭ muntenesc, nu o „descălecare", ci simplu un memorandum biografic relativ la „Sylva Blacorum".

Repet încă o dată: este o adevěrată problemă.

A afirma, nu cuteḑ; a aşeḑa însă o ipotesă fórte ponderósă, o socotesc chĭar ca o datoriă. Faţă cu împregĭurările de maĭ sus şi faţă cu anonimitatea luĭ Basarabă în cronica luĭ Fazel-ullah-Raşid, eŭ sciinţificesce îmĭ permit a admite provisoriŭ numele personal R a d u, pînă la o probă contrară. Acel prim Radu-Negru, pogorîndu-se din Făgăraş şi din Amlaş pe la 1232 din causa conteluĭ Conrad şi 'n urmă a doua óră la 1241 din causa Mongolilor, va fi remas în tradiţiunea poporană un fond durabil, cu care peste o sută cincĭ-ḑecĭ de anĭ s'a fusionat un alt Radu-Negru, de astă dată autenticul întemeiător al Statuluĭ muntenesc.

§ 29. Mihaiŭ-vodă Liténul.

Bibliografia: *Fessler*, Geschichte von Ungarn, ed. Klein, Leipzig 1867 in-8 t. I p. 386, 394. — *Katona*, Historia critica t. VI p. 911—16, 959, cfr. p. 748. — *A. Xenopol*, Istoria t. I p. 547 sqq. — *Şincaĭ* t. I p. 267, 270. — *Oncĭul* în Conv. lit. 1891 p. 944 sqq. — *N. Densuşianu*, Documente p. 240, 249 sq.; cfr. Theiner, Monumenta Hungariae t. I p. 208 sq.; Fejér, Cod. dipl. t. IV vol. I p. 447 sq.; Pesty, A. Szörényi-Bánság t. I p. 332, etc. — *Endlicher*, Monumenta Arpadiana p. 245. — *Hanka*, Zbjrka neydáwněgšjch slownjkuo, Praha 1833 in-16 p. 76; cfr. Jungmann, Slownjk česko-německy t. II p. 341. — *Pachymeres*, De Palaeologis, ed. Bekker, Bonnae 1835 in-8 t. II p. 271 sq. — *Gregoras*, Byzantina historia, ed. Schopen, Bonnae 1829 in-8 t. I p. 203. — *St. Novakovič*, Ueber Legjan-grad, în Archiv f. slav. Philol. III p. 124 sqq.; cfr. ibid. p. 644.— Карачич, Српске народне пјесме, Wien 1845 in-8 t. II p. 132 sqq. — *Pavlinović*, Narodna pjesmarica, Zadar 1879 in-8 p. 41 sqq.—*Daničić*, Рјечник из књижевних старина, 1864 in-8 t. III p. 169 sq. — *Pejacsevich*, Historia Serviae, Colocae 1799 in-f p. 219.; cfr. Schafarik, Gesch. d. südslawischen Liter., Prag 1865 in-8 t. III p. 241—2. — *Şăĭnénu*, Semasiologia limbeĭ romăne, Bucurescĭ 1887 in-8 p. 235-7; cfr. Cihac, Dict. II p. 173. — *Alecsandri*, Poesiĭ poporale, Iaşĭ 1852-3 in-16 t. II p. 30—34; ed. II Bucurescĭ 1866 in-8 p. 175—78. — *Cantemir*, Descriptio Moldaviae, Buc. 1872 in-8 p. 132; cfr. Marian, Nunta la Romănĭ, Buc. 1890 in-8 p. 610 sq. — *Bezsonow*, Болгарскія пѣсни p. 39. — *Miladinovtzi*, Бăлгарски пѣсни, Agram 1861 in-8 p. 26—7, 117—23, 395.— *Cojković*, Пѣванія церногорска, Leigzig 1837 in-8 p. 122, 288 sq. — Сборникъ, Sofia 1896 in-8 t. XIII p. 104 sq.; cfr. *Duvernois*, Словарь болгарскаго языка, Moscova 1888 in-8 t. V p. 1106. — *Folino*, Ἱστορία t. II. p. 8. — *Constantin Capitanul*, în **Magaz. ist.** t. I p. 87 sq. — etc.

Deja înainte de invasiunea luĭ Batù la 1241 autoritatea Un-gurilor asupra Oltenieĭ era aprópe nulă, de vreme ce nu numaĭ contele Conrad fusese gonit din Vâlcea, dar încă, fugărindu'l spre Sibiĭu, Basarabă isbutise a apuca la nord de Carpaţĭ mărginile Făgăraşuluĭ, unde s'a şi luptat atuncĭ cu Mongoliĭ şi pe unde Româniĭ îl numĭaŭ pe dînsul Radu-vodă Negrul. După retragerea cea definitivă din hotarele Ungarieĭ a pâlcurilor luĭ Batù la 1243, lucrul firesc este că nu aşa de o dată Maghiariĭ aŭ putut să se gândéscă la subjugarea Basarabilor. La 1246 regele Bela IV abia-abia fost'a în stare de a se bălăbăni cu ducele Frederic al Aus-trieĭ, carele cuprinsese dela Ungurĭ un teritoriŭ necontestabil al corónei sântuluĭ Stefan; cu atât maĭ puţin în acelaşĭ an 1246 ar fi putut Ungaria, fără nicĭ o bătaiă de cap, să cuceréscă pe nesim-ţite ambele malurĭ ale Oltuluĭ pînă la Dunăre, pe când pe la 1240, în preḑiua năvaleĭ Mongolilor, regele Bela nicĭ măcar din singura Oltenia nu stăpânise decât numaĭ Mehedinţul. E fictivă dară, cu desăvîrşire fictivă, faĭmósa donaţiune din 1247, prin care Ungaria cedéză Cavalerilor Ioaniţĭ dela Rodos întrégă România cu toptanul, „tota terra de Zeurino" şi „tota Cumania"; o donaţiune fórte pompósă, dar remasă pe hârtiă. Orĭ-cât de fictivă însă, orĭ-cât de platonică, acea donaţiune totuşĭ este de o mare însemnătate din punctul de vedere al unor amărunte istorice contimpurane, pe carĭ nu le cunóscem d'o cam dată din alte fântâne.

Actul de donaţiune, neapĕrat, trebuĭa să fi avut o raţiune óre-care teoretică. Pe de o parte, tronul unguresc datorĭa multă recu-noscinţă Cavalerilor Ioaniţĭ, căcĭ — după cum observă Şincaĭ sub anul 1244: „plinind Tătariĭ treĭ anĭ în Ungaria, în anul de acum o aŭ lă-„sat deşértă şi năcăjită, ĭară Bela IV Craĭul Ungarieĭ prin ajutorul „Ospitalilor din Rod saŭ al Ioaniţilor s'a înturnat a-casă şi a început „a lecui cele stricate". Pe de altă parte, avênd aerul de a resplăti pe Ioaniţĭ, Ungaria nu le dăruĭa în fapt alt ce-va decât dreptul de a luà eĭ-înşiĭ România dacă o vor puté, un „jus occupandi" care la cas de isbândă ar fi adus fără îndoélă nesce marĭ folóse Ungarieĭ şi Cavalerilor tot-o-dată, Ungarieĭ maĭ cu samă. Cu alte cuvinte, unul acordă altuĭa autorisaţiunea formală de a prinde pe ursul în pă-

dure, indicând cu precisiune bărlogul unde se află şi cum anume
este, cu condiţiunea de a fi împărţită apoi préda în doue. Dar ur-
sul fost'a el prins? Ba. „Tractatul — ḑice Fessler — n'a ajuns de
loc la îndeplinire"; şi mai adaogă cu naivitate că bine că nu s'a
îndeplinit una ca acésta, fiind-că mai târḑiŭ ar fi fost fórte peri-
culósă introducerea unui puternic Stat străin preoţesc în sînul Sta-
tului mirén celui unguresc: „Dieser Vertrag, der in der Folge für
„Ungarn sehr gefährlich hätte werden können, indem er einen
„ausgedehnten Priesterstaat im Schose des Reichs schuf, kam
„nicht zur Ausführung". Ungaria dară după Fessler a scăpat
de un mare pericol. A scăpat însă cum ? Prin aceea că Ioaniţii n'aŭ
putut să capete dela regele Bela un ce-va pe care însuşi regele
Bela nu'l avea la disposiţiune. Este de regretat că d. Xenopol
consideră actul din 1247 ca o probă de domnirea Ungariei peste
Oltenia, ca un fel de punere în posesiune a Cavalerilor, pe când
i se póte da cel mult valórea de o informaţiune prealabilă, o în-
semnătate óre-care descriptivă.

La 1247 nu resultă de nicăiri că Ungaria va fi stăpânit în
cuprinsul Olteniei nici măcar Mehedinţul, căci un „Banus de Zeu-
rino" dispare din diplomele unguresci la 1243 în persóna unui
„Stephanus filius Chak" şi nu mai reapare tocmai pînă la 1249,
ceea ce arată că pe la finea dominaţiunii mongolice Basarabii apu-
casera Mehedinţul, profitând de extrema slăbiciune de atunci a
Ungariei: „das furchtbare Elend welches nach dem Abzuge der
„Mongolen in Ungarn herrschte", după expresiunea lui Fessler. Un
episcop unguresc de Severin la 1246, „Episcopus Zeuriniensis",
pe care 'l menţionéză Pesty şi pe care 'l admite d. N. Densu-
şianu, este o învederată greşélă de lectură în loc de „Episcopus
Geurinensis", după cum fórte bine o citise Fejér, — un vechiŭ
episcopat curat unguresc făcênd parte din archiepiscopatul de Stri-
gonia saŭ Gran şi intercalat deja în Statutele regelui Bela III, toc-
mai în aceiaşi posiţiune ierarchică iată cum la Bela IV: „Bartholo-
maeo Quinque-Ecclesiensi, Gregorio *Geurinensi*", iar la Bela III:
„Episcopus Quinqueecclesiensis habens mille et quingentas
„marcas, episcopus *Geuriensis* habens mille. . ." N'are a face cu Se-
verinul, ci cu oraşul Raab, în latinitatea medievală Geurinum şi
Jaurinum, civitas Geuriensis saŭ Geurinensis, unguresce Györ. In-
fiinţarea unui episcopat unguresc la Severin în 1246, este un non-
sens istoric. Vom vedé la locul seŭ că un episcopat catolic, ca şi

un episcopat ortodox, n'a existat în Oltenia pînă la Alexandru Basarabă după anul 1350. Unde dară să fie vre-o umbră de autoritate maghiară la Severin, fie civilă, fie ecclesiastică, în momentul actuluĭ din 1247 ? Chĭar în acest act termenul cel concret „Banatus de Zeurino" nu se află, ca şi când n'ar fi fost nicĭ o dată, ci se întrebuinţéză numaĭ într'un mod vag despre Oltenia întrégă „tota terra de Zeurino" pe acelaşĭ liniă cu „tota Cumania" despre restul Românieĭ, unde nedefinitul „tota" e caracteristic.

Este fórte interesant că în actul din 1247 regele Bela uĭtă fără nicĭ o urmă pe celebrul conte Conrad, căruĭa acelaşĭ rege Bela îĭ dăruise la 1233 ţéra Lotruluĭ şi care trăĭa încă mult maĭ târdĭŭ la 1265, când cerea o confirmaţiune regală asupra aceluĭaşĭ teritoriŭ. Despre ţéra Lotruluĭ acest act vorbesce lămurit: „terra Lytira"; ne spune însă, mărturisind'o tot aşa de lămurit, că ea aparţine Românilor, fără nicĭ o virgulă despre Saşĭ. Năvala luĭ Batŭ desfiinţase pe contele Conrad ca şi „Banatus de Zeurino", măturând din Oltenia orĭ-ce element unguresc, nu d'a-dreptul în interesul Mongolilor, ci indirect în folosul Basarabilor.

In sfîrşit, singurul bun simţ ar fi de ajuns pentru a ne încredinţa că la 1247, maĭ mult decât orĭ-când, Ungaria nu avea de unde să dea la mână Ioaniţilor Oltenia, pe care regele Bela n'o avea el-însuşĭ în mână şi nicĭ o avusese vre-o dată întrégă. Păcăliţĭ printr'o dărnicia închipuită, Cavaleriĭ n'aŭ zăbăvit de a se plânge luĭ Innocenţiŭ IV peste patru anĭ la 1251. Papa s'a grăbit a confirma donaţiunea, ceea ce nu'l costă nemica. Unica consequenţă practică a confirmaţiuniĭ a fost că textul actuluĭ s'a conservat la Vatican în Regestele Pontificatuluĭ, de unde d. N. Densuşianu ne procură importantele fac-simile ale unor pasage pînă acum controversate saŭ reŭ descifrate. Maĭ jos, cu ocasiunea diplomeĭ regeluĭ Ladislaŭ Cumanul din 1285, noĭ vom vedé pretenţiunea *maxima* a Ungarieĭ asupra Românilor din Oltenia; prin acel *maximum* vom puté judeca acolo şi maĭ în cunoscinţă de causă, cât de fantastică eră suveranitatea corónei sântuluĭ Stefan asupra Basarabilor în actul din 1247.

Graţiă acestuĭ act, noĭ scim că la 1247 în Ţéra-Românéscă domnĭaŭ doĭ voevoḑĭ românĭ deosebiţĭ: unul în Muntenia „Szeneslaus", maĭ corect Semeslav, căcĭ în onomastica slavică acest nume figuréză tot-d'a-una cu *m;* ĭar în Oltenia un alt voevod românesc „Olacorum", al căruĭa nume a fost în trecut fórte problematic: la Fejér *Lirtioy,* la Pray şi la Theiner *Lynioy,* d. Oncĭul însă a demonstrat prin analisa paleografică a fac-similuluĭ că trebuĭ citit *Lytuon.* Afară de acest Lituon, maĭ eraŭ încă alţĭ doĭ principĭ Românĭ, carĭ totuşĭ nu purtaŭ titlul de voevoḑĭ: Ion şi Fărcaş. Istoricĭĭ noştri, între carĭ şi d. Oncĭul, aŭ scăpat din vedere că tustreĭ, adecă Ion şi Fărcaş ca şi Lituon, eraŭ de o potrivă k i n e z ĭ: „cum K e n a z a t i b u s Ioannis et Farcasii usque ad fluvium Olth, „excepta terra K e n a z a t u s Lytuon Woiavode." Numaĭ unul din ceĭ treĭ kinezĭ era voevod în Oltenia, după cum şi 'n Muntenia Semeslav era un singur voevod. In actul din 1247 kinezĭĭ ceĭ voevoḑĭ ne apar fórte superiorĭ celor simpli kinezĭ, pe carĭ regele Bela în planul seŭ îĭ tractéză fără reservă, dăruindu'ĭ óre-cum pe deplin Cavalerilor, pe când kinezilor voevoḑĭ în acelaşĭ plan li se acórdă o neatărnare excepţională: „excepta terra Kenazatus Lytuon Woiavode" şi „excepta terra Szeneslai Woiavode". Acéstă mare superioritate din punctul de vedere al regeluĭ Bela concordéză tot-o-dată şi cu inalta posiţiune, pe care în titulatura unguréscă o avea pe atuncĭ voevodul, în specie acela din Transilvania, unde de asemenea eră unul singur peste ţéra întrégă. Unguriĭ, ca şi Românĭĭ, căpětasera prin împrumut dela Slavĭ acéĭaşĭ nomenclatură oficială: voevod, kinez, jupân saŭ işpan etc., aplicând'o însă într'un mod original, diferit întru cât-va de sorgintea cea slavică. Este de observat în privinţa *voevoduluĭ* pînă şi contracţiunea cea analógă: *vodă* la Românĭ şi *vajda* la Ungurĭ. Sensul dară al cuvîntuluĭ „woiavoda" în actul din 1247 nu este supus la nicĭ un fel de îndoiélă saŭ nedumerire; şi tocmaĭ de aceea acest text aruncă o viuă lumină asupra celor doue voevodaturĭ înainte de unificarea Statuluĭ Ţereĭ-Românescĭ.

Mě mărginesc acuma numaĭ cu voevodatul cel din Oltenia, deşi voevodul Semeslav din Muntenia eră şi el din casta Basarabilor, căcĭ purtă şi el capete negre pe stég, de óră ce domnĭă peste aceĭ „Negri-Românĭ" despre carĭ, abia cu cincĭ anĭ înainte, vorbesce Fazel-ullah-Raşid. In Oltenia dară eraŭ maĭ mulţĭ kinezĭ, nu cu înţelesul cel redus saŭ scăḑut pe care 'l aveaŭ kinezĭĭ românĭ pe aĭurĭ saŭ maĭ în urmă ca primarĭ aĭ satelor şi chiar ca ţeranĭ liberĭ, ci cu înţelesul feodal de principĭ, sensul fundamental în paleoslavica: „КНАЗЬ, КЪНАЗЬ = ἄρχων, princeps; ἡγεμών = dux; μεγιστάνων εἱς = magnatum unus"; Iar ca verb: кнѧжити = regnare. Aceştĭ kinezĭ se asémĕnă fórte mult cu kineziĭ romănĭ ceĭ din Podolia, aşa numiţiĭ „principĭ Bolohovescĭ" din aceiaşĭ epocă, carĭ se distingeaŭ prin strînsa lor solidaritate şi despre carĭ eŭ am vorbit maĭ sus (§ 23). In Oltenia dintre toţĭ kineziĭ unul singur era voevod, cap recunoscut peste ceĭ-lalţĭ, representant al tuturor Basarabilor de acolo, un Basarabă prin excelinţă, ca Radu Negrul cel din lupta cu Mongoliĭ. Orĭ-care kinez, orĭ-care Basarabă, putea deveni voevod după mórtea saŭ încetarea voevoduluĭ precedinte. Acéstă funda-mentală instituţiune oltenésca, de fapt saŭ cel puţin în principiŭ, după întemeĭarea cea definitivă a Statuluĭ se maĭ păstră încă în Ţéra-Romănésca, apoĭ în Moldova după urmaşiĭ luĭ Petru Muşat, remănênd în crisóve ca o formulă tradiţională sacramentală pînă şi sub Domniĭ ceĭ maĭ autoritarĭ. Ca specimen, ĭată acea for-mulă dintr'un crisov al teribiluluĭ Ţepeş: „după mórtea dom-„nieĭ mele, orĭ pe cine va bine-voi a'l alege Dumneḑeŭ de a fi „Domn Ţereĭ-Romănescĭ, fie din rodul de inimă al domnieĭ mele, „fie din rudele domnieĭ mele, fie chĭar din pĕcatele nóstre un alt „ném (по смрти господствами кого произволит господъ Богъ бити „господинъ Влашкои земли, или ѡт сердечнаго плода господствами, „или ѡт сърѡдник господствами, или по грѣхом нашим ѡт иноплє-„менник)". Un alt specimen, dela Alexandru cel Bun din colec-ţiunea luĭ Venelin: „Iar după viéţa mea, pe cine îl va alege „Dumneḑeŭ a fi Domn al ţereĭ nóstre moldovenescĭ, fie din copiĭ „noştri, fie din némul nostru, ba fie şi alt cine-va (или отъ нашихъ „дѣтеи, или отъ нашего племени, или во дрѹгъ кто)". Dela Mircea cel Mare, dela marele Ştefan, dela alţĭ Domnĭ pînă la 1500, acéstă for-mulă ne întimpină adesea. O găsim deja in crisovul romănesc cel maĭ preţios, anume dela Vladislav Basarabă din 1372, posterior numaĭ cu un secol actuluĭ din 1247, unde acest principe, atăt de puternic, nu ḑice de loc că pe tron vor urmă din fiiĭ seĭ saŭ din familia sa, ci se exprimă despre urmaşiĭ seĭ într'un mod dubita-tiv: „nostris Successoribus, qui in nostro Vajvodatus Dominio erunt Successores", şi pe aceĭ urmaşĭ îĭ pune într'o intimă legătură cu kineziĭ, calificaţĭ lătinesce ca baronĭ: „ac Baronibus supplicamus". O formulă de felul acesta e fără exemplu la Ungurĭ, la Polonĭ, la ceĭ-lalţĭ vecinĭ aĭ Romănilor.

La Olteuĭ dară voevodatul era eligibil dintre şi de cătră kineziĭ din casta Basarabilor. Putea să fie ales d'a-dreptul fiĭul fostuluĭ voevod ; dar acésta trebuĭa să se întâmple rar, şi raritatea casuluĭ lesne se explică. Un voevod pré tînĕr nu avea destul prestigiŭ şi se presupunea a nu fi în stare de a apĕra întréga ţéră în împregĭurările cele grele. Tocmaĭ din causa vristeĭ se alegea immediat maĭ de preferinţă fratele maĭ mic, ĭar fiĭul reposatuluĭ remanea să maĭ créscă şi numaĭ une-orĭ reuşĭa în urmă a se alege după mórtea unchĭuluĭ. La prima vedere, o asemenea sistemă prejudecă în familia voevoḑilor o necontenită vrajbă între fraţĭ pe de o parte, între unchĭ şi nepoţĭ pe de alta; ceea ce astîmpĕra însă acest motiv de duşmăniă erà mulţimea kinezilor, avênd fie-care acelaşĭ drept de a deveni voevod; ĭar prin urmare fraţiĭ, unchiĭ şi nepoţiĭ din acelaşĭ familiă, ajunsă o-dată la voevodat, aveaŭ interesul comun de a trăi în armoniă uniĭ cu alţiĭ pentru a nu fi înlocuiţĭ printr'o altă familiă din casta Basarabilor, adecă, după expresiunea formuleĭ celeĭ tradiţionale, de a nu „fi ales la Domniă din pĕcatele nóstre un alt ném". Sistema dară se întemeiă pe o raţiune de Stat, bine cumpĕnită din tóte puncturile de vedere.

Putem acuma să ne oprim de aprópe asupra voevoduluĭ oltenesc celuĭ din actul dela 1247. Era el óre acelaşĭ „Basarabă" dela 1241? acelaşĭ „Radu Negrul" dela 1232 din memoria Reşinărenilor? vechĭul luptător contra conteluĭ Conrad şi contra Mongolilor? Nu e de creḑut. El trebuĭa atuncĭ să fi fost un bărbat de de-mult vestit printre kineziĭ oltenescĭ, cel puţin de vr'o treĭdecĭ ḑe anĭ pe la 1230, născut cam pe la 1200. Póte să se fi născut chĭar înainte între aniĭ 1180—1200, astfel că la 1241 va fi fost de vr'o şése-decĭ de anĭ. Voevodul însă cel numit „Lytuon" în diploma din 1247 a reguluĭ Bela a maĭ trăit în puterea vristeĭ pînă pe la 1278, purtând acelaşĭ nume de Litén (Lytuon, Lythen, Litua), când a murit cu sabia în mână într'o crâncenă bătăliă contra Ungurilor, ceea ce nu se pré potrivesce pentru un octogenar.

Litén-vodă dela 1247 n'a fost dară acelaşĭ cu voevodul dela 1241, ci numaĭ urmaş pe tron. Nu era nicĭ un frate al aceluĭa, căcĭ Litén-vodă avea el-însuşĭ maĭ mulţĭ fraţĭ maĭ micĭ pe la 1278, încât érăşĭ s'ar încurca cronologia. Decĭ putea să fi fost un fiĭu saŭ nepot de frate al luĭ Basarabă dela 1241, póte chĭar un Basarabă dintr'o altă familiă „din pĕcatele nóstre un alt ném". Nu risc d'o cam dată nicĭ o ipotesă.

Un punct fórte important în actul din 1247 este menţiunea Haţegului, al căruîa nume ne întimpină aci pentru prima óră în istoriă, desfigurat în „Harszoc“, dar topograficesce definit într'un mod ne 'ndoîos prin vecinătatea sa cu ţéra Lotruluî: „ab Olacis „terram Lytira habitantibus, excepta terra Harszoc“. Litén-vodă stăpănîa dară pe ambele laturî ale Jiîuluî dela isvorul seŭ în regiunea Haţeguluî prin Gorjiŭ (= Jiîul-de-sus) pînă la revěrsarea în Dunăre prin Doljiŭ (= Jiîul-de-jos), întregul curs al acestuî fluviŭ, fluviŭ caracterisând în adevěr pînă mult maî târḑiŭ culbul Basarabilor, carî păstraŭ acolo în specie titlul de k i n e z ĭ. Vom vedé îndată că tocmaî Haţegul pare a fi fost causa resboîuluî, în care a perit la 1278 Litén-vodă, combătênd pretenţiunea Ungurilor de a numi dînşiî pe un „comes de Hatzek“ alăturea cu „Banus de Zeurino“. Inainte de 1247 Radu Negrul cel dela 1241 cată să fi stăpânit deja Haţegul, de vreme ce'l lăsă el d'a-dreptul urmaşuluî seŭ Litén-vodă, căcî în scurtul interval dintre 1241—1247 n'a fost nicî o cucerire. Este de creḑut că tot dela Radu Negrul va fi conservat Litén-vodă teritoriul cel trans-carpatin la resărit de Haţeg, adecă acea „Sylva Blacorum“ unde la marginea Făgăraşuluî avusese loc la 1241 lupta cu Mongoliî. Intr'un cuvînt, Litén-vodă ne apare ca un principe fórte puternic, „princeps potentissimus“ după cum peste un secol numîaŭ Unguriî pe Alexandru Basarabă. Prin acésta se explică încuscrirea voevoduluî oltenesc cu regele serbesc Stefan Milutin pe la 1274. Să sărim însă peste epizodul încuscririî, limpeḑind maî întăîu documentele cele ungurescî relative la mórtea luî Litén-vodă.

În diploma regeluî Ladislaŭ Cumanul din 1285, păstrată in original la familia nobilă maghiară Soos din Soovár, ni se spune următórele: „cum nos in etate puerili post obitum karissimi patris „nostri regnare cepissemus, Lython (al. Lythen) Woyuoda una cum „fratribus suis per suam infidelitatem aliquam partem de Regno „nostro ultra alpes existentem pro se occuparat, et prouentus illius „partis nobis pertinentes nullis admonicionibus reddere curabat, se-„pedictum Magistrum Georgium contra ipsum misimus, qui cum „summo fidelitatis opere pugnando cum eodem ipsum interfecit, et „fratrem suum nomine Barbath captiuauit et nobis adduxit, super „quo nos non modicam quantitatem pecunie fecimus extorquere, et

„sic per eiusdem Magistri Georgij seruicium tributum nostrum in
„eisdem partibus nobis fuit restauratum"; adecă: „pe când apuca-
„răm noĭ coróna regală, fiind în vrista copilărĕscă încă după mórtea
„pré-ĭubituluĭ tatăluĭ nostru, atuncĭ Litén-vodă de 'npreună cu fraţiĭ
„seĭ, călcând credinţa, cuprinse pe sama sa o porţiune a Regatuluĭ
„nostru cea aflătóre peste munţĭ, şi nicĭ într'un chip nu se lăsa a ne
„restitui veniturile ce ni se cuvenĭaŭ de acolo; decĭ asupra luĭ tri-
„miserăm pe des-citatul magistru Georgiŭ, care cu o extremă cre-
„dinţă s'a luptat contra aceluĭa şi l'a şi ucis, ĭar pe fratele aceluĭa,
„numit Bărbat, l'a robit şi ni l'a adus nouĕ, ceea ce ne-a făcut să
„stórcem dela dinsul mulţĭ banĭ, şi astfel, prin serviciul acestuĭ
„magistru Georgiŭ, s'a restabilit tributul cel datorit nouĕ în acea
„ţĕră". Insuşĭ magistrul Georgiŭ, într'un act particular din 1288,
menţionĕză acelaşĭ resboiŭ cu Litén-vodă şi captivarea luĭ Bărbat.
In ce an însă petrecutu-s'a acel eveniment, atât de însemnat pentru
Olteni? Contextul diplomeĭ din 1285 precisĕză data în cestiune,
arătându-ne că mórtea luĭ Litén-vodă şi robirea frateluĭ sĕŭ Bărbat
s'aŭ întâmplat anume după înfrângerea Bohemilor de cătră Unguri
aliaţĭ cu împĕratul Rudolf, prin urmare nu înainte de anul 1278.
Acĕstă dată o maĭ confirmă Katona printr'o altă diplomă din 1288,
relativă cu maĭ multă claritate la acelaşĭ rol al magistruluĭ Georgiŭ
în victoria asupra Bohemilor. Incă o dată, catastrofa luĭ Litén-vodă
cade pe la finea anuluĭ 1278 saŭ în cursul anuluĭ 1279, maĭ târḑiŭ
póte, cu siguranţă însă în orĭ-ce cas nu înainte de 1278. Isto-
riciĭ noştri, dd. Xenopol, Tocilescu, Densuşianu şi alţiĭ, aŭ comis
o gravă eróre de a pune mórtea luĭ Litén-vodă îndată după 1272,
ceea ce s'a petrecut cu şĕse anĭ maĭ târḑiŭ. Numaĭ anul 1278
corespunde textuluĭ documental şi se potrivesce atât cu încuscrirea
luĭ Liten-vodă cu Stefan Milutin pe la 1274, precum şi cu pără-
sirea de cătră acest rege serbesc a fiĭceĭ voevoduluĭ oltenesc după
1278, când dinsa remâne orfană. Litén-vodă móre dară pe la
1278. Regele Ladislaŭ maĭ învederĕză în diploma sa că revolta luĭ
Litén-vodă isbucnise deja maĭ de de-mult înainte de resboĭu, de
vreme ce lupta cea definitivă fusese precedată de refusurĭ repetate
din partea voevoduluĭ oltenesc de a satisface pe Ungurĭ: „nullis
admonicionibus reddere curabat". Nu voĭu fi departe de adevĕr,
dacă voĭu căuta începutul duşmănieĭ pe la aniĭ 1275—1276; şi
ĭată cum.

La 1247 Litén-vodă stăpânĭa asupra Olteniĭ întregĭ, cu Mehedinţul şi cu Haţegul. Nu mult după aceea Unguriĭ aŭ reuşit din noŭ a pune mâna pe Mehedinţ, re'nfiinţând banatul de Severin, maĭ cu dinadinsul dela 1263 încóce, când aprópe în fie-care an ne întîmpină în diplomele regale un „Banus de Zevrino", maĭ adesea un Laurenţiŭ, un Ugrin, un Paul şi un Micud, acesta din urmă străbun al familieĭ Văcărescilor, după cum vom vedé la locul seŭ. Aliaţĭ obicĭnuiţĭ aĭ Româniĭ, Bulgariĭ nu încetaŭ în acest interval de timp de a turbura administraţiunea cea unguréscă din banatul de Severin, ĭar într'un rînd însuşĭ împěratul Svetislav „terram nostram de Zeurino miserabiliter devastasset", după expresiunea regeluĭ Stefan V, astfel că Maghiariĭ fuseseră atuncĭ siliţĭ de a întreprinde peste Dunăre cincĭ resbóie, „quinque vicibus", după o altă diplomă dela acelaşĭ rege. Se pare însă că Litén-vodă nu se amesteca făţiş în acea luptă, mulţumindu-se cu restul Olteniei. Este probabil că pentru prima óră sub regele Stefan V, un principe fórte neastîmpěrat şi resboinĭc, voevodul oltenesc începuse a recunósce suzeranitatea cea factică a Ungarieĭ, nu imaginară ca la 1247, plătind corónei sântuluĭ Stefan un tribut óre-care pentru posesiunea cea transilvană, „aliqua pars de Regno nostro" şi „proventus illius partis nobis pertinentes", în specie pentru Haţeg. După mórtea luĭ Stefan V, adecă după anul 1272, urcându-se pe tronul unguresc un copil de ḑece anĭ, Litén-vodă creḑu sosit timpul cel maĭ oportun pentru a se emancipa, cu atât maĭ virtos când însuşĭ s'a simţit şi maĭ tare prin alianţa cu Serbia pe la 1274. Olteniĭ ne maĭ plătind tribut pentru Haţeg, pe de o parte Litén-vodă respingea pretenţiunile Ungurilor „nullis admonicionibus", pe de altă parte Unguriĭ s'aŭ hotărît a pedepsi pe nesupusul vasal, „suam infidelitatem". La 1276, când regele Ladislaŭ era abia de cincĭ-spre-ḑece anĭ, într'o diplomă ne apar între marturĭ: „Ugrino Woievoda Transilvano Comite de Zonuk, „Stephano magistro Dapiferorum Comite de Bors, Micud Bano „de Zeverino, *Petro Magistro agasonum Comite de Hatzek...*" Intru cât titularul Petru ocupa o funcţiune efectivă la curtea regală: „magister agasonum", comis saŭ cap al grajdurilor, e cu putinţă că demnitatea de comite al Haţeguluĭ eră d'o cam dată numaĭ un „honor"; acest titlu însă în orĭ-ce cas însemnă o ostilitate, o rumpere de legăturĭ cu Litén-vodă. Resboĭul cel fórte îndărjit şi îndelungat contra mareluĭ rege bohem Ottocar nevoise pe Ungurĭ a maĭ amîna vr'o doĭ anĭ lovitura contra Basarabilor. La 1278 Ottocar perind pe câmpul de bătăliă, unul din eroiĭ aceleĭ victorie unguresci, magistrul Georgiŭ, a fost trimis contra luĭ Litén-vodă. Vitézul voevod oltenesc a murit cu sabia în mănă întocmaĭ ca şi vitézul rege bohem. Kinezul Bărbat, unul din fraţiĭ luĭ Litén vodă, a fost prins şi dus rob de'naintea curţiĭ maghiare. Conclusiunea e descrisă într'un mod fórte mercantil în diploma din 1285: Bărbat s'a rescumpérat din robiă prin mult bănet: „non modicam quantitatem pecunie fecimus extorquere", şi Olteniĭ sub noul voevod aŭ fost constrinşĭ a plăti din noŭ Ungurilor tributul cel cuvenit suzeranuluĭ pentru porţiunea cea vasală a teritoriuluĭ: „aliquam partem ultra alpes", adecă pămîntul cel nu de aĭurĭa decât din Transilvania, anume Haţegul cu certitudine, póte şi „Sylva Blacorum" cea spre resărit dela Haţeg pînă la Olt, viitorul ducat al Amlaşuluĭ.

Domnia luĭ Litén-vodă se începuse cel puţin de pe la 1246, cel mult de pe la 1242, şi a durat apoĭ maximum pînă pe la 1279, ce-va ca douĕ-ḑecĭ şi patru de anĭ, — intervalul pe care cronicele muntenescĭ îl atribue întemeietoruluĭ Statuluĭ Ţereĭ-Românescĭ. Întemeetor al acestuĭ Stat el n'a fost; necontestabil însă era un princi-pe fórte remarcabil. Din viéţa luĭ un eveniment important a fost încuscrirea cu regele serbesc Stefan Milutin. Dar înainte de tóte să mĕ opresc o clipă asupra onomasticeĭ.

Litén nu este un nume de botez, nicĭ un nume românesc po-poran. Intru cât *Litén* nu figuréză într'o proprià subscriere per-sonală, ci numaĭ din partea altora, este maĭ curând o poreclă, după cum poreclă era C u m a n la regele unguresc contimpuran: „Ladislaus Cumanus". Luĭ Ladislaŭ Unguriĭ îĭ ḑiceaŭ „Cumanul" din causa legăturilor celor intime ale acestuĭ rege cu Cumaniĭ. Ro-mănesce Liténul are o accepţiune fórte apropiată, însemnând „pă-gân". Etimologia cuvîntuluĭ e interesantă. Din tóte popórele indo-europee ale Europeĭ, acela care a îmbrăţişat creştinismul maĭ tărḑiŭ şi maĭ cu anevoe decât cele-lalte, aŭ fost Litvaniĭ. În secoliĭ XIII şi XIV eĭ toţĭ eraŭ idolatri. De aci la Românĭ „Liftă spurcată", „Liftă rea", „Litén", aŭ remas ca sinonimĭ cu „păgân". Tot aşa în limba bohemă medievală, anume în Vocabularius luĭ Rozko-chany:

„Barbarus = L y t w e n y n;

„Saraceni = L y t w y e n e";

Iar într'un text din 1556 litwa se întrebuinţéză la Bohemĭ cu

sensul de „păgânătate". Nu urméză că Litén-vodă va fi fost ne-
creştin, dar se vede orı şi-cum că eră reŭ creştin, nu era un creştin
ortodox, eră aplecat cătră ritul grecesc maĭ puţin decât cătră
cel latin, acésta din urmă explicaţiune confirmându-se maĭ la vale.
Alexandri ḑice : „Litfă e sinonim de ném reŭ şi fără credinţă".
Cihac traduce tot aşa Litfa prin : „homme sans foi et honneur".
Pe larg şi fórte bine ne dă d. Şaĭnénu următórea exemplificaţiune,
pe care mě cred dator a o reproduce intrégă :

C. Negruzzi în Sobieski şi Româniĭ (Opere I, 170) : „...Craĭul a trimis
„rěspuns călugăruluĭ, care şedea în clopotniţă, să deschidă, orĭ face mănă-
„stirea praf şi pulbere.
„— Audit'aţĭ acolo *litfa* cea p ă g â n ă!..."
Litfă însemnéză înainte de tóte nepravoslavnic şi, ca atare, înzestrat
cu tóte însuşirile ce caracterisă pe ereticĭ.
In balada Grue Grozovanu (Alexandri, p. 80) :

> Negrul meŭ să nu mi'l vinḑĭ :
> Să nu'l vinḑĭ la Ungurén,
> Nicĭ la Turc ţarigrădén ;
> Să nu'l vinḑĭ nicĭ la *Litén*,
> Că *Liténu*'ĭ om v i c l é n!

Generalisându-se cuvîntul *litfă* în sens de om saŭ popor necredincĭos,
el fu aplicat, sub formele *litfă* saŭ *lyfă*, tuturor celor străinĭ de credinţa
pravoslavnică.
In balada Vulcan (Ibid. 138) :

> Aleĭ! féră veninósă !
> *Litfă* rea, n e c r e d i n c ĭ ó s ă!
> Ce reŭ, spune, ţi-am făcut,
> Turcilor de m'aĭ vîndut ?

In balada Constantin Brâncovan (Ibid. 212) :

> Cânĭ turbaţĭ! T u r c ĭ, *liftă* rea!
> De'ĭ mânca şi carnea mea,
> Să sciţĭ c'a murit creştin
> Brâncovanul Constantin.

Intr'o doĭnă bucovinénă (Marian II, 164) :

> Un panţir, *liftă* s p u r c a t ă,
> Ḑi şi nópte mě tot cată...

Jipescu, Opincar, p. 25: „Liniștea ne-o tulbură vrăjmașu dă Ungur, „dă Tătar, dă Poleac, dă Némț, dă Turc, dı Muscal și câte alte *litfe*, li-„ghioĭ spurcate...“

In povestirea Moș Nichifor Cocarĭul de Créngă (Conv. lit. X, 378): „De aș avé eŭ atâțĭa gonitorĭ în ocol și d-ta băĭețĭ, câțĭ cazacĭ, căpcănĭ „și alte *litfe* spurcate aŭ căḑut mo.țĭ la Grumăzescĭ din vreme în vreme“.

Alexandri, în pĭesa Creditorĭĭ (Teatru, p. 1062): „*Litfa* de zaraf s'aŭ „spăriat de mine ș'aŭ fugit, parcă l'aŭ umflat năbădaĭca...

„— Audĭ Iuda? póte că venĭa să'țĭ céră parale?“

Acelașĭ, în Cetatea Némțuluĭ, unde e vorbă de Leșĭ (Ibid. 1483): „Și voĭ cu toțiĭ, bărbațĭ, femeĭ, copiĭ, pe apărare!... Inarmați-vě cu ce'țĭ „găsi și dațĭ de mórte, ca să nu ḑică *litfa*, c'o întrat în țara nóstră ca în-„tr'un sat fără cânĭ“.

Acelașĭ în poema Dumbrava-Roșiă (Poesiĭ III, 2, 8):

> Și călărașĭ din fugă prin sate, prin orașe
> Craĭnesc: Sărițĭ cu toțiĭ ꝑe *litfele* trufașe!
> Vitézul Ștefan-vodă vě chémă 'n vitejie;
> Cine'ĭ mișel să fugă, cine'ĭ Român să vie!

In Dan, căpitan de plaiŭ (Ibidem, p. 97):

> Tătariĭ ca zăvoḑiĭ pe dînsul daŭ năvală!
> „In lăturĭ, *litfe!*“ strigă la eĭ vitézul Dan,
> Punêndu-se de pază la capul luĭ Ursan.

Acĭelașĭ considerațiune religiósă a făcut ca vorba *letin* (= *latinus*) să capete în limba română accepțiunea pejorativă de eretic...

Pentru vitézul voevod oltenesc dintre aniĭ 1246—1279 nu-mele Litén, „Lythen Wayuoda“, ĭar într'un document chĭar Litfa, „Lytua Wayuoda“, nu era alt-ceva decât o poreclă cu sensul de „păgân“, și maĭ în specie cu acela de „eretic“ saŭ „papistaș“. I se ḑicea „Litén-vodă“, întocmaĭ după cum maĭ târḑiŭ fiĭul și nepotul luĭ Mircea cel Mare, ambiĭ Vladislavĭ, eraŭ poroclițĭ de cătră alțiĭ ca „Dracu-vodă“ și „Țepeș-vodă“. Neortodoxia, maĭ pro-priŭ catolicismul luĭ Litén-vodă este în legătură cu energica pro-pagandă papală în Oltenia tocmaĭ din acea epocă. Într'o bulă din 1238, înainte de urcarea pe tron a luĭ Litén-vodă, pe când el era încă un simplu kinez, papa Gregoriŭ IX ne spune că în țera Se-verinuluĭ s'a îmmulțit atât de tare numěrul catolicilor, încât era lipsă de un Episcop deosebit. Episcop nu s'a înfiinițat, dar misionarĭ trebuĭa să fi fost destuĭ. Pentru Litén-vodă papismul póte să nu fi fost decât o dibăciă politică; orĭ-cum însă, acéstă șověire religiósă, acéstă „lepĕdare de lege", se vede a'ĭ fi atras porecla de Li t é n. Se nasce dară întrebarea: care să'ĭ fi fost luĭ Litén-vodă numele de botez? Sper că o voĭu nemeri maĭ jos.

Cantemir descoperise cel întaĭu că pe la 1274 regele serbesc Stefan Milutin ţinea în căsătoriă pe fiĭca unuĭ Domn din Ţéra-Ro-mănéscă; o descoperise, întemeiându'şĭ acéstă aserţiune pe texturile combinate din ceĭ doĭ Bizantinĭ: Nicefor Gregoras, născut pe la finea secoluluĭ XIII, şi George Pachymeres, născut în prima jumă-tate a aceluĭaşĭ secol, amîndoĭ contimpuranĭ cu evenimentele. Ce-stiunea despre acel „ἄρχων τῆς Βλαχίας" eŭ am discutat'o deja maĭ sus în §§-iĭ 4—7 şi 13. Aci voĭu începe prin a confruntă cele douĕ pasage, cel din Gregoras şi cel din Pachymeres, relative la fiĭca aceluĭ Domn, carĭ concordéză perfect:

ea fusese prima din cele treĭ neveste ale regeluĭ serbesc şi singura legitimă, de care fără divorţ s'a despărţit după câţĭ-va anĭ, trimiţĕnd'o înapoĭ în Romănia, ĭar cu cele-lalte douĕ succesive a fost necununat şi s'a putut cununa apoĭ numaĭ cu o a patra la 1299, când el-însuşĭ ajunse la vrista de 45 anĭ şi când s'a întâm-plat a muri nevésta sa cea de'ntaĭu, adecă Romănca, desfăcêndu-se astfel de prima însoţire bisericéscă:

când se căsătorise cu fiĭca Domnuluĭ Romănesc, fiind cea de 'ntaĭu căsătoriă din cele treĭ legate şi deslegate pînă la 1299, Mi-lutin trebuĭa să fi fost atuncĭ plus-minus de 20 de anĭ, ĭar prin urmare, de vreme ce la 1299 el era de 45 de anĭ, scoţĕndu-se 25, prima căsătoriă avusese loc pe la 1274;

căsnicia cu fiĭca Domnuluĭ Romănesc durand treĭ-patru anĭ, „χρόνους τινὰς συνοικήσας", maĭ mult de doĭ şi maĭ puţin de cincĭ, des-părţirea cată să fi avut loc pe la 1277—1278, în timpul resboĭuluĭ luĭ Litén-vodă cu Ungurĭĭ, saŭ—maĭ bine—după mórtea acestuĭ principe;

fiĭca Domnuluĭ Romănesc căsătorindu-se pe la 1274, ea trebuĭa să fi fost atuncĭ de vr'o 16 anĭ, bărbatul fiind de vr'o 20, şi decĭ murind ea în 1299 la vrista de peste patru-ḑecĭ anĭ, s'a fost năs-cut pe la 1258;

în fine, domnind Litén-vodă în Oltenia dela 1246 minimum pînă la 1279 maximum, prima nevéstă a luĭ Stefan Milutin erà şi nu putea să fie alt cine-va decât fiĭca luĭ Litén-vodă.

Căpătând acéstă traĭnică temeliă istorică, să trecem acum la poesia epică a Serbilor, pînă la un punct şi a Bulgarilor tot-o-dată, de unde vom ajunge apoĭ la Litén-vodă într'o baladă poporană românéscă.

După mórtea regeluĭ serbesc Stefan Uroş la 1272 urmă fiĭul seŭ Stefan Dragutin, certându-se apoĭ mereŭ cu fratele seŭ maĭ mic Stefan Milutin, căruĭa peste puţin la 1275 a fost adus a'ĭ lăsa tronul. La aniĭ intermediarĭ 1273—1274 se rapórtă o baladă poporană despre ambiĭ fraţĭ Dragutin şi Milutin, ĭar prin urmare tocmaĭ la epoca însoţiriĭ luĭ Milutin cu fiĭca luĭ Litén-vodă. Acéstă baladă, care ne întimpină în colecţiunea luĭ Karadžić sub titlul: „Milan-beĭu şi Dragutin-beĭu", se începe prin :

Два се брата врло миловала...
(Ceĭ doĭ fraţĭ mult se ĭubĭaŭ unul pe altul).

Milutin vrea să se 'nsóre. Dragutin îl sfătuesce de a nu'şĭ lua nevéstă, căcĭ prevede prin acésta o desbinare între fraţĭ. Milutin însă nu ascultă şi se 'nsóră, ĭar prima faptă a nevesteĭ este că'l îndémnă să omóre pe Dragutin. Aşa se face ; dar Milutin nu zăbăvesce de a se căi, şi atuncĭ îşĭ omóră şi pe nevésta. După istoriă nu s'aŭ întâmplat cele douĕ omorurĭ, ci numaĭ o duplă separaţiune: Milutin a gonit pe nevésta şi a resturnat pe Dragutin. Fondul istoric este necontestabil. E totuşĭ maĭ preţiósă o altă baladă din aceĭaşĭ colecţiune a luĭ Karadžić sub titlul : „Insurătórea luĭ Duşan", — un titlu necorect, în locul căruĭa ar fi trebuit să fie : „Insurătórea luĭ Stefan".

Toţĭ primiĭ regĭ aĭ Serbieĭ din dinastia luĭ Nemanĭa purtaseră uniĭ după alţĭĭ acelaşĭ nume de S t e f a n aprópe în curs de doĭ secolĭ: Stefan Nemanĭa, Stefan Întâĭu-încununatul, Stefan-Radoslav, Stefan-Vladislav, Stefan Uroş, Stefan Dragutin, Stefan Milutin, Stefan dela Decĭan, Stefan Duşan. Daničić ne arată că S t e f a n devenise atuncĭ la Serbĭ un adevĕrat nume dinastic, astfel că regiĭ la încoronare şi'l adăugaŭ la cel de botez, saŭ chĭar îl purtaŭ singur părăsind pe cel de maĭ 'nainte. Toţĭ se făceaŭ S t e f a n ĭ. Din causa acesteĭ omonimităţĭ nu e de mirare, dacă tradiţiunea serbă confundă pe ceĭ mulţĭ „Stefanĭ" şi dacă, maĭ cu samă, memoria poporană atribue faptele anterióre celuĭ maĭ noŭ şi maĭ celebru dintre dînşiĭ, anume luĭ Stefan Duşan, supranumit „cel tare". Confusiunea, repet încă o dată, n'ar fi de mirare; adevĕrul însă este că balada cea publicată de Karadžić nu pré confundă, căcĭ nu menţionéză de loc pe D u ş a n, ci pe împĕratul Stefan, „цар Стјепане", ceea ce se aplică de o potrivă bine la Stefan Milutin, deşi el însuşĭ nu'şĭ dedea titlul de împĕrat, ci numaĭ de rege : краљ. In poesia epică serbă titlul „împĕrat" se dă şi tatăluĭ luĭ Duşan, ĭarăşĭ numaĭ rege; ba chĭar însuşĭ Duşan fusese numaĭ rege în prima parte a domnieĭ sale. In orĭ ce cas, balada în ce-stiune nu întrebuinţéză nicĭ numele „Duşan", nicĭ supranumele de „cel tare". Incă o dată, aci este în joc însurătórea luĭ Milutin cu fiĭca luĭ Litén voda. Impĕratul Stefan — dice balada — a trimis pe peţitorĭ să'ĭ aducă mirésa de departe din oraşul păpistăşesc cel nu-mit L e d ĭ a n :

„У Ледјану граду Латинскоме..."

Las maĭ întâĭu la o parte tóte cele-lalte particularităţĭ, măr-ginindu-mĕ d'o cam dată cu termenul L e d ĭ a n în acea baladă. Imĭ înlesnesce acéstă sarcină eminentul filolog serbesc Stoian No-vaković, desbătênd pe larg opiniunile emise în trecut şi ajungênd el-însuşĭ la conclusiunea că — după el — deslegarea enigmeĭ trebuĭ că-tată : „din popórele cele locuind la nord de Serbia numaĭ dóră la „Ungurĭ şi la Polonĭ (bleiben unter den nördlich von Serbien gelege-„nen Völkerschaften nur noch die Magyaren und Polen übrig)" ; şi anume unguresce l e n g y e l însemnéză P o l o n, şi aşa dară balada ne spune că împĕratul Stefan va fi trimis peţitorĭ în Polonĭa. Fiind însă că nicĭ unul din regiĭ Serbieĭ nu avusese o nevĕstă din Po-lonia, d. Novaković crede că acea baladă cuprinde în sine o inter-polaţiune de pe la începutul seculuĭ XVII, când poetul dalmat Gundulić deşteptase la Slaviĭ meridionalĭ o mare simpatiă pentru Polonĭ : „kein Zeitpunkt geeigneter war als der Anfang des XVII. „Jahrh., in welchen die Sympathien der Südslaven für die Polen der „Muse Gundulić's so herrliche Töne entlocken". Să observăm că, aprópe immediat după publicarea monografieĭ sale, d. Novaković a dat peste o variantă a aceleĭaşĭ balade, scrisă tocmaĭ în seculul XVII într'o colecţiune manuscriptă de vechĭ cântece serbe poporane, unde se începe :

Kad se Żeni car srbski S t i e p a n
Iz L o g j e n a od kralja djevojka...,

şi decĭ o baladă *veche* în secolul XVII nu putea să fie *nouă* în acelaşĭ secol, de unde resultă că L e d ĭ a n este un termen mult maĭ de maĭ 'nainte. Sciind că Romănĭĭ, afară de Ungurĭ şi de Po-lonĭ, figuréză şi eĭ „din popórele cele locuind la nord de Serbia", fără comparaţiune maĭ aprópe decât Polonĭĭ, d. Novaković, de sigur, ar fi descoperit cel întâĭu adevărata genesă a baladeĭ celeĭ serbe, dacă ar fi aflat cuvîntul romănesc L i t é n, şi maĭ cu deosebire dacă ar fi cunoscut o baladă romănéscă identică cu acelaşĭ L i t é n.

Iată acuma subiectul după redacţiunea cea serbă. Împĕratul Stefan vrea să'şĭ ĭea de nevĕstă din străinatate pe fiĭca regeluĭ celuĭ catolic din Ledĭan. Regele din Ledĭan primesce incuscrirea, dar impune nesce marĭ dificultăţĭ pe carĭ împĕratul Stefan el-în-suşĭ saŭ trimisul seŭ să le pótă birui, cea de'ntâĭu condiţiune fiind de a sări peste treĭ caĭ saŭ de a sări călare peste porţĭ, ĭar cea din urmă de a recunósce pe Domniţa dintre maĭ multe fete de o potrivă tóte la chip şi la vristă. Acesta este fondul, care intoc-maĭ aşa ne întimpină în balada romănéscă intitulată „Bogdan", pu-blicată de Alexandri în douĕ variante. După una mirele este fiĭul luĭ

> Ştefan-vodă cel vestit
> Domnul cel nebiruit...;

după cea-laltă este fiĭul luĭ

> Lăpuşnénul cel cumplit,
> Stă pe scaun poleit...;

dar în ambele variante tatăl feteĭ este acelaşĭ

> ...L i t é n bogat
> Şi de lege lepĕdat...

Urméză textual:

> Nuntaşiĭ încăleca,
> Cu Bogdan vesel pleca;
> Eĭ pleca pe la Săn-Petru
> Ş'ajungea pe la Săn-Metru
> La L i t é n u l cel bogat
> Şi de lege lepĕdat.
> Iar Liténul de'ĭ vedea,
> Pórta curţiĭ închidea,
> Cu lanţugurĭ o lega
> Şi din gură aşa striga:
> „Care este mirele,
> Mirele, ginerele,

Sară el zidurile
Să deschidă porţile!"
Cât Bogdan il auḑia,
Desîrg mi se răpeḑia,
Calul îşi înfierbinta
Ş'un răpeḑ voinic îl da:
Calul rîndunel sbura
Şi in curte că era!
Iar în curte cum săria,
Bogdan timpul nu perdea,
Pórta curţii deschidea,
Şi nuntaşiĭ toţĭ întra.
Liténul că se mira
Şi mustéţa 'şĭ resucia
Şi din gură iar ḑicea:
„Care este mirele,
Mirele, ginerele,
Sară el téncurile
Să-şĭ iea postavurile".
Cât Bogdan il auḑia,
Calul iar îşĭ răpeḑia,
Peste téncurĭ el sbura,
Apoĭ le desfăşura,
Şi le da pe la nuntaşĭ
Carĭ în lupte sînt fruntaşĭ.
Cum era şi nuntaşul
Aşa-ĭ da şi postavul:
De era el năltişor,
Iĭ da postav roşior
Să fie strălucitor;
De era el medior,
Iĭ da postav gălbior
Ca să-l prinḑă binişor;
De era el mititel,
Iĭ da postav albăstrel,
Ca să se mândrésca 'n el!
Liténul se bucura,
El în casă că întra,
Luĭ Bogdan că'ĭ arăta
Treĭ copile tot de-un stat,
Tot de-un chip asemĕnat,
Albe gingaşe tustrele
Ca treĭ florĭ de viorele.
Domnul tinĕr le privia
Cu ochĭ dulcĭ care steclia,
Iar Liténul mi-ĭ ḑicea:
„Care este mirele,
Mirele, ginerele,
Cunóscă'şĭ el mirésa,
Cununâ-se cu dînsa!"
Bogdan mintea nu-şĭ perdea,
Inel din deget scotea,
Pe covor il arunca
Şi din gură cuvinta:

„Care 'mĭ este mirésa
Să mě iubesc cu dînsa,
Culégă-mĭ ea inelul,
Inelul cu degetul,
Căcĭ am sabiă 'nsetată
Ce doresce cap de fată".
Din treĭ douě nicĭ mişca
Ĭar mirésă se pleca,
Pe covor îngenuchia,
Ca o flóre se 'ndoia,
Şi inelul culegea
Şi'n degeţel şi'l punea.
Ochiĭ mireluĭ steclia,
Inima-ĭ se 'nveselia,
El mirésa 'şĭ ridica,
Pe ochĭ dulce-o săruta
Şi pe braţe mi-o purta
Şi 'n rădvan că o punea,
Şi spre ţéră purcedea.
După eĭ încă venia
Car mare cu druscele
Grădina cu florile,
Şi o sută de nuntaşĭ
Toţĭ aleşĭ din tăbăraşĭ.
Eĭ pleca pe la Sân-Metru
Ş'ajungea pe la Sân-Petru,
Şi pe loc cât ajungea
Mândră nuntă că făcea,
Vestile că se ducea
La vecinĭ şi'n depărtărĭ
Pesto nouě ţěrĭ şi mărĭ!

E fórte surprinḑětor că neminea dintre filologiĭ slavĭ n'a věḑut încă absoluta identitate de fond între redacţiunea serbă şi cea românéscă. Acelaşĭ fond a fost însă urmărit deja în nesce variante ale redacţiuniĭ bulgare. Maĭ întâĭu, balada bulgară poporană cea întitulată „Valko" în colecţiunea luĭ Bezsonow, unde eroul peţesce pe o fată de împěrat de o altă religiune, adecă „de lege lepědat", şi se supune la condiţiunile cele finale, dar despre Ledĭan nu se vorbesce acolo. Acest oraş ne reapare într'o altă baladă bulgară, de asemenea necunoscută d-luĭ Novaković, anume întitulată: „Regele Smeletin şi împěratul Constantin", unde ni se spune că împěratul Constantin îşĭ caută pentru fiĭul seŭ „Zmeul" (Огненин) o mirésă fiĭcă a regeluĭ Smeletin din oraşul Ledĭan.

Dintre Românĭ, este nu maĭ puţin fórte surprinḑětor că acea absolută identitate de fond a scăpat din vederea d-luĭ G. Dem. Teodorescu în excelenta sa ediţiune a poesiilor nóstre poporane,

unde in genere îi place a cita paralelurile serbe şi unde a grupat
maï multe variante romănescï afară de cele douĕ din Alexandri,
şi anume :

1⁰. Varianta bănăţenéscă „Coconul Răducan şi Iancu Sibinénul"
in colecţiunea d·luï Marienescu, cea maï slabă din tóte;

2⁰. Varianta dobrogénă „Sava Letinul", reprodusă in călětoria
d·luï Teodor Burada ;

3⁰ — 4⁰. Douĕ variante muntenescï, culese de insuşï d. Teodo-
rescu : „Nunul mare" şi „Nunta luï Iancu·vodă".

In variantele NN. 2 — 4 Liténul se preface in sinonimul
Letin :

> Pe féta Letinuluï
> Pe féta hainuluï,
> Săvaï Letinul bogat
> Şi de lege lepĕdat...

saŭ :

> Săvaï Letinul bogat,
> Săvaï cânele spurcat
> Şi de lege lepĕdat
> Şi'n cruce nebotezat...

In varianta bănăţenésca : „colo 'n ţéra litănésca".

Pe poporanul Letin d. Teodorescu il explică fórte corect prin
„un unit, un ortodox trecut la catolicism", ceea ce insemnéză şi
Litén. Acelaşï sens şi tot·o·dată o mare asemĕnare fonetică intre
Letin şi Litén aŭ făcut că in variantele romănescï aceste cuvinte,
deşi etimologicesce diferite, totuşï figuréză intr'un mod indiferent,
când unul, când cela·lalt, nicăirï amindouĕ la un loc. In redacţiunea
sud·slavică e alt ce·va. Neexistând serbesce şi bulgăresce o sino-
nimitate intre Litén şi Letin, ambiï termenï acolo nu se iden-
tifică, dar se amplifică unul prin altul : „Ledïan·grad Latinski",
literalmente : „oraşul lătinesc al luï Litén". Este resultatul contac-
tuluï viŭ intre nuntaşiï Romănï şi intre nuntaşiï Slavï la 1274
faţă cu persóna luï Litén·vodă, despre care Romăniï aŭ lămurit
Serbilor catolicismul voevoduluï oltenesc, şi atuncï Serbiï aŭ căpĕtat
douĕ noţiunï : Litén şi Letin, pe când la Romănï sinonimiï
Litén şi Letin formaŭ o singură noţiune. Nicï Romăniï n'aŭ
imitat o baladă serbă gata, nicï Serbiï n'aŭ imitat pe cea gata ro-
mănésca, ci unul şi acelaşï eveniment a fost vĕḑut şi apoï cântat
de Romănï şi de Serbï in deosebï, representând unul şi acelaşï

fond pe două căi neatîrnate, de'ntâiu chïar în secolul XIII, în urmă cu modificărĭ ulterióre.

Varianturile cele grupate de d. Teodorescu ne permit a clasifica, sub raportul fonduluĭ celuĭ primitiv, pe de o parte puncturile cele esenţiale, ïar pe de alta pe cele înlăturabile.

Puncturĭ esenţiale din secolul XIII :

a) După tóte variantele mirele nu trăesce în acelaşĭ ţéră cu socrul, ducênd pe mirésa într'o regiune depărtată :

> ˙Eĭ pleca pe la Sân-Metru
> Ş'ajungea pe la Sân-Petru,

adecă o distanţă dela Iuniŭ pînă la Octobre.

b) După tóte variantele socrul este un papistaş, L i t é n saŭ L e t i n, şi tot-o-dată fórte avut.

c) După tóte variantele mirele saŭ nuntaşul cel de căpetenïă este un mare călăreţ, isbutind a învinge orĭ-ce greutate :

> Bine vorba nu sfîrşïa,
> Bidiviu 'şĭ repeḑïa...

d) In fine, după tóte variantele mirele saŭ nuntaşul cel de căpetenïă recunósce pe mirésa dintre maĭ multe fete.

Puncturĭ înlăturabile posterióre secululuĭ XIII :

a) Numele g25inereluĭ : Bogdan, cuconul Răducan, Bădislav...

b) Numele nunuluĭ : Mihnea-vodă la uniĭ, Iancu-vodă la alţiĭ, pe aïurïa Iancu-vodă e mirele, în unele variante mirele luptându-se el-însuşĭ, în altele luptându-se numaĭ nunul, pe când mirele

> . . . . amuţïa
> Şi din umerĭ că'nălţa,
> Inălţa umerele
> Ca şoĭmul aripele
> Când îl bat paserile
> Tóte 'n tóte părţile;
> Iar naşu-seu de'l vedea,
> El din gură ce'ĭ ḑicea...

c) In unele variante se menţionéză tatăl saŭ muma ginereluĭ : Ştefan-vodă, Lăpuşnénul, cocóna Zinca...

Numaĭ cele patru puncturĭ esenţiale se găsesc de asemenea în redacţiunea serbă ; aprópe tot aşa şi la Bulgarĭ.

Printr'o comparaţiune fundamentală nu e greŭ de a constata
douĕ prototipurĭ, independente unul de altul, dar întemeiate am-
bele de o potrivă pe aceĭaşĭ întâmplare epică saŭ poetisată: un
prototip românesc cu tatăl feteĭ catolic numit Litén, şi un pro-
totip serbo-bulgar cu tatăl feteĭ de rege din oraşul catolic numit
Litén; Iar maĭ departe în prototipul serbo-bulgar se maĭ póte
deosebi originalul serbesc cel cu numele „Stefan" şi imitaţiunea
bulgară cea cu introducerea altor personage. În scurt:

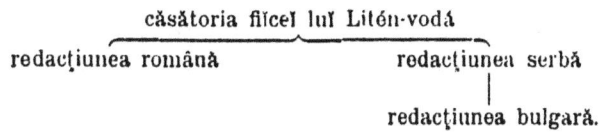

căsătoria fiĭceĭ luĭ Litén-vodă

redacţiunea română   redacţiunea serbă

redacţiunea bulgară.

Să maĭ adaog că în redacţiunea română subiectul e fórte sim-
plu, lipsind cu desăvîrşire menţiunea diferiţilor peţitorĭ, carĭ figu-
réză la Serbĭ şi la Bulgarĭ, complicând peripeţiile acţiuniĭ. Înlătu-
rându-se redacţiunea cea bulgărésă, de vreme ce ea este învederat
secundară, să alăturăm acuma numaĭ cele-lalte douĕ redacţiunĭ,
cea românéscă şi cea serbéscă.

Fiind în joc încuscrirea unuĭ principe serbesc cu un principe
românesc pe pămîntul românesc, nu pe cel serbesc, urméză dela
sine că elementul românesc din causa localităţiĭ trebuĭ să cântă-
réscă mult chĭar în redacţiunea cea serbéscă, pe când éraşĭ din
causa localităţiĭ elementul străin în redacţiunea românéscă póte să
se întunece. În adevĕr, în balada românéscă nu se zăresce nemica
special serbesc. În balada cea serbéscă, din contra, ne isbesc din
capul loculuĭ patru saŭ cincĭ particularităţĭ curat românescĭ:

1⁰. Ledĭan-grad = oraşul luĭ Litén;
2⁰. Din partea mireseĭ un eroŭ numit Balacĭko, deminutiv
din Bălacĭu, nume eminamente românesc;
3⁰. Intercalarea voevoduluĭ românesc Radul;
4⁰. Jocurĭ nupţiale equestre, proprie Românilor;
5⁰. Recunóscerea miraseĭ.

Primele douĕ puncturĭ, fórte interesante, le voĭu desbate a-
parte în următórele paragrafurĭ, studiând de astă dată numaĭ cele-
lalte treĭ puncturĭ.

Unul din obiceiele cele maĭ vechĭ la Românĭ înainte de nuntă erà o întrecere de caĭ: „equorum certamen et praemium", pe care'l descrie Cantemir. La Serbĭ, acéstă datină nu există, deși Slaviĭ, ca și diferite alte popóre moderne și antice, cunosc vre-un fel de luptă simbolică pentru obținerea nevesteĭ, nu însă anume alergarea cailor. Acest obiceĭu curat romănesc trebuĭà să fi fost de o splendóre deosebită la restrăbunele nunțĭ domnescĭ, astfel că Litén-vodă, a căruĭa bogăția o înregistréza pînă și diploma rege-luĭ Ladislaŭ Cumanul la 1285, ca și balada cea romănésca despre „Liténul cel bogat", cată să fi uĭmit pe Serbĭ prin acele jocurĭ equestre. Intre altele, representantul mireluĭ a sărit călare peste treĭ caĭ inșeuațĭ, pe fie-care șea fiind înfiptă câte o sabiă cu vîrful în sus:

> Ето, царе, под Лед́аном градом
> На ливаде три коња витеза,
> Под седлима и под ратовима,
> И на њима три пламена мача,
> Врхови им небу окренути;
> Да прескочиш три коња витеза:
> Ако ли их прескочити не тјиш,
> Не тјеш нантј', не извест' дјевојке...

Un alt obiceĭu de nuntă strावechĭu la Românĭ este recunó-scerea mireseĭ de cătră pețitoriĭ mireluĭ. Părințiĭ prelungesc în tot felul ascunderea feteĭ prin diferite travestirĭ. E maĭ ales caracte-ristic aci desnodămîntul că pețitoriĭ nu pot dobândi pe mirésa pînă ce nu recurg la amenințărĭ și la arme: „tandem ubi vim et arma minitantur proci, parentes filiam educunt", ḑice Cantemir. In balada serbésca luptătorul Miloș scóte sabia:

> Тад извади мача зеленога,
> Па говори трима дјевојкима...;

în balada romănésca:

> Care 'mĭ este mirésa
> Să mĕ iubesc cu dînsa,
> Culégă 'mĭ ea inelul,
> Inelul cu degetul,
> Căcĭ am sabie'nsetată
> Ce doresce cap de fată...;

saŭ în una din cele doue variante muntenescĭ:

> Bine vorba nu sfîrşîa,
> Spata din técă trăgea,
> In mână că şĭ-o lua,
> Cătră fete se ducea. . .

În vechea nuntă romănéscă, chîar după ce peţitoriĭ biruesc tóte greutăţile şi reuşesc a recunósce pe mirésa, îĭ maĭ aştéptă acum o nouă luptă, un adevěrat simulacru de resboĭu, cel maĭ specific romănesc : rudele mireseĭ pregătesc peţitorilor o cursă, îĭ prind în drum, îĭ légă cot la cot şi ʼĭ aduc robĭ sub pază. Iată textul din Cantemir: „Die dominica ad accersendam sponsam, om-„nes sponsi consanguinei et affines congregantur, legatosque prae-„mittunt, sponsi adventum nunciaturos. His insidias in via struunt „ad sponsam convocati, eosque, antequam ad illius aedes pervene-„rint, intercipere student, ut caveant, legati celerrimis uti solent „equis. Si autem capti fuerint, inter inferioris conditionis homines „stricte et inclementer ligantur, inversiquo equo imponuntur, inter „nobiliores autem a sponsae patronis septi quasi sub custodia ad „illius usque domum ducuntur. Eo cum pervenerint, interrogati, „quid sibi vellent, respondent, se missos esse ad bellum indicen-„dum, militem autem expugnandae arci sufficientem statim ad-„futurum. . .“

Prin acest resboĭu, „bellum indicendum“, se încheiă balada serbéscă. Serbiĭ, ceĭ treĭ-sute de peţitorĭ, îeaŭ mirésa şi plécă, ducênd'o la mirele. Atuncĭ tatăl feteĭ, adecă Litén-vodă, trămite după dînşiĭ pe furiş şése-sute de L e t i n ĭ, шест стотин' Латинских катана, ca să atace pe Serbĭ şi să răpéscă pe mirésa:

> Отидоше кит̓ени сватови,
> Одведоше лијепу дјевојку,
> Оста Милош у гори зеленој
> И са њиме три стотине друга.
> Кад одоше сванти из Ледјана,
> Кралј дозива Балачка војводу:
> О Балачко, моја вјерна слуго!
> Можещ ли се у се поуздати,
> Да раштјераш цареве сватове
> И да отмеш Роксанду дјевојку?

Urméză drept final un teribil duel între Serbul Miloş şi Romănul Bălacĭu.

Intr'o variantă muntenéscă a redacţiuniĭ romănescĭ, nu tatăl feteĭ pândesce pe peţitorĭ, ci nunul mireluĭ isbutesce a prinde în cursă pe rudele miresei, îĭ imbétă şi:

> Dacă'ĭ, mă:e, îmbĕtă,
> Căluşeiĭ le prindea,
> Cóme-códe le tăìă,
> Gurile le proțăplă,
> Urechile ciumpăvìa,
> Pe Letinĭ apoĭ luă,
> Cu zarpale mi'ĭ gătìă,
> Sus pe caĭ mi'ĭ aşeḑă,
> Spate'n spate mi'ĭ punea. . .

„punea spate'n spate pe caĭ“, „inversi equo“ după expresiunea luĭ Cantemir. Pe când însă în balada serbéscă conclusiunea e fórte seriósă, ba chĭar sângerósă, căcĭ pentru Serbĭ nu eră un simplu obiceĭu cunoscut de nuntă ca la Romănĭ, balada romănéscă din contra se termină printr'o glumă:

> Când Letinul şi'ĭ vedea,
> Din guriță cuvìnta:
> Cine-o maĭ face ca mine,
> Ca mine să pață'n lume;
> Cin' s'o pune c'un nun mare
> La luptă de remăşélă,
> Face o mare greşélă.
> Eŭ am făcut'o cu vîrf,
> El cu vîrf şi îndesat,
> Maĭ pe jos de m'a lăsat. . .

Este învederat că balada serbéscă descrie o nuntă curat romănéscă:

> In palatele domnescĭ
> Unde nunta se făcea
> Cum e Domnilor legea,
> Şi legea şi datina. . .

Afară de aceste obiceĭurĭ nupţiale romănescĭ, cu totul ne-slavice, cel puţin străine Slavilor trans-danubianĭ, balada serbéscă maĭ cuprinde apoĭ o indicaţiune directă la Romănia. Miloş, principalul luptătorŭ în balada serbéscă, travestit în haĭne bulgărescĭ, însoţesce pe peţitorĭ. Nerecunoscéndu'l, aceştĭa nu pot a nu se mira de tovărăşia luĭ, şi cată să'l întrebe: de unde vine şi cu ce rost călătoresce cu dînşiĭ la oraşul luĭ Litén? Miloş, pe care'l învĕţaseră maĭ de'nainte fraţiĭ seĭ, respunde că este din România „din ţéra Negrilor-Romănĭ“, unde servise „Domnuluĭ Radu-vodă“:

> Кад, Милошу, достигнеш сватове,
> Питатје те, тко си и откуд си;
> Ти се кажи земље Каравлашке:
> Служио сам бега Радул-бега...

Un asemenea respuns n'ar avé nicĭ un sens, dacă drumul ducea pe peţitorĭ din Serbia la Polonia saŭ pe aĭurĭ departe de Bulgaria. Intru cât însă mirésa era Românca, fiĭca unuĭ voevod oltenesc purure aliat cu Bulgariĭ, respunsul este tot ce e maĭ potrivit. In acéstă baladă numele „Radu-vodă din ţéra Negrilor Românĭ", un Domn românesc Radu-Negrul, póte să fie o intercalaţiune posterióră, fie din secolul XIV, fie maĭ târḑiŭ din secolul XV, relativ la alţĭ Basarabĭ cu numele Radu; e cu putinţă totuşĭ nu maĭ puţin ca să fie chiar din epoca evenimentuluĭ, de óră-ce tocmaĭ aşa se numĭa predecesorul luĭ Litén-vodă: Radu-Negrul cel dela 1232 al Reşinărenilor.

In sfirşit, balada serbéscă ne destăinuesce numele de botez al luĭ Litén-vodă, pe care nu nĭ'l spune balada românéscă, mulţumindu-se cu supranumele cel poporan Liténul, după cum se mulţumesce ea şi cu „Lăpuşnénul" fără „Alexandru". Strămutând supranumele Litén „papistaş" asupra oraşuluĭ, balada serbéscă ne arată că principele se chiamă din botez Mihail:

У Ледјану граду Латинскоме
У Латинског краља Мијаила...

(În Lediаn, oraşul cel catolic, la rogele catolic Mihail).

Acest nume Mihail se repetă mereŭ in baladă:

... Моме тасту, кралју Мијаилу...
... Прпјателју Мијаило кралју...
... Тада рече Мијаило кралју...
... Што говори кралју Мијаило...
... Добро збори кралју Мијаило...

Intr'o variantă bulgară Litén-vodă pórtă numele Smeletin, „Смелетин", care ar puté să fie o fusiune etimologico-poporană din ambele numĭ: Miu-Letin:

Да ми поідиш во Легьена града,
Таму има крала Смелетина...

Un nume personal *Smeletin* nu se află în onomastica bulgară, nicĭ in calendarul slavic in genere. Dacă nu e o transformaţiune din Miu-Letin, atuncĭ Bulgariĭ n'aŭ făcut alt ce-va decât a aplica socruluĭ numele ginereluĭ Milutin, ceea ce mi se pare a fi maĭ

probabil: *Smeletin = Smilutin.* In ambele casurĭ iniţialul *S* este prote-
tic, adăogându-se pentru ca numele cel neobicĭnuit să se apropie
de termenul bulgăresc смил: un fel de flóre de câmp. Să ne maĭ
aducem a-minte că un împěrat bulgăresc se chiămă S m i l e ţ, toc-
maĭ contimpuran cu Litén şi cu Milutin.

M i h a i l, ca nume de botez al luĭ Litén-vodă, respândesce o
lumină cu totul neaşteptată asupra uneĭ probleme nedescurcate
pînă acum din cronica muntenéscă: Mihail Basarabă urmând pe
tron după Radu-Negrul.

§ 30. Nedeĭa-cetate şi Vermeghia.

Bibliografia: Originile Craĭoveĭ p. 52 sqq. — Româniĭ Bănăţenĭ p. 26 sq. — Ar-
chiva istorică III p. 155 sq. — *Fotino,* Ἱστορία t. II p. 8, t. III p. 299 ; cfr. *Bauer,*
Mémoires p. 206. — Гласник друштва србске словесности t. V p. 66 sq., t. XXI
p. 245. — *Mauro Orbini,* Il regno degli Slavi, Pesaro 1601 in-f. p. 251, 255. — *Miklosich,*
Monumenta Serbica, Viennae 1858 in-8 p. 54 sqq. — *Weselofsky,* Разысканія въ области
духовныхъ стиховъ, in Записки Академіи наукъ No. 3 (Peterb. 1889) p. 90. — Idem,
Христіанская легенда, in Журналъ Мин. Нар. Просвѣщенія t. CLXXXIX (1877)
p. 130. — *G. D. Teodorescu,* Poesiĭ populare române, Bucuresci 1885 in-8 p. 653–58, cfr.
p. 639 nota. — *Ispirescu,* Fiĭul vînătoruluĭ, in Col. l. Traian 1876 p. 86–7. — *Marienescu,*
Balade, Viena 1867 in-16 t. II p. 68–74. — *T. Burada,* O călătoriă în Dobrogia, Iaşĭ
1880 in-16 p. 211–217. — *(M. Drăghicescu),* Dunărea dela Orşova la Mare, Galaţĭ s. a.
in-4 p. 51–2. — *Karadžić,* op. cit. t. II p. 2, 132 sq. — *Verkovič,* Народне песме Ма-
кедонски Бугара, Belgrad 1860 in-8 t. I p. 229 sq., 293. — *Miladinovtzi,* op. cit. p. 26
sq., 117 sq., 395. — Сборник (Пѣсни) t. II p. 100, t. IX p. 81, t. XIII p. 104. — *Heyd,*
Le colonie commerciali degli Italiani in Oriente, Venezia 1868 in-16 t. II p. 5 sqq. ;
cfr. Tafel, Symbolae criticae ad geographiam Byzantinam, München 1849 t. I p. 7 sqq.—
I. Bogdan, Vechile cronice moldovenescĭ, Bucuresci 1891 in-4 p. 185. — *Melchisedec,* No-
tiţe istorice şi archeologice, Bucuresci 1885 in-8 p. 37. — *Şăinénu,* Basmele române, Bu-
curescĭ 1895 in-8 p. 331. — Condica Sfintel mănăstirĭ Sadova, 1793 in-f., Mss. în Ar-
chiva Statului din Bucuresci f. 36 sqq. — *Du Cange,* Glossarium Latinitatis, ed. Car-
penterii t. IV ad voc. Nundinae. — Pravila luĭ Vasile-vodă Lupul, Iaşĭ 1646 in-f. p. 127.—
G. Iannescu, Studiŭ de geografiă militară, Bucuresci 1894 in-8 p. 206, 215. — *Karamzin,*
op. cit. IV nota 387. — *Mutinelli,* Del commercio deĭ Veneziani, Venezia 1835 in-8
p. 73–5. — *Sagredo,* Arti edificative in Venezia, Venezia 1856 in-8 passim. — *Boerio,* Di-
zionario del dialetto Veneziano, etc.

După fântâne istorice positive, în secoliĭ XIII şi XIV se con-
tractară numaĭ doue încuscrirĭ domnescĭ între Serbia şi România:
căsătoria regeluĭ Stefan Milutin cu fiĭca „Domnuluĭ Românieĭ" pe
la 1274 după Bizantinul Nicefor Gregoras, şi căsătoria regeluĭ Vu-
caşin pe la 1370 cu o fiĭcă a luĭ Alexandru Basarabă după măr-
turia autentică a uneĭ bulle papale. Prin urmare, întru cât se

atinge de acel doĭ secolĭ, XIII şi XIV, orĭ-ce cronică serbéscă maĭ
nouă va vorbi despre încuscrirea unuĭ voevod românesc cu vre-un
principe serbesc numit Stefan, nu póte să fie în realitate alt
cine-va decât Milutin. Iată dară un criteriŭ necontestabil.

Am spus deja o dată (§ 29) că la Serbĭ toţĭ regiĭ şi împĕ-
raţiĭ din dinastia luĭ Nemania purtaseră unul după altul acelaşĭ
nume de Stefan. De aceea nu numaĭ literatura poporană, dar şi
cronicele serbescĭ sînt expuse a confundă pe aceĭ mulţĭ Stefanĭ.
Să ĭeaŭ aci ca cel de'ntâĭu specimen pe învĕţatul Ragusan Mauro
Orbini de pe la 1600. El însuşĭ sciea fórte bine că: „tutti i Rè
„di Servia, che furono di casa Nemagna, si chiama-
„rono Stefano“; ş'apoĭ cu vre-o doĕ foĭ maĭ jos, uĭtând de a
se feri de un quiproquo, el-insuşĭ aplică pasagĭul din Nicefor Gre-
goras la Stefan Uroş cel orb, fiĭul luĭ Stefan Milutin: „La sua prima
„moglie fù figliuola del Principe di Valachia, laquale dopò essere
„stata congionta seco in matrimonio etc.“, şi citéză lămurit: „come
dice Niceforo Gregora.“ Să se calculeze matematicesce absurdita-
tea aserţiuniĭ. Stefan Milutin a murit la 1321. La 1321 se urcă
pe tron fiĭul seŭ Stefan Uroş cel orb. Căsătoria în ces iune cu
fiĭca Domnuluĭ Românesc se află nu numaĭ la Gregoras, dar se
confirmă şi de George Pachymeres. Acest George Pachymeres a
murit între aniĭ 1308—1310, cel puţin ḑece anĭ înainte de urca-
rea pe tron a luĭ Stefan Uroş cel orb. Astfel George Pachymeres
móre, şi apoĭ peste ḑece anĭ după mórte scrie despre căsătoria re-
geluĭ serbesc cu „la figliuola del Principe di Valachia“.

Ceea ce măresce confusiunea este că Milutin în crisóvele sale
îşĭ dă tot-d'a-una numele duplu de Stefan-Uroş: „Стефань Оурошь“. In-
tocmaĭ aşa se subscriŭ amîndoĭ tatăl seŭ şi fiĭul seŭ cel orb: „Сте-
фань Урошь“. In urmă strănepotul luĭ Milutin, fiĭul luĭ Stefan Duşan,
se iscălesce ĭarăşĭ: „Стефань Урошь“. In acest chip patru din acelaşĭ
dinastiă sînt nu numaĭ Stefanĭ, dar şi Uroşĭ tot-o-dată, aşa că
faptele luĭ Milutin, fără ca să maĭ vorbim de tatắ-seŭ, se pot fórte
lesne atribui fiĭuluĭ şi strănepotuluĭ, ceea ce s'a şi întâmplat, ba
încă eŭ-insumĭ mĕ zăpăcisem óre-când. O astfel de zăpăcélă a orĭ-şi-
cuĭ în cursul studielor istorice se asémĕnă cu un fenomen obicĭ-
nuit în călĕtoria cu drumul de fer: când şeḑĭ într'un tren care stă
pe loc la o gară, de unde plécă alăturea un alt tren, ţi se pare cu
siguranţă că s'a mişcat nu cela-lalt, ci chĭar trenul teŭ, măcar că
în realitate el remâne nemişcat, şi nu te poţĭ dumeri altfel decât

uĭtându-te împregĭur la obiectele cele nemișcătóre din gară. Când istoriculuĭ i se întâmplă o asemenea nevinovată greșélă de a lua un ce-va drept un alt ce-va, cată să 'șĭ fixeze atențiunea asupra *îm-pregĭurimilor*, ĭar dacă cum-va împregĭurimĭ nu sînt saŭ nu le bagĭ de samă, atuncĭ vrènd-nevrènd înșelat veĭ stărui într'o părere min-cĭunósă.

Am vĕḑut că Mauro Orbini înlocuĭă pe Milutin prin Stefan Uroș cel orb, adecă prin „regele dela Decĭan“ după cum îl su-pranumesc Serbiĭ.

Și maĭ explicit se exprimă în acelașĭ mod o cronică serbéscă din secolul XVII:

„Басараба воевода дарова дащери своеи и зету Стефану кралю дечапскомъ „частъ державе своеа каравлашку Кралѣво и градъ сеи ѡдъ текущагѡ Дунава до „Ѡлту и до планинскïа гори“.

Adică: „Basarabă-vodă a dăruit fiĭceĭ sale și ginereluĭ seŭ „Stefan regeluĭ dela Decĭan o parte craĭovénă a voevodatuluĭ „negru-românesc, atât orașul precum și litoralul dunărén dela Olt „pînă la munte“.

O altă cronică serbéscă nu maĭ veche vorbesce despre Stefan Dușan:

„И воевалъ на Угровлахïю и ѡт них вза некаа мѣста, ѡбаче потомъ воз-„вратилъ на миру, егда Басараба дъщеръ ѡбручилъ за снна своего младаго „Уроша.“

Adică: „Avusese și un resboiŭ cu Ungrovlachia și apucase „dela ea nesce locurĭ, pe carĭ însă le-a înapoĭat la încheĭarea păciĭ, „când s'a logodit fiĭca luĭ Basarabă cu fiĭul seŭ tînĕrul Uroș.“

Intru cât criteriul cel necontestabil de maĭ sus, pînă a nu i se opune vre-o nouă fântână istorică positivă, ne asigură că acele pasage și altele analóge se raportă tóte la regele Stefan Milutin, nu la vre-un alt Stefan, prin urmare și nu la alt Basarabă de-cât anume la Litén-vodă, resultă că cele doue cronice serbescĭ pot fi interesante dintr'un singur punct de vedere: în acele cronice orĭ-câte amărunte nu se află la Nicefor Gregoras, ele trebue să fie luate din vre-un isvor necunoscut dintr'o epocă nedefinită, fie un text, fie o tradiȚiune. Atarĭ amărunte interesante sînt:

1⁰. a fost un resboiu între Serbĭ și Românĭ înainte de încu-scrirea domnéscă;

2⁰. scena întâmplăriĭ s'a petrecut în judeȚele Dolj și Roma-

naţ, dela Dunăre prin Craiova pînă la Olt şi pînă la munţiĭ Gor-
juluĭ.

Ambele aceste amărunte coincidă cu balada cea serbéscă din
paragraful precedinte: lupta cea epică de acolo a socruluĭ contra
peţitorilor, maĭ ales conclusiunea despre duelul între Serbul Miloş
şi între Românul Bălacĭu, s'a transformat într'un mare resboĭu în-
chipuit; ĭar oraşul Ledĭan al regeluĭ Mihail trebuĭ căutat unde-va
în regiunea Craĭoveĭ. Fondul dară e curat tradiţional, dar fórte
important devine el prin critica istorică.

Basarabă cel dela 1241, Radu-vodă Negru al Reşinărenilor,
într'un mod documental ne apare pogorîndu-se dela nord, din re-
giunea Amlaşuluĭ şi dela hotarele Făgăraşuluĭ. Tot aşa pe Radu-
vodă Negru il vedem şi'n cronica muntenéscă. In acéĭaşĭ cronică
muntenéscă ne întimpină immediat un Mihail-vodă, despre care se
dice că fusese maĭ întâĭu ban al Craĭoveĭ, adecă un Basarabă nu de-
la nord, nu un kinez din Vâlcea, ci dela sud, un kinez din Dolj.
Eĭ bine, după istoria cea legendară a Serbilor incuscrirea regeluĭ
Milutin cu un Basarabă numit „Mihail" are loc tocmaĭ în Dolj, şi
tocmaĭ Mihail eră numele cel de botez al Domnuluĭ românesc Li-
tén-vodă. In scurt, datele tradiţionale ale Românilor fiind pe de-
plin conforme cu datele tradiţionale ale Serbilor, cele doue curen-
turĭ tradiţionale independente ar constitui un fapt istoric verificat,
chĭar de nu ĭ-ar veni în ajutor alte consideraţiunĭ concordante.

Dacă n'ar fi acel „Mihail-vodă Liténul" dintre aniĭ 1246—
1278, ar trebui să admitem că cronicarul muntenesc a strămutat
după Radu-Negrul pe singurul alt „Mihail" din întréga seriă a ve-
chilor Basarabĭ, adecă pe fiĭul luĭ Mircea cel Mare numit de ase-
menea Mihail-vodă, care după mórtea luĭ tată-seŭ domni abia un
an la 1418. O ipotesă atât de forţată, atât de puţin verisimilă din
causa uneĭ domniĭ pré-efemere şi a uneĭ săriturĭ peste un secol şi
jumătate, se înlătură acuma dela sine'şĭ. In cronica muntenéscă
se justifică astfel cu desăvîrşire succesiunea unuĭ Mihail-vodă după
un Radu-vodă Negru, negreşit numaĭ ca nomenclatură, nu ca or-
dinea pragmatică. De altmintrea însăşĭ cronologia se apropiă şi chiar
se identifică în genialul calcul al luĭ Fotino, unde aşédă pe acel
Mihail-vodă al cronicei între aniĭ 1264—1283, dintre carĭ între
1264—1278 a domnit în adevĕr Mihail-vodă Liténul cel istoric.
De ar fi putut să cunóscă isvórele documentale unguresc, Fotino
ar fi brodit de de-mult a reconstitui veritatea întréga.

Reşedinţa luĭ Litén-vodă, a luĭ „Mihail" din balada cea ser-
bésca, eră dară în Dolj. Acolo acel „Mihail" cerea pe prima liniă
dela ginerele séŭ ca să-şĭ arate vitejia sărind peste maĭ mulţĭ caĭ:

Да прескочиш три ко뇒а...

Este fórte interesant tocmaĭ la Doljenĭ proverbialul Mihaĭu să-
rind peste maĭ mulţĭ caĭ într'un cântec poporan aplicat maĭ
tărdiŭ la Mihaĭu Vitézul, dar a căruĭa origine trebuĭ să fie cu mult
maĭ veche:

Audit'aţĭ d'un Mihaĭ
Ce sare pe şépte caĭ...

Alăturarea acesteĭ locuţiunĭ oltenescĭ cu textul baladeĭ serbescĭ, o
locuţiune care nu se explică de loc în privinţa luĭ Mihaĭu Vitézul,
nu póte să fie trecută cu vederea. A nu se trece tot-o-dată cu
vederea că imaginea cea iperbolică a săririĭ peste maĭ mulţĭ caĭ
este românéscă, străină Serbilor.

Reşedinţa dară a luĭ Litén-vodă eră în Dolj. Totuşĭ ea nu este
Craiova, deşi Craĭova există deja maĭ de'nainte din epoca trecerĭ
Cumanilor pe la 1235, când conăcise pe acolo regele Iona şi când
Litén-vodă era un simplu kinez. Pe de o parte, tocma de pe atuncĭ
din causa Cumanilor el trebuĭa să fi avut o altă reşedinţă, de sigur
nu la Craĭova, probabil niĭ în direcţiunea de acolo spre Vadul
Cumanilor, ci maĭ spre resărit; pe de altă parte, maĭ cu deosebire,
oraşul Ledĭan cel din poesia epică a Serbilor şi a Bulgarilor nu
se potrivesce cu Craĭova, care se află departe de Dunăre, pe când
acel Ledĭan avea a face cu navigaţiunea, ba şi variantele bala-
deĭ celeĭ românescĭ indică o posiţiune dunăréna.

Mĕ opresc maĭ întaĭu asupra texturilor poporane sud-slavice
relative la Ledĭan saŭ Leghen. Prototipul acestor forme este
învederat românul Litén, de unde d'a-dreptul serbul Ledĭan,
„Леdjан", apoĭ prin Serbĭ bulgarul Leghen, „Леген". Voĭu urmări
maĭ jos inriurirea fonetică a transiţiunĭ românuluĭ t în serbul дj,
care nu este normal, de vreme ce ar trebui тj. Acuma texturile.

In balada serbéscă cea fundamentală nu este un oraş deschis,
ci o cetate, „albul Ledĭan":

Да ми идеш бијелу Леdjану,

avênd porţĭ închise :

Ал' Ледјанска врата затворена,

şi turnurĭ înalte :

Под највишу кулу у Ледјану...,

dominênd o câmpiă :

Па он оде у полје Ледјанско...

In balada bulgăréscă cea cu regele Smeletin, este un mare oraş maritim saŭ în apropiare de Mare :

Си преплива она Сино море,
Ми испадна пот Легьена града,

avênd palaturĭ :

Ми лъснжжхж Легьенскьи сараи...

Un cântec bulgăresc, cules de fraţiĭ Miladinovtzi, ne spune că : „dela Mare pînă la Dunăre sînt şépte-ḍecĭ şi şépte oraşe, dintre „carĭ însă nicĭ unul nu e maĭ mare decât Ledĭanul :

Колку имат от море до Дунав,
Седумдесет и седум градо'и,
От Легена поголем грат немат...,

unde e fórte instructivă menţiunea Dunăriĭ, care nu insémnă alt ce-va decât 77 oraşe dunărene în sus dela revĕrsare in Marea-négră, ĭar între ele strălucind oraşul luĭ Litén.

Dar caracteristica sud-slavică cea maĭ comună a Ledĭanuluĭ este aceĭa de a fi un cuĭb de ereticĭ, de reĭ creştinĭ, de L e t i n ĭ.

Unul din motivele epice cele maĭ respândite la Serbĭ şi la Bulgarĭ este aşa numita „împărţire a pămîntuluĭ între Sfinţĭ. Voĭu semnala maĭ întâĭu redacţiunea cea bulgară. In varianta din colec-ţiunea fraţilor Miladinovtzi, Fecĭóra Maria şi Maria Magdalena de-nunţă sfîntuluĭ Ilie pe creştiniĭ ceĭ din Ledĭan, carĭ nu serbéză Vinerĭa şi Duminica :

Ние бѣхме по земя Легенска,
Бог да биет Легенски християни!
Не сѣ знаит постаро, помладо,
Не си слават свѣтци от година,
Не си държат Петка и Неделя...,

unde Letiniĭ de acolo nu sînt numiţĭ păgânĭ, ci creştinĭ, „христяни“, dar călcătorĭ de obiceiele bisericescĭ. O altă variantă bulgară, culésă de Verković în Macedonia, înlocuesce Ledĭanul prin România saŭ „Negriĭ-Românĭ“ şi revérsă asupra lor cele maĭ cumplite blăsteme, rugând pe Dumneḑeŭ „ca să'ĭ ştérgă de pe pămint, trimiţéndu-le treĭ anĭ de cĭumă“:

Joj ты Боже, мили Боже!
Ja пустни ми в'рла чума,
Да сотрiпм тiе Каравласи,
Та си пустна в'рла чума,
Та их была три години...

In loc de „Ledĭan = România“ din redacţiunea cea bulgărésca, în cea serbésca ne întimpină pe de o parte „blăstĕmata India“:

Кад ja идем из земље Индјиje,
Из Индјиje из земље проклете?
У Индјиjп тешко безаконje:
Не поштуje младjи старijега,
Не слушаjу дjеца родитеља...,

unde acea Indeĭa nu e decât o formă metatetică din românul Nedeĭa, la care voĭu trece maĭ jos îndată; ĭar pe de altă parte, „blăstématul oraş Troĭan“:

Дадоше joj проклетог Троjана,
У коме се безаконje ради...,

acel „Troĭan“ al Slavilor meridionalĭ, a căruĭa origine romanésca eŭ am demonstrat'o în studiul meŭ despre Banat.

Resumând dară tradiţiunea serbo-bulgară, posiţiunea cea maĭ probabilă a oraşuluĭ Ledĭan este unde-va în România un port comercial lîngă Dunăre, acolo pînă unde plutĭaŭ corăbiile din Marea-négră şi unde era respândit catolicismul.

Marele nostru culegĕtor de basmurĭ, Petre Ispirescu, cu atât maĭ important aci cu cât nu sciea de loc carte, auḑise în Muntenia — nu la Oltenĭ — o poveste intitulată „Fiĭul vînătoruluĭ“, din care trag următorul lung pasagĭu:

„— Fiĭule al vînătoruluĭ, mi s'a spus de un óre-cine că tu te-aĭ fi lăudat că poţĭ să aducĭ *meşterĭ dela Nedeĭa-cetate*, să'mĭ zidescĭ un palat, cum nu s'a maĭ vĕḑut pînă acum, cu ósele astea de fildeş, şi să'l învĕlescĭ cu piele de aspidă ce mi-aĭ adus.

„— Eŭ, pré-mărite Impĕrate, respunse fiŭul vînătoruluĭ, nicĭ că mi-a trecut prin minte una ca acésta. Dar cu vrerea luĭ Dumneḑeŭ creḑ că voĭu puté arăta celor pîrîtorĭ, ce póte Romănul când voesce şi când are nădejde în Cel-de-sus. Maĭne iţĭ voĭu aduce rĕspunsul.

„După ce află dela móşă-sa ce trebue să facă ca să împlinéscă porunca împĕrătéscă, se întórse a doua-ḑi la Împĕratul şi ḑise :

„— Pré-mărite Împĕrate, ca să mĕ pot închina cu slujba ce mi-aĭ dat Măria Ta, am trebuinţă de mila Măriĭ Tale.

„— Cere şi veĭ avé, respunse Împĕratul.

„— Să'mĭ daĭ, ḑise fiŭul vînătoruluĭ, o sută de corăbiĭ cu sare.

„— Să ţi se împiinéscă cererea, porunci Împĕratul.

„Luând cele o sută de corăbiĭ pline cu sare, fiŭul vînătoruluĭ plecă cu dînsele pe mare.

„Acum nu'ĭ maĭ părea reŭ de slujba ce'ĭ dase Împĕratul. Bucuria luĭ era fără marginĭ când se vĕḑu pe Mare, lucru ce nu maĭ vĕḑuse de când îl făcuse mă-sa. Luĭ îĭ plăcea pré mult să se uĭte la corăbiile care mergeaŭ la rînd ca cocoriĭ. Salta de veseliă când vedea diminéţa că sórele, eşind din pórta raĭuluĭ, se îmbăĭa in Mare maĭ întăĭu, şi apoĭ îşĭ făcea călătoria pe cer...

„Şi stând astfel pe gândurĭ, legĕnat de valurile apelor, adormĭa.

„Acestea şi altele, despre care nicĭ prin gând nu'ĭ plesnĭa pînă ce nu călĕtorise pe Mare, il făcea să se siléscă a sfîrşi slujba cât se póte maĭ bine.

„După o călătoriă lungă fórte, ajunse la Nedeĭa-cetate.

„Acéstă cetate era vestilă pentru meşteriĭ eĭ, care învĕţase meşteşugul dela ḑîne, şi nu putea nimenĭ să între acolo.

„Fiŭul vînătoruluĭ dacă ajunse, se coborâ la uscat şi voi să între in cetate ; dară la porţĭ îl oprirâ ostaşiĭ...“

Acea cetate, ale căriĭa porţĭ sint închise şi pînă unde călĕtoresc corăbiĭ pe Mare, fiind un oraş fórte industrial, vestit pentru meşterĭ, Nedeĭa din legenda cea romănéscă nu se deosebesce prin fond de legendarul serbo bulgar Ledĭan. Aci totuşĭ în legenda romănéscă se maĭ adáogă pe faţă ce-va importantisim, care abia se sub-înţelege în legenda slavică. Stăpâniĭ ceĭ din Nedeĭa-cetate căutaŭ de pretutindeni sare, sare cu orĭ-ce preţ, luând sare din ţĕrĭ depărtate şi dându-le în schimb industriă, maĭ ales pe marĭ zidarĭ. In vĕcul de mijloc aceste douĕ amărunte distingeaŭ în specie pe Veneţianĭ, numaĭ pe Veneţianĭ, despre carĭ habar n'avea reposatul Ispirescu şi asupra cărora eŭ voĭu insistă maĭ la vale. A se maĭ citi la capĕtul acestuĭ paragraf într'un Nota-bene pasagĭul din Mutinelli despre sarea la Veneţianĭ.

In geografiă există óre vre-undeva o localitate Ledĭan, care să se potrivéscă cu datele tradiţiunii? Nu. Verković ne spune că în Rumelia, pe un costiş al Rodopului, la depărtare de vr'o treî cîasurî dela Seres, se găsesce un sat numit L e g h e n s k o. Potrivélă topică nu este, îar sub raportul onomastic nu mi se pare a fi alt ce-va decât bulgarul l e g h e n „bassin, cuvette, aiguière", romănesce l i g h é n, derivat din turcul l e ï e n cu acelaşî sens.

Din contra, romănul *Nedeïa* este o realitate geografică. In districtul Doljuluî, în plasa Bălţiî, chîar lîngă Dunăre, în apropiare de gura Jiïuluî, se află o mare comună rurală *Nedeïa*, aşeḑată la o baltă ce'î ḑice de asemenea *Nedeïa*, care comunică cu Dunărea printr'un mic curs de apă numit şi el „Gîrla *Nedeilor*". Pentru a se înţelege bine natura acesteî posiţiunî, îată o schiţă de cartă:

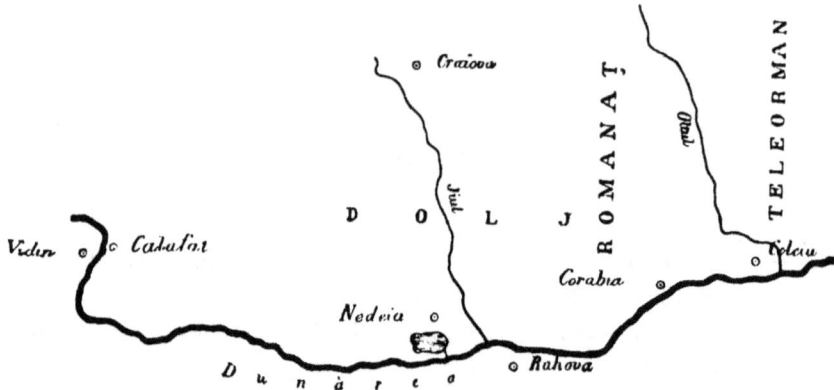

Nedeïa dară forméză pe Dunăre un punct intermediar între Calafat pe de o parte, între Celeïu şi Corabia pe de alta, nu departe de Rahova din Bulgaria. Trag maî de'nainte cu tot dinadinsul băgarea de samă asupra celor douĕ puncturî: *Calafat, Corabia*, şi voïu reveni apoî maî jos cu un noŭ capital de observaţiunî, din observaţiune în observaţiune, căcî critica istorică trebuî să procédă în acelaşî mod ca şi dobăndirea resultatelor în sciinţele naturale.

La Olteni *nedeïă* insemnéză b a l c ï u saŭ tîrg. Cuvîntul însă în vechime pare a fi fost comun tuturor Romănilor. Astfel în Moldova, pe la jumătatea secoluluî XVII, se chiăma *nedeïă* o numerósă adunare de ómenî. Iată un pasagïu fórte precis din Pravila luî Vasile Lupul: „Маи маре съдалмъ съ кïамъ кънд ва съдъи нещине „пре алтъль ѫ вре унъ лок ка ачела де чинсте, унде вор фи мулци wамени

„стрѫншн, кѹмѹн ѫ мнжлокѹл трѫгѹлꙋн, саѹ ла врє ѡ нєдѣє саѹ ѫ „кꙋртѣ домнѣскѫ саѹ ла врꙋн празникь“. Acest cuvint n'are a face cu slavicul нєдѣлꙗ „duminică“, termen numaĭ bisericesc chĭar la Slavĭ şi'n care finalul *lĭa* s'ar fi păstrat la noĭ ca şi 'n „jalea“ din slavicul жалꙗ. Românul *nedeĭă* represintă perfect prin sens pe latinul n u n d i n a, n u n d i n a e „bălcĭu, tírg“, în glosele medio-latine: „nundinae = locus mercati, nundinae = commercia, stationes“. Sub raportul fonetic, *nedeĭă = nudeĭă*, cu *ne = nu* ca în particula cea negativă latină n e = n o n, implică pe un rustic n u n d ì n e a íntocmaĭ ca „femeĭă = femìnea“. Fie însă latin saŭ nelatin, cuvîntul este fórte vechĭu la Românĭ, astăḑĭ aprópe despărut din graĭu, avênd o semnificaţiune concretă, necontroversată, care nu se póte aplică decât la o localitate comercială, într'un mod permanent saŭ periodic — tot una. Iată dară ce este prin origine satul cel dunărén *Nedeĭa* din Dolj. Nicĭ un alt sat cu acest nume neexistând absolut nicăirĭ în întréga Românîă, decĭ la el şi numaĭ la el se rapórtă N e d e ĭ a - c e t a t e cea din basmul muntenesc al luĭ Ispirescu.

Nu sciŭ nemic despre mărimea saŭ însemnătatea actuală a Nedeiĭ. Fotino citéză acéstă „Νεδέγıα“ între cele cincĭ porturĭ saŭ schele din Dolj. Generalul Bauer o menţionéză: „Nedéya village avec une église“. In dicţionarul luĭ Frunḑescu i se dă peste 1000 de locuitorĭ. In orĭ-ce cas, de vr'o doĭ secolĭ încóce Nedeia a scă-ḑut, perḑênd din ce în ce maĭ mult rolul ce'l va fi jucat óre-când maĭ 'nainte, ceea ce se dovedesce pe o cale documentală, graţiă condiceĭ manuscrise a mănăstirĭ Sadova. Cel maĭ vechĭu act este crisovul luĭ Vlad-vodă din 1530, unde se ḑice că Nedeĭa „cu tóte hotarăle pe unde au fost hotarăle céle bătrâne“, aparţinuse luĭ „Pârvul ban al Craĭoveĭ“, adeca unuĭ Basarabă de pe la finea seco-luluĭ XV, a căruĭa moşiă era „prin moştenire“, prin urmare o veche proprietate a Basarabilor din Dolj. Pînă la secolul XVII acéstă moşiă o stăpânise mănăstirea Sadova, când s'a lăcomit s'o ĭea Constantin Brâncovan, dându'ĭ în schimb alte douĕ moşiĭ. La 1777 s'a născut apoĭ un proces între călugărĭ şi între clucerul Manolache Brâncovén, de unde s'a constatat că Nedeĭa avusese o întindere fórte mare, astfel că o parte se chĭămă N e d e ĭ a propriŭ ḑisă, ĭar cea-laltă parte, formând o moşiă deosebită, se chĭămă N e d e ĭ ţ a, care acéstă din urmă se învecină cu pămîntul satuluĭ Zăvalul, acum destul de departe de Nedeĭa de astăḑĭ. Tocmaĭ din causa celor douĕ

Nedeĭ de altă dată, gîrla de acolo se numesce la plural: a Ne-deilor.

Locuitoriĭ din *Nedeĭa* sînt Nedeĭanĭ. Intr'o epocă nedetermi-nată un numĕr óre-care dintre dînşiĭ aŭ emigrat, mutându-se în munţiĭ Moldoveĭ şi întemeiând acolo un mare sat în districtul Ném-ţuluĭ, numit Nedeĭanĭ, de unde prin metatesă Indeĭanĭ: me-tatesă identică cu acea serbéscă, pe care am vĕḑut'o maĭ sus. La 1657 acel sat Indeĭanĭ = Nedeĭanĭ avea o biserică, despre care epis-copul Melchisedec a publicat o notiţă: „ficĭorul popii Gligoriĭ de Indeĭani (Индеⷶни)...", afirmând din greşélă învĕţatul prelat că: „Indeanĭ este cu greşală scris numele satuluĭ". Astăḑĭ acel sat se numesce Ghindăoanĭ, printr'o etimologiă poporană dela „ghindă", sătenĭĭ ne maĭ înţelegênd numele cel vechĭu, pe când derivaţiunea cea istorică este dela Nedeĭa din Dolj, singurul sat romănesc cu acest nume.

După ce am vădit că satul Nedeĭa din Dolj, „Nedeĭa-cetate" din basmurĭ muntenescĭ, era o vastă străbună proprietate a Basa-rabilor, putem să trecem la Letiniĭ de acolo.

In secoliĭ XII şi XIII, înainte de a cunósce pe Genovesĭ, Ro-mănĭĭ cunoscuseră maĭ întăĭu pe Veneţianĭ, ale cărora corăbiĭ, pa-tronate de imperiul bizantin, cutreeraŭ Marea-négră şi nu puteaŭ de acolo să nu visiteze din când în când Dunărea pînă unde e na-vigabilă, maĭ ales dară pînă la Vidin, decĭ pînă la Calafat. Insuşĭ numele Calafat este un termen italian, care insemnéză că coră-biile se oprĭaŭ acĭ şi se reparaŭ pentru întórcere: italienesce ca-lafato, calafatare, la Bizantinĭ καλαφάτης. „Calafatul" ne ex-plică „Corabia", prin care trebuĭaŭ maĭ întăĭu să trécă corăbiile cele veneţiane, ĭar la mijloc între Corabia şi între Calafat este Nedeĭa, „Nundinea", punctul cel maĭ comercial la revĕrsarea Jiĭu-luĭ în Dunăre.

Veneţianĭĭ aŭ fost ceĭ de'ntăĭu Italianĭ, cu carĭ d'a-lungul Dunăriĭ, începênd negreşit din ţéra Bĕrladuluĭ, maĭ cu samă însă în Oltenia cea avută, Romănĭĭ făcuseră cunoscinţă în vécul de mijloc, de unde resultă că:

1⁰. Asupra tuturor străinilor s'a generalisat în graĭul ro-mănesc termenul venetic, care prin etimologia poporană se légă în aparenţa cu noţiunea de „venire", în realitate însă nu este alt-ceva decât numele bizantin al Veneţianilor: Βενετικός, Βενε-τικοί. Cu sensul romănisat, dela noĭ cuvîntul a trecut la Ungurĭ:

v e n e d e k „óspe“. E cĭudat că pe romănul *venetic* şi pe maghiarul *venedek* Cihac le trage de o potrivă din turcul *Venediklu* „Veneţian“, necunoscĕnd de loc pe bizantinul Βενετικός, pe care l'a scăpat din vedere şi Körting, aducĕnd pe al nostru *venetic* d'a-dreptul din latinul clasic *Veneticus*.

2°. Fie străbătuţĭ prin Ungaria, fie înaintând dela Dunăre, Veneţianiĭ reuşiseră în evul mediŭ a se colonisă chĭar pe a-locurĭa în Romănia ; şi proba cea maĭ isbitóre despre acĕsta este V e n e ţ i a cea din Făgăraş, astăḑĭ douĕ marĭ sate romănescĭ : Vineţia-de-sus şi Vineţia-de-jos, o localitate veche deja la 1372, când Vladislav Basarabă a dăruit'o strabunuluĭ Văcărescilor, după cum o voĭu arătă maĭ la vale. O familiă făgărăşĕnă boerĕscă de acolo (veḑĭ maĭ sus § 5) îşĭ pune în capul genealogieĭ pe un Veneţian tocmaĭ din anul 1185 : „Vixit Gregorius primus V e n e t u s Anno Domini 1185“, adecă numaĭ vr'o jumătate de secol înainte de Litĕn-vodă. Sînt nu maĭ puţin interesanţĭ Veneţianiĭ ceĭ dela nordul Olteniĕĭ. După o informaţiune căpĕtată dela d. W. Rola-Piekarski, care cu multă rivnă nu incetĕză de a studiă Gorjul, aşa numiţiĭ „Aurarĭ“ dela Novacĭ nu pot fi, după convingerea mea, decăt posteritatea uneĭ colonie veneţiane. Eĭ nu sînt de loc Ţiganĭ ca obicĭnuiţiĭ „rudarĭ“, ceĭ maĭ mulţĭ sînt blonḑĭ cu ochiĭ albaştri, toţĭ vorbesc numaĭ romănesce, dar păstrĕză tradiţiunea de a fi fost aduşĭ în vechime la noĭ „pentru a lucra aur“, ĭar ceĭ-lalţĭ Gorjenĭ iĭ privesc ca „un alt ném, nu Romănĭ néoşĭ, ci fraţĭ cu Romăniĭ“. Acĕstă problemă merită de a fi urmărită, şi chĭar eŭ-însumĭ voĭu da îndată o dovĕdă dialectologică decisivă despre v e n e ţ i a n i s m u l acelor Aurarĭ. Orĭ-cum însă, primul contact medieval cu Veneţianiĭ şi marea asemĕnare a graĭuluĭ nostru cu dialectul lor a fost singura împreġĭurare care dete nascere uneĭ fórte curióse aserţiunĭ într'una din cele maĭ vechĭ cronice moldovenescĭ cumcă Romăniĭ se trag din Veneţia. Acea cronică, scrisă slavonesce înainte de 1520, începe prin venirea fabuloşilor patriarchĭ aĭ némuluĭ romănesc: doĭ fraţĭ Roman şi Vlahata „отъ града Вииицѣи прїидоша“, — o genesă veneţiană pe care n'a explicat'o şi nicĭ n'a atins'o măcar d. Bogdan.

Să revenim la Aurariĭ ceĭ dela Novaci. D. Rola-Piekarski îmĭ impărtăşesce vr'o ḑece cuvinte din graĭul lor, pe carĭ nu le întrebuinţĕză ceĭ-lalţĭ Gorjenĭ şi carĭ tot-o-dată sînt necunoscute Romănilor de pe aĭurĭ. Din ḑece, am recunoscut din capul loculuĭ că douĕ sînt exclusiv veneţiane, şi cu acestea douĕ mĕ cred în drept de a mě mulţumi pe deplin, de óră ce ele, maĭ repet încă, sînt exclusiv veneţiane. Unul din cele douě este un termen de zidărĭă. Acoperişul caseĭ, „streşină“ la ceĭ-lalţĭ Gorjenĭ, în graĭul Aurarilor se chiamă sugrunde, la Veneţianĭ sotogrondal, în glosarul luĭ Boerio: „Sottogrondal, quella parte del gocciolatoio „della cornice per la banda al di sotto, che si forma incavata onde „l'acqua non s'appicchi alle membra della cornice o altre, ma ne- „cessariamente si spicchi e cada“. Cuvîntul cela-lalt este şi maĭ convingětor, căcĭ face parte din viéţa poporană cea maĭ familiară intimă a Veneţianuluĭ. La Aurarĭ, ḑice d. Rola-Piekarski, — „colĭe „însemnéză ce-va fraged, slab, neînsemnat, maĭ cu samă despre co- „piĭ micĭ, de ex.: eraĭ o colĭe pînă maĭ de-uná-ḑĭ“. Iată acum după Boerio: „Culìa, colìa, maniera vezzeggiativa molto usata da' „Veneziani nel parlar familiare, detta ancora talvolta per apostrofe: „cara colei! Espressione d'affetto e di tenerezza verso persona che „si ama e che non è presente: cuor mio; anima mia dolce; ben „mio; occhi del cuor mio e simili, son frasi analoghe di tenerezza, „ma la nostra è più efficace ed espressiva“...

Sînt dator de a recunósce aci d-luĭ Rola-Piekarski o perspicacitate cu atât maĭ remarcabilă, cu cât nu e filolog. In epistola sa cătră mine el bănuesce că Aurariĭ din Gorj sînt posteritatea „unor Dalmatinĭ aduşĭ în Oltenia pentru lucrarea minelor de aur“. Dalmatinĭ saŭ Veneţianĭ, aprópe tot una, Dalmaţia din evul mediŭ fiind tot ce putea fi maĭ veneţian.

Numele, sensul şi posiţiunea cea dunăréna a Nedeiĭ între Corabia şi între Calafat ar fi ele singure destule pentru a întrevedé acolo amestecul Veneţianilor în secoliĭ XII—XIII. Tradiţiunea muntenéscă despre portul cel industrial „Nedeĭa-cetate“ şi identitatea luĭ cu tradiţionalul mare oraş românesc Ledĭan al Serbo-bulgarilor vin apoĭ a întări acea bănuélă. Să maĭ adaog acuma cercetările d-luĭ colonel Iannescu, fruntaşul geografieĭ nóstre militare, care constată că „lacul Nedeĭa întrà altă dată în matca Dunăriĭ“, ĭar prin urmare comuna Nedeĭa eră atuncĭ immediat fluvială, după cum şi figuréză ea în secolul trecut pe harta luĭ Sulzer; apoĭ d. Iannescu ne maĭ procură următórele douě observaţiunĭ preţióse:

a) „la Nedeĭa se află urme de zidărĭĭ vechĭ“;

b) „la Nedeĭa pe marginea Dunăriĭ se află urmele unuĭ pod peste fluviŭ“.

E regretabil că archeologiĭ noştri, carĭ nu odată s'aŭ învîrtit prin Romanaţ, prin Dolj şi prin Mehedinţ, totuşĭ par'că într'adins aŭ ocolit Nedeĭa într'un mod sistematic.

Veneţianiĭ eraŭ catolicĭ, adecă L i t e n ĭ saŭ L e t i n ĭ. Mercan- tiliĭ însă la culme, zarafĭ, neguţitorĭ şi meseriaşĭ maĭ pe sus de tóte, dînşiĭ dintre Italienĭ aŭ fost tot-d'a-una ceĭ maĭ reĭ creştinĭ chĭar din punctul de vedere al papismuluĭ. Întru cât eĭ trebuĭaŭ să aĭbă o importantă staţiune dunăréna la Nedeĭa, póte chĭar o coloniă, maĭ ales când şi domnĭa acolo un principe român trecut la catolicism, kinezul şi'n urmă voevodul Mihail Basarabă supra- numit L i t é n saŭ L e t i n cel „lepĕdat de lege“, blăstemele cele ortodoxe asupra aceluĭ oraş în poesia poporană a Serbo-bulgarilor se justifică.

După mórtea Doljénuluĭ Litén-vodă şi după ce Genovesiĭ aŭ isbutit a goni cu totul din comerciul Măriĭ-negre pe Veneţianĭ, Ne- deĭa nu putea să'şĭ maĭ mânţină mult timp fósta'ĭ strălucire. În secolul XIV îĭ maĭ rĕmâne totuşĭ memoria internaţională într'un fragment geografic de atuncĭ, intercalat în cronica ruséscă aşa ḑisă Voskresenskaĭa. Numele slavic al Nedeiĭ cată să fi fost „Nedin-grad“ saŭ „Nedin“, fie cu sufixul adjectival topic -инъ, care este fórte obicĭnuit, fie prin analogiă cu apropiatul trans-danubian „Vidin“. Eĭ bine, în acel fragment geografic se înşiră maĭ multe oraşe pe Dunăre, dintre carĭ în Ţéra-Românéscă ne întîmpină o singură localitate: „Мединъ, а объ ону страну Дуная Терновъ (Medin, ĭar pe cea- laltă parte a Dunăriĭ Tĕrnov)“, unde acel *Medin = Nedin* nu e chip să fie alt ce-va decât *Nedeĭa.* Însuşĭ Karamzin, reproducênd pasa- gĭul, adnotéză despre *Medin :* „oraş în Ţéra-Românéscă (Мединъ въ Валахиu)“, ĭar iniţialul *M* în loc de *N* în onomastică este un vechĭu rusism, aşa că pe acelaşĭ pagină la Karamzin (nota 386) figuréză într'un alt text „Микифоръ“ pentru „Никифоръ“ = „Nicephorus“. *Ne- deĭa* în acel fragment geografic din secolul XIV pune un fel de pecete ca un punct final la desvoltările precedente...

Ajung aci la momentul de a limpeḑi foneticesce pe epicul sud- slavic L e d ĭ a n ; ba maĭ bine ḑicênd, se limpeḑesce acum el-însuşĭ, fiind la Serbĭ şi la Bulgarĭ un învederat compromis poporan între numele oraşuluĭ N e d i n şi între numele stăpânuluĭ L i t é n.

Maĭ este ce-va de lămurit.

Varianta dobrogénă şi cele două muntenescĭ îmĭ permit a re-constitui în prototipul baladeĭ romănescĭ numele *Nedeĭa*, despărut în aparenţă, conservat însă ca într'un fel de palimpsest. Este o reconstituire fórte îndrăsnéţă, o mărturisesc; dar ea nu mĕ sperià, căcĭ chĭar dacă de astă dată n'aş avé dreptate, totuşĭ erórea va formà o simplă anexă la cele demonstrate maĭ sus, astfel că ea n'ar puté să le sguduie.

Să presupunem că în prototipul baladeĭ va fi fost:

> Şi féta de unde-o ĭea?
> D n oraş din Nedeĭa...

In locul acestuĭ distic ipotetic noĭ găsim în varianta dobrogénă:

> Dar féta de unde-o ĭea?
> Kez din tîrg din Dobrogea...;

în prima variantă muntenéscă:

> Şi féta de unde-o ĭea?
> Tot din tîrg din Dobrogea,
> Din oraşul Hîrsova...;

în a doua variantă muntenéscă:

> Dar féta de unde-o ĭea?
> De colo din Rasova...

Rima cea eminamente poporană între „unde-o ĭea" şi „Nedeĭa" încurcă pe lăutarul posterior, care nu maĭ sciea nemic despre „Nedeĭa" oltenéscă cea de demult căḑută în uĭtare, şi ĭată că o înlocuesce prin localităţĭ cunoscute luĭ: cånd „Dobrogea", cånd „Hărşovă", cånd „Rasova", carĭ însă riméză fórte reŭ cu „unde-o ĭea".

Conservåndu-se pretutindenea versul iniţial din prototip:

> Şi féta de unde-o ĭea...,

eŭ nu mĕ sfiesc a reconstitui în acelaşĭ prototip versul cel singur pe deplin corespunḑětor:

> Din oraş din Nedeĭa...

Varianta cea moldovenéscă din colécţiunea luĭ Alexandri este radicală: ne'nţelegênd pe *Nedeĭa* şi negăsind în locu'ĭ vre-un alt termen topic cu *-eĭa*, cåntăreţul a preferit s'o desfiinţeze d'o dată cu iniţialul „unde-o ĭea", înlăturånd disticul întreg. Tot în Moldova poporul nemerise maĭ expeditiv a scăpa de ne-maĭ înțelesul nume *Nedeĭa*, când — după cum am vĕḑut'o maĭ sus — pe N e d e ĭ a n i ĭ din Némț țeranĭ ĭ-aŭ înlocuit prin G h i n d ă o a n ĭ dela „ghindă“ pe care dînșiĭ o înțeleg. Acestea sînt nesce procedeurĭ poporane pe carĭ eŭ le-am asemĕnat cu palimpsestele din paleografiă : peste ce-va scris în vechime s'a scris alt ce-va noŭ, ĭar criticul desci-fréză ceea ce se pitesce ascuns.

Mihail-vodă Liténul fusese de baștină un bogat kinez doljén ; devenind însă în urmă voevod, el trebuĭa maĭ întâĭu să fie ales și recunoscut de cătră toțĭ ceĭ-lalțĭ Basarabĭ într'un alt punct: un centru politic al Olteniei întregĭ. Dela *Nedeĭa*, necunoscută pînă acum istoricilor noștri, să trecem la *Vermeghia* cea și maĭ necuno-scută, atât de' necunoscută încât ea nu figuréză nicĭ pe o mapă a vre-unuĭ Stat major, nicĭ în vre-unul din numerósele dicționare ale Societățiĭ Geografice.

Cronicarul Urechea, vorbind despre urcarea pe tron a luĭ Stefan cel Mare, ḑice : „Stefan-vodă aŭ strins boĭariĭ și marĭ și micĭ și „altă curte măruntă impreună cu Theoctist Mitropolitul și cu alțĭ „călugărĭ l a D i r e p t a t e, și ĭ-aŭ întrebat pre toțĭ: este cu voĭa „tuturor să le fie Domn ?... Și de acolo aŭ luat Stefan-vodă schip-„trul țăriĭ Moldoviĭ și aŭ mers la scaonul domnesc l a S u c é v ă“. Vrea să ḑică, în vechea Moldova alegerea domnéscă nu se făcea atuncĭ la Sucĭava, ci la Direptate, de unde pînă la capitală eră o cale de mers, de óră-ce Stefan cel Mare „aŭ mers“. Acea Direptate nu este un nume de oraș saŭ de sat, ci totușĭ o loca-litate óre-care nu pré departe de Sucéva, decĭ un fel de câmp consa-crat alegeriĭ domnescĭ, numit tocmaĭ de aceea D i r e p t a t e, adecă „la justică“, unde la actul suprem de punerea la cale a țereĭ să se póta intruni la ḑiua hotàrită toțĭ alegĕtoriĭ, însă numaĭ alegĕ-toriĭ, fără participarea tĕrgoveților saŭ sătenilor celor fără vot. În secolul XIII cam în același mod procedaŭ Mongoliĭ după mórtea luĭ Cenghis-han : toțĭ principiĭ din familia imperială, chiămațĭ ad-hoc, se adunaŭ pe o câmpiă și alegeaŭ dintre dînșiĭ pe noul stăpân. Prin Cumanĭ saŭ prin Pecenegĭ, acésta instituțiune turanică pare a se fi introdus de de-mult la Romănĭ în toĭul véculuĭ de mijloc, maĭ întâĭu probabil între kineziĭ ceĭ Basarabĭ din Oltenia.

În secolul XIII, pe când voevodatul oltenesc se întindea la

nord asupra Haţegului şi peste „Sylva Blacorum" pînă la Făgăraş saŭ chïar în Făgăraş, atuncĭ punctul politic cel maĭ central, cel maĭ apěrat din tóte părţile, eră regiunea superióră a Jiĭuluĭ. În ade-vĕr, din tóte oraşele oltenescĭ numaĭ unul pórtă pînă astădĭ numele specific de Tîrg, adecă πόλις κατ'έξοχήν, urbe prin excelenţă. Deşi Craĭova e lîngă Jiĭu, deşi lîngă Jiĭu era Nedeĭa, totuşĭ punctul cel din Gorj se numĭa exclusiv Tîrgul Jiĭuluĭ. Ca scaun dom-nesc, el se ḑicea şi Curte, de unde o comună rurală învecinată se chiamă pînă acum deminutiv Curtişóră. Basaraba cel numit de cătră Reşinăreni Radu-Negrul trebuià să fi plecat din Tîrgu-Jiĭu când a gonit pe contele Conrad din Vâlcea şi din „Sylva Blacorum". Tot din Tîrgu-Jiĭu cată să se fi urnit Mihaĭu-vodă Lĭtténul, când s'a dus să combată pe năvălitoriĭ Ungurĭ în Haţeg. Pentru Olteni Tîrgu-Jiĭu era într'o vreme ca Sucéva în urmă pentru Stefan cel Mare. Dar unde să fi fost Dereptatea Gorjenilor? Pe ce câmpiă óre, fără orăşenĭ şi fără ţeranĭ, se adunaŭ kineziĭ pentru a res-punde la întrebarea despre „voĭa tuturora de a le fi Domn"?

Sînt maĭ mulţĭ anĭ de când mě preocupă Tîrgu-Jiĭu, a căruĭa mare importanţă medievală îmĭ resultă din logica faptelor, îmĭ lipsĭaŭ însă faptele logiceĭ. Când dd. A. Ştefulescu şi Rola-Piekarski s'aŭ încercat de a înjgheba un cerc literar serios în centrul Gor-juluĭ, m'am grăbit a le adresă următórea comunicaţiune: „Nu mě îndoesc că la Gorjenĭ nu póte să nu fie vre-o tradiţiune despre Lĭtén-vodă". După o cercetare îndelungată, mi s'a respuns maĭ în-tăĭu că chĭar în regiunea Tîrgu-Jiĭuluĭ, în plaĭul Novacilor, maĭ ales în comunele Novacĭ şi Stăncescĭ, „poporul cunósce fórte bine „pe Letin-vodă, un mare vitéz vestit pe Gilort în sus la Verme-„ghia şi care se bătuse cu Unguriĭ dincolo peste munţĭ. *La Ver-*„*meghie* se numesce pînă astăḑĭ o câmpiă, unde se maĭ cunosc „urmele arăturilor". Şi d. Rola-Piekarski adaogă: „Vermeghiă, cu-„vînt întrebuinţat chĭar acum în Ardél, unguresce Vármegy, „însemnéză ocolul oraşuluĭ, Stadt-kreis".

În acest mod, sciind maĭ de'nainte că Tîrgu-Jiĭu fusese óre-când scaun al voevodatuluĭ oltenesc, mi s'a destăinuit în fine acea câmpiă, acea Dereptate, acel loc retras unde, când era vacant tronul, se întruniaŭ Basarabiĭ pentru alegerea Domnuluĭ şi unde, maĭ în specie, s'a eternisat memoria eroiculuĭ Mihaĭu-vodă Lĭténul: Vermeghia.

Catolic, crescut la Nedeĭa pintre Venețianĭ, este de creḑut că tot Litén-vodă adusese la Novacĭ acea colonia venețiană de au-rarĭ, despre care s'a vorbit maĭ sus. Puternic prin vitejiă, prin bogăţiă şi prin cultura occidentală tot-o-dată, acest principe nu degĭaba devenise un personagĭu epic la Romănĭ şi la Slaviĭ de peste Dunăre, póte că maĭ trăesce chĭar unde-va în tradiţiunea ungurésca, ceea ce ar merita s'o cerceteze alţiĭ, căcĭ eŭ-unul sînt pré-puţin sciutor în folkloristica maghiară. Căt despre Gorj, în re-giunea Novacilor există un vechĭu cântec bătrănesc despre Letin-vodă, pe care 'l auḑisera în tinereţile lor şi'şĭ maĭ aduc încă a-minte următoriĭ locuitorĭ:

Ion Surdul, cĭoban, de 80 anĭ;

Dumitru Gheburel, 76 anĭ;

Ion Furduĭ, aurar, 80 anĭ;

Nicolae Dragă, 70 anĭ;

Gheorghe Bircea, peste 70 anĭ;

toţĭ din Novacĭ saŭ din comuna învecinată Cernadia, ĭar din satul Stăncescĭ o cunoscea ţeranul Gheorghe Barbea de 75 anĭ. Acea baladă o cântă maĭ ales un vestit lăutar gorjén Rodocan, care a murit de vr'o 10—15 anĭ. Este de sperat că ea n'a perit încă de tot şi o să se regăsésca unde-va într'o ḑi...

Nota-bene. Pentru a fi înţeles pe deplin venețianismul portuluĭ Ne-deĭa-cetate din basmul muntenesc, unde eraŭ bine primite numaĭ corăbiile cele încărcate cu sare, reproduc acĭ textual cuvintele luĭ Fabio Mutinelli, întemeiate pe istoria cea documentală a comerciuluĭ venețian de Marin *(Storia del commercio dei Veneziani)* şi de Filiasi *(Saggio sull'antico commercio dei Veneziani):* „Somministrato una volta il sale ai Goti e agli altri barbari, „i Veneziani continuarono ad esserne i provveditori ad una gran parte dei „popoli della terra ferma d'Italia. Avvenendosi però, che le proprie saline „bastevoli non erano a saziare le ricerche dei forestieri, alle saline di Chioggia „e di Cervia si rivolsero da prima, indi a quelle dell'Istria, della Dalmazia, „della Sicilia, di Astracano, ed a quelle dei Berberi. *Salis Clugiae* chiamavasi „il sale Veneziano, *salis maris* lo straniero. Acquistati adunque i sali, po-„nevansi in certi magazzini o canove dette *Saliniere*, e chi voleva farne „compera volgevasi a coloro, i quali, in numero di quattro constituiti in „magistrato, presiedevano alla regolare amministrazione di questa interes-„santissima merce, nel di cui spaccio usavasi di ogni maggiore diligenza; „giacchè, posta prima la salimbacca sopra ciascheduna soma di sale, stende-„vasi poscia, a risparmio di adulterazione, una credenziale, in cui era descritto „il nome del conduttore, la quantità e qualità del sale stesso, ed il luogo

„per cui era diretto, credenziale che dovea consegnarsi a chi rappresentava
„la repubblica nel paese, dove il sale stava per essere inviato. Eransi inoltre
„certe compagnie appellate dei *Salinari*, le quali per appalto recavano e
„somministravano il sale ai forestieri. E siccome i Veneziani giunti erano
„a tale da conoscere a qual gente meglio piacesse un sale anzichè un altro,
„così una di queste società provvedeva, per esempio, di sale chioggioto e
„di africano Pavia, Novara, Tortona, Alessandria della paglia, Valenza, Vi-
„gevano, Casale, Domodossola e tutto il Lago maggiore; un'altra del nostrale
„Milano, Cremona, Crema e Brescia, vendendolo poi a un prezzo tanto vile
„che i Genovesi, ben più vicini dei Veneziani alle città anzidette, non po-
„tevano fare altrettanto. Squadre di barche armate invigilavano in golfo, e
„alle foci dei fiumi, onde non fosse turbato questo commercio; e se gli Sca-
„ligeri, i Carraresi ed altri principi osarono per questo soggetto molestare
„alcuna volta i Veneziani, essi non ebbero che a dolersi della loro temerità:
„nel 1381 imponevasi allo stesso rè di Ungheria di chiodere le miniere di
„sale fossile, che aveva egli nella Croazia, per un'annua pensione di scudi
„d'oro settemila...“

§ 31. Originea Bălăcenilor.

Bibliografia: Etymologicum magnum t. III p. 2981 verbo: Bălăcénu. — *Karadžić*, Lex. v. Balačko. — *Pejacsevich*, op. cit. p. 266. — *Danilo*, Животи краљева, ed. Daničić. Agram 1866 in 8 p. 110—12; cfr. Šafarik, Gesch. d. serb. Literatur, Prag 1865 in-8 t. I p. 116. — *Engel*, Geschichte von Serwien, Halle 1801 in-4 p. 237.

Pe la 1235 (v. § 26) Cumaniĭ regeluĭ Ionas retrăgêndu-se din
Teleorman, trecênd prin Romanaţ şi prin Dolj, apoĭ plecând pe la
1239 peste Dunăre, de unde nu s'aŭ maĭ întors, literalul danubian
dela Olt spre resărit în direcţiunea Vlaşcăĭ s'a deschis slobod pen-
tru respândirea treptată a elementuluĭ românesc din Oltenia cătră
Marea-négră. O poporaţiune cumană, firesce, n'a despărut acolo
întrégă, astfel că resturile lor trebuĭaŭ, ca şi pe aĭurĭa, să se con-
topéscă cu Românĭ, cu carĭ fraternisaseră maĭ de'nainte. Retragerea
regeluĭ Ionas profită Basarabilor din Romanaţ şi din Dolj, ĭar în
specie kinezuluĭ Mihaĭu Liténul, maĭ cu samă după încetarea do-
minaţiuniĭ Mongolilor pe la 1243, când el devine voevod oltenesc.
Se pôte afirmà că unificarea Statuluĭ Ţeriĭ-Românescĭ prin lipirea
Munteniĭ de Oltenia nu s'a început la nord, după cum greşit se
crede pînă acuma, ci în lungul Dunăriĭ, anexându-se maĭ întâĭu
Teleormanul, unde ne apare atuncĭ de o dată în istoriă un kinez
oltenesc: Basarabă dela Bălaciu.

Bălăceniĭ sînt unul din némurile nóstre boerescĭ cele maĭ stră-
lucite. Sub Mateĭu Basarabă eĭ căpětară dela Austria titlul dè conte:
conteşul Badea Bălăcénu, unul din spiritele cele maĭ aventuróse.
In fruntea genealogieĭ lor figuréză: „Constantin ce'l arată létopi-
„séţul că aŭ fost căpetenie înpreună cu alte 2 căpeteniĭ aĭ oştilor
„Mirciĭ-vodă Coziĭanul care aŭ domnit la anul 1387“. Cu vr'un
secol înainte, pe la 1270—80, un bunic saŭ străbun al aceluĭ Con-
stantin, al aceluĭ fruntaş sub Mircea cel Mare, jócă un interesant
rol, epic şi istoric tot-o-dată, pe timpul luĭ Litén-vodă.

Maĭ multe sate muntenescĭ pórtă numele B ă l a c ĭ u: în Ialo-
miţa, în Vâlcea, în Teleorman. Numaĭ cel din Teleorman însă este
privit ca baştina Bălăcenilor. Tradiţiunea lor familiară asigură din
vechime că strămoşiĭ lor stăpăniseră acolo lîngă Dunăre. Partea
cea fundamentală a blazonuluĭ lor, confirmat de Curtea din Viena:

leul cel judiciar cu sabia şi cu cumpâna în faţa unuĭ fluviŭ, repre-
sintă demnitatea de kinez în Teleorman.

O caracteristică ereditară a némuluĭ Bălăcenilor din tată în
fiĭu, care nu s'a contraḑis în curs de vécurĭ pînă la celebrul agă
Constantin cel din vremea Brâncovanuluĭ, este înscrisă într'o cro-
nică muntenéscă din secolul XVII: „Bălăceniĭ t o t - d ' a - u n a îşĭ în-
„tindea mintea după nişte părerĭ nebune, adecă după vitejiĭ“.

Primul Bălăcén, cel de'ntăĭu n e b u n d e v i t e j i ă din némul
seŭ, ne întimpină în faĭmósa baladă poporană serbă, pe care eŭ am
studiat'o în cele douĕ paragrafurĭ precedente. Acolo singurul luptător
román, de care se temeaŭ Serbiĭ, este Балачко, deminutiv din
Балач, ca şi când s'ar ḑice „Bălacĭu cel mic“ în antitesă cu stătura
luĭ cea de uriaş: „Name eines Riesen“ după definiţiunea luĭ Ka-
radžić. In acea baladă gigantul Bălacĭu este cap al oştiriĭ româ-
nescĭ, serbesce „војвода“ cu sensul cel exclusiv milităresc, nu admi-
nistrativ saŭ politic. El e favoritul luĭ Litén-vodă şi al Dómneĭ, al

„regeluĭ Mihail" şi al „regineĭ", carĭ într'un glas il rógă de a spulbera céta luĭ Milutin şi de a smulge din mânile lor pe Domniţa cea prinsă şi dusă:

> О Балачко, моја вјерна слуго!
> Можеш ли се у се поуздати,
> Да раштјераш цареве сватове...“

Adversarul luĭ Bălacĭu este eroul serbesc Miloş. Amîndoĭ eĭ se cunosc bine de de mult unul pe altul prin renumele lor de vitejiă, ceea ce dă a înţelege că Românul va fi luat parte óre-când în res-bóiele de pe atuncĭ de peste Dunăre. Despre vechea lor cunoscinţă Miloş ḑice:

> Овдје има у Ледјану граду,
> Има један Балачко војвода,
> Ја га знадем, и он ме познаје...

Bălacĭu de asemenea:

> Ветј је оно Милош Воиноватј,
> Ни цар Стјепап њега не познаје,
> Ал' ја њега одавна познајем...

Miloş descrie apoĭ firea cea apucată a luĭ Bălacĭu, ḑicênd că el are treĭ capete, din carĭ unul aruncă flacărĭ asupra duşmanuluĭ, ĭar un al doilea suflă un vînt rece: când arde, când frige. Acéstă imagine poetică se potrivesce de minune despre întregul ném al Bălăcenilor după judecata cea posterióră a cronicaruluĭ muntenesc: „părerĭ nebune după vitejiĭ":

> На Балачку јесу до три главе:
> Из једне му модар пламен бије,
> А из друге ладан вјетар дува;
> Кад два вјетра из глава изидју,
> Балачка је ласно погубити...

In baladă decĭ furiosul Bălacĭu, punêndu-se în fruntea a şése-sute de Românĭ, pornesce în gónă după Serbĭ. Miloş însă il bi-ruesce, il omóră şi „asvirlă capul luĭ Bălacĭu de'naintea împĕra-tuluĭ, primind drept resplată o miiă de galbenĭ":

> Пред њег' баци Балачкову главу,
> Цар му' даде хиљаду дуката...

Capul luĭ Bălacĭu a fost în realitate închinat luĭ Milutin, dar nu tocmaĭ cu ocasiunea cea nepotrivită a nunţeĭ regeluĭ cu fiĭca luĭ Litén-vodă, când de sigur Romăniĭ şi Serbiĭ nu se omoraŭ unul pe altul, ci maĭ tărḑiŭ, peste vr'o treĭ-patru anĭ, când domniă în Oltenia un alt voevod şi când, Domniţa cea romănéscă fiind alungată cu ruşine din Serbia, s'a întâmplat un adevěrat resboĭu, resboĭu menţionat într'o cronică serbéscă chĭar din acea epocă, nu poetisat numaĭ într'o baladă poporană.

Noĭ scim deja că Litén-vodă căḑuse într'o bătăliă contra Un-gurilor la 1279. Dintr'o diplomă a regeluĭ Ladislaŭ Cumanul noĭ scim de asemenea că după Litén-vodă fratele seŭ Bărbat a urmat pe tronul oltenesc şi maĭ trăĭă încă pe la 1285, când s'a scris acea diplomă. Noĭ scim apoĭ că pe la 1278, ce-va înainte de mórtea luĭ Litén-vodă, se rupsese deja legătura de amiciă între Serbia şi Oltenia, şi astfel noul voevod Bărbat, unchĭul Domniţeĭ celeĭ go-nite de cătră regele Milutin, era acum vrăjmaş al Serbilor. Noĭ scim, în sfîrşit, că Teleormanul, o regiune pînă atuncĭ cumanică, ba încă maĭ 'nainte pecenegică, întrase de curând în sfera de acţiune a Basarabilor celor din Oltenia şi avea în capu'ĭ kinezĭ Bălăcenĭ, carĭ stăpânĭaŭ acolo peste un element romănesc amestecat cu ră-măşiţe turanice, de unde Serbiĭ începusĕră a'ĭ numi une-orĭ Tătarĭ, bună-óră „Tartari Bassarabi‟ într'un text la Pejacsevich. Sciindu-se tóte acestea, lesne vom puté intelege un eveniment fórte interesant din anul 1282 saŭ 1283.

Arhiepiscopul Daniil, unul din scriitoriĭ serbescĭ ceĭ maĭ vechĭ, care in tinereţe servise la curtea regeluĭ Milutin, prin urmare făn-tană istorică în tótă puterea cuvintuluĭ, ne spune că immediat după urcarea pe tronul bizantin a împĕratuluĭ Andronic Paleolog o puternică armată de Grecĭ, cu carĭ se aliase o mulţime de alte némurĭ, Tătarĭ, Turcĭ şi Italienĭ (иноплеменьны іезыкы, татары и тоурькы и фроугы), năvăliseră asupra Serbiĕĭ. Milutin s'a retras, ferindu-se de luptă. Bizantiniĭ aŭ pustiit tot ce le sta înainte pînă unde aŭ ajuns, şi apoi încărcaţĭ de prédă s'aŭ întors toţĭ, afară de o singură cétă, care a mers înainte pustiind pînă la riul Drin. Hatmanul lor eră numit Cap-negru: „старѣишиноу ихь глаголіемааго Чрьноглава‟, la Engel: „ihr Aeltester genannt Tchernoglawi oder Schwarzkopf‟, adecă un Basarabă de ceĭ cu cap-negru pe stég. Intre aliaţiĭ Bizanţiuluĭ eră dară şi un contingent de Romănĭ, trimişĭ de Bărbat-vodă contra luĭ Milutin şi pe carĭ îĭ ducea un Basarabă cu Capul negru pe stég. Era kinezul Bălacĭu cel devenit maĭ de'nainte vestit prin vitejiă peste Dunăre. Deșĭ Drinul eră mare, Olteniĭ șĭ Teleormăneniĭ s'aŭ bizuit pe puterea cailor șĭ „ca nesce fiare flămânde" s'aŭ repeḍit în apă pentru a nemicĭ pe Serbiĭ de pe cel-lalt mal : „ıако звѣри „несыти оустрьмише се на стадо христово, и оуповающте на силоу конь своихь „вьнидоше". Ceĭ maĭ mulțĭ s'aŭ înnecat, intre carĭ șĭ hatmanul lor C a p - n e g r u. Serbiĭ l'aŭ prins, ĭ-aŭ tăiat capul, ĭ-aŭ făcut o cu- nună de mărgăritare, l'aŭ înfipt pe o suliță șĭ l'aŭ adus în dar re- geluĭ Milutin : „отьрѣзавьше главоу ıемоу оукрашеноу бисеры чьстьныими, и „вьньзьше на копие принесоше кь благочьстивомоу кралю ıако дарь". Iată ca- pul acela pe care Miloș îl închină luĭ Milutin în balada cea ser- bésca. Poesia poporană șĭ cronica se completéză una pe alta, re- stituindu-ne siluetul îndrăznețuluĭ Basarabă dela Bălacĭu, care cu drept cuvînt s'a arătat un „nebun de vitejiă", un „cap cu flacărĭ șĭ cu vînt".

Acum ne despărțim de prețiósa baladă serbă, care concordéză atât de bine cu datele cele maĭ documentale. Ea se compune din douĕ părțĭ constitutive deosebite : jocurile cele equestre la pețirea fiĭceĭ luĭ Litén-vodă pe la 1274, și peirea cavaleresculuĭ restrămoș al boierilor Bălăcenĭ într'o luptă contra Serbilor pe la 1283. Ba- lada peste tot, prin ambele sale părțĭ, se referă la împregĭurărĭ in- ternaționale serbo-oltenescĭ din prima jumătate a domnieĭ regeluĭ Stefan Milutin, al carora sîmbure, trăsura lor de unire, este Domnița cea romănéscă, de'ntăĭu luată, apoĭ căutând a fi resbunată, — o miniatură de Iliadă.

O importanță cu totul deosebită pentru desfășurarea forma- țiuniĭ succesive a Statuluĭ Țereĭ-Romănescĭ ne oferă aci Teleormanul, ca prima verigă prin care Basarabiĭ dela Jiĭu se apucară a făuri cu o stăruitóre răbdare un lanț ferecat din zală în zală pînă la gurele Dunăriĭ. După frațiĭ voevoḍĭ Litén și Bărbat, un pas maĭ departe îl face un Dan-vodă.

§ 32. Dan-vodă

Bibliografia : *Istoria critică* p. 15 sq. — Cuvinte den bătrăni t. I p. . 402—*N. Den- susianu*, Documente t. I p. 454, 483. — *Fotino*, Ἱστορία t. II p. 9. — *Pachymeres*, De Palaeologis lib. III, 26. — *Laurian-Bălcescu*, Magazin t. I p. 91, t. IV p. 233. — Istoria Țereĭ-Romănescĭ, ed. Ioanid, Bucurescĭ 1859 in-8 t. II p. 3. — *I. Bogdan*, Ein Beitrag, în Arch. f. slav. Philologie t. XIII p. 526, 530 nota. — *Jireček*, Geschichte der Bulgaren, Prag 1876 in-8 p. 282, 285. — *Dozon*, Chansons populaires bulgares, Paris 1875 în-16 p· 67. — Периодическо списание, Braila 1870 in-8 t. II p. 106. — *Draganow*, Македонско-славянскій сборникъ, Petersb. 1894 in 8 p. 216. — Сборник за народни умотворения (пѣсни) t. II p. 4 · 6, t. V p. 16, t. VII p. 16 t. IX p. 18; cfr. Schwandtner, Scriptores rerum Hungaricarum t. I p. 231. — *Locusténu*, Dicţionar geografic, Bucuresci 1889 in-8 p. 84.

Bărbat-vodă domnise de sigur pînă la 1285, póte să maĭ fi trăit încă pe la 1288, cănd îl citéză un document unguresc, nu însă destul de limpede. Cronica muntenéscă nu'l menţionéză de loc, ca şi cănd l'ar identifică într'o singură personalitate cu fratele seŭ mult maĭ celebru Mihaĭu-vodă, şi d'a-dreptul după acel Mihaĭu-vodă pune pe un Dan. Acordându-se luĭ Bărbat-vodă intervalul cel istoricesce admisibil de vr'o ḑece anĭ dintre 1279 — 1289, urméză că un Dan-vodă putea în realitate să se fi urcat pe tron cam pe la 1289. Acéstă ipotesă se impacă şi cu calculul luĭ Fotino, care se înteméază pe un text. El cunoscea o cronică slavică inedită a unuĭ Simeon, unde se ḑice că Dan-vodă a perit peste Dunăre la 1298 ajutănd pe un „Μιχαὴλ Κράλης" contra unuĭ „Δεσπότης Σίσμαν". Cine óre să fi fost acel craĭu Mihail şi acel Despot Şişman din anul 1298? Dela deslegarea acesteĭ întrebărĭ atîrnă verificarea existenţeĭ unuĭ Dan-vodă după Bărbat-vodă, întregindu-se şirul voevoḑilor oltenescĭ din secolul XIII.

În adevĕr, archiepiscopul serbesc Danilo, scriitor contimpuran, vorbesce pe larg despre principele Şişman, care înainte de anul 1300 stăpănĭa la Vidin şi peste întréga Bulgariă de pe 'mpregĭur, fiind atăt de puternic încăt susţinuse un crăncen resboĭu ofensiv contra regeluĭ Milutin. Şişman se vede a fi fost aliat de'ntru'ntăĭu cu Basarabiĭ, căcĭ într'un rind el trecuse Dunărea şi se adăposti în Dolj atuncĭ cănd Serbiĭ isbutiră a cuprinde Vidinul. In urmă însă el s'a împăcat, ba chiar s'a încuscrit cu Milutin, şi a putut să se certe cu Basarabiĭ. Acesta dară este „Despot Şişman" cel dela 1298 din cronica luĭ Simeon cea cunoscută luĭ Fotino.

Căt privesce pe „craĭul Mihail", este de asemenea o personalitate reală tocmaĭ din anul 1298, despre care vorbesce mult Bizantinul Pachymeres, anume o ramură destronată din dinastia Asanilor. Acest Mihail, fiĭul împĕratuluĭ Constantin Asan, era un pretendent la coróna imperială din Tirnov contra adversaruluĭ seŭ Svetislav. Susţinut de Bizantinĭ, el năvălise în Bulgaria cu o oştire grecéscă, dar a fost respins.

Aşa stând lucrurile, resultă că Dan-vodă, amic al Bizantinilor ca şi predecesorul seŭ Bărbat-vodă, tot-o-dată intr'o strinsă legă-tură cu dinastia cea romănéscă a Asanilor după cum eraŭ Basa-rabiĭ în genere, a trecut peste Dunăre în ajutorul pretendentuluĭ Mihail. contra căruĭa, de astă dată şi contra Basarabilor, eră Şiş-man dela Vidin, închiḑéndu'ĭ calea. Urmă o bătăliă şi Dan-vodă a fost ucis.

Pînă aci dară e fórte importantă prin verificare făntâna cea necunoscută a luĭ Fotino; dînsul însă maĭ la vale pe acel „craĭu Mihail", care n'a domnit nicĭ o dată, il confundă cu regele serbesc Milutin, socrul luĭ Litén-vodă, — o eróre de altmintrea uşóră de îndreptat, şi iată cum. Fotino maĭ cunoscuse o altă făntână slavică, „ἐκ τῆς Σερβικῆς χρονολογίας", după care acel Mihail ţinuse în căsătoriă pe féta luĭ Dan-vodă : „διότι ὁ Μιχαὴλ συνεζεύχθη γυναῖκα πρώτην τὴν θυγα-τέρα τοῦ Δὰν Βοεβόδα ἡγεμόνος Βλαχίας". E cu putinţă. In acest cas sînt douĕ căsătoriĭ, pe carĭ le-a amalgamat Fotino :

a) fiĭca luĭ Litén-vodă cu regele serbesc Milutin, după Nicefor Gregoras ;

b) fiĭca luĭ Dan-vodă cu principele bulgar Mihail, după o cro-nică slavică ;

— douĕ căsătoriĭ cu totul deosebite şi ambele de o potrivă importante pentru istoria Olteniĭ din secolul XIII. Repet încă o dată : e cu putinţă; şi indicele fiind o dată căpĕtat, ar trebui ur-mărit. Sigur totuşĭ este numaĭ atâta că Dan-vodă eră fórte ames-tecat în afacerile Bulgariĭ, şi atât de iubit acolo, incât numele luĭ a remas pînă astăḑĭ ca cel maĭ respândit Domn romănesc în poesia poporană a Bulgarilor, ceea ce o voĭu arăta îndată.

Cronica muntenéscă a contopit pe Dan-vodă cel dela 1298 cu Dan-vodă fratele luĭ Mircea cel Mare : „Dan-vodă aŭ domnit „anĭ 23. Acesta aŭ fost frate cu Mircea-vodă bătrânul, şi *l'aŭ ucis* „*Şuşman-vodă Domnul Serbilor*, când era cursul anilor 6864 (1356)." Constantin Căpitanul urcă cronologia ce-va maĭ sus la 6841 (1333) şi numesce maĭ cu reservă pe un „frate Mircea", nu pe cel Mare : „Acesta aŭ stătut Domn în Ţéra-Romănéscă *după Mihaĭu*. „vodă, avea şi frate pre Mircea. Insă ce să fie făcut în 23 de anĭ „aĭ domnieĭ luĭ, nu se pomenesce, fără numaĭ scrie că *l'aŭ ucis* „*Şuşman Voivodul Sĭrbilor*, dar pentru ce şi cum nu se scie." Cine a fost „Mihaïu-vodă", am vĕḑut'o; cine a fost „avea şi frate pre Mircea" o vom vedé la locul sĕŭ; aci mĕ mărginesc a constata numaï că Dan-vodă cel ucis de Şişman a trăit pe la 1290, pe când Dan-vodă cel cu un secol maï noŭ muri într'o luptă fratricidă cu Mircea cel Mare la 1385, descrisă în cronica ungurésca la Thurocz. Să maï adaog că pe la 1333 şi 1356 n'a domnit niciun Şişman în Bulgaria, ci maï târḑiŭ între aniï 1365 — 1393 a fost la Tirnov un alt Şişman, care pe fratele mareluï Mircea nu putea să'l ucidă, de vreme ce 'l ucisese altul. Despre acest alt Şişman se va vorbi maï jos sub domnia luï Radu-vodă Negrul cel din secolul XIV, unde voïu reveni asupra confusiuniï între ceï doï Danï.

În scurt, un Dan-vodă, un Dan-vodă cel de'ntàïu, domnise în Oltenia pe la 1290 înainte de întemeïarea Statuluï Ţĕreï-Romănescï. Negreşit, erà un Basarabă; dar de unde óre? Să fi fost frate cu Litén-vodă şi cu Bărbat, saŭ fiiŭ al vre-unuïa din aceştiïa, adecă dintre Basarabiï ceï catoliciï dela Nedeïa? Să fi fost fiiŭ al luï Radu-Negru cel dela 1241, saŭ din ramura Basarabilor din Vâlcea? Nu. Niciï Vâlcén, nici Doljén; ba niciï din Gorj saŭ din Mehedinţ. Acest Dan-vodă fusese un kinez nu de aïurï decât din Romanaţ, fórte legat cu politica trans-danubiană înainte de a ajunge voevod, căci domnirea luï, de vr'o ḑece anï cel mult dintre 1288—1298, n'ar explicà marea luï popularitate printre Bulgarï, carï îl cunosc nu numaï ca „voevod", ci adesea ca pe Ban, une-orï chïar ca pe „gelepin" saŭ „celebi" adecă b o ï e r = k i n e z. Este de adaos în acelaşï timp că, voevodatul oltenesc stăpânind peste Teleorman deja din epoca luï Litén-vodă, Romănaţénul Dan Basarabă se va fi întins peste Vlaşca, póte încă peste Ialomiţa, învecinându-se cu Bulgaria maï întrégă, în contact intim cu regiunea Vidinuluï, dar maï ales cu împĕrăţia Tirnovuluï.

Înainte de a păşi maï departe, voïu observa în trécĕt că numele D a n, pe care 'l purtà acest Basarabă din Romanaţ şi'n nĕmul căruïa se pare a fi fost familiar, după cum o voïu arăta într'un alt loc, este o simplă scurtare poporană din B o g d a n, mănţinându-se numaï finalul, întocmaï ca în „Din = Constandin", „Tache = Dumitrache", „Fănică = Stefănică", „Sandu = Alexandru", italienesce „Colă = Nicola" etc. Forma nominală întrégă B o g d a n o conservase acea ramură a Basarabilor din Romanaţ, care tot în secolul XIII emigrase în Maramurăş, dând acolo nascere dinastieï moldovenescï a luï Dragoş. Reservându-se acéstă cestiune pentru ş-ful următor, putem trece acuma la Dan-vodă în literatura poporană a Bulgarilor.

Ținênd cu partitul bulgar grecofil, care își aducea din Constantinopole pe pretendentul Mihail, „einige griechenfreundliche Boljaren" după expresiunea lui Jireček, Dan-vodă prevedea deja periculul cuceririi otomane, și tocmai acésta o cântă o frumósă baladă poporană bulgară, tradusă franțusesce de Dozon sub titlul: „Les commencements de l'empire turc". Textul se începe așa:

> Дане бане целепине,
> Дан ми бан ми вино пије...

In traducere: „Banul Dan boierul, banul Dan bea vin cu sătenii, „cu fruntașii. Sătenii îi dic lui: Banule Dan boierule, am bĕut „noi destul vin profir: iată sînt trei luni întregi de când bem noi „vin profir, la Dumnedĕu nu ne gândim, nu dăm nimic sfîntului; „haide dară să clădim biserici tot de argint și de aur. Banul Dan le „vorbesce: O săteni! o, fruntași! nu trebue să mai clădim biserici „tot de argint și de aur, căci împĕrăția nóstră se isprăvesce, se „începe împĕrăția Turcilor: ei vor dărima bisericile, din argint vor „făuri șelele cailor, din aur vor topi frâne. Haide mai bine să clă- „dim biserici din pétră albă și din marmură, var alb, pămînt galben. „L'aŭ și ascultat pe dînsul sătenii..."

Sub raportul acestei balade este de adnotat că, după cronica bulgărésca cea publicată de d. Bogdan, la Slavii de peste Dunăre prima grijă de Turci este tocmai sub anul 1296: „въ лѣто 6804 въста нѣкто Отманъ...", adecă tocmai când domnia Dan-vodă, atât de îngrijit de „împĕrăția Turcilor".

Tot ca „boier", „Дано Челебия", apare Dan-vodă într'un cântec bulgar macedonén, publicat de d. Draganov, unde editorul scie că e vorba de un Domn românesc și că a fost ucis de Bulgarul Șișman, dar îl face Dan tată al marelui Mircea, ceea ce e fals, și 'i fixéză mórtea la anul 1378, când nu domnia nici un Dan-vodă, ci Radu-vodă.

Intr'o colindă bulgărésca, găsită de d. Iakimov, Dan este „voevod: „Дан воевода", și e pus în legătură tocmai cu Șișman: „Цар Шишман", dar amîndoi sînt fórte prieteni. Faptul istoric este că Șișman fusese o dată adăpostit în Oltenia, când trebuia să fugă din Vidin de 'naintea lui Milutin; acuma în colinda bulgărésca pe voevodul oltenesc Dan îl primesce Şişman cu multă cinste în Vidin, îl poftesce ca naş la botez, pune copilului numele naşului, ĭar cântecul se încheiă prin sănătatea luĭ Dan·vodă :

Oĭ на здрави Дан воивода!..

Este de observat că în poesia poporană bulgară în genere Dan-vodă e un tinĕr, un voĭnic, maĭ tot-d'a-una încălecând, gata să plece la o nuntă, saŭ la o vînătóre, saŭ la resboĭu, saŭ după o fétă : „curtea e deschisă, calul e înşeuat şi înkingat, lîngă cal e suliţa, lîngă suliţă sînt ogarĭ saŭ prepelicarĭ" :

Дане бане, Дан воiводо!
Што ти стои двор отворен,
Двор отворен кон подседлjан,
Кон подседлjан кон постегнат,
И воз конjа буiно копjе
И воз копjе бързи рътки?
Дали мислиш лов да ловиш?
Дали мислиш бои да биеш?
Или мислиш далек д'идеш
За девоiкja другоземка?
Дане бане одговара:
Нито мисла далек д'ида
За девоiкja другоземка;
Нито мисла бои да биiа,
Нито мисла лов да лова;
Сношти ми са дофтасали
От три страни три калески...

Poesia poporană serbă cunósce pe Litén-vodă cu gróznicul Bă-laciu şi celebréză nu o dată pe Radu-Negrul cu fratele seŭ Vladi-slav şi cu fiĭul seŭ Mircea cel Mare ; nicĭ o dată însă nemic la Serbĭ despre Dan-vodă, absolut nicĭ o pomenire, pe când la Bul-garĭ acest Dan·vodă e fórte simpatic şi figuréză în cântece el singur maĭ des decât toţĭ ceĭ-lalţĭ voevoḑĭ românescĭ la un loc. Este în-vederat că Dan-vodă nu petrecea în vecinătatea Serbilor saŭ în apropiare, adecă în Mehedinţ saŭ în Dolj, ci lucră departe în Ro-manaţ şi de acolo spre resărit faţă 'n faţă cu întregul mal dunărén aĭ Bulgarieĭ.

Intr'o colindă din Kotel, în fundul Bulgarieĭ, se indică expedi-ţiunile cele ostăşescĭ ale luĭ Dan-vodă chĭar în interiorul Românieĭ, prin urmare în afară din Oltenia : „se gândesce óre voevodul Dan a da fugă pe'n Ţéra Românéscă saŭ a face pradă?..."

Хорăтă сă чуду чугьет:
Чи шу мпсли Дан-войвода,
Дали мисли бяг да бягă,
Бяг да бягă ф влашка зиме,
Или мисли плень да плени!..

Intr'o baladă întitulată „Deli-Marco" indicaţiunea e şi maĭ precisă. Banul Dan este aci un Domn romănesc locuind într'un sat de asemenea romănesc, unde el are un palat cu porţĭ aurite şi petrece mereŭ în ospeţe, Iar satul se află pe un şes întins, numit Sat-din-vale:

Ште да идем доле, доле,
Доле, доле в Влашко село,
Влашко село, в Долно село,
Влашку Бану на слугата,
Сега тамо госкье ходат,
И ниĭа ште госкье д'идем.
На очели на надоле
На надоле в Долно село,
В Долно село, Влашко село.
Отидоха у Данови,
Портите му позлатени.
Повикаха, почукаха:
— Иалез, излез, Влашко Бано!..

După cum maĭ sus (§ 30) noĭ vĕḑurăm că în Gorj s'a păstrat un sat numit Curtişóră în préjma unuĭ oraş cu scaunul domnesc, tot aşa există în Romanaţ o Curtişóră, despre care d. Locusténu ḑice: „Aḑĭ e un sat neînsemnat, dar în vechime fu un scaun domnesc", negreşit numaĭ după o tradiţiune locală. Curtişóra însă se află în partea de sus a Romanaţuluĭ, pe cănd e sigur că Dan-vodă şedea de preferinţă lîngă Dunăre. Lîngă Dunăre catâ să fi fost acea reşedinţă a „Banuluĭ Dan", numită în balada de maĭ sus Долносело: „Sat-din-vale" saŭ „Valea-satuluĭ", unde dînsul locuĭă aşa ḑicênd printre Bulgarĭ, carĭ tocmaĭ de aceea ne procură amărunte pînă şi despre viéţa luĭ cea intimă : într'un cântec ni se spune că Dan-vodă are o soră ĭubită fórte vitéză, după un alt cântec el nu e însurat încă, într'o a treĭa ni se povestesce mórtea nevesteĭ sale celeĭ aduse dintr'o ţéră străină de lîngă Marea-négră. Faţă cu bogata literatură poporană bulgară despre Dan-vodă, kinczatul acestuĭ Basarabă este nu numaĭ în Romanaţ, dar neapĕrat în partea cea dunăréná, unde-va în regiunea Corabieĭ, adecă în sfera aceleĭaşĭ înriurirĭ veneţiane, pe care o resimţiseră ceĭ doĭ voevoḑĭ precedenţĭ.

S'ar puté ḑice că Litén-vodă, Bărbat-vodă şi Dan-vodă represintă
între 1246—1298 o periódă italiană a istoriei oltenescĭ, totuşĭ cu
acea mare deosebire — asupra căriĭa voĭu reveni în §-ful urmă-
tor — că Basarabiĭ doljenĭ trecuseră pînă la un punct la catolicism,
ĭar romănăţeniĭ mănţineaŭ cu stăruinţă ritul grecesc : Mihaiŭ-vodă
era un „Letin lepĕdat de lege“, pe când Dan-vodă pune la cale pe
Bulgariĭ ceĭ ortodoxĭ la clădirea bisericilor.

Pe cât timp Dan Basarabă fusese un simplu kinez din Ro-
manaţ, saŭ numaĭ „boierul Ban Dan“ după graĭul poesieĭ popo-
rane bulgare, el nu avea a face cu Ungaria. E adevĕrat că regele
Bela IV în diploma sa din 1247 se pretindea a fi stăpân şi peste
gura Oltuluĭ, menţionând acolo anume bogatele pescăriĭ dela Ce-
leĭu : „piscationes Danubii ac piscine de Cheley“, carĭ trebuiaŭ să
fi aparţinut atuncĭ tatăluĭ luĭ Dan-vodă ; dar noĭ am vĕdut deja
(§ 29) că acel act nu era decât un proiect pe hârtiă, fără a se fi
realisat vre-o dată. Din momentul însă când kinezul Dan a devenit
voevod oltenesc, el trebuĭa acum să recunóscă suzeranitatea coróneĭ
sântuluĭ Stefan, întru cât el stăpânĭa o însemnată bucată de pă-
mînt peste Carpaţĭ, pentru care Bărbat-vodă se îndatorise a plăti
un tribut. Dela plata regulată anuală depindea prieteşugul cu Un-
garia, la care Basarabiĭ în genere nu ţineaŭ de loc, încercându-se
din timp în timp a se emancipà de tribut. Tot aşa s'a întâmplat
după mórtea luĭ Bărbat-vodă.

O baladă bulgăréscă ne spune că „duşmanul Ungur pândesce
pe Dan-vodă“ :

На друм седи цѫрно Вагре...,

şi acest vers e fórte semnificativ, cu atât maĭ semnificativ că ter-
menul etnic Вагр = Вѫгръ „Hungarus“ este astăḑĭ necunoscut în limba
bulgară, fiind decĭ o preţiósă supravieţuire epică din redacţiunea
cea prototipică a aceleĭ balade. Forma paleo-slavică la Miklosich
este : Вѫгринъ, Вѫгринь, Вѫгрьскъ ; în cel maĭ vechĭu crisov slavo-ro-
mănesc, anume dela Vladislav Basarabă înainte de 1372 : Вѫгро-
влахиia ; în dialectul sloven „vôger“ saŭ „vogrin“ ; dar pe bulgarul
Вагр eŭ în deşert l'am căutat pretutindenea, şi totuşĭ el nu póte fi
alt ce-va decât „Ungur“.

Aci este locul cel maĭ propriŭ de a aruncà o privire sintetică

asupra țereĭ Făgărașuluĭ, incepênd dela lupta Basarabilor contra
conteluĭ Konrad (§ 27) și dela primul act făgărășén cel din 1231
(§ 24) pînă la Dan-vodă inclusiv, adecă un interval de vr'o șepte-
ḑecĭ de anĭ.

Pe la 1230 Unguriĭ atacă Mehedințul. Voevodul oltenesc de
atuncĭ se repede in acea direcțiune, lăsând astfel maĭ puțin ocrotite
posesiunile sale nordice. Atuncĭ Sașiĭ, conduși de contele Konrad,
profită de acea slăbire și apucă partea de sus a Vâlciĭ. Perḑênd
Loviștea, Basarabiĭ din Oltenia se vêd d'o dată despărțițĭ de Amlaș
și de Făgăraș, pînă unde eĭ nu maĭ puteaŭ străbate prin țéra Lo-
truluĭ. In acelașĭ moment, simțindu-se pe deplin la adăpost contra
Basarabilor, Sașiĭ pun mâna pe Făgăraș, când s'a și scris actul
făgărășén la 1231. Din concursul tuturor acestor fapte documentale,
carĭ sînt intr'o vederată inverigare unele cu altele, resultă că
Basarabiĭ nu maĭ stăpâniseră țéra Făgărașuluĭ la 1230, dar o stă-
pâniseră decĭ inainte de 1230.

Pe la 1240 contele Konrad fiind gonit din Vâlcea și impins
maĭ departe spre Sibiĭu, voevodul oltenesc cuprinde Sylva Blaco-
rum, adecă țéra Amlașuluĭ, in ajunul năvăliriĭ Mongolilor, pe carĭ
la 1241 dinsul ĭĭ intimpină la hotarul Făgărașuluĭ și resistă acolo. Pe
la 1243 Mongoliĭ părăsesc Ungaria și Ardélul. De nicăirĭ nu se
vede că pînă atuncĭ voevodul oltenesc va maĭ fi perdut din noŭ
posesiunile cele recâștigate prin alungarea conteluĭ Konrad. Dela
anul 1231 incóce in curs de șése-ḑecĭ de anĭ nu se maĭ arată cea
maĭ mică urmă administrativă unguréscă in țéra Făgărașuluĭ. Din
tóte acestea resultă că Basarabiĭ, după ce o perduseră pe la 1230,
o stăpâniseră apoĭ ne'ntrerupt după 1240 pînă la 1291, când érășĭ
eĭ sint amenințațĭ a o perde.

In acest mod, maĭ intărit prin cercetărĭ ulterióre, eŭ manțin
intacte cele afirmate in următorul pasagiŭ din *Istoria critică*:

„Dela 1170 pînă la 1360, Făgărașul se pare a fi șovăit intre
„Muntenĭ și Maghiarĭ. In 1231 el era al Ungarieĭ, dar nu de de-mult,
„căcĭ actul din acel an indréptă in favórea unuĭ Maghiar o strâm-
„bătate comisă in intervalul stăpâniriĭ muntene. In 1291 el este
„din noŭ unguresc, insă érășĭ de puțin timp, precum se vede din
„famósa diplomă, mereŭ citată și nicĭ o dată explicată, prin care
„regele maghiar Andreĭu III acórdă orașul Făgăraș și un sat din
„acelașĭ țéra Unguruluĭ numit Ugrin, fiind-că: „i s'aŭ fost răpit
„pe nedrept“. Ceea-ce caracterisă d'o potrivă ambele aceste docu-

„mente, din 1231 şi din 1291, este tendinţa lor comună de a des-
„fiinţa pe tărîmul proprietăţiĭ consecinţele ʻsuccesivelor ocupaţiunĭ
„muntene. De câte orĭ Basarabiĭ apucaŭ Făgăraşul, boiariĭ lor luaŭ
„acolo prin donaţiunĭ princiare păminturĭ, sate, munţĭ şi ape, con-
„fiscate cu drept saŭ fără drept pe sama fisculuĭ dela posesoriĭ un-
„gurĭ, carĭ însă profitaŭ şi eĭ de cea de'ntâiŭ ocasiune pentru a
„revindeca moşiele lor, din dată ce autoritatea maghiară reuşĭa a
„înlocui pe cea română. Pe la 1300 Făgăraşul depindea ĭarăşĭ de
„Ungaria, căcĭ voevodul transilvan Ladislaŭ îl fortifică atuncĭ, ne-
„greşit contra vre-uneĭa din cele dese tentative din partea Mun-
„tenieĭ. Dela 1300 pînă la 1369 nicĭ un act maghiar, întru cât ne
„aducem a-minte, nu menţionéză ţéra Făgăraşuluĭ, deşi există sute
„de pergamene pentru aprópe tóte localităţile Transilvanieĭ, ceea-
„ce probéză că noua cetate n'a putut resiste Basarabilor, încât
„chiar de pe la începutul seculuĭ XIV regiunea întrégă redeveni
„munténă. Puţinătatea cea extraordinară a documentelor ungare
„despre Făgăraş a fost de de-mult observată cu mirare. Nimenĭ însă
„n'a voit să ghicéscă adevěrata sorginte a cĭudatuluĭ fenomen: Ma-
„ghiariĭ nu puteaŭ regula adesea afacerile uneĭ provincie, care li
„aparţinea din când în când numaĭ în trécět“...

In *Istoria critică* eŭ nu cunosceam încă pe Dan-vodă cel din
secolul XIII, căcĭ aserţiunea luĭ Fotino nu se putea admite fără a
fi verificată maĭ întâiŭ prin cele douě fântâne contimporane: ar-
hiepiscopul Danilo şi George Pachymeres, maĭ completate maĭ cu
samă prin literatura poporană bulgară. Cunoscênd acuma bine pe
voevodul oltenesc cel din Romanaţ, istoria Făgăraşuluĭ se limpe-
ḑesce.

Dan-vodă certându se cu Unguriĭ:

На друм седи цѫрно Вагре...,

regele Andreĭu III se hotăresce a reluă dela Basarabĭ ţéra Făgă-
raşuluĭ; dar diploma cea din 1291 remăsese atuncĭ de o cam dată
curat platonică, de vreme ce magistrul Ugrin n'a întrat nicĭ el,
nicĭ posteritatea luĭ, în posesiunea frumóseĭ donaţiunĭ. Este pro-
babil că Dan-vodă se va fi împăcat cu regele Andreĭu III într'un
fel óre-care, şi numaĭ după şépte anĭ maĭ tarḑiŭ, perind voevodul
oltenesc peste Dunăre în lupta contra luĭ Şişman dela Vidin la
1298, Unguriĭ s'aŭ grăbit a cuprinde Făgăraşul, şi'n dată l'aŭ şi
fortificat la 1300, când domnĭa deja Mircea fratele luĭ Dan-vodă.

§ 33. Letinii şi Romanaţii.

Bibliografia: Etymologicum magnum, verbo Antina. — *Katona*, Hist. critica t. VI p. 904 sqq., 998. — *Fessler*, Gesch. v. Ungarn t. I p. 439. — *I. Bogdan*, Vechile cronice, p. 65 sq., 185 sq., 235 sq. — *Onciul*, Zur Geschichte der Romänen in Marmarosch, în Romänische Revue 1890 No. I—II. — *Schlözer*, Geschichte von Littauen, Halle 1785 in-4 p. 93 sq. — *Karamzin*, Исторія t. IV nota 383. — *Onciul*, Dragoş şi Bogdan, în Conv. liter. 1884 p. 306 sqq. — *Picot*, La famille de Dragoş, la Tocilescu, Rev. 1885 t. V p. 310 sq. — *Szilágyi*, Máramarosmegye általános történelméből, ap. Onciul. — *G. Wenzel*, Kritikai fejtegetések Máramaros megye történetéhez, în Magyar Akademiai értesítő 1857 p. 326 sq. — *Engel*, Geschichte der Bulgaren in Mösien, Halle 1797 in-4 p. 430 sq. — *Rösler*, Romăn. Stud. p. 119. — *Mangiuca*, Die Chronik des Huru, în Romänische Revue 1887 p. 400 sqq.; cfr. Puşcariu, Date istorice t. II p. 92 etc.

Prin divinaţiune saŭ prin aşa ḑisul azard, descopere cine-va într'o ḑi o frântă lespede purtând o scurtă inscripţiune. Acea bucată de pétră a fost de ajuns pentru a atrage atenţiunea asupra localităţii. Acelaşĭ călĕtor saŭ altul se 'ntórce a doua ḑi şi se apucă de astă dată a săpa cu tot din-adinsul. Peste puţin se desmormîntéză acolo treptat-treptat un oraş întreg, care ar fi remas îngropat pentru tot-d'a-una, dacă nu se întâmpla acea frântură. In acelaşĭ mod, câte-va reslăţite legende serbe şi bulgare, de'ntâĭu ghicite, apoĭ controlate, mĭ-aŭ permis a reconstitui pe de'ntregul doĭ marĭ Domnĭ românescĭ cu totul necunoscuţĭ pînă acuma: pe catolicul Mihaĭu Basarabă din Dolj şi pe ortodoxul Dan Basarabă din Romanaţ, carĭ amîndoĭ, o dată reconstituiţĭ în legătura lor cea organică, aruncă o neaşteptată întinsă lumină asupra uneĭ străbune tradiţiunĭ maramurăşene de cea maĭ mare importanţa, — o tradiţiune ne'nţelésă în trecut şi peste putinţă de a fi înţelésă de aci înainte altfel decât numaĭ prin aceĭ doĭ Basarabĭ rechiămaţĭ la viéţă.

Am vorbit deja maĭ sus (p. CXL) despre cronica moldovenéscă cea scrisă înainte de 1520, care trage némul românesc din Veneţia. D. Bogdan a reprodus'o întrégă în text şi'n traducere, observând fórte drept că: „Importanţa croniceĭ anonime constă în partea eĭ dela început". Tocmaĭ „dela început" însă d. Bogdan a scăpat din vedere el-însuşĭ o scăpare din vedere a ediţiuniĭ anterióre, saŭ póte a manuscriptuluĭ, care trebuĭa orĭ-şi-cum neapĕrat îndreptată, cu atât maĭ virtos că era suficientă o simplă punctuaţiune. Traducerea d-luĭ Bogdan debută aşa: „Povestire în scurt despre Domniĭ Moldove-„nescĭ, de când s'a început ţéra Moldovenéscă. La anul 6867 (=1359) „pornit'aŭ din cetatea Veneţieĭ doĭ fraţĭ, Roman şi Vlahata, ce „eraŭ de legea creştinéscă şi fugĭaŭ de góna ereticilor în potriva

„creştinilor, şi ajuns'aŭ la locul ce se chiamă Vechĭul Rîm şi şĭ-aŭ
„zidit, şie'şĭ cetate după numele lor Roman, şi şĭ-aŭ trăit traĭul,
„eĭ şi némul lor, pînă ce aŭ trecut Formos papa dela pravoslaviă la
„lătiniă". Papa Formosus trăind între 891—896 după ce Românĭĭ
plecaseră din Veneţia la 1359, urméză dară că secolul XIV este
înainte de secolul IX! Causa acesteĭ absurdităţĭ e că textul s'a
publicat: „Сказаніе вкратцѣ о молдавскыхъ государехъ, отколѣ начася мол-
„давскаа земля. Въ лѣто 6867 отъ града Виницѣи пріидоша два брата...", şi d.
Bogdan a tradus'o literalmente, pe când punctuaţiunea corectă cere
aşa: ...отколѣ начася молдавская земля въ лѣто 6867. Отъ града Виницѣи
пріидоша...", şi atuncĭ traducerea cea normală este: „Povestire în
„scurt despre Domniĭ Moldovenescĭ, de când s'a început ţéra Mol-
„dovenéscă la anul 6867 (=1359). Pornit'aŭ din cetatea Veneţieĭ
„doĭ fraţĭ etc.". Deja Karamzin, vorbind despre cronica cea anoni-
mă, despărţise plecarea cea legendară din Veneţia de data cea is-
torică 1359, care aparţine exclusiv întemeiăriĭ Moldoveĭ: „въ 1359
г. началося Княжество Молдавское".

Cronica cea anonimă se împărţesce dară în douĕ: ultima
parte cea cronologică e moldovenéscă, incepênd dela Dragoş vodă
la 1359 pînă la mórtea luĭ Stefan cel Mare la 1504; prima parte
însă, fără cronologiă, este numaĭ maramurăşénă, póte scrisă chĭar
din secolul XIV. Eŭ am arătat deja că legenda despre originea
Românilor din Veneţia nu se putea nasce aĭurĭa şi'ntr'o altă epocă
decât în Oltenia în secolul XIII, când Veneţianiĭ se aşĕdaseră la
Nedeĭa şi de acolo din Dolj aŭ înaintat prin Gorj pînă la Novacĭ.
Acolo atuncĭ pentru prima óră, surprinşĭ de asemĕnarea dialectală
cea isbitóre între graĭul românesc şi între cel veneţian, Oltenĭĭ
aŭ constatat că eĭ sînt fraţĭ cu Veneţianiĭ, şi de aci apoĭ credinţa
despre venirea într'o antică epocă a Românilor din Veneţia. Fiind
acésta un oltenism, nu cum-va tot oltenesc să fie restul din prima
parte a croniceĭ celeĭ anonime?

Iată pasagĭul în text cu traducerea d-luĭ Bogdan:

И по отлученіи вѣры Хри-
стовы создаша себѣ Латина новый
градъ и прозваша его Новый Римъ
и зваша къ себѣ въ латыньство Ро-
мановъцовъ въ Новый Римъ;
Романовъци же не восхотѣша и
начаша велію брань съ ними чинити и

Şi după despărţirea legiĭ luĭ
Hristos şĭ-aŭ zidit Lătiniĭ o nouă
cetate şi ĭ-aŭ pus numele Noul
Rîm şi aŭ chemat pe Românĭĭ
la sine în lătiniă, în Noul Rîm;
dar Românĭĭ n'aŭ voit, ci aŭ
început luptă mare cu dînşiĭ şi nu

не отлучишася отъ вѣры Христовы; и отъ того же времени быша во брани до дръжавы Владислава короля Угорьского. А Владиславъ краль бѣ братень сынъ Савѣ, архіепископу Серьпьскому, и крещенъ бысть отъ него и дръжаше вѣру Христову во сердци тайно, а языкомъ и кральвьскимъ украшеніемъ бяше латыннъ.

s'aŭ despărţit de legea creştinéscă. Şi de atuncĭ încóce aŭ fost mereŭ în luptă uniĭ cu alţiĭ pînă la domnia luĭ Vladislav, craĭul ungurese. Iar Vladislav craĭul era nepot de frate luĭ Sava, archiepiscop serbesc, şi fusese botezat de dînsul şi se ţinea de legea creştinéscă în lăuntru inimeĭ sale, dar după vorbă şi după podóbele crăescĭ era lătin.

Schlözer recunoscuse cel de'ntăĭu de de-mult, şi este chiar imposibil de a n'o recunósce, că „Vladislav craĭul" din acest pasagĭu este anume regele Ladislaŭ Cumanul, care în adevĕr se şi înrudĭa cu sfîntul Sava al Serbilor, de óră ce nepotul de frate al acestuĭa, Stefan Dragutin, ţinuse în căsătorĭă pe o soră a aceluĭ rege unguresc, astfel că „Vladislav craĭul" se putea numi în realitate nepot de frate al luĭ Sava; ş'apoĭ, în acelaşĭ timp, Ladislaŭ Cumanul era în faptă „latin numaĭ după vorbă şi după podóbele crăescĭ", căcĭ toţĭ catolicĭĭ cu Papa în frunte il considerau ca eretic. Aşa fiind, d. Oncĭul desnaturéză pe deplin textul croniceĭ anonime, când preface pe Vladislav în Ludovic, schimbând secolul XIII în secolul XIV, şi tóte acestea fără a ajunge cel puţin bine-reŭ la o explicaţiune plausibilă a aceluĭ text. „Vladislav craĭul"—repet încă o dată—este pur şi simplu regele maghiar Ladislaŭ Cumanul, care domnise între aniĭ 1272—1290. Iu acéstă privinţă este maĭ corect Engel, urmat de Szilagyi, de Wenzel şi de alţiĭ, carĭ încaĭ aŭ meritul de a conserva intact adevĕratul punct de plecare cronologic şi nominal. Teoria lor cea explicativă, admisă şi de Rösler, cum-că aceĭ Românĭ din cronica anonimă însemnéză pe nesce Vlachĭ veniţĭ de peste Dunăre, nu se întemeiază absolut pe nemic serios, după cum iĭ obiectéză cu drept cuvînt d. Oncĭul; dar vre-o altă teoriă maĭ solidă, nicĭ dînşiĭ, nicĭ insuşĭ d. Oncĭul, nu eraŭ în stare de a o găsi, pe câtă vreme nu era cunoscută istoria celor douĕ ramure ale Basarabilor: una catolică din Dolj şi cea-laltă ortodoxă din Romanaţ. Aceste douĕ ramure fiind în sfîrşit destăinuite, cronica cea anonimă incetéză de a maĭ fi fabulă, „lauter Fabeln" după cum ḑicea Fessler; şi n'ar maĭ avé nicĭ măcar trebuinţă de a fi comentată, căcĭ ea se limpeḑesce acuma dela sine insăşĭ şi se confirmă pe deplin în tóte trăsurile cele esenţiale.

Tocmaĭ în intervalul de timp cât domnise regele Ladislaŭ Cumanul, la voevodatul oltenesc, cel maĭ puternic Stat românesc atuncĭ şi pînă atuncĭ, se aşeḑaseră unul după altul Mihaĭu-vodă Letinul cel dela Nedeĭa şi Dan-vodă cel pravoslavnic din Romanaţ. Dela urcarea pe tron a Doljénuluĭ Mihaĭu-vodă, adecă ce-va după 1242, catolicismul Basarabilor celor „lepědaţĭ de lege“, deveniţĭ maĭ tarĭ prin voevodat, cată să fi exercitat o presiune din ce în ce maĭ simţită asupra Basarabilor celor protivnicĭ papismuluĭ, dintre carĭ ceĭ maĭ hotărîţĭ eraŭ kineziĭ din Romanaţ, fórte legaţĭ cu Bulgariĭ. Fiind un Domn mare prin braţ, prin minte şi prin pungă; Mihaĭu-vodă nu lesne putea să fie resturnat. Murind el la 1279 pe câmpul de bătaiă, fratele seŭ Bărbat usurpă tronul, înţelegêndu-se cu Unguriĭ, cărora le-a recunoscut suzeranitatea. Este invederat că kineziĭ ceĭ ortodoxĭ se resculaŭ mereŭ, fie pe faţă, fie pe ascuns, în casul cel maĭ bun murmuraŭ contra voevoduluĭ celuĭ letin, aşteptând momentul propice de a'l premeni, ceea ce s'a şi întâmplat la mórtea luĭ Bărbat-vodă, pe la 1286 saŭ ce-va maĭ tărḑiŭ. Întruniţĭ atuncĭ la Vermeghia, kineziĭ aŭ înlăturat dela tron pe Basarabiĭ ceĭ dela Nedeia şi aŭ ales voevod pe Romănăţênul Dan.

Cronica anonimă vorbesce dară despre frămîntărĭ înainte de isbânda luĭ Dan-vodă. Ele ajunseseră la culme sub voevodul Bărbat. Era o luptă înverşunată între Letiniĭ, „Латини“, dela Nedeĭa = „Roma cea nouă“ papistaşă a Doljenilor, care se întinsese pînă în Gorj, şi între Româniĭ ceĭ pravoslavnicĭ din Romanaţ, unde exista chĭar din ḑilele luĭ Traian după inscripţiunĭ oraşul Romula, adevěrata „Romă veche“ a Dacieĭ. Însuşĭ termenul de douě orĭ repetat în cronica anonimă „Романовъци“, formaţiune de tot ne-slavică, tradusă aproximativ de d. Bogdan prin „Româneĭ“ şi pe care Schlözer o traducea prin „Romanenses“, însemnéză d'a-dreptul Romănăţenĭ: „Romanaţĭ = Romulates“, cu *n = l* întocmaĭ ca în „seme*n* = simi*le*“.

Să urmăm înainte textul, revěḑut şi tradus de d. Bogdan:

И въ лѣта Владислава коралевъства воздвижеся на Угры брань отъ Татаръ, отъ князя Неимета съ своихъ кочевищь, съ рѣкы Прута и съ рѣкы Молдавы, и преидоша чрезъ высокіе горы и поперегъ земли угорьскія Ерделя, и пріидоша на рѣку Морешь и	Şi în vremile luĭ Vladisláv craĭul s'aŭ pornit cu resboiŭ în potriva Ungurilor Tătariĭ cu cnézul Neimet din pustiile lor dela apa Prutuluĭ şi dela apa Moldoveĭ şi aŭ trecut peste munţiĭ ceĭ înalţĭ din Ardél şi dela ţéra Ungurésca şi aŭ

ста ту. И слышавъ же Угорьскій краль Владиславъ нахоженіе Татарьское, и послаша вскорѣ въ Римъ къ кесарю и папѣ, дабы пришли къ нему на помощь, къ новымъ Римляномъ и къ Романовцемъ послаша же. Новые же Римляне и старые Римляне совокупишася и пріидоша во Угры Владиславу королю на помощь.

ajuns la apa Moreşuluĭ şi s'aŭ oprit acolo. Auḑind Vladislav, craĭul unguresc, de năvala Tătarilor, trimise îndată la Rîm, la împĕratul şi la papa, să-ĭ vie în ajutor; trimise şi la noiĭ Rîmlenĭ şi la Romănenĭ. Atuncĭ s'aŭ unit noĭ Rîmlenĭ cu vechiĭ Rîmlenĭ şi aŭ venit la ţéra Unguréscă spre ajutor craĭuluĭ Vladislav.

Voĭu corege maĭ întâĭu în trécĕt o scăpare din vedere. Textul: „преидоша чрезъ высокіе горы и поперегъ земли угорскіа Ерделя" e tradus la d. Bogdan: „aŭ trecut peste munţiĭ ceĭ înalţĭ din Ardél „şi dela ţera Unguréscă", pe când traducerea cea corectă fórte clară este: „aŭ trecut peste munţiĭ ceĭ înalţĭ şi curmeḑiş prin „ţéra cea unguréscă a Ardéluluĭ".

Aşa dară Tătariĭ pornind dela Prut şi dela Moldova asupra Ungarieĭ, regele Ladislaŭ Cumanul chiămă pe Românĭ Letinĭ şi pe ceĭ Romanaţĭ, carĭ ĭ-aŭ şi venit împreună în ajutor. Eraŭ Românĭ nu din Ungaria, ci de afară, din vecinătate, decĭ Olteniĭ. Când însă? Invasiunea s'a întâmplat tocmaĭ în anul 1285, nu pe urmă şi nu înainte. Punctul cronologic nu admite altă controversă decât numaĭ dóră cu vr'o câte-va lunĭ maĭ sus în anul 1284, prin urmare în orĭ-ce cas tot sub domnia luĭ Bărbat-vodă.

Deja vechĭul istoric unguresc Katona a elucidat perfect sub anul 1285 invasiunea Tătarilor, ale cărora ĭambulurĭ ajunseseră pînă la Pesta, unde curtea regală tremura închisă în castelul dela Buda, astfel că regina mărturisesce ea-însăşĭ într'o diplomă: „quum „in Castro Budensi inclusae propter metum Tartarorum fuissemus „simul cum fidelibus Baronibus". Retrăgêndu-se încărcaţĭ de pradă şi de robĭ, Tătariĭ aŭ fost surprinşĭ şi sdrobiţĭ în apropiare de Transilvania. Din cele citate de Katona, documentul cel maĭ important chĭar după dînsul este cronica austriacă, din care ĭată pasagĭul textual: „MCCLXXXV. Comani et Tartari cum innumerabili „multitudine intraverunt Ungariam, et vastaverunt eam, et occi- „derunt et deduxerunt ex ea innumerabiles viros et mulieres et „parvulos eorum. Tandem vero *ab incolis terrae circa septem castra „turpiter sunt de terra fugati*, occisa ex eis innumerabili multitudine; „reliqui vero, qui evaserunt quamvis pauci, fugientes, latitantes „inter montes et valles nemorosas, divino iudicio ibidem fere omnes

„perierunt. . ." Şi Katona comentéză acest text : „Non est dubium : „Tartaros etiam ab incolis terrae circa septem castra, *seu Transil-* „*vanis,* fusoś et caesos esse". Neapěrat, „Septem castra", nemţesce „Siebenbürgen", slavonesce „Седмиградъ", literalmente „Şépte-cetăţī", însemnéză Transilvania ; Katona însă nu bagă în samă preposiţiunea „circa". Expresiunea : „incolae terrae circa septem castra" nu vrea să ḑică : „locuitoriī Transilvanieī", ci : „locuitoriī de lîngă Transil-vania". Numaī „reliqui", resturile cele scăpate din bătălia cea mare, întraseră în interiorul Transilvanieī şi aŭ fost lovite acolo de cătră Săcuī, după cum o atestă o diplomă din 1289 : „quum perfida gens „Tartarorum regnum nostrum hostiliter et crudeliter adijsset, et „maximam partem regni nostri vastibus duris et spolijs peragras- „set, ac infinitam multitudinem incolarum regni nostri in sua fe- „roci captivitate abduceret, et ijdem Tartari spolijs, bonis et rebus „regni nostri honerati, ad propria remearent, predicti Siculi contra „insultum et rabiem eorundem Tartarorum pro liberacione patrie „gentis sub castro Turuskou (Toroczkó) se viriliter obiecerunt, et „contra eosdem Tartaros laudabiliter dimicarunt, et in eosdem con- „flictu ultra quam mille homines de miserabili et enormi captivi- „tate eorundem Tartarorum liberarunt. . ."

Cronica anonimă este într'un acord deplin cu preţiósa relaţiune a croniceī austriace : bătália cea decisivă cu Tătariī nu se întâm-plase chīar în Ardél, ci numaī în apropiare : „circa septem castra". Armata creştină se compunea din Ungurī şi din oştirea auxiliară cea oltenésca, pe care ca vasal o trimise Bărbat-vodă. Mers'a în capul eī însuşī voevodul? nu se scie. Când o cétă de OltenĪ tre-cuse Dunărea în ajutorul Bizantinilor contra Serbilor, Bărbat-vodă remase în Oltenia, trimiţênd în locul seŭ pe Basaraba dela Bălacīu ; e probabil că şi'n rîndul acesta în fruntea contingentuluī oltenesc se află vre-un Basarabă devotat luī Bărbat-vodă, de sigur dintre ceī catolicī. Primind porunca voevoduluī, LetiniĪ şi RomanaţiĪ cu kineziī lor trebuĪaŭ să mérgă vrênd-nevrênd împreună : „совокупи-шася", măcarcă ortodoxiĪ şi catoliciĪ nu trăiaŭ bine uniĪ cu alţiĪ. Bărbat-vodă fiind catolic, i śe înfăţişa acum ocasiunea cea maĪ pro-pria de a expune la mórte pe ceĪ maĪ primejdioşĪ duşmanĪ aĪ seĪ dintre ortodoxĪ. Acésta ne şi face a o înţelege cronica anonimă, imaginând următórea epistolă din partea Letinilor cătră regele Ladislaŭ :

Имѣють съ нами брань о вѣрѣ старые Римлѣне, не хотяше съ нами въ новый римъский законъ и живяше во греческой вѣрѣ во старомъ Римѣ; а нынѣча они всѣ пріидоша съ нами къ тебѣ на помошь, едины жены и дѣти малые оставиша во Старомъ Римѣ; и мы есмя съ тобою одинъ законъ, пріятелемъ своимъ есмя заодинъ пріятели и непріятелемъ своимъ есмя заодинъ непріятели; а ихъ бы еси послалъ напреди всѣхъ людей противъ Татаръ, чтобы они побиты были, или отъ таковыхъ ихъ Богъ свободитъ, и ты бы ихъ оставилъ у себя во своей земли, толко бы они не возвратилися во старой Римъ, и мы жены ихъ и дѣти поемлемъ къ себѣ въ римский законъ.

Vechiĭ Rimlenĭ sînt în luptă cu noĭ din pricina legiĭ, căcĭ n'aŭ voit să trécă cu noĭ la legea nouă latinéscă, ci trăesc în legea grecéscă în vechĭul Rîm. Iar acum aŭ venit cu toţiĭ împreună cu noĭ spre ajutorul teŭ, lăsându-şĭ în vechĭul Rîm numaĭ femeile şi copiiĭ ceĭ micĭ. Iar noĭ sîntem de acelaşĭ lege cu tine, prietinilor teĭ sîntem prietinĭ, duşmanilor teĭ duşmanĭ; decĭ bine aĭ face, dacă i-aĭ trimite pe eĭ înaintea tuturor celor-lalţĭ ómenĭ în potriva Tătarilor, că dóră vor cădé cu toţiĭ în luptă; iară dacă Dumneḑeŭ îĭ va feri de Tătarĭ, să-l laşĭ în ţéra ta, ca să nu se maĭ întórcă în vechĭul Rîm, ĭar pe femeile şi copiiĭ lor îĭ vom lua în legea nóstră latinéscă.

Ca epistolele cele intercalate în orĭ-ce cronică medievală, scrisórea de maĭ sus nu este nicĭ ea autentică, dar servesce fórte nimerit a caracterisà situaţiunea Olteniĭ, sub voevodatul celor doĭ succesivĭ Basarabĭ catolicĭ.

Urmarea din cronica anonimă:

И не многу времени минувшу, и бысть битва велика Владиславу королю Угорскому съ Татары, съ Неимѣтомъ княземъ, на рѣкѣ на Тисѣ, и поидоша Старые Римляне напередъ всѣхъ и опослѣ многие люди Угрове и Римьляне одинъ латиньский законъ, и побиша Татаръ преже старые Римьляне и потомъ Угрове и новые Римьляне, и немного падоша старыхъ Римьлянъ. Краль же Владиславъ Угорьский вельми радовашеся о таковѣмъ пособіи Божіи, а старыхъ Римьлянъ вельми жалуа и милуа за ихъ храбрость, и показаша имъ грамоту новыхъ Римьлянъ, что о нихъ писали и о ихъ женахъ и позваша ихъ къ собѣ служити, дабы

Şi nu după multă vreme s'a dat luptă mare între Vladislav craiul unguresc şi între Neimet cnézul tătăresc la apa Tiseĭ; şi maĭ întâĭu de toţĭ aŭ intrat în luptă vechiĭ Rîmlenĭ, după eĭ Ungurĭ mulţĭ şi Rîmleniĭ ceĭ de legea lătinéscă, şi aŭ bătut pe Tătarĭ maĭ întâĭu vechiĭ Rîmlenĭ, apoĭ Unguriĭ şi noiĭ Rîmlenĭ, şi n'aŭ perit mulţĭ dintre vechiĭ Rîmlenĭ. Vladislav, craiul unguresc, fórte s'a bucurat de acest ajutor dumneḑeesc, ĭar pe vechiĭ Rîmlenĭ ĭ-a cinstit şi ĭ-a miluit fórte pentru vitejia lor, şi le-a arătat apoĭ scrisórea noilor Rîmlenĭ, ce ĭ-aŭ fost scris'o aceştĭa de eĭ şi de nevestele

не пошли въ Старой Римъ, да не по-
гибли отъ новыхъ Римлянъ...

lor, şi ĭ-a chiămat la sine în slujbă
ca să nu se maĭ întórcă în vechĭul
Rim şi să péră de mâna noilor Rim-
lenĭ...

In fine, ultimul pasagĭu :

Владиславъ же король прія ихъ
съ великымъ хотѣніемъ и даде имъ
землю въ Марамореш, межи рѣками
Морешемъ и Тісею, нарицаемое мѣсто
Крижи, и ту вселишася и собрашася
Римляне и живяше ту и пояше за себя
жены Угоркы отъ латыньского закону
во свою вѣру христіяньскую даже и
донынѣ. И бѣ въ нихъ человѣкъ ра-
зуменъ и мужественъ, именемъ Дра-
гошъ...

Iar Vladislav craĭul cu mare
bucuriă i-a primit şi le-a dat pămînt
în Maramureş, între apele Mureşuluĭ
şi Tiseĭ, locul ce se chiămă Criş, şi
acolo s'aŭ adunat şi s'aŭ aşeḑat
Rîmlenii, şi trăind acolo, aŭ inceput
a-şĭ lua femeĭ Unguróice de legea
lătinéscă şi a le întórce la legea lor
creştinéscă, şi astfel trăesc pînă as-
tăḑĭ. Şi era între eĭ un bărbat cu
minte şi vitéz cu numele Dragoş...

Porţiunea cea maĭ veche a croniceĭ anonime se încheiă aci cu
intemeiarea Moldoveĭ de cătră Dragoş-vodă la 1359. Intréga bu-
cată, dela început pînă la sfîrşit, nu cuprinde în sine absolut nemic
fabulos, afară numaĭ dóră de originea Românilor din Veneţia, care
s'a explicat şi ea maĭ sus prin coloniile cele veneţiane în Oltenia
în secolul XIII, maĭ cu samă la Nedeĭa. Datoria vasaluluĭ Bărbat-
vodă de a ajuta pe suzeranul rege Ladislaŭ, invasiunea Tătarilor
în Ungaria la 1285, lupta cea de lîngă Tisa „circa Septem-castra",
desbinarea religiósă între Doljenĭ şi între Românăţenĭ, tóte acestea
limpeḑesc d'a-pĕr-a-fir elementele curat istorice ale porţiuniĭ celeĭ
vechĭ a croniceĭ anonime.

Aşa dară strămoşiĭ luĭ Dragoş-vodă, plecaţĭ din Oltenia pe la
1285, fuseseră kinezĭ din Romanaţ, din acelaşĭ ramură a Basara-
bilor de unde se trăgea Dan-vodă cel dela 1290, al căruĭa frate
Tĭhomir remase apoĭ tulpina tuturor Domnilor Ţereĭ-Românescĭ pînă
la Mircea cel Mare şi maĭ jos. Se póte dară afirmă cu tot dreptul,
că intemeiătoriĭ ambelor Staturĭ românescĭ, Muntenia şi Moldova,
aŭ fost din acelaşĭ familiă, deşi nu tocmaĭ fraţĭ, după cum o bănuiă
genialul Cantemir.

Cuvintele luĭ Miron Costin din poema sa polonă :

Jest wieś Kucha nazwana w Maramorskiey ziemi,
Tam Dragosz syn Bogdanow mieszkając ze swemi,
Bogdan z dawnych Dominow sczycił się krewnoscią...

adecă : „Este un sat numit Cuha în ţéra Maramurăşuluĭ, unde lo-
„cuĭa cu aĭ seĭ Dragoş fiĭul luĭ Bogdan, ĭar *Bogdan era mândru de*
„înrudirea sa cu vechiĭ Domnĭ“, — nu se confirmaŭ pînă acuma, de
vreme ce nu se sciea încă originea luĭ Dragoş, pe când astăḑĭ
prin cercetarea de faţă némul cel vechĭu domnesc al voevoḑilor
din Maramurăş, ca descendinte din Basarabiĭ ceĭ Românăţenĭ, con-
sângenĭ cu posteritatea voevoduluĭ oltenesc Dan, se adeveresce.
După date istorice positive, Dragoş-vodă nu era fiĭu al luĭ Bogdan-
vodă, ci amîndoĭ eraŭ chĭar rivalĭ şi vrăjmaşĭ, dar totuşĭ din acelaşĭ
mare familiă kinezială, care s'ar puté numi a Bogdănescilor.

După retragerea străbunuluĭ luĭ Dragoş-vodă la 1285 prin góna
Letinilor dela Nedeĭa, peste puţin Bărbat-vodă a murit, dacă nu
cum-va va fi fost resturnat saŭ omorît din causa tendinţeĭ sale ca-
tolice. Deochĭaţĭ, Basarabiĭ din Dolj aŭ căḑut pentru mult timp, şi
kineziĭ oltenescĭ n'aŭ maĭ voit a alege voevod pe alt cine-va decât
pe ortodoxul Basarabă din Romanaţ. Dan-vodă perind el-însuşĭ în
resboĭu la 1298, ĭ-a urmat pe tron fratele seŭ Mircea.
Cronica anonimă, enigmă pînă aci, capĕtă o neaşteptată va-
lóre istorică, confirmându-se prin epizodul fraţilor Litén-vodă şi
Bărbat-vodă, pe care ea-însăşĭ îl confirmă la rîndul seŭ. Invierşu-
nata luptă de vr'o jumătate de secol în Oltenia între catolicism şi
între ortodoxiă dela 1246 pînă pe la 1290, terminată apoĭ prin
definitiva dărimare a propagandeĭ papistaşe, este un moment de
o extremă importanţă în istoria naţionalităţiĭ romăne, pe care a
scăpat'o biserica resăriténă maĭ mult chĭar decât vitejia némuluĭ.
Dacă ar fi reuşit Letiniĭ, dacă Oltenia — cuĭbul Staturilor romă-
nescĭ — ar fi încăput pe ghiara cleruluĭ celuĭ maĭ necetăţenesc şi
a celuĭ maĭ corumpĕtor, a celuĭ maĭ puţin evangelic şi a celuĭ maĭ
cosmopolit tot-o-dată, Muntenia şi Moldova, despărţite de orientul
Europeĭ, ar fi ajuns de de-mult ungurésca şi polonă...

Un *Post-scriptum.*
D. Puşcarĭu ḑice : „După datele luĭ S. Mangĭucă (Romăn.
„Revue 1887 p. 400—490), basate pe diplomele reguluĭ Ladislaŭ

„Cumanul din 1281 dată luĭ Seraphin de Akalich şi din 1288 dată
„Magistruluĭ Toma, s'ar fi întâmplat douĕ migraţiunĭ a Românilor
„din Maramurăş în Moldova, una în anul 1277 sub Dragoş fiĭul
„luĭ Bogdan I, şi alta la 1359 sub Bogdan II voevod de Mara-
„murăş. Prin aceste descoperirĭ s'ar alterà mult şi cronologia şi
„seria voevoḑilor Moldovenĭ. Pînă nu se va constata maĭ apriat
„existenţa luĭ Dragoş la 1277, noĭ etc." D. Puşcarĭu se opresce,
şi n'ar fi trebuit nicĭ măcar să'şĭ dea ocasiunea de a se opri. Îmĭ
pare fórte reŭ, dar nu pot pricepe: de unde óre le va fi luat
tóte acelea? Nu există nicăirĭ nicĭ o diplomă a reguluĭ Ladislaŭ Cu-
manul, unde să se afle ce-va despre vre-un Dragoş-vodă saŭ vre-un
Bogdan-vodă la 1277 saŭ la un alt an orĭ-şi-care. Cele douĕ diplome
citate din 1281 şi 1288 nu cuprind direct saŭ indirect nicĭ o si-
labă despre Românĭĭ din Maramurăş saŭ din Moldova saŭ fie de
orĭ-unde. D. Puşcarĭu m'ar îndatora nemărginit, dacă îmĭ va arăta
contrariul. Las însă la o parte pe reposatul Mangĭucă, ultimul apĕ-
rător al cronceĭ luĭ Huru.

§ 34. Originea Maĭlaţilor.

Bibliografia: Istoria critică p. 136. — *Moroškinŭ*, Славянскій именославъ, Petersb.
1867 in-8 p. 193 sq. — *Fotino*, Ἱστορία t. II p. 12. — *Tunusliĭ*, trad. Sion p. 127. — *Şincaĭ*,
ad an. 1258, 1300. — *Katona*, Hist. critica t. VI p. 1077, 1151. — *Teutsch* u. *Firnhaber*, Ur-
kundenbuch p. 134, 144, 195, 198. — *Fejér*, Cod. Diplom. t. VIII vol. 3 p. 625. — *Puşcarĭu*,
Date istorice, t. I p. 152 sq., t. II p. 223 sq. — *Gr. Majláth*, Majláth Család tragediaja
1875, ap. Puşcarĭu, op. cit.

In *Istoria critică* eŭ constataĭ cel întâĭu numele tatăluĭ luĭ
Alexandru Basarabă, menţionat într'o diplomă din 1332 dela re-
gele unguresc Carol-Robert: „in terra transalpina per Bazarab, *fi-
lium Thocomery*". Pe acest „Thocomerus" eŭ l'am transcris prin
„Tugomir", şi apoĭ după mine aŭ repetat toţĭ istoricĭĭ noştri: *Tu-
gomir*, fără a'şĭ da ostenéla de a cerceta, dacă transcripţiunea mea
este saŭ ñu este corectă. Eĭ bine, ea corectă nu este. Numele per-
sonal Tugomir, „Тугомиръ, Tugemirus, Tangomir", a existat la Slavĭ,
derivat din radicala тжг-, de unde la Românĭ cu nasala conservată:
tângă, nătâng, tânguire, astfel că nu putea să fie la noĭ „Tugomir",
ci ar fi fost „Tàngomir". Aşa dară latinul *Thocomerus* din diploma
dela 1332 cată să fie un alt nume personal, fórte cunoscut în
onomastica slavică: Тихомиръ, „Techomerus", „Teichomerus", după
cum se numĭa chĭar un principe bulgăresc din secolul XI. In adevĕr,

pe când Tugomir e necunoscut la Românĭ, numele Tihomir din contra se întrebuinţă óre-cându tocmaĭ la Olteniĭ, de unde un sat moşnenesc în Mehedinţ se chiamă pînă astădĭ *Tihomir* saŭ la plural *Tihomirĭ*. Să renunţăm dară cu toţiĭ la greşitul *Tugomir*.

Din numerósele numĭ slavice cu finalul -*mir:* Tihomir, Dobromir, Dragomir, Vladimir etc., graiul românesc şi-a format un singur nume comun Mir, după analogia altor finalurĭ nominale, de exemplu din Bogdan — Dan — Dancu — Danciu, saŭ din Şerban — Ban — Bănică — Bance. Românul *Mircea* n'are nicĭ o altă origine calendaristică decât numaĭ finalul slavic -*mir*, deminutiv apoĭ prin -*cea* ca în: Mihalcea, Grigorcea, Neculcea, Oncea etc. Şi la Slavĭ a existat numele personal Mir cu deminutivul Mirko, iar pe românul Mircea Serbiĭ il amplificaŭ în Mirceta. Alăturĭa cu *Mircea* Româniĭ aŭ pe *Mirea*, care este un deminutiv poporan din „Dimitrie", astfel că *Mircea* se diferenţiază numaĭ pentru finalul slavic -*mir*. In acest mod, Tihomir-vodă tatăl luĭ Alexandru Basarabă se identifică perfect cu primul Mircea-vodă fratele primuluĭ Dan-vodă din cronica muntenéscă, acéstă cronică confundând totuşĭ pe amîndoĭ cu ceĭ doĭ fraţĭ Dan şi Mircea din secolul XIV. După cum primul Dan cel ucis la 1298 s'a demonstrat maĭ sus pe calea documentală, primul Mircea începe deja a se demonstra de asemenea prin identitatea acestuĭ nume cu al tatăluĭ luĭ Alexandru Basarabă în diploma cea necontestabilă dela 1332.

In locul acestuĭ Mircea I, care completéză şirul cel tradiţional verificabil al voevoḑilor oltenescĭ din secolul XIII, ne întimpină de o dată un alt nume noŭ: Ştefan-vodă Maĭlat, pe care nicĭ Radu Grecénu, nicĭ Constantin căpitanul Filipescu, nicĭ cronica cea „de când aŭ descălecat Româniĭ", nu'l aŭ de loc şi despre care chĭar aceĭa ce'l intercaléză mărturisesc în acelaşĭ timp că: „în létopiseţ nu se află".

Cată dară, înainte de a trece la Mircea I, să limpeḑesc acest punct de controversă, care — o vom vedé îndată — nu se întemeĭază pe o născocire saŭ pe vre-un anacronism, ci forméză în realitate un interesant epizod din istoria luĭ Dan I.

La fraţiĭ Tunusliĭ, carĭ represintă manuscriptul stolniculuĭ Constantin Cantacuzin din secolul trecut, după primiĭ ceĭ treĭ voevoḑĭ Radu-Negru, Mihaĭu-vodă şi Dan-vodă figuréză un „Ştefan-vodă

Mailat în anul 1300". Despre acesta ni se spune că: „în Létopiseț
„nu se află înscris, dar cronograful Domnilor Serbieï arată că el
„domnïa la anul 1304, când a pre'noit cetatea Făgărașuluï".

De asemenea la Șincaï: „Anul 1300. La anul acesta așa scrie
„anonimul românesc: Stefan-vodă Mailat lét 1300, la létopiseț nu
„este, ĭară la hronica stăpânitorilor serbescï îl arată că la acest
„velét domnind aŭ făcut cetatea Făgărașuluï". Se scie că Șincaï
admite pe ceï treï voevoḑï anterĭorï, făcênd însă o remarcabilă re-
servă: „aŭ domnit Radul Negru, Mihail și Dan-vodă, dar n'aŭ
„domnit preste tótă Țéra-Muntenéscă, ci numaï pre-
„ste o parte a eï"; despre Stefan Maïlat însă el se îndoesce,
observând că „cetatea Făgărașuluï s'aŭ făcut prin orânduéla luï
„Ladislav voivoduluï din Ardél", și decï Stefan Maïlat luï Șincaï
îï remâne suspect.

In fine, Fotino cunósce și el pe acelașï voevod, pe care'l nu-
mesce și Basarabă: „Στέφανος Βοεβόδας Μαϊλὰτ Βασσαράβας", citând tot
o fântână slavică: „ἡ Σερβικὴ χρονολογία", o altă însă maï pe larg
decât cea citată de Cantacuzin și de Șincaï, căcï sub acelașï Stefan
Maïlat se menționéză treï fapte:

1⁰. Fortificarea Făgărașuluï;

2⁰. O luptă contra reguluï unguresc Andreïu III, biruitóre, dar
împăcată;

3⁰. Trimiterea de un ajutor de óste reguluï serbesc Stefan
contra Tătarilor.

Durata cea atribuită domniriï luï Stefan Maïlat dela 1298 pînă
la 1325 este o combinațiune proprĭă, după obiceĭu, a luï Fotino,
care une-orï o nemeresce de minune, nu însă pretutindenea; și tot
proprĭŭ luï Fotino este amăruntul cel greșit că regele serbesc Stefan
cel în cestiune a fundat mănăstirea Decĭan în Serbia, ceea-ce se
referă la un alt rege serbesc maï târḑiŭ. Lăsându-se dară la o
parte aceste douĕ date subiective, cele treï de maï sus merită de
a fi studiate, și anume prin ele eŭ ajung la conclusiunea că Stefan
Maïlat nu putea să fie alt cine-va decât un Basarabă kinez olte-
nesc din timpul luï Dan-vodă dintre 1288—1298, un simplu cap
de oștire numit serbesce „voevoda" întocmaï după cum sub Mihaïu-
vodă Liténul Serbiï numĭaŭ „voevoda" pe Basarabă dela Bălacĭu.

Maï întâïu să se constate absoluta imposibilitate a celor treï
date de a se fi petrecut după mórtea luï Dan-vodă la 1298, și apoï
lesne se va dovedi posibilitatea și chĭar realitatea lor înainte de 1298.

Regele Andreĭu III a murit în Ianuariŭ 1301. Intre 1298—1301 n'a fost nicĭ un resboĭu saŭ vre-o resmiriţă în regiunea Carpaţilor. Prin urmare, în acel interval de timp Olteniĭ n'aŭ putut să aĭbă nicĭ o luptă contra regeluĭ Andreĭu III. Una la mână.

Regele serbesc Stefan Milutin n'a avut nicĭ o cĭocnire contra Tătarilor după anul 1298, ĭar cu atât şi maĭ puţin ulteriorul rege Stefan dela Decĭan, urcat pe tron la 1321, care nu s'a bătut nicĭ o dată cu Tătariĭ; şi decĭ în acel interval de timp Olteniĭ nu puteaŭ să dea Serbilor un ajutor contra Tătarilor. Douĕ la mână.

Cât se atinge de fortificarea Făgăraşuluĭ de cătră Olteni la 1300 saŭ ce-va maĭ încóce, deja Şincaĭ a observat neprobabilitatea faptuluĭ.

Resultă dară că nicĭ un Stefan Maĭlat n'a făcut ceea ce i se pune pe socotélă ca voevod oltenesc după anul 1298; nu resultă însă că înainte de anul 1298 dinsul nu putea să le fi făcut în parte saŭ peste tot, adecă sub domnia luĭ Dan-vodă, ca unul dintre Basarabiĭ ceĭ subalterni. Şi aşa a şi fost.

Să mĕ opresc maĭ întâĭu asupra Maĭlaţilor. De vécurĭ eĭ sînt unul din némurile românescĭ cele maĭ respândite în ţéra Făgăraşuluĭ. Cel maĭ celebru dintre eĭ purtase tocmaĭ numele de Stefan, trecuse la catolicism, ajunsese voevod unguresc al Transilvanieĭ, a stăpânit chĭar Făgăraşul, a trăit fórte reŭ cu Domniĭ din Ţéra-Românéscă şi din Moldova, maĭ ales cu Petru Rareş, a fost prins prin trădare de Turcĭ şi a murit rob la Constantinopole în 1551. O ramură a Maĭlaţilor a întrat în aristocraţia unguréscă, dintre carĭ unul, contele Coloman Majláth, se fălesce de a fi din némul Basarabilor. Ramura cea maĭ documentală, scăḑută de demult la ţerăniă, sînt Maĭlaţiĭ din Dejanĭ de lînga Făgăraş, carĭ păstréză un crisov muntenesc dela Vlad-vodă, dat boĭeruluĭ Stancĭu Maĭlat la 1452. Fiind la mijloc numaĭ vre-o 150 de anĭ, este fórte probabil că toţĭ Maĭlaţiĭ se trag din kinezul oltenesc Stefan Maĭlat cel de pe la 1300, unul dintre Basarabiĭ ceĭ devotaţĭ luĭ Dan-vodă, însărcinat a întări şi a apĕra Făgăraşul contra agresiuniĭ din partea Ungurilor.

O asemenea însărcinare este într'o legătură învederată cu actul din 1291, prin care regele Andreĭu III dăruise Făgăraşul Unguruluĭ Magistru Ugrin. A urmat apoĭ în adevĕr o scărmănélă între Olteni şi între Maghĭarĭ, dar ĭată cum. Cam peste un an, la 1292, adecă în curând după expediţiunea Ungurilor contra Austrieĭ: „exer-

CLXXIV

„citum contra ducem Austriae et Stiriae, tunc capitalem inimicum „regni“, s'a resculat magnatul săcuĭu Rorand (Roland şi Lorand in alte texturĭ), voevod al Transilvanieĭ incă de pe la 1280 din timpul regeluĭ Ladislaŭ Cumanul. Rădicând stégul revolteĭ in Săcuime, voevodul Rorand era fórte periculos pentru Ungaria. Regele Andreĭu III s'a grăbit a păşi el-insuşĭ, după cum o spune intr'o diplomă din 1296: „quum contra Rorandum voyvodam et fratres „suos, filios Thomae, cum nostrae militiae multitudine armatorum „processissemus et castrum eorum, Adrian vocatum, facerimus ob-„sideri“. Este aprópe de minte că Rorand nu s'ar fi bizuit a se rescula, dacă nu avea vre-un aliat puternic din vecinătate, şi nu putea să fie alt cine-va maĭ potrivit decât voevodul oltenesc Dan-vodă, supĕrat tocmaĭ de curând contra Ungarieĭ. Olteniĭ, conduşĭ de Basaraba Stefan Maĭlat, vor fi lovit posesiunile unguresci de lîngă ţéra Făgăraşuluĭ. Regele Andreĭu III n'a intârḑiat insă a impăca pe Dan-vodă, temĕndu-se, negreşit, ca revolta din Ardél să nu se generaliseze.

Astfel se explică fortificarea Făgăraşuluĭ la 1291 şi lupta contra Ungurilor la 1292, cele doue fapte inregistrate in cronica cea slavică din Fotino. Nu maĭ puţin plausibil este ajutorul oltenesc cel dat luĭ Stefan Milutin. Duşman al Letinilor Mihaĭu-vodă şi Bărbat-vodă, prin insăşĭ acésta Dan-vodă era prieten cu regele serbesc, pe care la 1293 l'aŭ atacat Tatariĭ hanuluĭ Noga, stăpân atuncĭ in Moldova şi 'n Bulgaria. Dan-vodă nu avea nevoe de a trimite peste Dunăre o cétă in ajutorul Serbilor, de óră ce'ĭ ajungea o energică diversiune, ameninţând hotarele tătărescĭ, carĭ nu eraŭ depărtate la sud de Vlaşca şi la nord de Făgăraş. In ultimul cas braţul drept al luĭ Dan-vodă a putut să fie tot Stefan Maĭlat.

Rectificăm cronologia fără a schimba faptele. Critica cea pĕtrunḑétóre nu destruge personalitatea luĭ Stefan Maĭlat, ci numaĭ preciséză pe acest insemnat factor din istoria Oltenieĭ de pe la finea secululuĭ XIII, un factor atât de insemnat incât numele luĭ a putut să apară posterităţiĭ sub aureola mărită de Domn al Ţereĭ-Româ-nescĭ. Cu acéstă ocasiune se verifică incă odată importanţa datelor analistice celor culese de Fotino.

Stefan Maĭlat Basarabă pe lîngă Dan-vodă, póte şi pe lîngă Mircea-vodă, jóca acelaşĭ rol ca maĭ sus Basarabă dela Bălacĭu pe lîngă Mihaĭu-vodă Liténul şi Bărbat-vodă; acelaşĭ rol ca maĭ jos Ivanco Basarabă pe lîngă Alexandru-vodă; câte treĭ numiţĭ de o potrivă „voevoḑi" în fântânele istorice serbe, deși eĭ nu eraŭ decât nisce fruntașĭ dintre kineziĭ oltenescĭ.

Acuma dară se curăță terenul pentru istoria adevăratuluĭ voevod oltenesc dela 1298 încóce, anume Tihomir saŭ Mircea I, fratele și succesorul luĭ Dan I din ramura Basarabilor din Romanaț.

§ 35. Mircea I și robia regeluĭ Ottone în Oltenia.

Bibliografia : *Ottokar von Horneck*, Chronicon, în Pez, Scriptores rerum Austriacarum, Ratisbonae 1745 in f. t. III p. 759—61. — *Schacht*, Aus und über Ottokar's von Horneck Reimkronik, Mainz 1821 in-8 p. 17, 202 sq.; cfr. Jacobi, De Ottocari chronico Austriaco, Vratislaviae 1839 in-8. — *Katona*, Hist. critica t. VIII p. III, 139 sq. — Chronicon Budense ed. Podhradczky, Budae 1838 in-8 p. 227 sq. — *N. Densușianu*, Monumente pentru istoria Făgărașuluĭ p. 57. — *Eder*, Observationes p. 26—7. — *Orban*, A Székelyföld, Pest .869 in-4 t. III p. 86 sq. — *Rösler*, Rom. Stud. p. 295. — *Haner*, Das Königliche Siebenbürgen, Erlangen 1763 in-4 p. 135 nota. — *N. Densușianu*, Documente 1199—1345, p. 569. — *Fejér*, Cod. diplom. t. VIII vol. 5 p. 51—52; cfr. Marienburg, Geographie t. II p. 31. — *Karadžić*, Пјесме t. II p. 379: cfr. Bezsonow, Болгарскія пѣсни p. 43. — *Čojković*, Пѣванія церногорска p. 115. — *Laurian-Bălcescu*, Magazin istoric t. I p. 92. — *A. Xenopol*, Istoria t. II p. 70 nota 2.

Mircea-vodă domnise cel mult vr'o un-spre-ḑecĭ anĭ, între Dan-vodă mort la 1298 și între Alexandru-vodă urcat pe tron la 1310. In acest restimp voevodatul oltenesc se pare a fi fost preocupat maĭ ales de trebile Ardéluluĭ, începênd dela 1300 când Unguriĭ apucă Făgărașul și 'l fortifică. Cronica cea municipală a Făgărașuluĭ ḑice : „1300. Ist Fogaras abermahl erbaut", ĭar analele mănăstiriĭ catolice de acolo : „Anno 1300 Fogar denuo aedificata". Orașul nu se află în interiorul țereĭ, ci la margine. Se nasce dară o întrebare firéscă : nu cum-va Unguriĭ vor fi cuprins numaĭ orașul ? In orĭ-ce cas, stăpânirea lor a durat pré-puțin. Apucarea Făgărașuluĭ și perderea luĭ de cătră Ungurĭ, una și alta se explică de o potrivă prin evenimente politice bine cunoscute. Apucarea Făgărașuluĭ ce-va înainte de 1300 coincidă tocmaĭ cu mórtea luĭ Dan-vodă, când va fi ocurs în Oltenia o turburare pînă la noua alegere domnéscă, de care ușor a putut să profite voevodul transilvan Ladislaŭ Apor; la 1301 însă móre regele unguresc Andreĭu III, când s'a întâmplat o turburare și maĭ mare în Ungaria, ba chĭar o anarchiă de maĭ mulțĭ anĭ, și atuncĭ la rîndul seŭ profită Mircea-vodă pentru a reluà Făgărașul. Redobândirea de astă dată se pare a nu fi provocat luptă între Ungurĭ și între Oltenĭ, ci s'a petrecut fără resboĭu, căcĭ peste puțin după 1301 noĭ vedem pe

Ladislaŭ Apor în legătură de amiciă cu Mircea-vodă, voevodul tran-
silvan avênd acum zor de ajutorul voevodului oltén, şi decĭ de
bună voe a trebuit să nu 'ĭ maĭ dispute ţéra Făgăraşuluĭ cu ora-
şul cu tot.

Dupa regele Andreĭu III, mort fără moştenitor, s'aŭ ivit
treĭ pretendenţĭ : doĭ copilandri, principele Carol-Robert din Nea-
pole şi principele Venceslaŭ din Bohemia, plus un flăcaŭ : du-
cele Ottone din Bavaria ; un Italian, un Slav şi un German, toţĭ
maĭ mult saŭ maĭ puţin înrudiţĭ prin alianţe cu vechea dinastiă
arpadiană a Ungarieĭ. Cel maĭ cu drepturĭ şi susţinut singur de
Papa era Carol-Robert ; cu tóte astea s'a ales maĭ întâĭu Ven-
ceslaŭ, care însă n'a întârḑiat a se retrage desgustat în Bohemia,
cedênd Bavaresuluĭ Ottone. Magnaţiĭ maghiarĭ eraŭ desbinaţĭ, ĭar
cel maĭ puternic dintre dînşiĭ şi cel maĭ îndrăsneţ era voevodul
transilvan Ladislaŭ Apor.

Deja regele Andreĭu III se speriase de voevodul Rorand, predece-
sorul luĭ Ladislaŭ Apor. Acest din urmă însă pe toţĭ voevoḑiĭ transil-
vanĭ fără excepţiune ĭ-a lăsat departe în códă. El deveni ca un principe
aprópe neatîrnat al Ardéluluĭ. Eder ne spune că Ladislaŭ călca în
picióre privilegiele Saşilor, îşĭ luă pe socotéla sa veniturile ţereĭ,
nu se temea nicĭ de regele, nicĭ chĭar de Papa. Voevodul Rorand
fusese aliat cu Dan-vodă ; voevodul Ladislaŭ erà acum aliat cu Mir-
cea-vodă ; Basarabiĭ în genere pentru toţĭ ceĭ resvrătiţĭ în Transil-
vania contra Ungarieĭ fiind ingredientul cel maĭ energic.

Ladislaŭ Apor avea o fiĭcă de o rară frumuseţă. Regele Ottone,
o dată incoronat în Buda, dorind de a deveni fórte popular între
Maghiarĭ, a fost îndemnat de a merge în Transilvania pentru a
luă în căsătoriă pe minunata fiĭcă a voevodului de acolo. A fost
o cursă. Ladislaŭ Apor a prins rob pe regele Ottone şi 'l ţinea fere-
cat, astfel că tronul unguresc devenia din noŭ vacant, ceea ce con-
venĭa ultimuluĭ pretendent Carol-Robert.

Descrierea cea maĭ importantă contimporană a robieĭ regeluĭ
Ottone se cuprinde în cronica rimată a Stirianuluĭ Ottocar de
Horneck, născut pe la 1250 şi care s'a amestecat nu o dată în
afacerile Ungarieĭ. Pe noĭ ne intereséză din acéstă cronică cele
doue capitole 769 şi 770. In resumat ne ajung următórele sumare
ale lor : „Cap. DCCLXIX. Nach vielen angethanen Trangsalen, und
„auf Bedrohung deren Königen aus Servien und Bulgarien entlasset
„Hertzog Ladislaus König Ottonem, und übergiebt ihn dem Wal-

„lachischen Fursten; Diser Furst trachtet mit Gewalt von ermeldten
„König die Ungarische Reichs-Kleinodien zu erzwingen; Nach ver-
„geblich angewendter Muhe entschlosse er sich, auff einrathen der
„Wallachen ihn erbärmlich umb das Leben zubringen; Erkrancket
„hierauf tödtlich, und durch Vermittlung etwelcher Frauen ertheilte
„er ihme zwar die Freyheit, und wird darauf gesund, liesse ihn
„aber nach erlangter Gesundheit auf ein neues gefangen nehmen.
„Cap. DCCLXX. Der Furst aus der Wallachey stellet endlichen
„König Ottonem auff freyen Fuss, nachdem er wegen dessen ge-
„waltthätiger Anhaltung zu zweymahlen kranckh, und auff dessen
„Losslassung eben so offt widerumb gesund worden; König Otto
„kommt hierauf in Reussen zu König Georgen seinen Verwandten,
„und von dannen zum Herzogen von Glogau, allwo er sich mit
„dessen Tochter in eine Ehe-Verbundnuss einlasset".

Aşa dară: după ce Ladislaŭ Apor ţinuse în robiă căt-va timp
pe Ottone, regele Serbieĭ şi regele Bulgarieĭ aŭ intervenit amîndoĭ
cu ameninţărĭ, cerênd ca să 'l libereze; atuncĭ Ladislaŭ a dat pe
Ottone în mănile Domnuluĭ Romănilor, care s'a arătat şi maĭ crud,
ba căt p'aci eră chĭar să omóre pe regele, căruĭa însă ĭ-aŭ venit în
ajutor femeile dela Curte, ameţind pe Domnul prin tot felul de
mijlóce băbescĭ, speriàndu'l mereŭ, maĭ cu samă Dómna, ceea-ce
sumarele de maĭ sus nu nĭ-o spun, dar ĭată textual:

> Nu hört, was da geschach.
> Dem laydigen Walach
> Ward aber wider we,
> Verrer wirs denn e.
> Da sprach aver sein Fraw:
> Nu siech und schaw,
> Wer wider Got vicht,
> Wie er das richt! ...,

astfel că Domnul Romănilor lasă în sfîrşit vrênd-nevrênd pe regele
să plece, făcêndu'l scăpat în Galiţia, ĭar de acolo în Prusia.

Fântânele cele grupate de Katona confirmă unanim relaţiunea
luĭ Ottocar de Horneck în trăsurele'ĭ cele esenţiale, maĭ explicit în spe-
cie Henricus Oettinganus: „MCCCVII. Rex Otto ut magis Ungariam
„tenere posset, consilio Ungarorum ei despondetur filia ducis Ladislai
„Transsilvani; sed postea insidiis Alberti caesaris per Ungaros et
„ipsum Ladislaum capitur: plus anno detinetur. MCCCVIII. Otto
„rex liberatur; per Prussiam, Russiam venit; ducis Glogaviae filiam

„in via despondet". Numaĭ particularitatea robieĭ la Mircea-vodă, unde regele Ottone erà să fie chĭar omorît, nu se găsesce aĭurĭ decât la Ottokar de Horneck, măcar-că o alusiune se află şi 'n Chronicon Salisburgense: „diu in captivitate detentus, et m o r t i s p e r i c u l u m v i x e v a s i t".

Este fórte suggestivă la Ottocar de Horneck intervenţiunea regeluĭ Serbieĭ şi al Bulgarieĭ în favórea luĭ Ottone, sub cuvînt că eĭ se înrudesc cu dînsul prin alianţă cu regele unguresc Bela:

> Nu gestund darnach unlang,
> Daz der Kunig von Syrvey
> Und der von Pulgrey
> Fur die Warhait veɪnomen
> Von Kawflewten, dy dar chomen,
> Daz derselb Man
> Sew von Sypp gehort an:
> Wann sy warn auch an Underwint
> Kunig Welans Tochter Chind,
> Als auch der Kunig Ott was...

In adevĕr, principele bulgăresc Mihail dela Vidin era ginerele regeluĭ serbesc Stefan Milutin, care într'una din căsătoriile sale ţinuse pe o nepótă a regeluĭ Bela IV, amîndóĭ dară, „der Kunig von Syrvey und der von Pulgrey", eraŭ direct saŭ indirect rubedeniĭ cu regele Ottone. Nemic nu póte fi maĭ doveditor despre valórea informaţiunilor luĭ Ottocar de Horneck, pe carĭ totuşĭ Rösler nu se sfiesce a le botezà legendare: „der ganze Bericht hat etwas von dem Zuschnitt einer Legende".

Ambasada cea serbo-bulgară avusese o consecinţă de o noto-rietate aşa ḑicênd europeană, şi anume fiĭca cea frumósă a luĭ Ladislaŭ Apor, motivul robieĭ regeluĭ Ottone, a fost căsătorită cu fiĭul luĭ Stefan Milutin, provocând din partea Papeĭ o excomuni-caţiune a voevoduluĭ transilvan la 1309: „quod inter Nobilem vi-„rum Ladislaum Wayvodam Transilvanum et dominum Stephanum „Regem Servie tractatus habitus fuerat de filia ipsius Ladislai, ca-„tholica quidem et ex catholicis orta parentibus..." Ambasadoriĭ dară aveaŭ aerul nu atâta de a scăpa pe regele Ottone pe cât maĭ mult acela de a depărtà pe un logodnic: promisă Bavarezuluĭ, féta a fost dată Serbuluĭ, mândra Săcuĭancă trecênd dela un rege la un alt rege. Orĭ-şi-cum, plecând din Ardél, ambasada duse peste Dunăre vestea cea patetică despre suferinţele regaluluĭ prisonier, ceea-ce mi se pare a fi format sîmburele uneĭ balade poporane șerbe, după cum o vom vedé maĭ jos.

Unde óre fost'a închis regele Ottone, de'ntâĭu la Ladislaŭ Apor și apoĭ la Mircea-vodă? Ottocar de Horneck nu nĭ-o spune, dar nu e tocmaĭ greŭ de a nemeri cele douĕ reședințe, maĭ bine ḑicênd cele douĕ temnițe.

La 1309 Ladislaŭ Apor reședea în Deva, de unde scriea „amicis suis charissimis universitati Saxonum de Cibinio“ și de unde în afacerĭ eclesiastice corespundea cu cardinalul Gentile. Cu atât maĭ vîrtos la 1307 voevodul transilvan trebuĭa să fi șeḑut tot acolo și ținea închis pe regele Ottone la Deva, cel maĭ puternic vechĭu castel din Transilvania întrégă, pe care pînă astăḑĭ îl admiră că-lĕtorul și de unde neminea n'ar fi fost în stare de a smulge pe cine-va din mânile luĭ Ladislaŭ Apor. Deva n'a fost nicĭ o dată a Basarabilor, deși nu e departe la nord de Hațeg, pe care în secolul XIII îl stăpăniseră fără întrerumpere voevoḑiĭ oltenescĭ și unde se vede a fi stat atuncĭ Mircea-vodă, astfel că regele Ottone dintr'o temniță în alta a trecut sub o bună pază în apropiare, căcĭ o ase-menea pradă nicĭ nu putea să se expună la o mare distanța. Astfel ambele reședințe sînt indicate : voevodul unguresc în Deva la 1307 și cel romănesc în Hațeg la 1308. Prin ambasada luĭ Stefan Mi-lutin numele Hațeguluĭ străbătu cu acea ocasiune la Serbĭ cu repu-tațiunea de o vestită închisóre. Cu schimbarea „craĭuluĭ Ottone“ în eroul poporan „Marco Crăișorul“, o baladă serbă ne povestesce acelașĭ motiv epic al scăpăriĭ dintr'o teribilă robiă prin ajutorul femeiĭ, întocmaĭ ca și'n relațiunea luĭ Ottocar de Horneck, ĭar loca-litatea acĭ se preciséză ca „afurisita temniță din Hațeg“ :

Боже мили! на свем' тебе вала!
Какав бјеше делибаша Марко!
Какав ли је данас у тамници,
У тамници Азачкој проклетој,

de unde vine scăparea prin fiĭca regeluĭ de Hațeg :

Но угледа лијепу дјевојку,
Милу штјерцу краља од Азака.

Să nu uĭt a observa că deja Bezsonov a explĭcat prin „Hațeg“ termenul topic serbesc „Азак“ din punctul de vedere fonetic, fără a fi dat tot-o-dată peste firul istoric. Ambasada luĭ Stefan Milutin la Deva și apoĭ căsătoria fiĭceĭ luĭ Ladislaŭ Apor cu fiĭul luĭ Stefan

Milutin limpeḑesce acuma prima origine a baladeĭ poporane serbe, unde un procedeŭ folkloristic obicĭnuit a suplantat pe regele Ottone prin stereotipul Marco Crăişorul, un personagĭu real de pe la finea aceluĭaşĭ secol, cunoscut duşman al Romănilor, dar care n'a fost nicĭ o dată la Haţeg.

Plecând din Haţeg, nu de pe aĭurĭ, regele Ottone ajunse în Galiţia fără a cădé din noŭ în mânile luĭ Ladislaŭ Apor, căcĭ nu trecuse nicăirĭ prin Transilvania şi nicĭ prin cercurĭ ungurescĭ, ci prin Crişiana şi prin Maramurăş, pe unde l'aŭ condus printre Romănĭ nesce călăuze de ale luĭ Mircea-vodă. Ottone maĭ avea cu sine un amic devotat Maghĭar, Emeric de Serény, căruĭa drept gratitudine ĭ-a acordat în urmă nobleţa bavareză.

Aducerea luĭ Ottone rob la Szegedin şi gonirea de acolo, pe carĭ le povestesce numaĭ Chronicon Posoniense, intemeiat pe un sgomot fals, sînt desminţite prin unanimitatea făntânelor şi chĭar prin bunul simţ. O dată stăpân pe Ottone, Mircea-vodă nu l'a dat inapoĭ luĭ Ladislaŭ Apor, măcar că era o legătură la mijloc; cu atât şi maĭ puţin dară ar fi avut nevoe de a'l trimite la Szegedin; ĭar Ladislaŭ Apor la rîndul seŭ, dacă ar fi reluat pe Ottone dela Mircea-vodă, érăşĭ nu l'ar fi dat partizanilor luĭ Carol-Robert, căruĭa ĭ-a fost vrăjmaş pînă la 1310. Apoĭ maĭ este ce-va. Din Szegedin regele cel gonit ar fi fost dus la Dunăre şi pe apă în sus, nu expulsat prin Galiţia.

Rumórea cea culésă in Chronicon Posoniense este învederat absurdă, dar totuşĭ e interesantă prin rolul ce se dă aci Magistruluĭ Ugrin, aceluĭaşĭ care, cu 17 anĭ inainte, se încercase prin favórea luĭ Andreĭu III de a răpi dela Basarabĭ Făgăraşul şi care de astă dată, devotat luĭ Carol-Robert, umblă pe semne să apuce pe Ottone: „Ladizlaus Boyvoda Ottonem Magistro Ugrino pre manibus, „faventi Karolo regi, in Zegedino tradidit ad suum libitum, qui „postmodum dictum Ottonem Ducem de regno expulerunt". Duşman cu Dan-vodă, Magistrul Ugrin va fi uneltit acuma contra luĭ Mircea-vodă. În adevěr, voevodul oltenesc căuta recunoscinţă dela viitorul rege al Uñgarieĭ, orĭ-care va puté să isbutéscă, fie Carol-Robert, fie altul, după cum o spune Ottocar de Horneck:

> . . . Frum und Er
> Von dem Chunig chunftigen;

decĭ acea recunoscinţă o câştiga nicĭ prin mijlocirea tocmaĭ a Ma-gistruluĭ Ugrin, nicĭ predând pe Ottone d'a-dreptul luĭ Carol-Robert care sigur nu erà încă, ci maĭ înţelepţesce decât tóte a scos pe Ottone immediat afară din Ungaria, ba chĭar şi acesta îĭ remânea îndatorit la cas de a recăpeta coróna, ceea ce era fórte cu putinţă în starea lucrurilor.

Să recapitulez. Urcat pe tron la 1298, Mircea-vodă perde pe la 1299 Făgăraşul, pe care însă il reĭea dela Ungurĭ înainte de 1307, devenind aliat cu voevodul transilvan Ladislaŭ Apor. Preocupat de Transilvania, el nu se maĭ amestecă în afacerile Bulgarieĭ ca în trecut fratele seŭ Dan-vodă, ci se aşéḑă la capetul opus al Oltenieĭ în Haţeg, unde la 1308 primesce rob spre păstrare pe regele Ot-tone, prins de Ladislaŭ Apor; dar după un interval de timp se resgândesce şi'l face scăpat în Galiţia. Povestind acest epizod, con-timpuranul Ottocar de Horneck ne spune că Domnul Românilor erà în tóte privinţele maĭ puternic decât voevodul transilvan şi decât principiĭ ceĭ de peste Dunăre:

> Zu den Walachen,
> Der an allen Sachen
> Herre ob den andern was...

§ 36. Alexandru-vodă: Periodul sub regele Carol-Robert.

Bibliografia: *Hasdeŭ*, Basarabiĭ p. 6.—Archiva istorică t. II p. 7.—*Fotino*, Ἱστορία p. 14 sqq. — *A. Xenopol*, Istoria t. II p. 77 sq. — *Luccari*, Copioso ristretto p. 49; cfr. Gebhardi, Gesch. d. Wal. p. 281. — *D'Ohsson*, Hist. des Mongols t. IV p. 755 sq.; cfr. Брунъ in Журн. Мин. Нар. Просвѣщенія 1878 t. CC p. 235. — *Boliac*, Topographie de la Roumanie, Paris 1865 in-8 p. 25. — *Theiner*, Monumenta Hungariae, Romae 1859 in-4 p. 513. — *Io. Cantacuzenus*, Historiarum l. IV, ed. Schopen, Bonae 1828 in-8 t. I p. 175, 475. — Гласник Друштва србске словесности t. XII p. 450. — *Danilo*, Животи краљева p. 181. — *Engel*, Gesch. d. Bulgaren p. 445. — *Katona*, Hist. critica t. VIII p. 642. — *Heinrich von Muglein*, in Kovachich, Sammlung kleiner Stücke, Ofen 1805 in-8 t. I p. 92 sq. — *Fejér*, Cod. Diplom. t. IX vol. 2 p. 307. — *Walther*, Res Michaelis, în Papiŭ, Tesaur t. I. p. 31; cfr. Bauer, Mémoires sur la Valachie, Francfort 1778 in-8 p. 180; Sulzer, Gesch. d. transalp. Daciens t. I p. 337...

Se întâmplase ca doĭ principĭ contimpuranĭ din orientul Eu-ropeĭ să domnéscă de o potrivă fie-care câte o jumătate de secol:

cincĭ-ḑecĭ de anĭ stătuse pe tron impĕratul bizantin Ioan Paleolog
dela 1341 pînă la 1391, şi tot cincĭ-ḑecĭ de anĭ Domnul romănesc Ale-
xandru Basarabă dela 1310 pînă pe la 1360 : o regi-longevitate
excepţională chiar in istoria universală.

Afară de Ştefan cel Mare, nicĭ un voevod moldovenesc saŭ
muntenesc n'a îndeplinit fapte maĭ strălucite decât Alexandru Ba-
sarabă, cunoscute şi recunoscute in străinătate, vitéz fără sémĕn
şi minte politică la culme ; dar totuşĭ cronicariĭ noştri îl micşuréză,
îl cĭuntesc, îl desfiguréză, ba uniĭ nicĭ nu'l ating măcar. Pînă şi
cel maĭ critic, Constantin căpitanul Filipescu, se mulţumesce de a
ḑice : „Ce să fi lucrat el in Domnia luĭ, nimenĭ nu scrie“.

Inainte de a se fi urcat pe tron, Alexandru-vodă luase în căsă-
toriă pe fiĭca kinezuluĭ oltenesc Ivancu din ramura Basarabilor ce-
lor doljenĭ, dintre carĭ fuseseră voeḑiĭ Mihaiŭ Liténul şi Bărbat,
astfel că vechea duşmăniă între Letinĭ şi între Romănăţenĭ s'a stîns
în persóna fiĭuluĭ luĭ Mircea I. In primele douĕ-treĭ decennie din
domnirea luĭ Alexandru-vodă, socrul seŭ Ivancu Basarabă exercită
o mare înriurire asupra afacerilor Statuluĭ. In următórele decennie
o înriurire tot aşa de mare o exercita Vladislaŭ Basarabă, fiĭul
luĭ Alexandru-vodă din prima căsătoriă. Din causa acestor marĭ
înriurirĭ successive s'a produs o încurcătură în istoria muntenéscă,
ştergĕndu-se pînă la un punct propria personalitate a luĭ Alexan-
dru-vodă.

In unele isvóre slavice cunoscute luĭ Fotino : „Συμεὼν
Γοσποδὰρ“ şi „ἡ σερβικὴ χρονολογία„, Ivancu Basarabă şi Vladislav
Basarabă figurând în locul luĭ Alexandru-vodă cu titlul de„ voe-
voḑi“, care după obiceĭul serbesc nu insemnéză pe Domnĭ, ci pe
hatmanĭ, de unde o firéscă confusiune, Fotino a pus pe „Ἰὼν Βασσα-
ράβα Βοεβόδας“ şi pe «Βλαδισλὰβ Βοεβόδας Βασσαράβας» ca nesce Domnĭ
deosebiţĭ înainte de Alexandru-vodă. Ivancu apare acĭ ca fost Ban
al Craioveĭ, „Μπάνος τῆς Κραγιώβας“, maĭ corect Basarabă din Dolj,
ceea ce se potrivesce ; şi pe dînsul, ca şi pe Vladislav Basarabă, îl
face Fotino pe amîndoĭ fraţĭ cu Alexandru-vodă, ceea ce de loc nu
se potrivesce. Căpĕtând astfel douĕ numĭ, cărora le trebuĭa o or-
dine cronologică, Fotino combină pentru Ion Basarabă durata dela
anul 1325 pînă la 1340, ĭar pentru Vladislav Basarabă 1340—1345,
lăsând apoĭ 1345—1356 pentru Alexandru-vodă.

D. Xenopol aşéḑă pe Vladislav Basarabă la locul cel cuvenit,
adecă după Alexandru-vodă, şi acórdă acestuĭa din urmă o domniă

de patru-ḑecĭ de anĭ: 1320—1360, însă totușĭ îĭ răpesce un de-
ceniŭ 1310—1320, in care bagă pe acelașĭ Ivancu Basarabă. D.
Xenopol nu se întemeĭază aci pe fântânele luĭ Fotino, ci pe un alt
text slavic, pe care eŭ l'am analisat deja în studiul despre „Ba-
sarabĭ", de unde ĭată pasagĭul: „Aci este locul de a vindeca un
„text, pe care reŭ l'aŭ îmbolnăvit uniĭ istoricĭ aĭ noștri, deșĭ în
„fond el este tot ce póte fi maĭ sănătos. Vestitul împĕrat serbesc
„Stefan Dușan, vorbind despre coalițiunea tuturor popórelor înve-
„cinate carĭ năvăliseră asupra tatăluĭ seŭ Stefan dela Decĭan la
„1330, numesce intre dușmanĭ: „Алеѯандра цара Блъгаромъ и Басарабꙋ
„Иванка таста Алеѯандра цара сꙋмегъ живꙋщихъ Чрьныихъ Татарь и
„господство сашко и прочїихъ съшнимь господа", adecă: Alĕxandru
„țarul Bulgarilor, șĭ Ivanco Basaraba socrul țaruluĭ Alexaḧdru al
„învecinaților Negri-Tătarĭ, șĭ domnia Săsĕscă, șĭ alțĭ domnĭ cu
„dînsul. In paleografia cirilică lesne confundându-se grupul сꙗ cu
„grupul ꙗ, fiind-că în acesta din urmă ꙇ este legat cu a printr'o li-
„niuță care'l asĕmĕnă cu cirilicul с, în loc de господство сашко"
„editorul Novaković (Zakonik, 1870 p. XXIII) citise господство
„ꙗшко, ca șĭ când ar fi vorba despre Iașiĭ din Moldova saŭ cine
„maĭ scie despre ce, pe când sînt în joc numaĭ Sașiĭ din Tran-
„silvania, „dominium Saxonum", сашко fiind în vechea serbĕscă un
„adjectiv dela Саѕь, de ex.: сашкимь пѫтемь = viâ Saxonum" (Da-
„ničić, Rječnik, III. 81). Apoĭ pe Ivanco Basarabă istoricĭ l'aŭ pre-
„făcut în Domn al Țereĭ-Românescĭ, pe când el era numaĭ socrul
„Domnuluĭ: „таст Алеѯандра цара", ĭar acel Domn nu era Alexandru
„din Bulgaria, mențĭonat deja deosebit în acelașĭ text, ci era celebrul
„Alexandru Basarabă, pe care Stefan Dușan îĭ numesce aci tzar
„al Negrilor Tătarĭ, înțelegĕnd prin acésta „Nigra Cumania", după
„cum numĭaŭ atuncĭ Unguriĭ Romănia (Ist. crit. I, 99). Când d.
„Xenopol ḑice: „Ivancu Basarab, 1310—1320, este urmașul șĭ pro-
„babil fiĭul luĭ Radu Negru saŭ Tugomir Basarab. Despre acest
„Ivancu se spune în legile sîrbescĭ ale luĭ Stefan Dușan că el ca
„Domn al Valachieĭ ar fi ajutat țaruluĭ bulgar Mihail (1323—1331)
„în lupta acestuĭa contra imperiuluĭ bizantin. Ivancu Basarab, ur-
„mând exemplului dat de tatăl seŭ Radu Negru, mărită pe fata
„luĭ după Alexandru, nepotul șĭ urmașul în tronul bulgăresc a luĭ
„Mihail etc. etc."—în tóte acestea ne surprinde maĭ ales aritmetica
„autoruluĭ, în puterea căriĭa un Domn mort la 1320 merge totușĭ
„la resboĭu intre aniĭ 1323—1331, după ce de de-mult murise..."

Incă o dată, in textul serbesc cel de maĭ sus se vorbesce fórte limpede despre doĭ Alexandri:

1. Alexandru «цар Блъгаромъ»,
2. Alexandru «цар Чрьныихъ Татарь».

Iar Ivancu Basarabă este numit socru al celuĭ de al doilea, nicĭ de cum al celuĭ de'ntâĭu, şi decĭ nu póte fi nicĭ o umbră de in-doélă că nu e vorbă de socrul principeluĭ bulgăresc Alexandru, ci anume al principeluĭ romănesc Alexandru. Ceea ce zăpăcise pe d. Xenopol este că in textul serbesc se menţionéză doĭ tzarĭ bulgă-rescĭ: atât pe Mihail, care domnĭa in realitate in momentul lupteĭ şi a şi fost ucis in acea bătăliă, precum şi pe Alexandru, care a devenit tzar in urmă immediat după resboĭu şi luase de asemenea parte la acea bătăliă, amindoĭ astfel tzarĭ bulgărescĭ in cursul ace-luĭaşĭ an 1330, fiind menţionaţĭ cu acelaşĭ titlu in textul serbesc cel scris maĭ tărḑiŭ.

Nicĭ un voevod oltenesc Ivancu Basarabă ca la d. Xenopol n'a existat; Ivancu Basarabă însă din Fotino, deşi n'a domnit, totuşĭ e interesant prin particularitatea că fusese din Dolj, „Μπάνος τῆς Κραγιώβας, ceea ce nu se spune acolo despre ceĭ-lalţĭ; era dară din ramura cea doljénă a Basarabilor, póte fiĭu al luĭ Mihaĭu-vodă Liténul saŭ al luĭ Bárbat-vodă, rudă de aprópe in orĭ-ce cas. Pe când trăĭà incă Mircea-vodă, căsătoria fiĭuluĭ seŭ Alexandru cu fiĭca luĭ Ivancu era o alianţă de o inaltă inţelepcĭune politică, stingênd vrăşmăşĭa intre cele douĕ puternice ramure băsărăbescĭ şi asigu-rând la ulterióra alegere domnéscă ginereluĭ celuĭ romănăţén spri-jinul socruluĭ celuĭ doljén.

Desfiinţându-se voevodatul cel imaginar al luĭ Ivancu Basarabă, după cum am desfiinţat maĭ sus pe al luĭ Stefan Maĭlat Basarabă, să restituim luĭ Alexandru Basarabă intréga durată reală a domniriĭ sale cu incepere dela 1310, data ce'ĭ fixéză cronica munteméscă cea veche din Luccari.

Sub Mircea-vodă trebuĭà să fi inceput deja a se ilustra fiĭul seŭ Alexandru, care nu maĭ erà copil. Vrista acestuĭ principe se póte calcula în următorul mod. La 1330, in resboĭul contra Ungu-rilor, el avea deja fiĭ in capul oştiriĭ, de sigur pe ceĭ doĭ maĭ marĭ Nicolae şi Vladislav, carĭ nu puteaŭ să fie atuncĭ maĭ micĭ de vr'o 20—25 de anĭ, prin urmare născuţĭ pe la 1305—1310, aşa că tatăl lor era pe la 1305 cel puţin de 20 de anĭ. Aşa darǎ Alexandru, nǎscut el-însuşĭ pe la 1280, era de vr'o 30 de anĭ cånd s'a urcat pe tronul oltenesc. Pînă atuncĭ, pe cånd Mircea-vodǎ era reţinut în Haţeg, fiĭul seŭ Alexandru, viitorul prim întemeiǎtor al Statuluĭ Ţereĭ-Romånescĭ, începuse a se cǎli la lupte, pogorîndu-se din Fǎgǎraş şi cuprinḑênd pólele Carpaţilor la stånga Oltuluĭ, maĭ întaĭu Muscelul, apoĭ Argeşul.

Cronica luĭ Constantin cǎpitanul Filipescu nu scie nemic despre faptele luĭ Alexandru Basarabǎ, dar îĭ dǎ un supranume fórte caracteristic, pe care el-însuşĭ nu'l pricepe : „După ce aŭ perit Dan-„vodǎ, aŭ stătut la Domnie Alexandru-vodǎ, care le zic să fie „fost de feliul luĭ Campulungén", ĭar în sumar îl numesce: „Alexandru-vodǎ Campulungén". Ca fiĭu al luĭ Mircea I, ca nepot de frate al luĭ Dan I, Alexandru-vodǎ era Romånǎţen, în orĭ-ce mod Oltén, nicĭ decum Muscelén. De unde darǎ acéstă poreclă de Campulungén? Pe Mircea cel Mare uniĭ (§ 31) îl numĭaŭ „Co-zianul", fiind cǎ clǎdise mǎréţa mǎnǎstire a Cozieĭ, de care s'a în-grijit tot-d'a-una. Alexandru-vodǎ însǎ n'a clǎdit nicĭ o datǎ vre-o mǎnǎstire, nicĭ pe aĭurĭ, nicĭ la Cåmpulung. Supranumele seŭ de Campulungén cată darǎ să aĭbă o altă sorginte.

Pe la finea secoluluĭ XIII, pe timpul luĭ Dan-vodǎ saŭ ce-va maĭ 'nainte, un „Laurentius", fie Ungur, fie Sǎcuĭu saŭ Sas, cǎcĭ numele nu lǎmuresce, Romån nu era nicĭ într'un cas, apucase Mus-celul şi 'şĭ dedea titlul de „Comes de Campolongo", Tot ce se scie despre dînsul este o pétră funerară cu inscripţiunea: „Hic iacet Laurentius Comes de Campolongo Anno MCCC". La 1300 darǎ el a murit. Nu cum-va în rěsboĭu? Alt conte strǎin n'a maĭ fost în urmă la Cåmpulung ; dar tocmaĭ anul 1300 coincidă cu tinereţile aceluĭ Alexandru-vodǎ, cǎruĭa poporul îĭ pusese porecla de „Cåm-pulungénul", nu pentru cǎ se nǎscuse acolo, ci pentru cǎ acolo a fost primul voevod oltenesc, aşeḑat în scaunul Musceluluĭ ca într'un punct strategic, de unde sǎ'şĭ întindă posesiunile maĭ de-parte, neapěrat maĭ întaĭu Argeşul. De aci tradiţiunea despre un Negru-vodǎ venit din Fǎgǎraş la Cåmpulung şi apoĭ la Argeş, tre cênd maĭ târḑiŭ Oltul şi ales Domn de cǎtrǎ Basarabĭ, da, ales Ale-xandru-vodǎ la 1310 după mórtea tatǎluĭ seŭ Mircea I, ales însǎ nu pentru cǎ era fiĭu de Domn, ci pentru cǎ se arǎtase deja ca cel maĭ vrednic dintre kinezĭ.

La urcarea sa pe tron, afară de Oltenia, afară de Haţeg şi de

Făgăraş cu o făşiă teritorială intermediară din Sylva Blacorun, Alexandru-vodă stăpânia în **Muntenia Teleormanul şi Vlaşca la Dunăre, Muscelul şi Argeşul** în Carpaţi. In intervalul dintre 1310 —1330 sarcina cea mare a nouluĭ voevod era de a maĭ umple lacunele Munteniei în direcţiunea spre gurele Dunăriĭ. După preţiósa cronică din Luccari, Alexandru-vodă, numit aci expres N e g r o V o i e v o d a: „fabricò la cittá in Campolongo, e tirò alcune cor-„tine di matoni in Bucuriste, Targoviste, Floc, e Busa". El terminase dară maĭ întâĭu de tóte Câmpulungul, pe care în adevĕr îl apucase dela contele Laurenţiŭ încă sub Mircea-vodă pe la 1300, şi începu în urmă a întemeia treptat Tîrgoviştea, Bucurescii, Buzĕul şi Oraşul-de-Flocĭ. El n'a fundat nemic în Oltenia, căcĭ acolo nu era trebuinţa de cucerire; nicĭ în Teleorman şi'n Vlaşca, cucerite maĭ de'nainte de cătră unchĭu-sĕŭ Dan-vodă, căruĭa i se datoréză póte direct saŭ indirect Turnul-Măgurele şi Gĭurgĭul. Pînă la Braila şi pînă la Rîmnicul-sărat Alexandru-vodă nu ajunse în prima periódă dintre aniĭ 1310—1340.

Pe teritoriul cel cucerit eraŭ maĭ mulţĭ voevoḑĭ saŭ kinezĭ Românĭ, aşeḑaţĭ acolo din trecut, după cum o scim deja din diploma regeluĭ Bela IV din 1247, şi o mulţime de Cumanĭ cu căpeteniile lor, întinḑĕndu-se spre resărit peste Moldova, unde maĭ remăseseră încă Tătarĭ saŭ Mongolĭ după mórtea faĭmosuluĭ han Noga. Este de regretat că orientalistul D'Ohsson, istoricul posterităţiĭ luĭ Cinghis han pînă la Tamerlan, nu se preocupă de regiunea Dunăriĭ; din fericire însă el reproduce un extract din scriitorul arab Nowairi chĭar din secolul XIV, de unde noĭ vedem că ce-va după anul 1300 Mongoliĭ ocupaŭ încă o parte resăritĕnă din Ţéra-Românéscă, apropiată de Dunăre şi pe care o numĭaŭ dînşiĭ „Avalac", ceea-ce deja profesorul Brun a explicat'o prin „Valah". E de creḑut că Mongoliĭ se întindeaŭ cam pînă la Ialomiţa, unde vechĭul Oraş-de-Flocĭ, la Luccari Floc, n'are a face cu cuvîntul „Flota": „ville des flottes", după cum o presupunea Boliac, care nu sciea că „Flota" nu avea sensul de corăbiĭ nicĭ chĭar în limbile neolatine din Occident pînă la secolul XVI, ci Oraşul-de-Flocĭ este pur şi simplu o românizare din tătarul „Iflok". Districtul Ialomiţa pentru Mongoliĭ era I f l o k = Românĭ, precum districtul învecinat era slavonesce pentru Bulgarĭ cu acelaşĭ înţeles: V l a ş c a. Cuprinḑênd Iflocul, Alexandru-vodă găsise acolo pe Dunăre o localitate importantă, întemeiând Oraşul-de-I f l o c, adecă întărind un p.mct strategic şi comercial. De aceïaşï natură cată să fi fost cele lalte creaţiunï topice — Tîrgoviştea, Bucurescïï şi Buzěul, nesce sate anteriόre devenind tîrguşόre şi'n urmă tîrgurï: „tirὸ alcune cortine di matoni".

Cucerirea Muntenieï de cătră Alexandru-vodă fusese înlesnită pe de o parte prin numěrόsa populaţiune curat romănéscă de acolo, constituită maï de'nainte din kinezaturï saŭ micï Stătuleţe solidare între dînsele, pe de altă parte prin principiul de subordinare, nu de subjugare; cu alte cuvinte, voevodul oltenesc cel biruitor, acuma Domn al Ţereï-Romănescï, nu se făcea stăpân, ci numaï suzeran, ïar kinezïï ceï biruiţï nu cădeaŭ în robiă, ci deveniaŭ numaï vasalï, plătind un tribut pe an şi ajutorul de όste la cas de trebuinţă, nemic maï mult. Raportul kinezilor muntenescï cătră Domnul Ţereï-Romănescï era acelaşï ca şi raportul kinezilor oltenescï, uniï şi ceï-lalţï de o potrivă din casta Basarabilor. Afară de marele drept politic de a alege pe Domn şi de a fi eligibilï, acelaşï posiţiune kinezială o aveaŭ căpeteniile Cumanilor din Muntenia, „şoldaniï" şi „olaniï", carï însă, dacă remăneaŭ în ţéră, nu întârdiaŭ de a se romăniza.

Împuternicit printr'o muncă de vr'o douě-decï de anï, considerat acum cu drept cuvint de cătră Slavï trans-danubianï ca „tzar al Negrilor-Tătarï", căcï stăpâniă peste o mare parte de Cumanï, Alexandru-vodă pe de o parte a gonit pe Ungurï din Severin, dând ţereï pentru prima όră numele de „Ungro-vlachiă", adecă teritoriŭ romănesc şi unguresc saŭ pe ambele laturï ale Carpaţilor, ïar pe de altă parte s'a amestecat fόrte energic în afacerile Bulgarieï. La 1323 rěmânênd vacant tronul imperial din Tîrnov, îl apucă Domnul Vidinuluï Mihail, susţinut maï cu samă de Alexandru-vodă, care ï-a dat o însemnată όste de Românï şi de Cumanï: „ὁ δὲ τήν τε ἰδίαν στρατιὰν συναγαγὼν καὶ ἐξ Οὐγκροβλάχων κατὰ συμμαχίαν οὐκ ὀλίγην, ἔτι δὲ καὶ Σκυθικὴν παραλαβὼν", scrie cu acéstă ocasiune contimpuranul Cantacuzen. Într'un alt pasagïu, după mόrtea luï Mihail, tot Cantacuzen ne vorbesce sub anul 1331 despre un alt puternic ajutor romănesc trămis Bulgarilor contra Bizantinilor, unde ne spune tot-o dată că Românï se bat întocmaï ca şi Tătarïï, fiind maï toţï călărï arcaşï şi chïar buciumând tătăresce: „νομίσας δὲ ὁ „βασιλεὺς οὐ Σκύθας εἶναι, ἀλλὰ τοὺς πέραν Ἴστρου Γέτας, οἱ ὁμόσκευοι τοῖς „Σκύθαις ὡς τὰ πολλὰ εἰσιν ἱπποτοξόται, κατὰ συμμαχίαν παρόντας πρὸς ἔκπληξιν „τῇ Σκυθικῇ σάλπιγγι χρῆσθαι"... Se pόte dice că ambiï împěraţï succesivï

dela Tîrnov, Mihail şi Alexandru, datorisără coróna maĭ cu deose-
bire Domnuluĭ Ţereĭ-Românescĭ. Este interesant că în vechĭul po-
melnic al uneĭ mănăstirĭ bulgare din Macedonia între binefăcĕtorĭ
e înscris Alexandru-vodă, al căruĭa nume are aci o scurtare curiósă
O l u r : „Олура воеводе Влах“, apropiată de scurtările slavice ale ace-
luĭaşĭ nume : *Olel, Olelko, Oluĭ,* dar diferind prin final. Se pare că
luĭ Alexandru-vodă îĭ ḑiceaŭ Cumaniĭ „Olur-vodă“, căcĭ un nume
cumanic aprópe identic „Ovlur“ ne întîmpină de douĕ orĭ în ve-
stita poemă rusésca medievală despre expediţiunea principeluĭ Igor
contra Cumanilor.

Sub raportul religios Alexandru-vodă era din capul loculuĭ
de o toleranţă extremă. Amic cu Cumaniĭ, între carĭ erau maho-
metanĭ şi eraŭ şi buddhiştĭ, el trăia frăţesce cu pravoslavniciĭ Bul-
garĭ, dar nu era reŭ vĕḑut nicĭ la Roma. La 1327 Papa Ioan XXII
îĭ adresă o bulă „Dilecto filio nobili viro Bazaras Woyvode Trans-
alpino“, unde îl numesce bun catolic : „tanquam princeps devotus
catholicus“, întocmaĭ după cum se adresà cu aceĭaşĭ ocasiune cătră
voevodul Transilvanieĭ, cătră banul Slavonieĭ şi cătră contele Sa-
lomon al Braşovuluĭ. Acesta din urmă, prieten cu Alexandru-vodă,
se vede a fi fost acela care la 1330 a dat Românilor o cétă au-
xiliară de Saşĭ contra Serbieĭ. Să se constate că între 1320—1330
elementul săsesc din Ardél arată, maĭ mult ca orĭ-când altă dată,
o vióe nesupunere la autoritatea ungurésca, o neastîmpĕrată velei-
tate de neatîrnare, şi de sigur că nu puţin a concurs la acésta în-
demnul luĭ Alexandru-vodă. Într'o bulă papală contele Braşovuluĭ
pus la 1327 pe aceĭaşĭ linie cu voevodul Transilvanieĭ, este ce-va
care merită de a nu fi trecut din vedere.

Despre resboĭul contra Serbieĭ eŭ am vorbit deja. Cronica con-
timpurană a archiepiscopuluĭ Danilo ne spune că împĕratul bulgar
Mihail cu toţĭ aliaţiĭ seĭ se mişcà anume din Vidin : „вьздвигь се царь
„съ силами своими отъ града своюго славьнааго Бьдина отъ рѣкы глаголюмыю
„Доунава“. Prin urmare, contingentul românesc trecênd Dunărea la
Calafat, e evident că se compunea din Doljenĭ, cu atât maĭ vîrtos că
în fruntea lor se afla tocmaĭ kinezul craĭovén Ivancu Basarabă,
socrul Domnuluĭ, ĭar cu dînsul se aflaŭ şi Saşiĭ, carĭ figuraŭ în
resboĭu pe lîngă Românĭ şi nicĭ nu puteaŭ străbate în Serbia decât
numaĭ prin Oltenia. După textul serbesc cel dela Stefan Duşan se
înţelege că tot Ivancu Basarabă, afară de Românĭ şi de Saşĭ, maĭ
conducea alte câte-va cete senioriale aliate cu Saşiĭ, póte din Săcuiĭ

ceĭ nemulțumițĭ de Ungaria: „господство сашко и прочихь сьшнимь господа". Acésta se petrecea în luna luĭ Iuliŭ. Isbânda Serbilor a fost strălucită, grațiă maĭ ales luĭ Stefan Dușan, atuncĭ băiat abia de 18 anĭ. Împěratul Mihail a fost ucis. Póte și Ivancu Basarabă, despre care nu se maĭ scie nemic, deși după fântâna cea slavică a luĭ Fotino s'ar puté admite că socrul Domnuluĭ s'a întors în țéră și va fi luat parte la lupta contra Ungurilor, luptă urmată nu maĭ departe decât în Septembre din acelașĭ an. Regele unguresc Carol-Robert, creḑênd pe Românĭ sdrobițĭ și voind a'șĭ resbuna pe prima liniă pentru perderea Severinuluĭ, pornesce o formidabilă armată asupra Olteniĭ, unde însă a dat pept cu însușĭ Alexandru-vodă însoțit de fiiĭ seĭ: „Bazarab Olacum et filios ejus", adecă de Nicolae și de Vladislav, căcĭ al treilea fîlu Radu-Negru nu se născuse saŭ se afla încă în copilăriă.

Nicĭ o dată Ungurĭĭ n'aŭ fost bătuțĭ într'un chip maĭ spulberat și maĭ rușinos. Resboĭul a durat peste tot vr'o șése septemânĭ, pînă pe la 10 Noembre. Îl descrie nu numaĭ incidental o mulțime de diplome dela Carol-Robert și dela fîlu-seŭ Ludovic, dar maĭ ales pe larg doĭ contimpuranĭ: fântâna din Thurotz saŭ din Chronicon Budense și Enric de Muglein. Carol-Robert întră în Oltenia, apucă Severinul și puse acolo un Ban unguresc. Alexandru-vodă s'a grăbit a'ĭ trimite o soliă, propunênd patru puncturĭ: 1⁰. cedéză de bună voe Severinul cu ocolul luĭ; 2⁰. plătesce 7000 marce de argint drept cheltuelĭ de resboĭu; 3⁰. se îndatoréză a plăti regulat tributul anual; 4⁰. va da ostatec pe unul din fiiĭ seĭ la curtea regală. Să plece dară măria ta în pace, ḑise Alexandru-vodă drept încheiare, căcĭ dacă veĭ merge maĭ departe, o veĭ păți-o: „si veneritis ulterius, periculum minime evadetis". Carol-Robert a respuns solilor printr'o insultă grosolană, și a mers înainte, căutând să întâlnéscă oștirea românéscă, pe care însă n'o găsĭa nicăirĭa. Locuitoriĭ din drum dosĭaŭ la munte cu hrană, cu vite, cu tot. Falnica armată unguréscă nu maĭ avea ce mâncă. Pînă unde? Punctul de plecare fusese Severinul; punctul de ajungere a fost cetățuea Argeșuluĭ, după cum nĭ-o spune fórte precis regele Ludovic, fiĭul luĭ Carol-Robert, într'o diplomă din 1347 la Katona: „quum genitor noster „ad recuperandas regni sui partes Transalpinas cum valido suo „exercitu accedendo, ante castrum Argas castra metatus „fuisset..." Față cu acest text positiv, indicațiunea localitățiĭ e necontroversabilă. Decĭ dela Severin pînă la Argeș Carol-Robert mersese prin regiunea cea maĭ muntósă şi cea maĭ pădurósă a Olteniĭ, prin Gorj şi prin Vâlcea, cu o oştire murind de fóme : „in terra „ignota, inter alpes et montes silvarum, victualia invenire nequiret, „famis inedia ipse Rex, Milites, et equi sui laborare protinus in- „ceperunt".

Cetăţuea Argeşuluĭ, „Castrum Argas", nu e Curtea-de-Argeş, care n'a fost nicĭ-o-dată întărită, ci maĭ la nord în creerul Carpaţilor, chĭar pe malul Argeşuluĭ, într'o posiţiune selbatecă, este ruina numită Cetatea luĭ Negru-vodă. Aci, ca şi 'n cronica din Luccari, Negru-vodă e nu alt cine-va decât Alexandru Basarabă cel supranumit „Câmpulungénul". Pogorit din Făgăraş pe la 1300 pentru a goni pe Unguriĭ conteluĭ Laurenţiŭ din Câmpulung, in Muscel şi 'n Argeş el este Negru-vodă cel istoric al legendeĭ poporane, maĭ mult decât anteriorĭĭ Basarabĭ ceĭ cu capetele negre pe stég şi maĭ mult decât fiĭ seĭ Vladislaŭ şi Radul, carĭ găsiră cuĭbul deja gata.

D. Xenopol nu cunósce „castrum Argas", întemeiându-se numaĭ pe pasagĭul cel citat de mine în *Archiva istorică* din călĭtorul polon Strykowski, unde ḑice : „Regele uugar Carol rădicând un resboĭu „năprasnic asupra domnuluĭ muntenesc Basaraba, fu bătut cu de- „săvîrşire prin stratagemă de cătră Muntenĭ şi Moldovenĭ, astfel „încât cu puţinĭ aĭ seĭ abia-abia putu scăpa cu fuga în Ungaria. „*Pe locul bătăliĭ domniĭ muntenescĭ zidiră o biserică şi rădicară* „*treĭ stâlpĭ de pétră, precum vĕḑuĭ eŭ-însumĭ în 1574, întorcĕndu-mĕ* „*din Turcia, dincolo de tîrguşorul Gherghiţa, douĕ ḑile de drum* „*dela oraşul transilvan Sibiĭu, în munţĭ...*" Strykowski confundă. Saŭ că el n'a înţeles informaţiunea, orĭ că n'a fost bine informat, orĭ maĭ probabil a încurcat propriele sale notiţe de călĭtoriă, în loc de „Negru-vodă" din Argeş, care în adevĕr este în direcţiunea Sibiĭuluĭ, punĕnd tîrguşorul Gherghiţa din Prahova, care are a face numaĭ cu Braşovul. Biserica, despre care vorbesce Strykowski, se afla în realitate la cetăţuea luĭ Negru-vodă încă în secolul trecut, când o pomenesce generalul rusesc Bauer : „Ces villages sont si- „tués le long de la rivière d'Arges : Cita de Negruli Wodi, „chapelle sur une très haute montagne". De asemenea la Sulzer : „Tschetatie Niegrului Wodi, eine auf einem hohen Berge „nächst dem Ardschisch stehende Kapelle". Tot ce póte fi maĭ interesant, este rolul strategic al acesteĭ localităţĭ sub Mihaĭu Vi- tézul, doĭ secolĭ şi maĭ bine după Alexandru-vodă, când ea erà deja o veche ruină şi purta atuncĭ acelaşĭ nume de N e g r u ·v o d ă. Contimpuranul Walther, scriind în 1597 după o relaţiune a logofé· tuluĭ muntenesc Teodosie, tradusă polonesce, ne spune că pe la 1594, pe când Turciĭ se întărĭaŭ în Tîrgovişte, Mihaĭu Vitézul, „aş· „teptând ajutóre din Ardél (vicini Transilvaniae Ducis desiderans „auxilia)" se retrăsese „în fundul munţilor în vechea *cetate Negru-* „*vodă* (in montium quasi fauces, ubi munitae olim *arcis Negra-* „*woda*)", pe care „o dărâmaseră de de·mult Turciĭ (a Turcis olim „demolitae apparent rudera)" şi care totuşĭ în timp de resboĭu „remânea un excelent loc de adăpost (loco receptui aptissimo)". Nesciênd românesce, ci traducênd din polonesce, Walther voĭa cu orĭ·ce preţ să înţelégă numele local *Negru·vodă,* şi pe *Negru* l'a priceput bine prin latinul „niger", dar pe *vodă* prin polonul „woda" care vrea să ḑică apă, şi astfel a explicat peste tot prin: „Nigra aqua". Lăsându·se la o parte acest qui·pro·quo, pasagĭul din Wal· ther e fórte important. Sub Alexandru·vodă castelul purtase dară maĭ întâĭu numele de Cetatea Argeşuluĭ, dupa cum îl vedem în di· ploma regeluĭ Ludovic ; apoĭ după mórtea luĭ Alexandru·vodă, în memoria victorieĭ acestuĭ mare principe, s'a păstrat la popor pînă astăḑĭ „Cetatea luĭ Negru·vodă".

Carol·Robert nu înaintase dară maĭ departe de Argeş, „castrum Argas", şi aci a fost bătut pentru prima óră. Istoriciĭ noştri nu menţionéză douĕ bătălie, dar aŭ fost douĕ în faptă, recu· noscute într'un mod expres de cătră însuşĭ Carol·Robert într'o diplomă din 1335, întărită apoĭ de regele Ludovic la 1354 : „nobis „in terra Transalpina, ubi per Bazarab Olacum et filios eius dictam „terram nostram Transalpinam, in praeiudicium Sacri Diadematis „Regii et nostri infideliter detinentes, nobis et validum genti no· „strae, ibidem nobiscum habiti insultus hostilis, s e m e l e t s e· „c u n d o in quibusdam locis districtis et silvosis indaginibus, firmis „exstirpatis saevissime obviavit. . ." Decĭ „semel et secundo" aŭ fost douĕ bătălie, din carĭ prima lîngă Argeş, unde Carol·Robert a fost atât de strîmtorit, încât se vĕḑu silit a cere pace: „treuga ordinata cum Bazarad et data fide". Ce a făcut atuncĭ Alexandru· vodă ?

Batjocorit de cătră semeţul suveran al Ungarieĭ, de cătră unul din ceĭ maĭ puterniciĭ monarchĭ aĭ Europeĭ, de cătră acela care stetea cu un picĭor la Neapole şi cu cela·lalt la Buda, Alexandru· vodă trebuĭa cu orĭ·ce preţ să'l sdrobéscă, fiind·că altfel Carol·

Robert ar fi revenit asupra României cu setea de resbunare, cu
forțe noue și maĭ bine pregătit. Generositatea pentru dușman în-
semnă în casul de față o trădare cătră patriă. După prima bătaiă
se maĭ împunea o a doua : „semel et secundo". Alexandru-vodă
a dat călăuze, carĭ să scóță pe Ungurĭ din țéra în direcțiunea cea
maĭ scurtă spre Timișóra, trecênd din noŭ Oltul. S'a întins o
gróznică cursă în Gorj aprópe de hotar. Maghiariĭ s'aŭ simțit d'o
dată într'o văgăună ripósă, încungĭurată de stâncĭ peste stâncĭ, din
vîrful cărora Românĭĭ le aruncaŭ săgețĭ și bolovanĭ în curs de treĭ
ḑile, fără putință de fugă saŭ de apérare. Eram noĭ—ḑice cronica
cea unguréscă—prinșĭ ca pesciĭ într'o mréjă : „sicut pisces in gur-
gustio vel in reti comprehensi" ; aĭ noștri — adaogă ea — cădeaŭ
împregĭur ca nesce musce : „cadebant in circuitu quasi muscae".
Travestit, regele a scăpat cum a scăpat cu puținĭ aĭ seĭ, dar pînă
la mórte nu s'a maĭ gândit vre-o dată de a se întórce în România.
A maĭ domnit el vr'o doĭ-spre ḑece anĭ, in intervalul cărora Ale-
xandru-vodă n'a maĭ avut nicĭ o supérare din partea Ungarieĭ.
Peste un secol și maĭ bine, Stefan cel Mare a scos pe socotéla
Polonilor o nouă edițiune a învéțătureĭ mareluĭ Basarabă. Polonĭĭ
dintr'o parte, Ungurĭĭ din cea-laltă, acusaŭ pe Românĭ de perfidiă.
Negreșit că Goliath numĭa trădător pe David. De 'naintea luĭ Dum-
neḑeŭ și de 'naintea ómenilor, a scăpa țéra sa este culmea virtuțiĭ
în orĭ-ce împregĭurare și cu orĭ-ce armă, — orĭ-ce armă și orĭ-ce
împregĭurare.

In armata luĭ Carol-Robert era o mulțime de misionarĭ papalĭ,
sigurĭ maĭ de 'nainte de înfrângerea Românilor, pe carĭ se pregă-
tĭaŭ deja a'ĭ întórce la catolicism cu voe saŭ fără voe. Maĭ toțĭ aŭ
fost măcelărițĭ. Cronica unguréscă deplânge maĭ cu amărăcĭune
acéstă avangardă a Papeĭ : „Proh dolor ! propinavit illis amaritu-
„dinem, cuius memoria flebilis est ; nam ibi occubuerunt tres Pre-
„positi, videlicet Magister Andreas Prepositus Ecclesie Albensis,
„vir valde venerabilis, Vice-Cancellarius Regie Maiestatis existens,
„cum Sigillo Regis periit. Item Michael Prepositus de Posoga, et
„Nicolaus Prepositus de Alba Transilvana. Item Andreas Plebanus
„de Sarus, et Frater Petrus de ordine Predicatorum, vir honestus,
„dire mortis poculum acceperunt ; quia in cerebra capitum eorum
„ligneos clavos miserabiliter affixerunt. Quidam etiam Sacerdotes,
„qui erant Capellani Regis, sunt occisi. . ." Cronica slavică din
Fotino observă și ea : „Românĭĭ ucideaŭ și sfărâmaŭ cu cĭomegele,

„că pe nesce lupĭ turbațĭ, maĭ ales pe călugăriĭ papistașĭ, carĭ se
„țineaŭ de óstea unguréscă“. Totușĭ personal Alexandru-vodă nu
ură pe Ungurĭ, după cum nu ură nicĭ pe catolicĭ. Ce-va înainte saŭ
ce-va după 1330, prima sa nevéstă, Românca, fiĭca kinezuluĭ Ivancu
Basarabă, muma viitorilor doĭ Domnĭ Nicolae și Vladislav, a murit;
și Alexandru-vodă, bărbat deja de peste cincĭ-ḑecĭ de anĭ, luă în
noua căsătoriă pe Clara, catolică, fiĭcă a unuĭ magnat Ungur, muma
luĭ Radu-Negru și a douĕ fiĭce. Despre ambele aceste însoțirĭ voĭu
vorbi pe larg maĭ la vale.

§ 37. Alexandru-vodă: Periodul sub regele Ludovic.

Bibliografia: Etymologicum magnum, v. Alimoș; ibid. v. Bădescĭ. — *Ioannes de Kikul-
lew,* în Schwandtner, Script. rer. Hungaricar. t. I p. 174, 177. — *N. Densușianu,* Documente
vol. I p. 697, vol. II p. 22, 25, 37, 58, 60, 99, 149, 181. — *Fotino,* 'Ιστορία t. II p. 18. —
Tunusliĭ, trad. Sion p. 123. — *Villani,* Croniche, Trieste 1859 in-8 t. II p. 83, 124. —
Karamzin, История t. IV nota 253. — Chronicon Dubnitzense ap. Podhradczky, Chronicon
Budense p. 277. — *Miklosich et Müller,* Acta Patriarchatus Constantinopolitani, Vindobonae
1860 in-8 t. I p. 383 sqq. — *Radu Grecénu,* Letopiseț, Mss. in-4 la d. Gr. N. Mâno. —
N. Iorga, Acte și fragmente, Bucurescĭ 1895 in-8 t. I p. 9. — *Miklosich,* Monumenta
Serbica p. 146. — *G. Wenzel,* Okmányi kalászat, Pest 1856 in-8 I p. 18.. — *Xenopol,*
Istoria t. II p. 73, 77 sq.

La 1342 móre Carol-Robert, fiĭul seŭ Ludovic urmând pe tro-
nul unguresc. Necunoscênd apucăturile noului rege și preferind în
orĭ-ce cas a'l lovi din capul locului, pînă când nu s'a întărit încă,
Alexandru-vodă șĭ-a strîns óstea și a îndemnat la revoltă pe Sașiĭ
din Ardél, cu carĭ trăise bine încă din timpul luĭ Carol-Robert.
Uniĭ dintre boieriĭ oltenescĭ opunêndu-se resboĭuluĭ contra Un-
gariei, voevodul ĭ-a pedepsit cu o extremă asprime, astfel că uniĭ
din eĭ aŭ fugit la regele Ludovic, bună-óră Carapat cu tot
némul Zarnescilor, despre carĭ vorbesce diploma regéscă din
1359: „nos attendentes fidelium serviciorum merita Karapath,
„Stanislai, Negoe, Wlayk, Nicolai et Ladislai filiorum Ladislai
„filii Zarna, Olachorum nostrorum fidelium, qui eo tempore
„quo Alexander Bazaradi, Vajvoda Transalpinus, nos
„pro Domino naturali recognoscere renuebat, ut
„ipsos non rerum damna, non vastus Possessionum, nec mortis in-
„iurie, nec aliorum periculorum terrores poterant ab huiusmodi fi-
„delitatis constantia revocare; imo relictis omnibus possessionibus
„eorum et bonis in Transalpinia habitis, nostrae Maiestati se obtu-

„Ierunt fideliter servituros". Voevodul avea dară dreptul de a re-
curge la cea maĭ mare strășniciă în privința boierilor celor nesupușĭ
în timp de rĕsboĭu : confiscarea averiĭ, tortura și mórtea. Ceĭ patru
boierĭ olteniĭ fugind în Ungaria, s'aŭ distins acolo prin vitejiă, maĭ
ales în luptele contra Venețieĭ la 1345, și aŭ căpĕtat o mulțime
de moșie dela regele Ludovic. In Transilvania însă resboĭu nu s'a
întâmplat. Arătând multă energiă și dibăciă, regele Ludovic în 1343
pe de o parte a intrat în Ardél cu óstea contra Sașilor, carĭ s'aŭ
potolit, iar pe de altă parte a isbutit a împăca pe Alexandru-vodă,
care eră mulțumit de a'șĭ asigura stăpânirile ardelenescĭ cele vechĭ ale
Basarabilor : Hațegul, Sylva Blacorum și Făgărașul, căcĭ Severinul de
de-mult nu aparținea Ungurilor decât maĭ mult de nume. Domnul
Țereĭ-Românescĭ merse dară în Transilvania la întâlnire cu regele
Ludovic, recunoscŭ pe suzeran și i se închină ca vasal feudal. Re-
lațiunea contimpuranuluĭ Ion de Kikullew respiră marea bucuriă a
tuturor Ungurilor față cu supunerea unuĭ principe atât de puternic
și atât de vitéz, pe care Carol-Robert, smerit de dînsul, nu putuse
a'l smeri nicĭ o dată : „Cum autem esset Rex in partibus Transil-
„vanis, quidam Princeps seu Baro potentissimus, Alexander Waivoda
„Transalpinus, ditioni ejusdem subiectus, qui tempore quadam Ca-
„roli regis, patris sui, a via fidelitatis divertendo, rebellaverat, et
„per multa tempora in rebellione permanserat"; și din ḑiua aceea
—adaogă cronicarul unguresc—Alexandru-vodă a remas pentru tot-
d'a-una credincĭos regeluĭ Ludovic : „ab illo tempore fidelitatem
conservavit". Acésta insemnéză că nicĭ o dată regele Ludovic n'a
atins stăpânirile cele ardelenescĭ ale voevodatuluĭ oltenesc ; ce va
maĭ mult : Unguriĭ pe Olteni și Olteniĭ pe Ungurĭ s'aŭ ajutat uniĭ
pe alțiĭ frățesce contra Tătarilor ; pe la sfîrșit însă, după cum o vom
vedé, Alexandru-vodă a creḑut de cuviință de a supĕra pe Ungurĭ.

Cronica luĭ Radu Grecénu, după o fântână necunoscută, re-
presintă împăcarea luĭ Alexandru-vodă cu regele Ludovic ca silită
prin năvălirea Ungurilor în Țéra-Românéscă, ceea ce e absolut fals,
de vreme ce Ion de Kikullew, contimpuran și chĭar Transilvănén,
nu numaĭ fixéză locul, dar maĭ constată că Alexandru-vodă a venit
de bună voe : „sua sponte". Fântâna luĭ Grecénu e totușĭ intere-
santă prin finalul : „merse la Craĭul cu marĭ darurĭ, cu o mie de
„grivne de aur, de s'aŭ închinat și se făgădui că'ĭ va da dajde pe
„an ; de acésta fórte bine păru Craĭuluĭ și'l dărui cu frumóse da-
„rurĭ și'l slobozi ca să domnéscă în pace". Aceĭașĭ fântână necu-

noscută a luĭ Grecénu maĭ cuprinde o altă notiţă fără alăturare maĭ importantă, pe care o voĭu reproduce îndată maĭ jos.

Este învederat că cronicariĭ noştri posedaŭ din când în când câte un fragment fórte vechĭu, remas necunoscut nouĕ, pe carĭ însă une-orĭ eĭ nu le înţelegeaŭ bine. Aşa este şi fântâna cea slavică a luĭ Fotino, când ne spune că: „la 1347 Alexandru-vodă se alia „cu hanul tătăresc de peste Prut, năvălind amîndoĭ în Ardél din „douĕ părţĭ, astfel că regele Ludovic a fost silit a face pace“. Năvala Tătarilor contra Ungurilor în Transilvania e adevĕrată; anul 1347 este érăşĭ adevĕrat; participarea Domnuluĭ Ţereĭ Românescĭ e de asemenea adevĕrată; dar totalitatea naraţiuniĭ e greşită. De Fotino se apropiă apoĭ fântâna cea necunoscută din Tunuslĭĭ, care dice: „După Letopiseţ se vede că Alexandru-vodă la anul 1345 a „avut rĕsboĭu cu Ludovic regele Ungarieĭ, şi că la anul 1346 a „intrat în Ardél ca ajutor al Tătarilor“. De unde óre tóte acestea?

Rolul cel mare al luĭ Alexandru-vodă în al doilea period al domniriĭ sale a fost întregirea Statuluĭ prin gonirea desăvîrşită a elementuluĭ tătăresc din Muntenia şi chĭar dintr'o mare parte a Moldoveĭ. Prin urmare, nu cu Tătariĭ trebuĭa să se alieze voevodul românesc contra Ungurilor, ca în fântâna luĭ Fotino şi a Tunuslĭilor, ci vice-versa. Sînt fericit de a puté grupa aci destule materĭalurĭ pentru a limpedi aprópe definitiv acéstă cestiune pînă acum atât de obscură.

Fântâna luĭ Grecénu scrie: „Iar când la lét *6856 (1348)* „merse Laĭoş Craĭul într'ajutor luĭ Cazmir craĭul Leşesc ca să scóţă „Cracăul dela Ianoş craĭul Cehilor, şi l'aŭ scos cu mare rĕsboĭu, „*intr'acea vară loviră Tătariĭ în Ardél. Decĭ Craĭul trimise oştĭ, şi* „porunci luĭ Alexandru-vodă să fie el maĭ mare preste oştĭ şi să se „bată cu Tătariĭ, şi s'aŭ bătut la Săcuĭ 2 zile şi aŭ biruit pre Tă-„tarĭ, şi ĭ-aŭ tăiat şi ĭ-aŭ robit fórte rău, şi aŭ prins şi pre Atlam „Sultanul Tătăresc şi ĭ-aŭ tăiat capul, ĭar alţiĭ robĭ mulţĭ şi stégurĭ „ĭ-aŭ trimis legaţĭ la Craĭu în Văĭşigrad“.

Anul 1346 la Tunuslĭĭ, 1347 la Fotino, 1348 la Grecénu, este fără îndoélă acelaşĭ fapt, care s'a încurcat la Fotino şi la Tunuslĭĭ, s'a potrivit bine numaĭ la Grecénu, şi acelaşĭ fapt ne întimpină la Ion de Kikullew, care însă nu prec.iséză data, ci pune numaĭ după anul 1345, adecă după ce regele Ludovic ajutase Polonilor contra Bohemilor, ĭar despre Alexandru-vodă nemic, mărginindu-se a menţiona pe voevodul transilvan Andreĭu Latzkofi cu Săcuĭĭ: „cum Siculis nobilibus et valida gente". Numele Hanuluĭ Tătarilor pórtă aci acelaşĭ nume ca şi la Grecénu: „cum principe eorum nomine *Athlamos*". Tot aşa in Chronicon Budense, care ne maĭ lămuresce că s'aŭ petrecut succesiv douĕ lupte cu Tătariĭ in Moldova: „Tartari Anno 1346 duplici pugna in Moldavia victi".

In desacord cu cronicele muntenescĭ, cronicariĭ maghiarĭ se feresc de a celebra victoria Domnuluĭ Țereĭ-Românescĭ, sub care se aflaŭ Săcuiĭ cu voevodul transilvan. Să observ că acest voevod se pare a fi fost amic din tinereţe cu Alexandru-vodă, fiind fiĭu al aceluĭ faĭmos Ladislaŭ Apor, care fusese atât de strîns legat cu Mircea-vodă. Dacă Ladislaŭ Apor recunoscea pe la 1307 luĭ Mircea-vodă că e maĭ puternic decât voevodul transilvan, cu atât maĭ mult Alexandru-vodă întrecea acuma fórte departe în putere pe Andreĭu Latzkofĭ, pentru care nu era decĭ o injosire de a figură pe a doua liniă.

O altă cronică de proveninţa unguréscă, aşa numitul Chronicon Dubnitzense, ĭarăşĭ nu vorbesce nemic despre Alexandru-vodă, nicĭ despre voevodul transilvan, numaĭ in genere despre Ungurĭ: „Siculi cum paucis Hungaris". Aci ni se spune că aŭ fost douĕ lupte: la 1345 şi 1346, ambele afară din teritoriul ardelén, ci la Tătarĭ, „in terra Tartarorum", adecă în Moldova, din carĭ în cea de'ntăĭu a perit „Othlamus", cumnatul mareluĭ han tătăresc: „princeps valde „potens, secundus post Kanum, qui habebat in uxorem sororem „ipsius Kani".

Aşa dară fântânele romănescĭ atribue luĭ Alexandru-vodă victoria asupra Tătarilor, fără a tăgădui participarea cea activă a Ungurilor, pe când fântânele unguresci păstréză o tăcere absolută asupra Românilor, reservând gloria întrégă numaĭ Ungurilor, unele şi altele avènd în vedere totuşĭ acelaşĭ fapt, petrecut după resboĭul cel între Polonĭ şi între Bohemĭ, care avusese loc anume la 1345. O curiósă analogiă: cronicariĭ unguresci ne asigură că Unguriĭ ajutaseră pe Polonĭ contra Bohemilor; cronicariĭ Polonĭ, de'npotrivă, nu vorbesc nemic despre ajutorul unguresc; de aci istoricul maghiar Katona se plânge cu drept cuvint că Polonul ascunde pe Ungurĭ pentru a'şĭ lăuda exclusiv pe compatrioţiĭ seĭ: „nullam tamen mentionem Hungarorum auxiliarium facit, ut totam „profligatorum Bohemorum *gloriam suam Polonis vindicet*". Dar óre nu întocmaĭ astfel procede Ungurul, ascunḑènd pe Romanĭ? Să cercetăm.

Prima luptă cu Tătariĭ, coincidând cu resboĭul cel polon-bohem,

se fixéză la anul 1345. Ea a fost cea maĭ celebră prin peirea ha-
nuluĭ Atlamos, devenit la Românĭ — cred eŭ — un personagĭu epic
Alimoş în balada poporană :

> Departe, frate, departe,
> Departe şi nicĭ pré-fórte,
> Sus, pe şesul Nistruluĭ,
> Pe pămîntul Turculuĭ...,

care este învederat un eroŭ tătăresc :

> Haĭduc din ţéra de jos,
> Nalt la stat,
> Mare la sfat
> Şi vitéz cum n'a maĭ stat,

pe care adversarul îl mustră :

> Ce ne calcĭ moşiile
> Şi ne stricĭ fîneţele?

Respândită în Moldova, în Muntenia şi'n Banat, acéstă baladă, ex-
primênd în culorĭ admirabile motivul fórte simplu de un minunat
călăreţ cotropind pămînturile altora şi murind vitejesce când e
surprins şi lovit pe neaşteptate, este veche de tot şi păstréză pre-
tutindenĭa un caracter mongolic.

Dupǎ prima luptă, Chronicon Budense şi Chronicon Dubnitzense
menţionéză o a doua la 1346. E sigur însă că aŭ maĭ urmat contra
Tătarilor alte expediţiunĭ pînă pe la 1352, în carĭ tóte Alexandru-
vodă trebuĭa să fî jucat rolul cel de căpetenĭa, prin însăşĭ posiţiunea
geografică a nouluĭ Stat românesc, şi 'n carĭ tóte Românĭĭ aŭ fost
ajutaţĭ de Ungurĭ, fiind şi aceştĭa interesaţĭ de aprópe, maĭ ales
Săcuiĭ.

Cheĭa tuturor acelor expediţiunĭ nĭ-o dă cronicarul florentin
contimpuran Mateo Villani în capitolul LXXII din cartea II, în
care ne povestesce resboĭul între hanul Tătarilor şi între regele
Proslavilor: „il re de' Proslavi“, care nu era catolic: „infedele“,
şi era tot-o-dată vasal al Ungarieĭ: „suddito al re d'Ungheria“, în
cursul anuluĭ 1351, căcĭ vestea s'a aflat în Florenţa în aprile 1352:
„questa novella avemmo da più e diverse parti in Firenze del
„mese d'aprile 1352“. Singurul posibil rege ne-catolic vasal al Un-
garieĭ învecinat cu Tătariĭ era Alexandru-vodă, a căruĭa poreclă
B a s a r a b a, trecută prin B r o s r a b, a ajuns la Italienĭ ca P r o -

s l a v o, ce-va aşa cum germanul „Burggraf" a devenit la Ungurĭ „porkoláb", de unde al nostru „părcălab". Numind pe Basarabĭ „Proslavi", etimologia poporană italiană îĭ considera ca „pro-Slavi": slavisaţĭ saŭ pe jumătate Slavĭ. Afară de *Basarabĭ*, este absolut peste putinţă de a pricepe pe *Proslavi* din Villani. Istoricul polon Naruszewicz şi istoricul rus Karamzin explicaŭ *Proslavia* prin oraşul polon *Braclaw* saŭ *Bratzlaw*, dar nu se puteaŭ înţelege unul cu altul asupra vre-unuĭ principe feodal măcar mititel de acolo, căcĭ nu se găsĭa de loc, ş'apoĭ nicĭ ţéra nu era vasală Ungarieĭ.

Prin urmare, cronicarul florentin vorbesce necontestabil despre „rè de'Basarabĭ" saŭ „rè di Basarabia", după cum tot atuncĭ Serbiĭ numĭaŭ Ţéra-Românéscă Басарабина, de exemplu într'un trac-tat comercial cu Ragusa tocmaĭ din 1249, adecă sub Alexandru-vodă: „оружиа да не носѣ ни у Бугаре ни у Басарабину землю..." A se băga de samă în trécĕt, că Ragusaniĭ maĭ în specie respândĭaŭ în Italia în secolul XIV noutăţĭ politice din Serbia, din Bulgaria şi din România, astfel că dela dînşiĭ a putut să străbată peste Adria-tică numele Basarabilor.

Villani ne spune că înainte de 1351 Basarabiĭ fuseseră deja în luptă cu Tătariĭ: „Avvenne in quest'anno, che un re del li-„gnaggio de'Tartari, avendo avuta la sua gente briga col re di Pro-„slavia infedele, avegnachè suddito al re d'Ungheria, e fatto danno „l'una gente all'altra, il detto re de'Tartari sentendosi di grande „potenza, per prosunzione della sua grandezza, ovvero per trarre „la gente del suo paese che aveano a quel tempo grandissima „fame, uscì del suo reame con infinito numero di gente a piè e a „cavallo, ed entrò nel regno de'Proslavi". După acest text, res-boĭul din 1351 nu este decât o consecinţă a resbóielor celor ante-rióre între Alexandru-vodă şi între Tătarĭ, incepênd dela 1346, când perise Atlamos, cumnatul hanuluĭ. Tătariĭ eraŭ irritaţĭ cu tot dinadinsul contra Domnuluĭ Românilor. De astă dată, ca şi înainte, regele Ludovic ĭ-a trămis cu grabă în ajutor o armată maghĭară, de sigur din Ardél, pînă când Alexandru-vodă, singur cu Românĭ, oprĭa nenunĭeratele cete ale Tătarilor: „Il re de'Proslavi „colla sua gente si fece incontro a quella moltitudine per ritenerli „a certe frontiere, tanto che avesse il soccorso dal re d'Ungheria, „il quale di presente vi mandò quarantamila arcieri a cavallo: e „aggiuntosi colla gente del re de'Proslavi, di presente commisono „la battaglia co'Tartari..."

Bătălia a turnat şiróie de sânge : „la lena mancò agli uomini, „e lo taglio alle spade, e le saette agli archi". Perdênd miĭ şi miĭ de morţĭ, totuşĭ Tătariĭ aŭ remas neclintiţĭ pe loc. Romăniĭ şi Un-guriĭ aŭ fost siliţĭ a se retrage, aşteptând ajutóre. Atuncĭ însă, ne maĭ vĕḑênd pe duşmanĭ, o panică cuprinḑênd pe Tătarĭ, eĭ aŭ pă-răsit câmpul şi s'aŭ intors in ţĕra lor : „si tornarono addietro in loro paese".

Dela 1345 pină la 1352, avut'aŭ dară şi Romăniĭ un al lor resboĭu de şépte anĭ. In acel interval Alexandru-vodă cuceri re-stul Ţĕreĭ-Romănescĭ : Rimnicul-sărat şi Brăila, peste carĭ se va maĭ fi intins asupra Moldoveĭ de jos spre gurele Dunăriĭ: intregul Stat aşa cum l'a lăsat fiilor. Peste doĭ anĭ, la 1354, Romăniĭ aŭ maĭ intreprins o ultimă expediţiune contra Tătarilor, acuma nu pe teritoriul propriŭ, ci departe peste Nistru pină la Bug, insoţind pe insuşĭ regele Ludovic cu Unguriĭ şi cu Poloniĭ, peste tot 200,000 de călăreţĭ : „in quest'anno e in questo medesimo tempo, — scrie „Villani in capitolul V din cartea IV — Lodovico re d'Ungheria „accolse suo sforzo, e di quello di Polonia e di quello di Pro-„s c l a v i a suoi uomini, e apparecchiato grande carregio di vittua-„glia, con dugento migliaia di cavalieri andando quindici dì per „luoghi diserti con grande travaglio, passò nel reame d'un gran „re della gesta de' Tartari. . ." Nu se scie, dacă in capul Romă-nilor va fi fost insuşĭ Alexandru-vodă, om deja de vr'o 74 de anĭ; maĭ curând vre unul din fiiĭ voevoduluĭ : Nicolae, Vladislav saŭ Radu-Negru.

In tot timpul expediţiunilor tătărescĭ regele Ludovic se afla intr'o dĕsă corespondenţă cu Alexandru-vodă. O probă despre acésta ne intimpină in diploma din 1355, unde se ḑice că in trecut epis-copul catolic din Oradea, se vede un prelat fórte familiarisat cu Romăniĭ, făcuse din partea reguluĭ maĭ multe drumurĭ la Alexandru-vodă in interesul inţelegerilor diplomatice : „ad Alexandrum Bozo-„rabi Wayvodam nostrum Transalpinum occasione pacis et con-„cordiae inter nos et eundem tractandae, disponendae, et firmandae, „pluries proficiscendo effectione sedula studuit exhibere, et „exhibet in omnibus nostris negociis, quae occurunt successive. . ."

La acelaşĭ interval de timp, în legătură cu acelaşĭ episcop de Oradea cel atât de legat cu Alexandru-vodă, se rapórtă o bullă fórte remarcabilă a Papeĭ Clemente VI din 1345, de unde pe de o parte resultă că Domnul Ţĕreĭ-Romănescĭ se arătă bine dispus pentru catolicism, avênd negreşit un mare folos politic al momentuluĭ, ĭar pe de altă parte se înşiră aci maĭ mulţĭ voevoḑĭ şi kinezĭ românĭ: „. . . Episcopo Waradiensi necnon Nobilibus viris „Alexandro Bassarati, et aliis tam Nobilibus quam popularibus „Olachis Romanis, Nicolao principi de Remecha, Ladislao Voyavade „de Bivinis, Sanislao de Sypprach, Aprozye Voyavade de Zopus, „et Nicolao Voyavade de Auginas“. D. Xenopol are dreptate când ḑice : „Alexandru Basarab este voevodul Munteniĭ ; cel·lalţĭ însă „nu sînt nesce voevoḑĭ vasalĭ aĭ acestuĭa din Muntenia“. In adevěr, Papa ḑice în bullă că se adreséză cătră fruntaşiĭ Românĭ din Ungaria, Transilvania, Muntenia şi Banat : „in partibus Ungariae, „Transilvanis, Ultralpinis et Sirmiis“. Afară de Alexandru-vodă, figuréză dară Ardelenĭ, Bănăţenĭ, Crişenĭ şi Maramurăşenĭ, pe unde şi eraŭ voevoḑĭ şi kinezĭ Românĭ pe atuncĭ ; însă numirile topice din text nu se pot precisà, şi eŭ unul nu admit de loc equivalenţele cele propuse de d. Xenopol, bună-óră că Syprach este satul ardelén Siplac, ĭar Zopus este satul Ţap de pe Tîrnava. Sigur este numaĭ dóră că „Ladislaus Voyavada de Bivinis“ era voevodul românesc dela Beĭuş, unguresce Belényes, în evul mediŭ Bulenus în Biharia, unde ce-va maĭ tărḑiŭ la 1363 este indicat documental un voevod românesc : „Iwan Woywoda de Bulenus“. Cu atât maĭ vîrtos nu mě 'mpac cu d. Xenopol, când traduce „Sirmiis“ prin Bulgaria, pe când e vorba de Banat. Ceea ce e interesant în acéstă bullă, lăsându·se la o parte onomastica cea îndoelnică, este că graţiă luĭ Alexandru-vodă devenirà maĭ cunoscuţĭ în occident toţĭ Româniĭ de pretutindenea, fie eĭ vasalĭ saŭ ne-vasalĭ aĭ Munteniĭ, şi că pentru prima óră li s'a dat lor în străinătate numele de R o m a n Ĭ : „Olachi *Romani*“. Mărturisesc că maĭ 'nainte eŭ bănuĭam o greşélă paleografică în loc de „Komani“. Prin următorul fac-simile însă e lesne de a constata cu o 'perfectă certitudine că Papa scrie „Romani“ fórte clar de douě orĭ :

Sub Clemente VI, probabil prin stăruinţa aceluĭaşĭ episcop de Oradea, maĭ cu samă însă a Dómneĭ Clara, Alexandru·vodă încuviinţă un episcopat catolic în Ţéra-Românéscă, adecă pe un episcop

special subordinat episcopuluĭ superior din Transilvania. Acel epi-
scop a fost confirmat apoĭ la 1869 de cătră Vladislav-vodă, care
se rostesce : „a temporibus Praedecessorum nostrorum ac bonae
„memoriae condam Alexandri, Patris nostri charissimi...“ Prin
„predecesorĭ“ Vladislav-vodă va fi înțelegênd óre-carĭ începuturĭ
ierarchice ale catolicismuluĭ în Oltenia sub ceĭ doĭ voevoḑĭ Letinĭ:
Mihaĭu-vodă şi Bărbat-vodă ; un episcopat însă catolic nicĭ chĭar
acolo n'a fost recunoscut de sigur de cătră Dan-vodă şi Mircea-
vodă, capĭ aĭ reacţiuniĭ ortodoxe, ĭar peste Țéra-Românéscă întrégă,
pe cât timp ea nu exista încă, un asemenea episcopat nu putea
să aĭbă fiinţă pînă la Alexandru-vodă.

Negoţiând cu Papa Clemente VI, Domnul ţinea totuşĭ a se
afirma ca ortodox. Pînă atuncĭ Românĭĭ nu aveaŭ un vlădică pă-
mîntén şi absolut nicĭ o mănăstire. O fi fost pe-alocurĭ din când
în când călugărĭ pribegĭ din Bulgaria saŭ din Serbia, în realitate
însă era un fel de organisare presbiteriană primitivă, fiĭul popeĭ de-
venind popă prin moştenire saŭ popa hirotonind la trebuinţă pe
dascăl. Asemenea preuţĭ eraŭ de ajuns, şi speriaseră într'atâta pe
Papa Gregoriŭ IX, încât într'o bullă din 1234 el regretă că Ro-
mânĭĭ din Ungaria aŭ isbutit a întórce la credinţa lor pînă şi pe
uniĭ Ungurĭ şi Nemţĭ : „tam Ungari, quam Theutonici et alii or-
„thodoxi, morandi causa cum ipsis transeunt ad eos“. A crede în
Dumneḑeŭ, a simţi pe Crist, a se teme de respunderea prin ne-
murirea sufletuluĭ şi a se jertfi pe sine însuşĭ pentru alţiĭ, acest
creştinism fundamental n'are nevoe de călugărĭ. Alexandru-vodă
sciea bine, câte şi maĭ câte · fost'aŭ în stare de a făptui Românĭĭ
fără episcopĭ; dar raţiunea de Stat îĭ dictă cimentarea legăturelor
religióse cu orientul Europeĭ, şi el s'a adresat la împĕratul bizantin
Ion Paleolog şi la patriarcul constantinopolitan Calist I. După multă
corespondenţă cu sinodul ecumenic, la 1359 Grecul Ioakinth Kri-
topul, cunoscut maĭ de'nainte luĭ Alexandru-vodă şi dorit de dînsul,
a fost recunoscut ca mitropolit a tótă Ungrovlachia: „μητροπολίτης
πάσης Οὐγγροβλαχίας“. In scrisorile sale cătra Vodă patriarcul îĭ dă
suveranuluĭ roman următorul titlu : „Bine-născut, pré-înţelept, pré-
„vitéz mare voevod şi Domn a tótă Ungrovlachia, pré-legitim, pré-
„ĭubit fiĭu al smerenieĭ mele Domn Alexandru (Εὐγενέστατε, συνετώτατε,
„ἀνδρικώτατε μέγα βοΐβόδα καὶ αὐθέντα πάσης Οὐγγροβλαχίας, ἐν ἁγίῳ πνεύματι
„γνησιώτατε, ποθεινότατε υἱὲ τῆς ἡμῶν μετριότητος, κῦρ Ἀλέξανδρε...)“ şi arată
onórea ce o avea Kritopul de a fi plăcut „unuĭ voevod aşa de

m a r e : „τῷ τοιούτῳ μεγάλῳ βοϊβόδᾳ“; apoĭ se bucură de amicia luĭ Alexandru-vodă cu insuşĭ împĕratul Bizanţiuluĭ : „καθαρὰν εὔνοιαν καὶ „ἀγάπην καὶ εἰς τὸν ἐκ θεοῦ κράτιστον καὶ ἅγιόν μου αὐτοκράτορα, τὸν ὑψηλότατον „βασιλέα τῶν Ῥωμαίων“.

Alexandru-vodă in acelaşĭ timp era in cele maĭ intime relaţiunĭ cu Serbiĭ şi cu Bulgariĭ. Din cele douĕ fete ale sale cu Dómna Clara, pe una el a dat'o in căsătoriă luĭ Vucaşin, in urmă rege al Serbieĭ, ĭar pe cea-laltă împĕratuluĭ bulgar Straşimir. Cu tóte astea, el n'a vrut să ĭea pe mitropolit nicĭ dela patriarcul serb din Ipek, nicĭ dela patriarcul bulgar din Ochrida, căcĭ priviă Ţéra-Romănéscă ca egală cu Bulgaria şi Serbia : egalĭ capiĭ Statelor, egalĭ decĭ şi capiĭ Bisericelor. Inchinându-se numaĭ de'naintea superiorităţiĭ împĕratuluĭ bizantin, el îşĭ cerù mitropolit dela patriarcul din Constantinopole. Tot din mândriă, după 1359, sciind că principiĭ bulgarĭ îşĭ prepuneaŭ numeluĭ personal ca un fel de titlu imperial pe „Iѡ“ saŭ „Iѡаннъ“ in memoria mareluĭ împĕrat Ioniţă Asan, Alexandru-vodă l'a adoptat de asemenea, astfel că pe mormîntul fiĭuluĭ sĕŭ Nicolae apare pentru prima ó̆ră acéstă titulatură, trecută la următoriĭ Domnĭ aĭ Ţereĭ-Romănescĭ şi apoĭ la Domniĭ Moldoveĭ. Acest „Ioan“ eră tot-o-dată, póte, ca un omagĭu adus Constantinopoliĭ, fiind că ambiĭ împĕraţĭ de atuncĭ, Paleolog şi Cantacuzen, eraŭ de o potrivă I o a n ĭ.

Tătariĭ fiind goniţĭ la 1351, de atuncĭ, in ultimul deceniu al semi-secolareĭ sale domniĭ, faţă cu apropiata mórte, Alexandru-vodă a creḑut de cuviinţă, de sigur prin inţelegere cu kineziĭ ceĭ-lalţĭ Basarabĭ, cu voe saŭ fără voe, de a intări posiţiunea celor treĭ fiĭ, din carĭ primiĭ doĭ eraŭ deja bătrănĭ.

Pe fiĭul cel maĭ mare, Nicolae, Alexandru-vodă şi-l'a asociat la tron ca al doilea voevod. Iată de ce dela dînsul Fotino cunoscù un crisov domnesc din 1352, şi ne maĭ adaogă, după o cronică inedită, că acelaşĭ principe trimisese 2000 de călăreţĭ peste Dunăre in ajutorul Bulgarieĭ contra Turcilor. După mórtea luĭ Alexandru-vodă, fiĭul seŭ Nicolae, in scurtul interval càt a domnit singur, îşĭ dedea duplul nume de Nicolae-Alexandru, ceea ce mĕ impinsese in trecut la greşéla de a identifică pe ambiĭ voevoḑĭ, cu totul deosebiţĭ unul de altul. Cel maĭ credincĭos tovarăş al tatăluĭ seŭ, Nicolae-vodă îşĭ perde in istoriă aprópe cu desăvîrşire propria

sa individualitate. Pe mormîntul seŭ inscripţiunea îl numesce:
„fiĭul mareluĭ Basarabă“, şi acésta este deja o biografiă.

Pe fiĭul al doilea, Vladislav, cel maĭ vitéz din tus-treĭ, Ale-
xandru-vodă l'a pus peste Carpaţĭ ca duce al Făgăraşuluĭ, unde se
certă cu Saşiĭ dela Sibiĭu pentru hotarele ducatuluĭ de Amlaş şi
din care causă în tradiţiunea mănăstiriĭ Tisména la Stefan Ieromo-
nahul el figuréză sub titlul de „craĭu al Ardéluluĭ“.

In fine, pe Radu-Negru, fiĭul cel maĭ tinĕr, Alexandru-vodă l'a
făcut ban al Severinuluĭ, ceea-ce în poesia poporană serbă ĭ-a dat
porecla de „Severinénul“, după cum o vom vedé maĭ la vale.

Cea de pe urmă sublimă acţiune saŭ cel puţin atitudine a ma-
reluĭ întemeiător al Statuluĭ Ţereĭ-Românescĭ nu reiese d'a-dreptul
din materialul istoric, dar pare a se impune dela sine'şĭ prin con-
cursul împregĭurărilor. Moldova fusese fundată înainte de mórtea
luĭ Alexandru-vodă. Coincidinţa o observase deja Fotino. „Bogdan,
„voevodul Românilor din Maramurăş, — ḑice contimpuranul Ion de
„Kikullew, — adunându'şĭ Românĭ din acea parte, s'a adăpostit
„pe ascuns în ţéra Moldoveĭ, supusă corónei regatuluĭ Ungarieĭ,
„dar de de-mult pustiită prin vecinătatea Tătarilor, şi deşĭ oştirea
„unguréscă adesea l'a lovit pe Bogdan, totuşĭ marele numĕr de
„Românĭ aşeḑându-se acolo, s'a făcut un regat deosebit“. Se întâm-
plase acésta cam între 1345—1350. La 1345 se începuse şirul
luptelor luĭ Alexandru-vodă contra resturilor dominaţiuniĭ mongo-
lice dintre Siret şi Nistru. Tot de atuncĭ de pe la 1345 se mişcă
din sus în direcţiunea Prutuluĭ Româniĭ din Maramurăş contra
aceloraşĭ resturĭ ale dominaţiuniĭ mongolice. Dela 1352, după de-
finitiva retragere a Tătarilor, Alexandru-vodă stăpânia partea de
jos a Moldoveĭ. Noĭ scim deja (§ 33) că voevoḑiĭ românĭ din Ma-
ramurăş eraŭ Basarabĭ Românăţenĭ, plecaţĭ din Oltenia după 1280,
verĭ cu Românăţénul Basaraba Mircea-vodă, tatăl luĭ Alexandru-
vodă. Óre nu Basaraba cel devenit Domn al Ţereĭ-Românescĭ,
întărit în Moldova dunăréna, îndemnat'a şi ajutat'a pe Basaraba
cel din Maramurăş de a se pogorî în Moldova cea carpatină?
Óre micul voevod Bogdan ar fi putut să susţină desele atacurĭ
ungurescĭ, „per exercitum ipsius regis saepius impugnatus“, dacă
nu avea la spate pe marele voevod Alexandru, ajuns a fi „po-
tentissimus princeps“ după mărturia Maghiarilor? Acest Alexan-
dru-vodă, atât de dibaciu în tóte încurcăturile vieţeĭ sale, nu

vedea el óre interesul cel capital pentru noul Stat al Țerei Romă-
nescĭ de a b a s a r a b i z à intréga Moldovă? Da, așa este, respunde
un fapt documental, care a scăpat pînă acum din vedere. Dela
1343 Alexandru-vodă nu încetase de a fi aliatul cel maĭ nestrǎ-
mutat al regeluĭ Ludovic, pe cât timp avusese o neapěrată trebu-
ințǎ de ajutorul Ungariel. Eĭ bine, tocmaĭ în ajunul anuluĭ 1360
regele Ludovic și Alexandru vodă se cértă, adecă tocmaĭ atuncĭ
când Ungaria observă pe Bogdan-vodă.

In 1358 regele Ludovic și Alexandru-vodă eraŭ incă fórte
amicĭ. Posedând acum la Dunăre cele douě marĭ porturĭ Orașul-
de-Flocĭ și Brăila, Domnul Țerei-Românescĭ atrăgea în acésta direc-
țiune comerciul Bârseĭ, pe care însă il împedecaŭ autoritățile un-
gurescĭ din Ardél la Pasul Predél și la pasul Buzeŭ, adecă intre
rîurile Prahova și Buzeŭ. Pentru a satisface pe Brașovenĭ, ceea ce
pe prima linia era interesul luĭ Alexandru-vodă, regele Ludovic
dete la mână Sașilor un ordin : „ut vos cum vestris mercimoniis
„et quibuslibet rebus inter Bozam et Prahom, a loco Uz, ubi flu-
„vius Iloncha vocatus in Danobium, usque locum, ubi fluvius Ze-
„reth nominatus similiter in ipsum Danobium cadunt, transire pos-
„sitis libere et sicure“. Puncturile dunărene între Siret și între
gura Ialomițeĭ indică direct Orașul-de-Flocĭ și Brăila. Indatorind
dară regele Ludovic pe Alexandru-vodă la 1358, cum dară de se
turbură prietenia lor immediat de'ndată ce se simte periculósă
pentru Ungurĭ mișcarea din Maramurăș a luĭ Bogdan-vodă?

Alexandru-vodă, după ce domnise vr'o ḑece anĭ împreună cu
fiĭul seŭ Nicolae, móre între aniĭ 1360—1362 saŭ 1363. Efemeră,
abia de vre-un an, a fost domnia cea deosebită a luĭ Nicolae-vodă,
inmormîntat la 1364 în mănăstirea Câmpulung sub o pétră cu ur-
mătórea frumósă inscripțiune, descoperită de d. Tocilescu, dar men-
ționată inexact deja de Fotino :

МЦА НОЕҔРІА·Ѕ̈І ДͷꙊ ПРѢСТАВИСӒ ВЕ
ЛИКІИ И САМОДРЬЖАВӸИ ГДРЬ ІѠ НИ
КОЛА АЛЕѮАНДРЬ ВОЕЗОДА СͷЬ ВЕ
ЛИКАГО БАСАꙖБꙖ ВОЕВОДꙖ ВЬЛѢ
Ѕ Ѡ ОГ Бͷ Г ВѢУНДА ЕАꙊ ПАМАТ

(† luna noembre 16 ḑile a reposat marele și autocratul Domn
Io. Nicolae Alexandru voevoda, fiĭul mareluĭ Basarabă voevoda, în
anul 6873 indiction 3, fie-ĭ eterna memoria).

Murind Nicolae-vodă, se urcă pe tron neastîmpěratul Vladislav-vodă şi 'ndată la 1364, chiar înainte de a părăsi ducatul seŭ de Amlaş pentru a trece în Ţéra-Românéscă, amenință Ungaria, dând foc orăşeluluĭ săsesc Tălmacĭu. Regele Ludovic convócă la Timişóra tótă oştirea maghiară printr'un act, care motivéză tot-o-dată declarațiunea de rěsboĭu luĭ Vladislav-vodă. Reproduc întreg după Wenzel, cu lacunele în original, pasagĭul cel categoric despre duş-mănia cea inexplicabilă a luĭ Alexandru-vodă în ultimiĭ anĭ : „Quia *quondam (Alexander) Wayvoda Transsalpinus tanquam in-* „*memor beneficiorum a nobis receptorum et ingratus fidem suam et* „*litteras utrobique super certis pactis, censibus et an — — — nostri* „*dominii naturalis nobis debitis inter nos et ipsum initam et ema-* „*natas ipsa adhuc vita mundiali perfruente temerariis ausibus —* „*— — — are non expavit;* demumque ipso ab hac luce decesso „Ladislaus eius filius pravos mores imitatus paternos, nos tanquam „suum dominum naturalem minime — — — ssens, inconsultis „nobis et inrequisitis in eadem terra nostra Transsalpina, que iure „et ordine geniture nobis debetur, titulum suum fictum erigens „in contumeliam Domini, a quo sua debent dependere insignia, „in ipsius terre nostre dominium ex perfida voluntate et conni-„vencia Olachorum et habitatorum terre eiusdem *loco patris —* „— — — ericus se subrogare . . .“ Se póte stabili dară aci un pa-ralelism între Alexandru-vodă şi între Vladislav-vodă, ceea ce din cuvintele regeluĭ Ludovic se citesce uşor printre rindurĭ. Fiĭul, temperament ĭute şi nepregetat, scóte din țîțînĭ rebdarea Ungurilor şi 'I silesce grabnic la luptă pe faţă; tatăl, fórte diplomat, lucră vrăjmăşesce contra corónel sântuluĭ Stefan şi supěrase la culme pe regele Ludovic, căruĭa în adevěr îĭ datorĭa multă recunoscință la nemicirea Tătarilor, dar totuşĭ păstra măiestresce formele, ast-fel că resboĭu nu se întâmplase. Care decĭ putea să fie acea lu-crare vrăjmăşéscă diplomatică din partea luĭ Alexandru-vodă după 1358, de vreme ce pînă la 1358 inclusiv totul mergea prietenesce? Bogdan-vodă, Basarabă cel Romănăţén din Maramuraş, susţinut puternic pe sub mână fără ostentaţiune de cătră Alexandru-vodă, în-temeĭază Moldova, scutură suveranitatea Ungariel, şi tóte sbuciu-mările protivnice ale regeluĭ Ludovic aŭ remas deşerte. Moldova era atuncĭ numaĭ „ţéra de sus“, pe când „ţéra de jos“ în mare parte, cucerită dela Tatarĭ, aparţinea de o cam dată Muntenilor.

Logica întemeiăriĭ Moldoveĭ mi se pare a fi fórte lămurită. In curs de abia de o jumătate de secol după 1280 relaţiunile nu s'aŭ putut întrerumpe şi a se uĭta între Basarabiĭ Românăţenĭ ceĭ remaşĭ în Oltenia şi între ceĭ pribegiţĭ în Maramurăş. Este pro-babil că Mircea vodă la 1308 nu fără concursul verilor seĭ Bogdă-nescĭ trimisese pe regele Ottone în Galiţia anume prin Maramurăş. La 1345, când s'a auḑit despre strălucita victoriă a luĭ Alexandru-vodă asupra Tătarilor celor din Moldova, Basarabiĭ din Maramurăş s'aŭ încercat a se folosi la rîndul lor, apucând regiunea învecĭ-nată, adecă Moldova nordică propriŭ ḑisă. La început însuşĭ re-gele Ludovic îĭ îndemna, saŭ cel puţin nu se împotrivĭa, la acéstă mişcaie, cu atât maĭ virtos că uniĭ din eĭ eraŭ de de-mult cunos-cuţĭ prin devotamentul lor Ungarieĭ. Alexandru-vodă însă a para-lisat aşteptările regeluĭ Ludovic, împingènd tendinţa cea anti-ma-ghiară a luĭ Bogdan-vodă şi ajutând'o din ce în ce maĭ energic, ast-fel că pe la 1360 Moldova nu maĭ putea să fie unguréscă, iar Curtea dela Buda se făcu foc de supĕrată pe Domnul Ţereĭ Româ-nescĭ. . .

Născut pe la 1280, Alexandru-vodă vĕḑuse voevodatul olte-nesc sfăşiat între ortodoxĭ şi între catolicĭ, ba chĭar din némurile luĭ fiind siliţĭ o samă a fugi în Maramurăş, iar din corpul Munte-nieĭ eraŭ unite cu Oltenia numaĭ Teleormanul şi Vlaşca. In timp de maĭ bine de 50 de anĭ, avènd a se bălăbăni cu colosalul regat un-guresc şi cu colosala putere a Tătarilor, el a biruit tóte, a întins hotarele pînă la Prut, dacă nu pînă la gurele Dunăriĭ, a construit oraşe, cetăţĭ şi porturĭ, a organisat biserica ortodoxă şi a mulţumit pe cea catolică, a fraternisat cu suveraniĭ Bizanţiuluĭ, Ungarieĭ, Bulgarieĭ şi Serbieĭ, a întemeĭat puternicul Stat al Ţereĭ Româ-nescĭ şi a lucrat tot-o-dată la întemeĭarea Statuluĭ Moldoveĭ. In în-tréga istoriă a Românilor a fost domnirea cea maĭ fecundă în re-sultate neperitóre. Iată cine a fost N e g r u - v o d ă cel maĭ mare, „marele Basaraba" după cum se chiamă el pe mormîntul fiĭuluĭ seŭ. Peste doue-ḑecĭ de anĭ după mórtea acestuĭ Negru-vodă, pe la 1389, în occidentul Europeĭ România purta tot încă viŭ nu-mele de „ţéra luĭ Alexandru", „la terre d'Alixandre de Basserat en Abblaquie" în manuscriptele celebruluĭ Philippe de Mézières.

§ 38. Familia luĭ Alexandru-vodă şi némul Dómneĭ Clara.

Bibliografia: Archiva istorică t. I. 1 p. 37. — Histoire critique des Roumains p. 101. — *Fridvaldszki*, Reges Ungariae Mariani, Vienae 1775 in-4 p. 80–84. — *Muglein* in Kovachich, Sammlung kleiner Stücke, Ofen 1805 in 8 t. I p. 26. — *Fotino*, Ἱστορία t. II p. 16. — *Tunusliĭ*, trad. Sion p. 128. — *N. Densuşianu*, Documente t. I v. II p. 158 sq., 198 sq., 222. — *Miklosich*, Monumenta Serbica p. 180. — *C. Jireček*, Блъгарскій царь Срацимиръ, în Периодическо списание, 1882 t. I p. 39, cfr. Gesch. d. Bulgaren p. 356. — *Venelin*, Влахо-Болгарскія грамоты, Petersb, 1840 in-8 p. 11. — *Eder*, Observationes criticae, Cibinii 1803 in-16 p. 53. — *Engel*, Gesch. d. Wallachey t. I p. 147. — *Heliade-Rădulescu*, La înmormîntarea luĭ Ioan Văcărescu, Bucurescĭ 1863 in-32 p. 5. — *A. Odobescu*, Poeţiĭ Văcărescĭ, în Revista Română t. I 1861 p. 488. — Genealogia Cantacuzinilor, în Buciumul 1863 No. 27 p. 108. — *Puşcarĭu*, Date istorice t. II p. 409. — *Şincaĭ* ad an. 1372 — *Teutsch-Firnhaber*, Urkundenbuch zur Geschichte Siebenbürgens. Wien 1857 in-8 p. LVI, LXVII, 2, 137, 138, 142, 192, 203 sq. — *B. Orbán*, A Székely, föld, Pest 1871 in-4 t. III p. 142, t. V p. 62, 107. — Chronicon Budense p. 50. — *Nagy Ivan* etc.

Murind după 1360, Alexandru-vodă îşĭ vedea în gĭurul sĕŭ o numerósă familiă, din care măriceĭ deja eraŭ şi nepoţiĭ seĭ Dan şi Mircea.

Aci este locul cel maĭ potrivit de a îmbrăţişa într'o panoramă şi de a completa după putinţa genealogia Basarabilor Românăţenĭ pînă la finea secoluluĭ XIV, înlăturându-se din lipsă de material pe ceĭ plecaţĭ la Maramurăş.

Prima schiţă şi fără femeĭ, incepèndu-se prin doĭ fraţĭ Dan şi Mircea şi terminându-se prin alţĭ doĭ fraţĭ Dan şi Mircea, stranepoţĭ aĭ celor-lalţĭ :

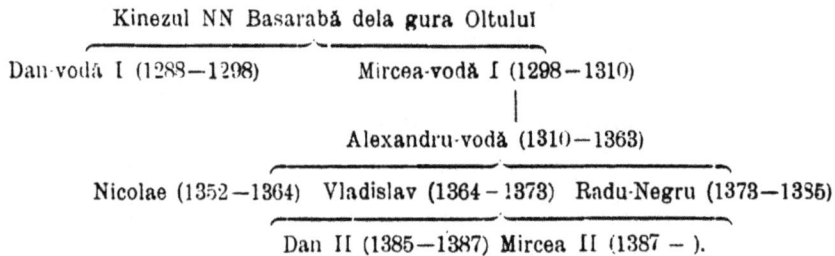

Kinezul NN Basarabă dela gura Oltuluĭ

Dan-vodă I (1288—1298)   Mircea-vodă I (1298—1310)

Alexandru-vodă (1310—1363)

Nicolae (1352—1364) Vladislav (1364—1373) Radu-Negru (1373—1385)

Dan II (1385—1387) Mircea II (1387 —).

Alexandru-vodă a fost căsătorit de doue orĭ. Tinĕr, înainte de 1310, el luase pe fiĭca kinezuluĭ Ivancu Basarabă din Dolj, rudă cu foştiĭ voevodĭ Mihaĭu Liténul şi Bărbat. Numele eĭ nu e sigur. După Genealogia Cantacuzinéscă ea se dicea Chiajnă, ceea ce slavonesce însemnéză numaĭ „fiĭca Kinezuluĭ" : „Кнѧжьна principis filia". După fântâna luĭ Fotino şi a Tunusliilor se póte admite numele Margarita saŭ Marghita.

Din acea primă căsătoriă rěmăseseră luĭ Alexandru-vodă doĭ
fiĭ, Nicolae şi Vladislav, carĭ eraŭ flăcăĭ pe la 1330, când ajutaŭ
pe tatăl lor în lupta contra regeluĭ Carol-Robert.

Ce-va înainte saŭ ce-va în urmă, Alexandru-vodă fiind văduv,
luă în a doua căsătoriă pe o străină catolică numită Clara, cu care
a avut treĭ copiĭ: douě fete şi pe un al treilea cel maĭ mic fiĭu
Radu-Negru.

Despre fiĭcele luĭ Alexandru-vodă în specie fântâna cea fun
damentală este bulla luĭ Urban V din 1370, adresată Dómneĭ
Clara: „nobili mulieri Clare, relicte quondam Alexandri Wayvode
in Wlachia vidue", pe care Papa o laudă pentru că ea întórse la
catolicism pe fiĭca sa împěrătésa Bulgarieĭ: „Imperatricem Bulgarie
Illustrem natam tuam", şi o îndémnă a converti de asemenea pe
cea-laltă fiĭcă regina Serbieĭ: „alteram natam videlicet Ancham re-
ginam Servie Illustrem". Intr'o bullă ulteriórà din acelaşĭ an Papa
scrie luĭ Vladislav-vodă, fiĭuluĭ vitreg al Dómneĭ Clara, bucurându-se
că dînsa lucréză cu rîvnă la respândirea catolicismuluĭ în Ţéra-
Românéscă: „catholicorum et religiosorum virorum, quorum multi
„in tuo dominio, presertim ex operatione dilecte in Christo filie
„nobilis mulieris Clare, noverce tue..."

Din cele douě fiĭce ale luĭ Alexandru-vodă, una era nevésta
regeluĭ serbesc Vucaşin. Bulla papală o numesce „Ancha", de sigur
însă era Lénca, fiind-că îĭ ḑice „Aléna" însuşĭ Vucaşin într'o di-
plomă chĭar din anul 1370, unde menţionéză şi pe doĭ fiĭ aĭ lor:
Andreĭu şi faĭmosul Marcu Crăişorul, eroul epic al Serbo-bulgarilor,
duşman al Românilor, totuşĭ Român el-însuşĭ după mumă, věr-
primar cu Mircea cel Mare: „съ прѣвъзлюбленномъ кралѥвьства ми кра-
„лицомь курь Алѣномь и съ прѣвъзлюбленнꙑми синовꙑ кралѥвьства ми Мар-
„комь и Аньдрѣ ꙗшемь..."

A doua fiĭcă a luĭ Alexandru-vodă din Dómna Clara era ne-
vésta împěratuluĭ bulgăresc Straşimir saŭ Sraţimir dela Vidin.
Numele eĭ nu se cunósce, şi 'n zădar l'a căutat .d. Jireček. Se
scie că ea avusese doĭ copiĭ, pe Constantin mort în Serbia la
1422, şi pe Doroslava saŭ Doroteia, căsătorită ce-va înainte cu
regele Stefan Tvertko al Bosnieĭ, věră-primară cu Mircea cel Mare.

Alexandru-vodă permitea Dómneĭ Clara de a catolici pe amîn-
douě fetele, deşi pe una ea n'a putut'o convinge; orĭ-cum însă
Domnul a luat o înţeléptă měsură aşa ḑicênd de asigurare orto-

doxă pentru băiatul seŭ Radu-Negru, căsătorindu'l cu o Bizantină, care de sigur nu va fi trăit pré-bine cu sócră-sa cea catolică. Se pare că Dómna Clara se împăcă maĭ puţin cu propriul seŭ fiĭu de-cât cu fiĭul cel vitreg Vladislav-vodă. De aceea Papa Urban V nicĭ nu vorbesce Dómneĭ Clara despre fiĭul eĭ, devenit ortodox înflăcărat, negreşit graţiă covîrşitóreĭ înriuriri a nevesteĭ sale Gréca Kalinikia, muma luĭ Dan-vodă şi a luĭ Mircea cel Mare, acesta din urmă menţionând'o anume într'un crisov pintre bine-făcětorĭĭ mănăstirĭĭ Tisména: „и водѣницѫ що е приложила монастирю мати господства ми госпожа Калиникіѭ...“ Numele femeiesc Kalinikia era întrebuinţat exclusiv la Bizantinĭ. Alexandru-vodă fiind prieten personal cu Grecul Iacint Kritopul, pe care 'l îşĭ adusese la 1359 ca mitro-polit al Ungro-vlachieĭ, este de creḑut că prin mijlocirea acestuĭa se va fi însoţit Radu-Negru cu Dómna Kalinikia, Gréca fără în-doélă în orĭ-ce cas, póte chiar din familia imperială bizantină, o Paleologină saŭ o Cantacuzină, nu se scie de o cam dată. Dan-vodă, primul fiĭu al Dómneĭ Kalinikia, cată să fi fost cel puţin de vr'o 25 de anĭ la 1385, când s'a urcat pe tron, astfel că însură-tórea luĭ Radu-Negru se urcă la aniĭ 1359—1360, tocmaĭ atuncĭ când Alexandru-vodă se afla în désă corespondenţă cu împěratul Ion Paleolog şi cu patriarcul ecumenic Calist I.

In acest mod noĭ dobândim următórea spiţă genealogică maĭ completă despre a doua căsătoriă în specie a luĭ Alexandru-vodă:

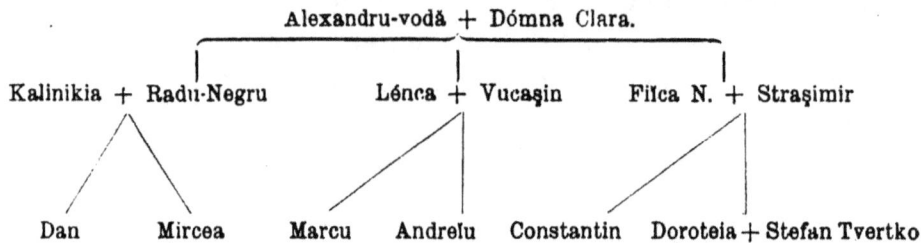

```
              Alexandru-vodă + Dómna Clara.
      |                        |                        |
Kalinikia + Radu-Negru    Lénca + Vucaşin      Filca N. + Straşimir
      /\                      /                     /
     /  \                    /                     /
  Dan   Mircea      Marcu  Andreĭu    Constantin  Doroteia + Stefan Tvertko
```

Intréga posteritate a luĭ Alexandru-vodă, din care Nicolae şi Vladislav din prima căsătoriă se stînseră fără urmă, a fost datorită nevesteĭ a doua, străina cea catolică Dómna Clara; şi tot eĭ s'a datorit în acelaşĭ timp întinsa reţea de alianţe a Ţereĭ-Romănescĭ în secolul XIV cu Bulgaria, cu Serbia, cu Bosnia şi cu Bizanţiul. Cine óre să fi fost dară acea Dómna Clara, muma luĭ Radu-Negru, bunica luĭ Mircea cel Mare şi a Crăişoruluĭ Marco, aceĭa cătră care se adresà d'a-dreptul Papa Urban V şi care avea o mare trecere chĭar la Vladislav-vodă, deşi ĭĭ era mumă-vitregă?

Voĭu începe prin a da un respuns aprioric, după care voĭu procede apoĭ a'l demonstra.

Dómna Clara, a doua nevéstă a luĭ Alexandru-vodă, era o Maghiară, nepóta puterniculuĭ senior transilvan Micud, óre-când Ban unguresc al Severinuluĭ, din antica familĭă Kukenus, a càrĭa descendinţă actuală romănéscă este némul Văcărescilor.

În secolul trecut era deja cunoscută vechea tradiţiune despre originea Văcărescilor din ţéra Făgăraşuluĭ şi stema lor cea nobili-tară represintând o cetate óre-care. Despre acéstă particularitate vorbesce la 1803 Eder, după care apoĭ Engel la 1804. Amin-doĭ presupuneaŭ că străbun al Văcărescilor va fi fost Magistrul Ugrin cel vestit dela 1291, pe care eĭ îl consideră ca Român: „Ugrinus Valachus", „ein gebohrner Walach Namens Ugrinus". Nu o dată pe acel Ugrin, mare duşman al Basarabilor, eŭ l'am pomenit în cursul opereĭ de faţă. Fie Român, fie ne-Român, fie din Făgăraş saŭ de pe aĭurĭ, faptul este că nicĭ un Ugrin n'are a face cu tradiţiunea cea proprĭă a Văcărescilor, carĭ aŭ putut să'l bage în genealogia lor *post festum*, luându-se maĭ tărḑiŭ după Eder şi după Engel. Ugrin este o personalitate istorică dela 1291 sub Dan-vodă, maĭ figurând încă o dată în istoria romănă sub Mircea-vodă la 1308 (§ 35), ĭar spiţa némuluĭ Văcărescilor, aşa cum am vĕḑut'o eŭ de de-mult la d. Teodor Văcărescu, debută cronologi-cesce abia cu anul *1380*, când apare străbunul lor *Negoĭţă*, nu maĭ departe decât *sub Radu-Negru* tatăl luĭ Mircea cel Mare.

Reposatul meŭ coleg A. Odobescu cunoscuse acea spiţă a né-muluĭ înainte de 1861, când a brodat asuprà'ĭ următórea impro-visaţiune, fórte fantastică în amărunte, adevĕrată însă în fond: „Pintre tovarăşiĭ luĭ Negru-vodă se ḑice că ar fi fost şi junele „Negoĭţă, Domnesc Cocon al luĭ Dan, Voevodul Făgăraşuluĭ şi „nepot de soră al căpetenieĭ Romănilor; acesta întemeĭă sate şi „biserici doué-spre-ḑece pe malurile Dîmboviţeĭ cuprinse de dînsul; „el avŭ şése fete şi doĭ fecĭorĭ, Radul şi Şerban, cărora le lăsa „moştenire, cu numele de Văcărescĭ, scutul părintesc ce purta „gravat pe dînsul Cetatea Făgăraşuluĭ..." Maĭ departe Odobescu vorbesce despre: „un urmaş al Coconuluĭ Negoĭţă, Radul „Comisul".

Cu acelaşī mîeḑ adevĕrat ca şī la Odobescu, Heliade ḑicea la 1863 pe mormîntul luī Ioan Văcărescu: „Veniī a vorbi de Văcă-„rescī în genere. Originea acesteī familie ilustre în istoria nóstră „este din Făgăraş; străbuniī reposatuluī trecură de peste Carpaţī „o dată cu duca de Făgăraş Radu-Negru, descendentul Nigerilor „Basarabī, şi fură dintre primiī fundatorī aī Domniatuluī Romă-„nieī...“

Data *1380*, atribuită luī Radu-Negru într'o genealogiă a Văcărescilor scrisă înainte de 1860, este fórte remarcabilă din punctul de vedere al criteriuluī, căcī ea eră cu totul în desacord cu Radu-Negru cel dela 1290 din cronica muntenéscă cea admisă de Engel, şi decī data *1380* nu putea să fi fost imaginată ad-hoc. Data 1380 pentru Radu-Negru a fost stabilită prima óră în a mea *Istoria critică* la 1873. Pînă atuncī nicī un istoric român saŭ străin nu sus-ţinuse acea dată. Este dară pe deplin autentificat punctul cel de plecare al genealogieī Văcărescilor, în care ni se înfăţişéză ca cel întâiu străbun la 1380: Negoiţă Coconul din Făgăraş, rudă cu Radu-Negru, adecă patru elemente de desbătut:

1º. Negoiţă;

2º. Coconul;

3º. Făgărăşén;

4º. Rudă cu Radu-Negru.

Négu, Négoe, Negoiţă, este o formă poporană pentru obicīnuitul nume creştin Nico=Nicolaus. La ţeranī un Négoe îşī serbéză numele la sfântul Nicolae. Când sînt doī Nicolaī într'o familiă, unul se diferenţiază în Négoe. E interesant un exemplu contimpuran cu strămoşul Văcărescilor. La 1371 din familia boieréscă oltenéscă a Zărnescilor fiind patru fraţī, din carī doī eraŭ Nicolaī şi doī Vladislavī, ceī doī Nicolaī se deosebiseră în Négoe şi Nicolaus, īar ceī doī Vladislavī în Layk şi Ladislaus.

Ce-va maī anevoe este de a explica pe *Coconul* cel acăţat la *Negoiţă* în genealogia Văcărescilor. Cuvîntul nu are sensul de „en-fant“ saŭ de „fils“, după cum este în frasa luī Odobescu: „Domnesc Cocon al luī Dan Voevodul“, căcī Negoiţă nu putea să fie fīiu al luī Dan-vodă, de vreme ce tot la Odobescu ni se spune că prin alianţă femeéscă el era „nepot de sor“ luī Radu-Negru, pe când Dan-vodă era tocmaī fīiu al acestuīa. A fi cine-va „nepot de fīiu“ şi „nepot de sor“ pentru una şi aceīaşī persónă este o absurditate. Cocon dară nu însemnéză „enfant“ saŭ „fils“, ci este numaī dóră

porecla saŭ numele de familiă al luĭ Negoiţă. Némul Văcărescilor
dară se numĭa la început C o c o n ĭ saŭ C o c o n e s cĭ, înainte de a
se fi ḑis după o moşiă boierĭ *ot- Văcărescĭ*, ceea ce apare în docu-
mente abia pe la finea secoluluĭ XVI.

Limpeḑîndu-se acum începutul genealogieĭ Văcărescilor: 1380,
Nicolae Cocon din Făgăraş, o rudă prin alianţa cu Radu-Negru, —
e peste putinţă de a nu se deştepta immediat bănuéla: óre nu cum-va
era din aceĭaşĭ familiă cu Dómna Clara, muma luĭ Radu-Negru? In
acest cas Nicolae Cocon ar fi înrudit şi cu Vladislav-vodă, deşi maĭ
departe decât cu Radu-Negru, orĭ-cum însă tot consângén, „con-
sanguineus“, Vladislav fiind legat prin sânge patern cu Radu, care
era legat prin sânge matern cu Nicolae Cocon, ĭar după dreptul
canonic legătura prin tată şi prin mumă se califică de o potrivă
„consanguineitas“.

Trec d'a-dreptul la demonstraţiunea cea documentală, pe care
mě mir că n'a observat'o încă niminea şi pe care nicĭ eŭ-însumĭ
n'o observaĭ în trecut, măcar-că documentul în cestiune a fost de
de-mult cunoscut tuturora. Mărturisind aci o scăpare din vedere,
pe care nu mĭ-o ĭert eŭ-însumĭ, profit de aceĭaşĭ ocasiune pentru
a maĭ mărturisi din parte'mĭ o grosolană greşélă, pe care am co-
mis'o o-dată, când mě alunecaĭ de a confunda pe ceĭ doĭ socri
aĭ luĭ Alexandru-vodă, adecă pe Ivancu Basarabă cu Ianoş de Do-
boka. Erorile analiseĭ se rectifică prin sintesă, căcĭ numaĭ sintesa
completéză lacunele. In istoriă, în filologiă, în filosofiă, în sciinţele
fisico-naturale, pretutindenĭa progresul se operéză prin sintesă peste
sintesă concentrică, din ce în ce maĭ vastă.

Cea maĭ importantă diplomă dela Vladislav-vodă este actul
de donaţiune din 1372, depus óre-când în archivul mănăstiriĭ cato-
lice din Cluj, de unde în secolul trecut l'a copiat Kornides şi l'a
publicat tot atuncĭ Frivaldszky. Vladislav-vodă dăruesce tîrgul Şer-
caĭa şi maĭ multe sate, tóte în ţéra Făgăraşuluĭ: „in terra Fuguras
prope Alt“, boieruluĭ Magistru Ladislaŭ, fiĭul Magistruluĭ Ianoş de
Doboka, nepotul luĭ Mikud-ban: „magister Ladislaus, strenuus miles,
filius quondam Ianus Meister de Dobka, nepos Mikedbani“, pe
care de vr'o cincĭ saŭ şése orĭ îl numesce ĭubit şi credincĭos c o n-
s â n g-é n al seŭ: „noster c o n s a n g u i n e u s dilectus et fidelis“, apoĭ
îl maĭ face carne, sânge şi ném al seŭ: „noster caro et sanguis
et genitura“, maĭ repetă érăşĭ despre legătura consângenităţiĭ:
„propter consanguinitatis connexionem qua ligati sumus“. Afară de

înrudire, Vladislav-vodă arată acestuĭ străin o nemărginită prie-
teniă, o adevĕrată frăţiă de cruce: „nostro dilecto consanguineo et
fratri“, amîndoĭ luptătorĭ împreună împotriva Turcilor: „contra
Thurcos infideles“. Expansiunea amicieĭ exageréză învederat ter-
menĭĭ, maĭ adăogàndu-se tot-o-dată latinitatea cea de tot barbară
a acesteĭ diplome, dar faptul înrudiriĭ remâne necontroversabil. O
asemenea înrudire se explică numaĭ prin Dómna Clara, străină şi
catolică, muma bună a luĭ Radu-Negru şi muma-vitregă fórte
socotită de Vladislav-vodă, păstrand multă autoritate la curtea
domnéscă chĭar după mórtea luĭ Alexandru-vodă, precum se vede
din bulla Papeĭ Urban V. Magistrul Ladislaŭ, ĭubitul „consângén“,
al luĭ Vladislav-vodă, trebue dară să fie frate cu Dómna Clara,
amîndoĭ copiĭ aĭ Magistruluĭ Ianoş, care era fiĭu al luĭ Micud-ban.
Ceea ce maĭ întăresce acéstă conclusiune este că în diploma din
1372 noĭ regăsim pe însuşĭ Negoiţă cel din capul genealogieĭ Vă-
cărescilor, Făgărăşén şi rudă de aprópe cu Radu-Negru: „si et
„quando ipsum Ladislaum de Dobka, filium Janus Meister de Dobka,
„nepotem Miked Bani, praedictum contingeret transire universae
„carnis viam, Nicolaus filius ipsius Ladislai de Dobka etc.“ Aceluĭ
Negoiţă i se asigură moştenirea moşielor părintescĭ celor din ţéra
Făgăraşuluĭ.

In diploma luĭ Vladislav-vodă trebuĭ explicat în parentesă o
particularitate: predicatul nobilitar „de Dobka“, dat luĭ Ianoş, ĭar
prin urmare independinte de satul Dobka din ţéra Făgăraşuluĭ,
care se dăruesce pentru prima óră luĭ Ladislaŭ şi nu aparţinuse
de loc înainte tatăluĭ seŭ Ianoş, ba chĭar se ḑice explicit că în
trecut acel sat era proprietatea unuĭ Vàrnav: „villam Dobka cum
„omnibus suis iuribus et pertinentiis, quemadmodum possidebant
„et in possessione habebant olim filii Barnabae“. Predicatul corect
al familieĭ luĭ Ianoş nu este „de Dobka“, ci „de Doboka“, după
numele vechĭuluĭ castel Doboka în Săcuime, în regiunea căruĭa
Micud-ban stăpânĭa o mulţime de moşiĭ. De almintrelea baronul
Orbán a îndreptat deja de de-mult forma cea reŭ citită a predi-
catuluĭ.

Să întregim dară filiaţiunea de mai sus a luī Alexandru-vodă:

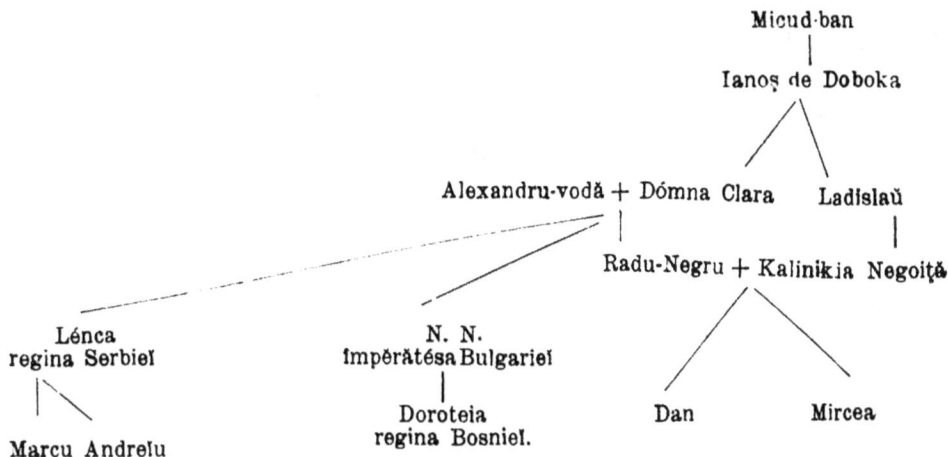

```
                                              Micud·ban
                                                  |
                                           Ianoş de Doboka
                                                 / \
               Alexandru-vodă + Dómna Clara      Ladislaŭ
                              |                      |
                        Radu-Negru + Kalinikia   Negoiţă
                                      / \
    Lénca                N. N.                Dan        Mircea
  regina Serbieī    Împĕrătésa Bulgarieī
        |                    |
  Marcu Andreīu         Doroteia
                      regina Bosnieī.
```

Decī Negoiţă, nepot de frate al Dómneī Clara, erà vĕr-primar cu Radu-Negru, unchīu prin alianţă luī Dan-vodă şi luī Mircea cel Mare, „consanguineus" ca şi tatăl seŭ Ladislaŭ cu întréga familiă a luī Alexandru-vodă. Văcăresciī mĕ preocupă exclusiv în privinţa acestuī Negoiţă Cocon dela 1380. Dela anul 1560 în jos, amicul meŭ d. Stefan Grecénu a urmărit descendinţa Văcărescilor cu obicīnuita petrundere în eraldica romănă. Pentru a termina cu demonstraţiunea de faţă, cată să maī lămuresc porecla Cocon, prin care se va verifica definitiv filiaţiunea luī Negoiţă cu străbunul seŭ Micud.

Micud purta titlul „Ban" fiind-că ocupase funcţiunea de „Ban al Severinuluī", „banus de Zeurino" din partea Ungarieī, anume între aniī 1275—1279, atuncī cănd Mihaīu-vodă Lité_ul domnīa în Oltenia. Tatăl seŭ se numīa tot Micud, avĕnd titlul de conte: „comes Mykud". Numele de botez al luī Micud-ban era Stefan, după cum se vede într'un act din 1276, pe care Teutsch şi Firnhaber l'aŭ publicat greşit sub anul 1176, unde se vorbesce despre nisce proprietăţī în Săcuime: „possessionis Zent Myklos magnifici domini Stephani Mikud bani..." *Mikud* dară nu este decăt un fel de porecla. Adevĕratul însă nume de familiă ne apare într'un act din 1288: „Nos Mykud banus filius comitis Mykud de genere Kukenus-rennolth". In „Kukenus-rennolth" sînt doue numī întrunite prin alianţă a doue familie maghiare deosebite, amîndoŭě de originea spaniólă: Kukenus şi Rennolth. Despre ambele la un loc vorbesce Chronicon Budense din secolul XV: „Kikinus et Renoldus Hispani. Kyquini quidem et Rynaldi origo

„est de Hispania, cum regina Margaretha coniuge Bele Regis filii „Zaar Ladislai Pannoniam adeuntes", adecă nesce seniorĭ spaniolĭ aşeḑaţĭ în Ungaria pe la anul 1160. Tot aşa la Enric de Muglein, cronicar maĭ vechĭu din secolul XIV: „Kugnyn und Rynoldi gesleht ist van Hyspanien". Numele de familiă a luĭ Negoiţă era dară K u k e n u s, pe care Românĭĭ nicĭ nu puteaŭ să'l populariseze la noĭ altfel decât prin C o c o n, ca şi când ar însemna „enfant" saŭ „fils", cu atât maĭ mult că porecla aceleĭaşĭ familie era M i - k u d, aşa de aseměnată cu vorba româněscă m i c saŭ m i c u ţ.

Micud-ban avea maĭ mulţĭ copiĭ, afară de Ianoş, socrul luĭ Alexandru-vodă şi rădăcina němuluĭ Văcărescilor. Întrʼun act din 1297, el menţionéză alţĭ treĭ fiĭ aĭ seĭ: „magistri Nicolai, D e m e - t r i et Petri, filiorum nostrorum". Din aceştĭa unul, Dimitrie, avênd predicatul „de Doboka" ca şi fratele seŭ Ianoş, dispare de asemenea din Transilvania, unde remaseră numaĭ fraţiĭ Nicolaus şi Petrus. El sʼa aşeḑat în România cu ocasiuneĭ căsătorieĭ nepóteĭ sale Dómna Clara, a trecut la ortodoxiă, şĭ-a prefăcut numele în D ă b ă c e s k i şi apoĭ D ă b ă c e s c u din „de Doboka", lăsă o posteritate Dăbăcescĭ în Gorj: „на Жалеши оу Дабачещомъ", şi la mórtea sa pe la 1385 făcù Tismeneĭ o donaţiune, astfel că Mircea cel Mare îl pomenesce întrʼun crisov unde figuréză numaĭ titoriĭ din němul domnesc: „еще що е приложилъ Димитръ Дабачещскы на смерти монастирю предреченному, „що е была 4-а часть тогова ѡтъ Дабачещохъ..." Frate cu Ianoş, Dimitrie Dăbăcescu era bunic prin alianţă pentru marele Mircea. Dacă Dă- băcesciĭ maĭ fiinţéză unde-va, fie în Gorj saŭ pe aĭurĭa, scăḑênd póte printre moşnenĭ saŭ chĭar ţeranĭ, nu sciŭ.

Genealogia Dómneĭ Clara se maĭ póte completa. La 1374 Ladislaŭ de Doboka, tatăl luĭ Negoiţă, cumpěră o bucată de pămînt în ţéra Făgăraşuluĭ dela un frate al seŭ uterin: „fratri suo cou- terino", anume „Petrus dictus Chewgh filius Ioannis de Venche", adecă — transcriindu-se din ortografia unguréscă cea medievală — „dela Petru ḑis Ceug fiĭul luĭ Ion de Vineţia". Urméză dară că muma luĭ Ladislaŭ de Doboka luase în altă căsătoriă pe un Făgărăşén Ion din satul Vineţia, din care sʼa născut Petru Ceug, maĭ bine Ceuc. Familia Ceug maĭ există în Ţéra-Româněscă în secolul ur- mător. Un crisov dela Vlad-vodă din 1483 e scris în Tîrgovişte de gramaticul C e u c u ţ, deminutiv din C e u c: „азъ Чеукуц граматик".

Afară de Ianoş de Doboka şi de Dimitrie Dăbăcescu, eŭ nʼam atins pe ceĭ-lalţĭ doĭ fiĭ aĭ luĭ Micud-ban: Nicolae şi Petru,

„Miklos mester és Péter, Dobokai Mikud bán fiai" la baronul Or-
bán. El vor fi remas in Transilvania printre Săcul. Dintr'inşil se
crede a se fi tras acolo familia maghiară cea contală Mikes, a
cărila descendinţă totuşi nu e de loc argumentată. După cuno-
scutul genealogist unguresc Ivan Nagy, conţii Mikes se urcă abla
la anul 1500.

Iată deci genealogia finală a Dómnei Clara :

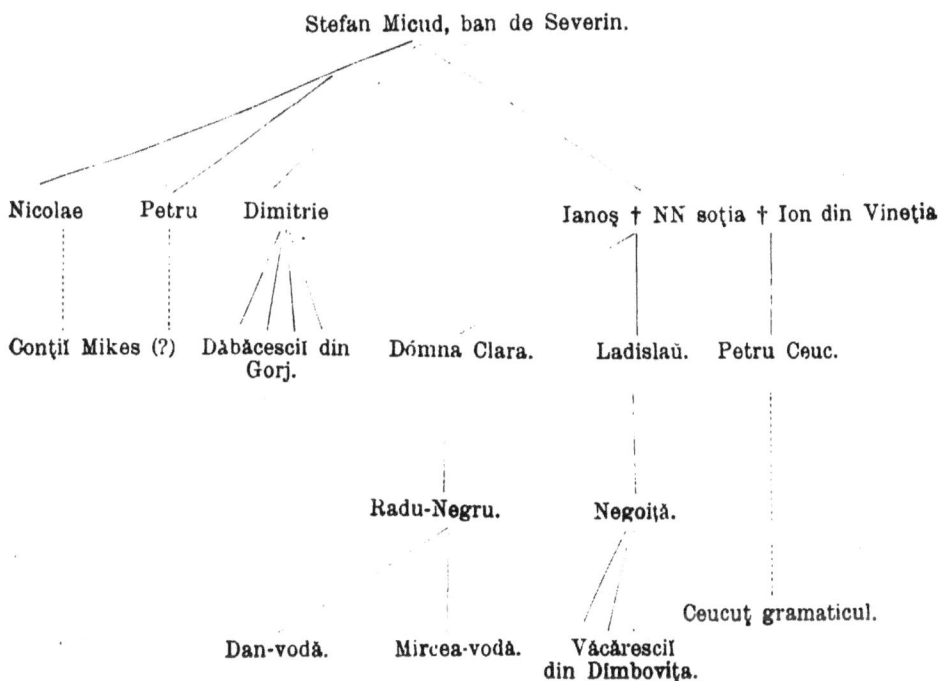

Stefan Micud, ban de Severin.

Nicolae   Petru   Dimitrie   Ianoş † NN soţia † Ion din Vineţia

Conţii Mikes (?) Dăbăcescii din   Dómna Clara.   Ladislaŭ. Petru Ceuc.
            Gorj.

Radu-Negru.   Negoiţă.

                      Ceucuţ gramaticul.

Dan-vodă.   Mircea-vodă.   Văcărescii
                    din Dimboviţa.

§ 39. Vladislav-vodă.

Bibliografia : *Istoria critică* p. 22, 30, 45, 128, 139 sq.—Histoire critique des Roumains
p. 58 sq., 104 sq.—Etymologicum magnum, v. 2 Ban.—Basarabii p. 14.—*N. Densuşianu,*
Documente t. I v. I p. 132, 136, 144, 148, 150, 158 sq. — *Katona,* Historia critica t. X,
p. 393 sq., 540 sq. — *Engel,* Gesch. d. Wallachey t. I, p. 151, 153 sq.; cfr. idem, Gesch.
v. Serwien p. 319, 321. — *Şincai* ad. ann. 1309, 1368. — *Trausch,* Regesten siebenbür-
gischer Urkunden, MSS, in biblioteca Evangelică din Braşov; cfr. National-Archiv din
Sibiïu, MSS. U. III, 192. — *A. Xenopol,* Istoria t. II, p. 81 sq. — *Tunuslii,* trad. Sion p.
128. — *Fotino,* 'Ιστορία t. II, p. 17. — *C. Jireček,* Gesch. d. Bulgaren p. 327 sq. — *Fess-
ler,* Gesch. v. Ungarn, ed. Klein t. II, p, 150, 154 sq.—*Assemani,* Calendaria ecclesiae univer-
sae, Romae 1755 in-4 t. Vv. I p. 61.—*Farlatti,* Illyricum sacrum, Venetiis 1818 in f. t. VIII p.
242.—*Miklosich-Müller,* Acta patriarchatus t. I. p. 535 sq. t. II p. 19, 312, 494, 519 etc.—*Venelin,*
Влахоболгарскія граматы p. 5. — *Bogišić,* Народне пјесме, Belgrad 1878 in-8 t. I, p.
CXXIII, 126. — *Karadžić,* Српске пјесме t. III, p. 54. — *Miletjević,* în Гласник t. XXI

p. 37. — *Cipariu*, Acte şi fragmente p. XII. — *Golubinski*, Краткій очеркъ p. 173, 222, 350 sq., 668. — *Bellanger*, La Kéroutza, Paris 1846 in-8 t. II p. 443 sqq. — *Mauro Orbini*, Il regno degli Slavi p. 471 sq. — *Stefan Ieromonahul*, Viaţa luĭ Nicodim. Buc. 1883 in-8 p. 17 sqq. — *Thurocz*, etc.

Dupĕ ce cunóscem pe Alexandru-vodĕ, lucrarea mea este a-própe terminatĕ, cĕcĭ avem pe Negru-vodĕ intreg. Fiiĭ seĭ Vladislav şi Radu il completéză numaĭ în nesce direcţiunĭ trase deja de cĕtrĕ tatĕl lor.

La urcarea sa pe tron, Vladislav-vodĕ erà de peste cincĭ-ḑecĭ de anĭ. Incepênd dela omerica luptă contra regeluĭ Carol-Robert la 1330, el luase parte la maĭ tóte faptele luĭ Alexandru-vodĕ şi fusese însărcinat în specie dupĕ 1352 de a cărmui ducatul Făgăraşuluĭ. Murind fratele seŭ Nicolae-vodĕ la 1364, el se pogorî de acolo la Cămpulung şi la Argeş, întocmaĭ ca tradiţionalul Negru-vodĕ; şi ceea-ce maĭ concurse de a'l maĭ întări acest epitet, este că forma poporanĕ a numeluĭ Vladislav erà *Laĭotă* saŭ *Laĭcu*, dupĕ cum îl ḑiceaŭ şi străiniĭ, iar romănesce *laĭu* este sinonim cu negru.

Ca şi despre Alexandru-vodĕ, cronica muntenéscă este aci aprópe mută. Nicĭ făntănele luĭ Fotino nu adaogă nemic de astă dată, de cât numaĭ dóră confusiunea între treĭ principĭ omonimĭ contimpuranĭ cu totul deosebiţĭ: Laţco saŭ Vladislav-vodĕ din Moldova, Laĭotă saŭ Vladislav-vodĕ din Ţéra-Romănéscă, şi un voevod transilvănén Latzkofi, adecă unul din fiiĭ luĭ Ladislaŭ Apor. Fotino a putut cum a sciut să descurce pe Laĭotă-vodĕ de cătră ceĭ-lalţĭ doĭ, dar pe ceĭ-lalţĭ doĭ ĭ-a maĭ încălcit şi maĭ reŭ el însuşĭ, ceea-ce totuşĭ nu mĕ intereséză.

Omonimitatea între voevodul Ladislaŭ Apor din Transilvania, unde locuĭaŭ Romănĭ, şi între Vladislav-vodĕ din Ţéra-Romănéscă, care stăpânĭa peste o parte din Transilvania, acéstă omonimitate atât de complicată a dat nascere uneĭ alte confusiunĭ maĭ serióse de-cât aceea din Fotino. Faptul istoric documental este că Ladislaŭ Apor fusese socru al regeluĭ serbesc Stefan Uroş dela Decĭan, —veḑĭ maĭ sus §-ful 35. De aci Luccari s'a alunecat în qui-pro-quo de a face pe Vladislav-vodĕ socru al regeluĭ serbesc Stefan Uroş cel tînĕr: doĭ Stefanĭ Uroşĭ şi doĭ Vladislavĭ identificaţĭ fără cale. Greşéla întro-

ducêndu-se în unele cronice serbescí posterióre, mirésa fiind numită
cầnd Slava, cầnd Elena, de'ntàĭu Engel a primit'o cam cu îndoélă,
apoĭ Şincaĭ cu tot-dinadinsul, fără ca să maĭ vorbim despre Mauro
Orbini, despre Du Cange, despre Gebhardi şi alţiĭ, póte chĭar
eŭ-însumĭ altă dată în total saŭ în parte, toţĭ întemeĭaţĭ pe
aceĭaşĭ primă eróre, pe cầnd nicĭ o probă temeĭnică nu exista.
Tot aşa nu există nicĭ o umbră de dovadă că: „în anul 1368
„Laĭco s'a sculat cu resboĭu asupra luĭ Vucaşin pentru uciderea
„ginereluĭ seŭ Stefan Uroş", ceea-ce Şincaĭ afirmă din Engel, ĭar
Engel invócă fără nicĭ o lămurire o fầntână obscură neargumen-
tată: „ein serwischer Rodoslow". Nicĭ un resboĭu contra Serbilor
n'a avut Vladislav-vodă, nicĭ o fiĭcă nu se scie să fi avut, ba
nu se scie nicĭ dacă a fost saŭ n'a fost însurat. Dela 1230
pînă la 1380, după câte sciŭ eŭ, Românĭĭ nu s'aŭ bătut cu Serbiĭ
decât o dată contra luĭ Stefan Milutin sub Bărbat-vodă şi o dată
contra luĭ Stefan dela Decĭan sub Alexandru-vodă, ambele resbóie
prin alianţă cu Bulgariĭ, carĭ aŭ fost de o potrivă bătuţĭ.

Inlăturându-se dară din capul loculuĭ elementele cele false, să
intrăm în istoria cea veridică a luĭ Vladislav-vodă.

Chiar înainte de a trece Carpaţiĭ pentru a'şĭ cuprinde scaunul
domnesc, în novembre 1364, Vladislav-vodă din ţéra Făgăraşuluĭ
intră în Sylva Blacorum saŭ ducatul de Amlaş şi se opri aci pen-
tru a pedepsi, maĭ întâĭu de tóte, némul faĭmosuluĭ conte Konrad
de Tălmacĭu, marele duşman al Basarabilor şi a căruĭa posteritate
nu încetă de a rădica mereŭ, din cầnd în cầnd, pretenţiunĭ asupra
Lovişteĭ din Vâlcea. Despre acea familiă a se vedé maĭ sus §-ful
27. La Tălmacĭu în mănăstirea catolică Sân-Nicolae se păstraŭ tóte
documentele conteluĭ Konrad şi ale urmaşilor seĭ, carĭ se lăudaŭ
necontenit cu drepturile lor cele teritoriale. Vladislav-vodă a năvălit
în Tălmacĭu şi a dat foc mănăstiriĭ, din care n'a maĭ remas pétră pe
pétră: „quod claustrum per Layk Wayvodam Transalpinum crematum
„extitisset, in quo claustro omnes literae et instrumenta combusta
„et cremata extitissent", atestă un act ulterior din 1369, cầnd fa-
milia conteluĭ Konrad avea trebuinţă de a'şĭ susţiné un proces şi
nu maĭ găsĭa documente. Dela 1365 pînă la Decembre 1369 Ro-
mânĭĭ n'aŭ atacat de loc pe Ungurĭ, ast-fel că actul în cestiune se
rapórtă cu certitudine la un eveniment din anul 1364. Prin arde-

rea Tălmacĭuluĭ Vladislav-vodă aducea Ungarieĭ o înfruntare atât de cuteḑătóre, încât regele Ludovic s'a grăbit a'şĭ chiăma oştirea immediat la Timişóra pentru a porni răsboĭul asupra Țereĭ-Româ-nescĭ. În acel manifest de convocare Vladislav-vodă este acusat de a'şĭ fi dat şie titlul regal: „titulum suum fictum erigens in contu-„meliam Domini, a quo sua debent dependere insignia“. Aşa înțe-lege şi Fessler: „Wlaiko ging noch weiter und legte sich ohne „Vorwissen seines Oberherrn den königlichen Titel bei“. Acéstă a-cusațiune e fórte interesantă, căcĭ în tradițiunea mănăstiriĭ Tis-ména la Stefan Ieromonahul Vladislav-vodă e numit tocmaĭ „craĭul Ardélulŭĭ“, şi vom vedé maĭ jos că şi străiniĭ contimpuranĭ îĭ ḑi-ceaŭ une-orĭ „Rex“. Regele Anglieĭ era pe atunɔĭ vasal al regeluĭ Francieĭ pentru posesiunile sale continentale, şi decĭ nemic nu împedecă pe Domnul Țereĭ-Românescĭ de a fi „rege“ şi tot-o dată de a recunósce suzeranitatea Ungarieĭ pentru ducaturile cele de peste Carpațĭ. Nu titlul dară supĕră în realitate pe regele Ludovic, ci călcarea vasalitățiĭ prin arderea Tălmacĭuluĭ. Proclamațiunea de res-boĭu se făcuse la 5 Ianuarie 1365, nicĭ douĕ lunĭ încă după mórtea luĭ Nicolae-vodă, ĭar convocațiunea oştiriĭ se fixă pe 24 Februarĭŭ. Pripă mare! Dar Unguriĭ nu s'aŭ zorit de a merge înainte decât nu-maĭ dóră pe hârtiă, aducĕndu'şĭ a-minte, pe semne, catastrofa dela 1330, fiĭul luĭ Carol-Robert ferindu-se de o pățaniă ereditară dela fiĭul luĭ Alexandru-vodă. Lăsând la o parte Oltenia, regele Ludovic a trecut Dunărea şi a isbit pe neaşteptate Bulgaria occidentală, unde domnĭa cumnatul luĭ Vladislav-vodă. Vidinul fu luat şi Stra-şimir împreună cu nevasta sa cea Româncă aŭ fost dușĭ amîndoĭ robĭ în Croația, ĭar în cetate s'a aşeḑat un Ungur cu titlul de „Capitaneus civitatis et districtus Budiniensis regni nostri Bulgariae“. Immediat o mulțime de Franciscanĭ din Roma s'aŭ repeḑit ca un stol. de locuste asupra Bulgarilor celor zăpăcițĭ, şi s'aŭ lăudat că în 50 de ḑile 200,000 de locuitorĭ devenirà papistaşĭ.

Planul Ungurilor, bun pentru Papa, a fost totuşĭ cu desàvîr-şire greşit din punctul de vedere strategic. Inainte de a lovi pe Olteniĭ, regele Ludovic voise a cuprinde maĭ întâĭu Vidinul pentru a lipsi astfel pe Vladislav-vodă de ajutorul cumnatuluĭ sĕŭ Straşimir şi a isbi apoĭ din partea Dunăriĭ România cea remasă fără aliațĭ. Ce s'a întâmplat însă? Cel-alt împĕrat bulgăresc, Şişman cel dela Tîrnov, aducea acuma spre Vidin asupra Ungurilor o armată tur-césca, un noŭ vrăjmaş cu care nu se întălniseră încă Maghiariĭ şi

pe care cu gróză, într'o baladă poporană bulgară (§ 32), îl preve-
stise pe la 1290 Dan-vodă, bunicul luĭ Vladislav-vodă. Regele Lu-
dovic nu erà nicăirĭ la îndemână, ci contra Turcilor s'a repeḑit
singur peste Dunăre în direcţiunea Tirnovuluĭ Domnul Ţereĭ-Româ-
neşcĭ : Şişman a fost bătut şi Turciĭ alungaţĭ. Erà 20000 de Ro-
mânĭ pe 80000 de adversarĭ. Unguriĭ aŭ respândit scirea că a lor
a fost victoria, şi pe la 1407 un Vienez Johann Menesdorfer scriea
că regele Ludovic a sdrobit pe Turcĭ; ba într'o biserică la Mariazell
în Stiria se maĭ vede pînă astăḑĭ o inscripţiune : „Ludovicus Rex
„Hungariae per Matrem Misericordiae victoriam Turcorum gloriosam
„obtinuit“. In faptă nicĭ o dată regele Ludovic n'a dat faţă cu
Turciĭ. Biograful seŭ contimpuran Ion de Kikullew nu menţio-
néză nicăirĭ ce-va aşa, dar nicĭ despre Vladislav-vodă el nu vor-
besce nemic, întocmaĭ după cum maĭ 'nainte nu vorbise nemic
despre isbânda luĭ Alexandru-vodă asupra hanuluĭ tătăresc Atlamos:
o reticenţă sistematică de invidiă patriotică. Unguriĭ însă n'aŭ fost
în stare de a ascunde adevĕrul. Gloria luĭ Vladislav-vodă ajunse
departe la Roma, şi papa Urban V îl scrise cu bucuriă în bulla
din 1370 : „impios Turchos catholice fidei hostes pro Dei et pre-
„fate sedis reverentia persequeris et tuos reputas inimicos“. Vla-
dislav-vodă işĭ vĕrsà sângele în ajutorul Ungarieĭ, negreşit ; dar
nicĭ un contingent unguresc nu erà atuncĭ cu armata românéscă,
nicĭ o cétă cât de mică, afără de vr'o câţĭ-va amicĭ personalĭ aĭ
Domnuluĭ, în specie ruda sa Ladislaŭ de Doboka, fratele Dómneĭ Clara,
căruĭa Vladislav-vodă îl scrie la 1372 : „exercitum contra Turcos infi-
„deles et Imperatorem de Tyrna in Bulgaria proclamari fecimus;
„ipse Magister Ladislaus Dobka strennus miles supradictus, noster
„caro et sanguis et genitura, nobiscum et cum exercitu nostro
„viriliter contra saevissimos et infideles Thorcos et Imperatorem de
„Tyrna, ipsosque invadendo perpetravit actus militares nobiles et
„honorificos ibidem exercendo, propter fidem christianitatis et gra-
„tiam Serenissimi Principis Ludovici Regis“. In acel resboĭu cată
să fi participat energic fratele domnesc şi nepotul de soră al luĭ
Ladislaŭ de Doboka, Radu-Negru, de o cam dată Ban al Severi-
nuluĭ. O altă particularitate maĭ importantă a aceluĭaşĭ resboĭu a
fost cucerirea Dobrogeĭ, maĭ corect ḑicénd a gurelor Dunăriĭ, adecă
fără regiunea Varneĭ, căcĭ şi ea se numĭa Dobroge; dar despre
acésta voĭu maĭ avé ocasiunea de a vorbi maĭ jos.

Prin victoria sa asupra Turcilor Vladislav-vodă se împăcă, saŭ

cel puţin avù aerul de a se fi împăcat cu regele Lludovic. In ade-
věr, în acelaşĭ an 1366 s'a făcut o regulare oficială a teritoriuluĭ
Sylveĭ Blacorum, ale căruĭa hotare aŭ fost tot-d'a-una fórte şově-
tóre şi mereŭ disputate. Insuşĭ regele Ludovic se află la Orşova,
la marginea Olteniĭ, adresând de acolo o poruncă la voevodatul
transilvan de a delimita immediat satele Săcel, Orlat, Icilăŭ şi Ti-
lişca, tóte fórte apropiate de Sibiĭu, astfel ca ele să nu maĭ im-
presóre teritoriul aparţinĕnd luĭ Vladislav-vodă : „a parte terrarum
„sub Woyvodatu Domini Ladislai Woyvode nostri Transalpini exi-
„stentium". Delimitarea s'a executat în 1366, Iar în anul următor
1367 întărită de cătră regele Ludovic. Iată ce erà ducatul de Amlaş
cel la sud de Sibiĭu între ţéra Haţeguluĭ şi între ţéra Făgăraşuluĭ.
Delimitarea fiind terminată şi confirmată, Domnul Ţereĭ-Romănesci
s'a grabit a'şĭ asigura maĭ bine acea întindere de pămînt, coloni-
sând'o cu nouĭ locuitorĭ Români şi dându'ĭ numele de „Ducatus
Novae Plantationis", după cum îĭ ḑice el-însuşĭ în diploma sa din
15 Iulie 1372, Iar sub urmaşĭ i s'a ḑis „Ducat de Amlaş" după
un orăşel săsesc de acolo. Chĭar însuşĭ Vladislav-vodă îşĭ punea
une-orĭ în titlu Amlaşul în loc de „Nova Plantatio", bună-óră în-
tr'o altă diplomă despre satul Şinca din ţéra Făgăraşuluĭ din 8 Maiŭ
1372, pe care o citéză douě documente din 1640, conservate
în Archivul din Alba-Julia şi unde se ḑice că s'a dat de: „Bassa-
„raba, baro terrarum Fogaras et Omlas qui eo tempore terram
„Fogaras tenuit". Acel teritoriŭ aparţinuse Basarabilor deja pe
timpul Mongolilor (§ 28) şi maĭ de'nainte, dar îĭ lipsĭa pînă atuncĭ
o denumire statornică. Din cele patru moşiĭ învecinate cu ducatul
de Amlaş, Săcelul şi Orlatul remaseră familiĭ conteluĭ Konrad,
fórte scăḑută din vechile'ĭ pretenţiunĭ de a stăpâni pînă în Vâlcea,
Iar cele-lalte douě, Icilăul şi Tilişca, eraŭ : „Ioannis dicti Tompa
comitis Alpium nostrarum de partibus Transilvanie", adecă ale
unuĭ „Ion ḑis Tompa contele munţilor Sibiĭuluĭ", — un nume şi
un titlu fórte enigmatice. Eŭ bănuesc că era un Român, şi anume
dintr'o ramură transcarpatină a Basarabilor. Intre manuscriptele
luĭ Trausch se găsesce o copiă după un act din 1383, aflător în
Archivul din Klus-Monostor (Neoregestr. nr. 84), de unde se vede
că posteritatea conteluĭ Konrad împreună cu acelaşĭ Ión Tompa
arătaŭ drepturĭ asupra maĭ multor sate dintre oraşele Sibiĭu şi
Mĭercurĭa ; aci însă luĭ „Ion ḑis Tompa" i se dă adevěratul nume
de familiă : „Ioannes Ioviza de Ecsellő", adecă *Ioviţă*, nume

curat românesc, nicĭ săsesc, nicĭ unguresc. Chĭar peste un secol, sub anul 1476, între vasaliĭ Sibiĭuluĭ figuraŭ: „Mane k n e s i u s de Vinczberg“ şi „Butza Bassarab de Vinczberg“, ĭar satul Vinczberg se numĭa lătinesce „Mons Cibinii“, „Muntele Sibiĭuluĭ“, în legătură cu titlul de „comes Alpium“ al aceluĭ Ioviţa.

Vladislav-vodă, învingĕtorul Turcilor, recunoscênd totuşĭ suzeranitatea Ungarieĭ, regele Ludovic era aşa de mândru de un asemenea vasal, încât drept semn de supunerea Ţereĭ-Românescĭ el începù a intercala pe unele monete unguresçĭ capul negru, emblema eraldică a N e g r i l o r - v o e v o ḑĭ, dintre carĭ Vladislav-vodă ajunse atuncĭ atât de celebru. Reproduc acĭ urmĕtórele figure cu obserţiunĭ din studiul meŭ asupra Basarabilor :

"Pe alte monete dela regele Ludovic asupra cărora mi-a atras "atenţiunea amicul meŭ d. D. A. Sturdza, acelaşĭ c a p - n e g r u nu "ocupă scutul întreg, ci se află numaĭ la o parte saŭ de-desubtul "efigieĭ regescĭ, ceea ce represintă şi maĭ expresiv triumful cel ju "bilat al Ungarieĭ asupra luĭ Vladislav Basarabă :

„Acest c a p - n e g r u nu póte fi marca Sicilieĭ, care va fi avut
„a face cu familia Anjou a regeluĭ Ludovic, dar în orĭ-ce cas nu
„avea a face de loc cu Ungaria; cu atât maĭ vîrtos un cap figu-
„rând alăturea cu efigia regéscă, saŭ chĭar ocupând scutul întreg,
„nu póte fi marca vre-unuĭ fabricant de monetă. Singura explica-
„țiune seriósă remâne dară „subjectio Valachiae", după cum pre-
„supuneaŭ deja în secolul trecut archeologiĭ unguri : „hoc esse
„Mauri caput, eoque subjectionem Valachiae notari autumant".
„(Schönvisner, Notitia Hung. rei num. p. 206)".

Dupâ resboĭul contra Turcilor, vr'o câțĭ-va anĭ în şir Vladislav-
vodă a trăit intr'o perfectă armoniă cu regele Ludovic, recunoscênd
chĭar cu un fel de afecțiune suzeranitatea Ungarieĭ. La 25 Ianuariŭ
1368 el îşĭ dă titlul: „Ladislaus Dei et *regie Maiestatis gracia*
Woyvoda Transalpinus et Banus de Zeurino" şi acordă Braşove-
nilor un tractat comercial fórte interesant, prin care întăresce pri-
vilegiile análóge dela voevoḑiĭ anterioriĭ din vechime: „ut eosdem
„Brassovienses in universis eorum libertatibus per eos a b a n t i -
„q u o in terra nostra transalpina habitis conservando confirmare-
„mus", adecă dela Alexandru-vodă şi dela Mircea-vodă, dacă nu
şi maĭ de'nainte. Oraşul muntenesc de căpeteniă pentru Braşovenĭ
la mergere şi la întórcere este Câmpulungul: „in Longo Campo",
unde se plătesce vama; ĭar la Dunăre transportul şi vămuirea se
fac în diferite puncturĭ: „circa Danubium solvant", punctul însă
cel obicĭnuit fiind Brăila: „per dictam viam Braylam". Aci se
ivesce o cestiune de discutat. Vladislav-vodă scutesce pe Braşo-
venĭ de „vama cea nouă la Slatina": „tributum novum in Salatina
omnino relaxamus". Să fie óre vorba despre oraşul Slatina pe Olt?
Invederat că nu, de vreme-ce între Oltenia şi între Muntenia nu
maĭ era de de-mult nicĭ o granițâ. „Salatina" însemnézâ dară o lo-
calitate unde-va în Moldova, la hotarul oriental atuncĭ al Țereĭ-
Românescĭ pe drumul spre Nistru la Tătarĭ. Acésta se confirmă
pe deplin printr'o diplomă a regeluĭ Ludovic din acelaşĭ an 1368,
unde încuvjințézâ Braşovenilor fără nicĭ o plată de vamă negoțul
internațional cu Tătariĭ: „tricesimam, quam mercatores Domini
„Demetry, Principis Tartarorum, de suis rebus mercimonialibus in
„Regno nostro solvere debeant, non faciemus recipi; ita ut et
„vos in terra ipsius Domini Demetry securi et liberi possitis trans-

„ire sine solutione tricesime cum rebus vestris et bonis merci-
„monialibus". „Princeps Tartarorum" nu erà un principe creştin
„Demetrius", ci un han tătăresc D e m i r saŭ T e m i r. Tractatul
luĭ Vladislav-vodă cu Braşoveniĭ fiind făcut prin înţelegere anume
cu un trimis expres al regeluĭ Ludovic, de astă dată un adevĕrat
Dimitrie: „Magister Demetrius dictus Lepes, aule regie miles", nu
putea să nu se prevéḑă acolo scutirea de vama cea acordată deja
pentru mărfurĭ tătărescĭ, şi decĭ localitatea Slatina de maĭ sus nu
este aĭurĭ decât la marginea cea resăriténă a Ţereĭ-Românescĭ,
adecă unde-va în Moldova.

Chĭar în ajunul anuluĭ 1370 Vladislav-vodă se arăta încă fórte
credincĭos regeluĭ Ludovic. Printr'o diplomă scrisă în Curtea-de-
Argeş: „datum in Argyas", la 25 Novembre 1369, el îşĭ dă titlul:
„Ladislaus, Dei et *regis Hungariae gratia*, Vajvoda Transalpinus et
„Banus de Zeverino nec non Dux de Fogaras", confirmând cato-
licilor drepturile încuviinţate lor de cătră Alexandru-vodă: „Ale-
xandri Patris nostri charissimi". Cu tóte acestea, abia după câte-va
ḑile, la 30 Novembre din acelaşĭ an, noĭ vedem pe regele Ludovic
convocând oştirea maghiară contra Domnuluĭ Ţereĭ-Românescĭ:
„exercitus regalis contra Layk Woywodam". Se vede că ostilitatea
cea ascunsă a luĭ Vladislav-vodă fusese maĭ de 'nainte cunoscută
Ungurilor, carĭ voĭaŭ să 'l prevină la timp, dar n'aŭ isbutit, căcĭ
Românĭĭ eraŭ deja gata de tot în faptă, pe când convocarea cea
regală remăsese pe hârtiă. In Decembre 1369, cel mult la înce-
putul anuluĭ 1370, Vladislav-vodă trecù la Calafat Dunărea şi, maĭ
de 'nainte înţeles cu Bulgariĭ, aŭ surprins Vidinul, robind saŭ go-
nind pe Ungurĭ.

Indrăsnéla bătrânuluĭ voevod romanesc, acum de vr'o şése-ḑecĭ
de anĭ, entuziasmase pe Slaviĭ meridionalĭ. In poesia poporană
serbă memoria luĭ trăesce pînă astăḑĭ în legătură cu stăpânirea
Vidinuluĭ. Aşa într'o baladă: „In oraşul cel alb Vidin a fost moşul
Vladislav, ĭar în ţéra négră-romănéscă negrul Român Radu":

> На Видину граду бијеломе,
> Ондје бјеше старец Владисаве,
> А на равној земљи Каравлашкој,
> Ондје бјеше Каравлах Радуле...

E preţiósă maĭ ales o altă baladă poporană fórte veche, pu-
blicată în Veneţia la 1556 de cătră Serbul Hektorović, născut pe
la 1487, adecă posterior abia cu un secol luĭ însuşĭ Radu-Negru.
Ea maĭ avu alte treĭ ediţiunĭ ulterióre: la 1638, la 1846, şi 'n
fine la 1878 de cătră profesorul Bogišić. Acéstă baladă are ca
motiv următorul eveniment curat istoric. Deja pe la 1352 Alexan-
dru-vodă pe fiĭul seŭ cel maĭ mic Radu îl pusese ban al Severi-
nuluĭ, şi acolo remase el apoĭ sub frate-seŭ Vladislav pînă la
1370, astfel că devenise în tótă puterea cuvîntuluĭ S e v e r i n é n;
şi 'n acel interval de timp, religios cum erà, el se împrieteni
cu călugărul Serb Nicodim şi clădiră amîndoĭ peste Dunăre în
Serbia o bisericuţă numită Manastiritza în apropiarea Cladoveĭ,
unde pe pórta altaruluĭ se maĭ descifréză inscripţiunea: Радул бег...
Cuprinḑênd Vidinul şi voind să se întăréscă în noua sa cucerire,
fără a perde totuşĭ posesiunile cele vechĭ, Vladislav-vodă se credea
a fi de ajuns el-singur la Dunăre, ĭar la nord, în stăpănirile cele
de peste Carpaţĭ, unde erà trebuinţă de un braţ sigur şi tare la
cas de năvălirea Ungurilor în acea parte, pe fratele seŭ mult maĭ
tinĕr l'a trimis acolo ca duce al Făgăraşuluĭ. Depărtarea luĭ Radu-
Negru din Severin de cătră Vladislav-vodă, poesia poporană serbă
a luat'o ca o prigonire, ca un act de vrăjmăşiă, şi tocmaĭ acesta
este motivul baladeĭ în cestiune între ceĭ doĭ voevoḑĭ: Radoslav
dela Severin (Војвода Радосав Северински) şi Vlatco dela Vidin (Влатко
Удбински војевода). Balada se începe printr'un admirabil adio: „Cănd
„Radu-vodă se despărţĭa de al seŭ minunat oraş Severin, adesea
„se uĭta îndărit la Severin şi aşa îĭ vorbĭa cetăţiĭ albe: Ĭată că
„eŭ te părăsesc, cetate albă Severin, minunatul meŭ oraş; nu sciŭ
„dacă te voĭu maĭ vedé eŭ, nu sciŭ dacă tu mĕ veĭ maĭ vedé...“

<blockquote>
Када ми се Радосаве војевода одилјаше
Од својега града дивнога Северина,
Често ми се Радосав на Северин обвираше,
Тере то ми овако белу граду бесидјаше:
Ово ми те оставлјам, бели граде Северине,
     Мој дивни граде,
Не знам ветје видју ли те, не знам ветје видиш ли ме!..
</blockquote>

Sînt doue fântâne despre luarea Vidinuluĭ de cătră Vladislav-
vodă: una, contimpurană, este pasagĭul din analele călugărilor
Minoriţĭ sub anul 1369, reprodus la Assemani şi la Farlatti şi unde

pe Vladislav-vodă îl numesce regele Basarabă: „Rex de Bassarath";
cea-laltă, o cronică serbă dintr'o epocă indecisă, este la Mauro Or-
bini. In capul garnizónei unguresci, cu titlul de „Ban al Bulgariei",
era Benedict Heem de Remethe, a cărui origine nu e cunoscută,
deşi d. N. Densuşianu îl crede Român; în ori-ce cas era un favo-
rit al regelui Ludovic, un mare boier din Banat şi ducênd'o într'o
cértă ne 'ncetată, el şi întreg némul seŭ, cu toţi kinezii Români
de acolo, de almintrelea un vestit ostaş. Ne fiind tunuri nici din-
tr'o parte, nici din cea-laltă, luarea unei cetăţi atât de puternice
s'ar fi trăgĕnat mult timp, dacă prin trădare Bulgarii nu se grăbiaŭ
de a deschide porţile. Patru-sute Unguri şi vr'o şése-ḑeci de Ge-
novezi aŭ scăpat din oraş şi aŭ reuşit a se adăposti în doue for-
ţuri deosebite, unde Vladislav-vodă s'a mulţumit de a'i încongiura,
iar pe câţi din garnizónă prinsese, i-a trimis pe toţi sub pază la
Calafat, de'mpreună cu locuitorii cei îndoielnici, sciind din experi-
enţă — pe semne — că trădătorii într'un sens saŭ în altul nu eraŭ
rari printre Bulgari, catolici saŭ ne-catolici. In adevĕr, cei mulţi
de curând papistăşiţi, iute s'aŭ întors la ortodoxiă; aŭ resărit d'o
dată ca din pămînt o dróiă de călugări pravoslavnici; şi toţi s'aŭ
aruncat cu furiă asupra a cinci misionari papali de acolo, tărîndu'i
de'naintea lui Vladislav-vodă şi cerênd să'i taie. Lăsaţi-mĕ în pace!
— respunse cu despreţ voevodul românesc: „nihil decrevit", căci dîn-
sul — ḑice notiţa contimpurană — se gândia mai mult la asigurarea
victoriei sale: „stabiliendae suo sub imperio urbi magis intentus".
Atunci, fără a mai aştepta judecata, călugării aŭ măcelărit pe mi-
sionari. O mórte de popă catolic fără miracol e aprópe peste pu-
tinţă. Din dată ce aŭ murit cei cinci neo-martiri, la 12 februariŭ
1370, biograful lor ne spune că: „o lumină cerésca s'a pogorît pe
„cadavre şi aŭ resunat în aer nesce cânturi angelice. Vestea mi-
„nunii ajungênd la scirea principelui, el încălecă şi plecă s'o véḑă
„el-însuşi. Apropiàndu-se, calul se opri spăimîntat şi nu vru să
„'nainteze. Atunci principele descălecă şi porni singur. Iată că un
„spectru oribil se rădică de'nainte'i, dar principele scóse sabia ca
„să 'l lovésca: evaginatum gladium per aërem vibrat"... In
vécul de mijloc, póte chiar astăḑi în ţerile ultramontane, a se
repeḑi cu spada asupra unui spectru, fie demon, fie înger, era
culmea vitejiei. Pasagiul de mai sus caracteriséză pe Vladislav-
vodă, ba încă pe câte-şi-trei Negri-voevoḑi cei din secolul
XIV: netemĕtori o singură clipă de Tătari şi de Turci, cari

îngroziaŭ Europa peste tot; netemětorĭ de regele Carol-Robert şi de regele Ludovic, carĭ se consideraŭ ca monarchiĭ ceĭ maĭ puternicĭ prin întinderea teritorială.

Vedênd pe Vladislav-vodă în Vidin, regele Ludovic se mişcă în fine asupra primejdiosuluĭ vasal, cu o armată unguréscă formidabilă, împărţită în doue marĭ corpurĭ: unul dela nord prin Ardél, cel-alt dela sud prin Bulgaria, astfel ca Oltenia şi Muntenia să fie tot-d'o-dată strivite. In fruntea corpuluĭ sudic era însuşĭ regele Ludovic; peste corpul cel nordic era voevodul transilvan Nicolae, unul din fiiĭ cunoscutuluĭ Ladislaŭ Apor.

Noĭ cunóscem deja din trecut obiceiul cel sistematic al cronicaruluĭ maghiar contimpuran Ion de Kikullew de a micşura saŭ de a ascunde cu totul isbândile Românilor; eĭ bine, de astă dată, chĭar din relaţiunea acestuĭ martur atât de părtenitor pentru Ungaria, totuşĭ e lesne de a ne convinge că resboĭul a fost victorios pentru Vladislav-vodă.

Din punctul de vedere curat milităresc, planul strategic al celor doue corpurĭ unguresc e fórte semnificativ. Dintr'o parte, regele Ludovic se feresce cu tot din-adinsul de munţĭ, unde Alexandru-vodă nimicise întréga oştire a luĭ Carol-Robert, ci caută a ataca pe şes dinspre Dunăre. Din cea-laltă parte, voevodul transilvan Nicolae se feresce érăşĭ cu tot din-adinsul de ţéra Făgăraşuluĭ şi Amlaşuluĭ, unde îl aşteptă Radu-Negru, care putea să dea nascere printr'o scânteĭă la rescóla tuturor Românilor ardelenĭ, ci străbate în Muntenia anume prin ţéra Săcuilor la resărit de Braşov. Acestuĭ plan strategic, care vădesce dela sineşĭ frica cea mare a regeluĭ Ludovic, Vladislav-vodă îĭ opuse un contra-plan, care nu putea să nu 'l ducă la victoriă: la sud, pe malul Dunăriĭ, a refusă o luptă decisivă şi a se retrage treptat spre munţĭ; la nord, în regiunea dela Săcuime spre Ialomiţa, a atrage pe Unguri pe un teren impracticabil pentru dînşiĭ de păduri şi de bălţĭ, unde îĭ vînă o catastrofă sigură.

Aşa dară Vladislav-vodă părăsesce Vidinul, pe care'l ocupă regele Ludovic. Româniĭ, aşeḑaţĭ la Calafat, îşĭ fac de 'ntăĭu datoria de a împedecă trecerea Dunăriĭ, apoĭ neputênd'o face, eĭ se împrăştiă fără bătăliă, astfel că Unguriĭ jubiléză triumf şi ocupă Severinul: „ipsum regium exercitum, ultra Danubium, contra in-

„sultus bellatorum et sagittariorum ipsius Layk Vayvodae, velut
„imbres sagittas emittentium Olachorum, per navigia, moenibus
„et fortalitiis firmatum, transducente, inimici in fugam conversi,
„velut fumus evanuerunt, et residui totius exercitus terram ver-
„sus Zewrinum intraverunt, et eandem occupaverunt." Unguriĭ
dară sînt în Severin, întocmaĭ după cum fuseseră sub Carol-Robert.
Ce urméză însă? Regele Ludovic nu înaintéză. Nicĭ un pas maĭ
departe.

In acelașĭ timp, tot așa de frumos, cu o mare oștire, cu
nobilĭ și cu Săcuĭ, pășesce din Ardél voevodul Nicolae: „ultra ter-
ram Siculorum cum valido exercitu ac nobilibus et Siculis partis
transilvanae." In Muntenia hatman al luĭ Vladislav-vodă era con-
tele Dragomir, adecă un kinez dintre Basarabĭ, care comandă
în Dâmbovița: „capitaneus erat comes Dragmer Olachus, cas-
tellanus de Domboycha". In lungul Ialomițeĭ el avea la dispo-
sițiune maĭ multe puncturĭ întărite: „fluvium Iloncha, ubi for-
talitia et propugnacula erant." Era un general cu mult sânge
rece, necesar pentru a potoli primul avînt al Ungurilor, și tot-odată
un bărbat fórte religios, căcĭ dînsul maĭ târḑiŭ, sub Dan-vodă la 1385,
el se făcu stareț al mănăstiriĭ Cotména, ĭar fiĭul seŭ omonim, de ase-
menea „comes Dragmer", „jupan Dragomir", dărui sântuluĭ lăcaș un
c lopot. După o sângerósă bătăliă, „certamine fortissimo commisso"
kinezul Dragomir părăsesce câmpul și se retrage, lăsând pe victo-
riosul voevod Nicolae să'l urmărésca: „ipsum capitaneum, multis
interfectis, in fugam convertit", ḑice Ion de Kikullew, vorbind nu-
maĭ despre Românĭ căḑuțĭ în luptă, dar despre ceĭ prinșĭ — ba, ceea
ce însemnéză o isbândă necompletă, maĭ adesea o stratagemă. Fuga
simulată era o tactică tradițională a Tătarilor, ĭar Românii se țineaŭ
atuncĭ întocmaĭ de tactica tătărésca (§ 36 p. CLXXXVII). Fuga
kinezuluĭ Dragomir cea povestită de Ion de Kikullew nu este alt
ce va decât din punct în punct ceea ce povestise la 1241 Ungurul
canonic Rogerius despre fuga cea prefăcută a hanuluĭ tătăresc Ka-
dan: „respiciens multitudinem armatorum, terga dedit, fingens fu-
gam ante eos." În adevĕr, voevodul Nicolae fu prins în cursă.
Acuma să'l auḑim pe cronicarul maghiar despre nimicirea cea to-
tală a armateĭ ungurescĭ, pe care kinezul Dragomir o ademenise în
strimtorĭ băltóse, unde a secerat apoĭ fără crușare flórea nobilimiĭ
săcuiescĭ, ĭar cadavrul voevoduluĭ Nicolae abia-abia a putut fi
smuls din mânile Românilor: „incaute ulterius procedens, inter-

„indagines et veprium densitates, ac passus strictissimos conclusus,
„per multitudinem Olachorum, de silvis et montibus invasus, ibi-
„dem, cum strenuo viro Petro, suo Vicewayvoda, nec non Deseu
„dicto Wos et Petro Ruffo, castellano de Kykyllewar, Petro et
„Ladislao Siculis, viris bellicosis, et aliis militibus quam pluribus,
„et nobilibus potioribus, extitit interfectus; et cum gentes Hunga-
„rorum, de ipso exercitu, terga vertissent et se in fugam conver-
„tissent, in locis lutosis et paludosis, indaginosis, conclusi, multi
„ex eis per Olachos occisi extiterunt, et aliqui, cum magno peri-
„culo personarum, et rerum damno, evaserunt; et funus eiusdem
„Nicolai Wayvodae, cum magna pugna, de manibus Olachorum
„ereptum . . .“

Campania era terminată într'un mod strălucit: o armată un-
gurésca distrusă, o altă armată ungurésca petrificata în Severin,
pe când cele douĕ armate românescĭ se puteaŭ uni la orĭ-ce mo-
ment, una victoriósă, cea-laltă intactă, ambele gata a se arunca
împreună; ĭar Radu-Negru din Făgăraş putea să se misce în orĭ-
ce direcţiune, de óră-ce în Transilvania nu maĭ exista oştire ma-
ghiară, fiind nemicită de cătră kinezul Dragomir. Nu e de mirare
că regele Ludovic s'a grăbit de a se împăca fără multă vorbă cu
Vladislav-vodă. Domnul Ţereĭ-Românescĭ recunoscu suzeranitatea
Ungarieĭ, Ungaria însă a redat Bulgaria occidentală împĕratuluĭ
Straşimir, care s'a şi întors din Croaţia la Vidin, ĭar Vladislav-vodă
şi-a reluat Severinul, incepênd a se întitula din noŭ: „Vayvoda
Transalpinus, Banus de Zeurinio et Dux Novae Plantationis et
de Fugaras.“ Ungaria din parte'ĭ, prin doue dureróse ispite, sub
Alexandru-vodă şi sub Vladislav-vodă, convinsă acum că nu e de glu-
mit cu Basarabiĭ, s'a creḑut datóre a'şĭ întări hotarele Transilvanieĭ
contra Ţereĭ-Românescĭ, anume la doue puncturĭ: castelul Lands-
kron în regiunea Sibiĭuluĭ, ĭar în a Braşovuluĭ castelul Törzburg,
acesta din urmă numit românesce Bran. Printr'o confusiune între
teatrul resboĭuluĭ şi între resultatul lupteĭ, fântâna Tunusliilor şi a
luĭ Fotino fixéză acţiunea la Bran, adecă în Transilvania, pe când
kinezul Dragomir bătuse pe Ungurĭ fórte lămurit în Dâmboviţa.
Acéstă greşélă însă este o nemica în comparaţiune cu colosala ne-
greşélă a d-luĭ Xenopol, care a uĭtat cu desăvîrşire — fără nicĭ o
pomenire de un cuvinţel măcar — întréga măréţă campaniă a luĭ
Vladislav-vodă, una din cele maĭ frumóse în istoria militară a
Românilor. Maĭ puţin vinovat e Fotino, când mută bătălia din

Dâmboviţa la Bran, căcĭ cel puţin el simte însușĭ că greșesce fântâna luĭ, ast-fel că se'ncércă a o îndrepta într'un mod óre-care, ḑicênd că Branul e în Muscel, nu în Ardél. Dar unde óre să fie scusa d-luĭ Xenopol, într'o lucrare nouă și atât de voluminósă?

Regele Ludovic a fost dară învins, îĭ era rușine luĭ-însușĭ, și în diplomele sale ulterióre, când îĭ vine neapěrat de a cita acel resboĭu, îl îmbracă într'o formulă eufemică de „redobândirea Se-verinuluĭ“: „reoptentio civitatis et terrae Zeuriniensis“, deși în rea-litate Severinul fusese immediat înapoĭat luĭ Vladislav-vodă. Un spe-cimen fórte interesant de acea formulă eufemică ne întimpină într'o diplomă din 1376, păstrată în archivul conţilor Kendeffi, de unde mĭ-a procurat o copiă profesorul K. Szabó dela Cluj. Românĭĭ boierĭ din Temeșiana ţineaŭ atuncĭ uniĭ cu Unguriĭ, alţĭ cu Vla-dislav-vodă. Așa unul din eĭ, Vlad Lehăcescu, șĭ-a părăsit moșia Balașniţa de lîngă Mehadia și a fugit în Oltenia pentru a servi Domnuluĭ Ţereĭ-Românescĭ: „quandam possessionem Balasnicha „vocatam iuxta fluvium Balasnicha nominatum in districtu de „Myhald existentem, quae propter infidelitatem Ladislai filii Le-„hach, qui derelicta fidelitatis via, ad partes fugit transalpinas, „in despectum nostrae Maiestatis et nostro adhesit emulo, ad „nostras manus et regiam nostram collationem devoluta fore „perhibetur“. Acea moșiă confiscată, regele o dăruesce la alţĭ pa-tru boerĭ Românĭ de acolo, fiiĭ luĭ Raĭcu, carĭ serviseră cu credinţa în oștirea ungurésca contra luĭ Vladislav-vodă: „nos attendentes „fidelitatem et servicia Suriani, Bogdani, Demetrii et Blasii filiorum „Rayk Olachorum nostrorum, quae iidem in plerisque nostris ex-„peditionibus et specialiter in exercitibus nostris adversus Rasce-„nos et etiam contra Bulgaros motis, signanter vero in reop-„tentione civitatis et terrae Zeuriniensis nostrae stu-„duerunt exhibere Maiestati et exhibent in praesenti...“ „Redobân-direa Severinuluĭ“ e ce-va nostim.

Regele Ludovic îșĭ redobândise momentan un petec din Mehedinţ numaĭ pentru ca Vladislav-vodă să'l stăpânéscă, și voevodul roma-nesc n'a maĭ încetat de a'l stăpâni, ne maĭ avênd alţĭ dușmanĭ decât pe vechĭul vrăjmaș Șișman cel dela Tîrnov, împěratul Bulga-rieĭ orientale, care aducea mereŭ asupra Vidinuluĭ cete de Turcĭ, într'un rând năvălind și asupra Oltenieĭ. Acea invasiune o descrie o cronică serbéscă la Mauro Orbini. Turciĭ trecênd Dunărea, Vladislav-vodă le-a luat tóte bărcile ca să le taie chip de scăpare, apoĭ îĭ bătu înfricoșat, și toțĭ aŭ perit, uniĭ de sabiă, alțiĭ înne-cațĭ: „onde il voievoda de'Valachi levate loro le barche, nelle quali „havevano tragettato quel fiume, diede loro adosso, e gli ruppe nella „giornata; e quelli, che non morirono nella battaglia, credendo di „potersi salvare nelle barche, e quelle non trovando, saltavano nel „acqua, per non venire in mano del'nimico, e così tutti perirono".

Tot atuncĭ în Țéra-Românéscă s'a ivit prima monetă națională, de argint și fórte elegantă:

Descrierea de d. D. A. Sturdza:

„*Av.* + M LADIZLAI WAIWODE între douĕ cercurĭ de perle; „în mijloc un scut împărțit d'a-lungul în douĕ, în care în drépta „4 grindĭ transversale, în stânga un câmp gol.

„*Rev.* + TRANS | ALPINI între douĕ cercurĭ de perle, în mijloc „un coĭf închis, d'asupra vulturul spre drépta cu capul spre stânga".

Următórele treĭ observațiunĭ asupra acesteĭ importantisime monete:

1⁰. Este cel întâĭu monument numismatic al Țereĭ-Românescĭ, căcĭ sub Alexandru-vodă nu existtă la noĭ monetăriă;

2⁰. Pe revers este aquila muntenéscă, pe avers însă e marca Ungarieĭ, prin care Vladislav-vodă îșĭ recunósce vasalitatea;

3⁰. Legenda e latină, denotând cultura occidentală, după cum și diplómele acestuĭ principe sînt aprópe tóte lătinesce, deșĭ câte-treĭ Negri-voevoḑĭ din secolul XIV aŭ fost de o potrivă fórte ortodoxĭ.

Și tocmaĭ la acéstă ortodoxiă vom trece acuma.

Temelia bisericeĭ române o pusese Alexandru-vodă. Vladi-slav-vodă a mers înainte maĭ departe pe acelașĭ cale. Pe lîngă pri-mul mitropolit Iacint Kritopul, înființat la 1359 cu titlul de a tótă Ungro-vlachia: „πάσης Ούγγροβλαχίας", s'a maĭ adaos la 1370 un al

doilea mitropolit, întitulat al părţiĭ Ungro-vlachieĭ : „μητροπο-
λίτης μέρους Οὐγγροβλαχίας“, anume Daniil Kritopul, fratele primatuluĭ,
numit în călugăriă Antim, care figuréză ca cel întâĭu în vechea
listă a mitropoliţilor Ţereĭ-Românescĭ.

Care să fi fost óre raţiunea de Stat a acesteĭ reduplicărĭ ? Din
capul loculuĭ se póte respunde positiv că interesul erà nu al patri-
arcatuluĭ, căcĭ nu patriarcatul o ceruse, după cum resultă chĭar
din actele patriarcatuluĭ. In adevĕr, înainte de 1370 mitropolitul
Iacint fusese chiămat cu stăruinţa la Constantinopole pentru a da
acolo informaţiunĭ despre Ungro-vlachia. Vladislav-vodă însă, invo-
când diferite pretexturĭ, nu'ĭ permitea cu nicĭ un preţ să plece,
nicĭ nu l'a lăsat să trimiţă pe alt cine-va în locu'ĭ, ast-fel că pa-
triarcatul era fórte supĕrat : τὸ πῶς οὐκ ἠλθον, δέσποτά μου ἅγις, κατὰ
„πρῶτον ἐνταῦθα κατὰ τὸν ὁρισμὸν τῆς μεγάλης ἁγιωσύνης σου, ἐμπόδισέ μοι ὁ
„βοεβόδας, προβαλλόμενος τὸ μῆκος τῆς ὁδοῦ καὶ τὸ δέος τοῦ φόβου...“ Acuma
dară, în 1370, după terminarea resboĭuluĭ cu Ungurĭĭ, Domnul şi
boeriĭ ceĭ marĭ trimit eĭ la patriarcat o cerere urgentă de a se în-
cuviinţa o a doua mitropoliă a Ungro-vlachieĭ ; „τοῦ μεγάλου βοεβόδα καὶ
„τῶν ἀρχόντων αὐτοῦ“. Interesul erà al ţereĭ, nu al patriarcatuluĭ, după
cum o presupune istoriograful rus Golubinski. Ambasada românésca
argumentéză înfiinţarea uneĭ a două mitropoliĭ prin immulţirea cea
extremă a poporuluĭ : „τοῦ δὲ καιροῦ προϊόντος, ἐπεί, τοῦ ἔθνους ἐκείνου τοῦ
„τόπου πολλοῦ τυγχάνοντος καὶ ἀπείρου σχεδὸν, οὐκ ἔστιν εἰς μόνος ἀρχιερεὺς ἱκα-
„νὸς πρὸς τὸ τοσοῦτον ἔθνος...“ Extrema immulţire a poporuluĭ nece-
sită întemeĭarea uneĭ a două mitropoliĭ, şi'n acelaşĭ mod ni se ex-
plică „nova plantatio“ a luĭ Vladislav-vodă, acea resădire peste
Carpaţĭ a prisosuluĭ elementuluĭ românesc dunărén, acea colonisare
a ducatuluĭ de Amlaş, o maĭ puternică barieră contra Saşilor din
Sibĭĭu şi contra familĭeĭ conteluĭ Konrad de Tălmacĭu. Era dară nu
numaĭ una, ci maĭ multe raţiunĭ de Stat.

Actele ulterióre ale patriarcatuluĭ din secolul XIV specifică
cele douĕ mitropoliĭ ale Ungro-vlachieĭ. Cea a doua, creaţiune pro-
priă a luĭ Vladislav-vodă, privĭa la judeţele cele oltenescĭ cu Seve-
rinul în frunte : „τοῦ μέρους Οὐγγροβλαχίας τῆς κατὰ τὸν Σεβερῆνον“. Prin
urmare, mitropolia cea anterióră, fundată de câtră Alexandru-vodă,
se referĭa numaĭ la restul Ţereĭ-Românescĭ, adică la Muntenia şi
la cele douĕ ducaturĭ transcarpatine, avènd titlul : „τῆς Οὐγγροβλαχίας
καὶ πάσης Οὐγγρίας καὶ Πλαγγηνῶν„.

In acelaşĭ timp, saŭ puţin maĭ tărdiŭ, fratele domnesc Radu-

Negru fiind pro-duce al Făgărașului și Amlașului, mitropolitul primat al Ungro-vlachiei a hirotonit un episcop a-parte pentru acea lature a țerei, ceea ce face pe cronicarul muntenesc la Fotino să atribue luī Radu-Negru că aduce cu sine ca să pună mitropolit pe episcopul din Făgăraș: „τὸν Φαγαρασίου ἐπίσκοπον". Se pare că acel întâiu episcop al Făgărașului fusese un Chariton, acela care în urmă la 1380, tocmaī Radu-Negru ajungênd Domn, devine d'o dată d'a-dreptul mitropolit primat al Ungro-vlachiei, sărind peste dreptul de înaintare al luī Antim, deja de dece anī mitropolit al Severi-nuluī. Este evident în orī-ce cas că acel Chariton se bucură de o favóre specială la Radu-Negru, și dacă dînsul fusese maī 'nainte episcop al Făgărașuluī, după cum cred eū, atuncī aserțiunea cro-niceī muntenescī se justifică pe deplin. Episcopatul românesc cel fundat la Făgăraș sub Vladislav-vodă a persistat nu maī puțin de vr'o nouĕ-decī de anī, căcī Samuil Micul găsesce documentul acolo pe un Macarie, întitulat: „episcop al Galațuluī": „1469 Macarius „Episcopus Galatiensis obtinet a Principe mandatum ad magistratum „Cibiniensem ut cathedraticum suum a presbyteris valachis accipere „possit". Se scie că Galaț se chiamă în Transilvania un sat lipit de orașul Făgăraș.

Cele douĕ mitropolii ale Ungro-vlachiei aū durat numaī sub ambiī frați Vladislav-vodă și Radu-Negru, desființându-se apoī cea olténéscă dela Severin și generalisându-se numaī cea din Muntenia, a căriia reședință nu putea să fie aiuria decât la Curtea-de-Argeș, de vreme ce acolo reședeaū de preferință Domniī, începênd dela Alexandru-vodă.

In privința organisăriī bisericescī, în specie la Olteni, mâna dréptă a luī Vladislav-vodă și a luī Radu-Negru a fost ilustrul că-lugăr serbesc Nicodim. După uniī Grec, după alțiī din familia cea regală a Serbiei, el trăise mult timp la muntele Atos și era fórte considerat la patriarcatul constantinopolitan. Pe timpul luī Alexan-dru-vodă, Nicodim ședuse un interval óre-care peste Dunăre în re-giunea Cladoveī, de unde prin vecinătate cunoscuse pentru prima óră pe Radu-Negru, atuncī ban al Severinuluī, căcī amîndoī aū clădit acolo o bisericuță numită Manastiritza.

O cronică rimată din secolul trecut, scrisă peste Carpați de cătră un călugăr dela Prislop din țéra Hațeguluī, atribuind luī Ni-codim fundațiunea acesteī mănăstirī, cuprinde între altele:

O Prislop!
Numite loc,
Cum fuseşĭ făr' de noroc!
— Ba eŭ bine am fost norocit,
Căcĭ sfântul Nicodim aicĭ s'a sălăşluit,
Şi întâĭu sfântul Nicodim mie
Mĭ-a pus temelie,
Care stă de vécurĭ multe
Acum de ómenĭ trecute:
Maĭ 'nainte cu mulţĭ aĭ
De domnia luĭ Matiaş craĭu;
Că acestuĭ pré-cuvios părinte şi sfânt
Dela Dumneḑeŭ Domnul i s'a vestit
Locul pişătórelor să-l găséscă
Şi acolo mănăstire să zidéscă;
Şi în Ţéra-Românéscă preste munte
A trecut şi a cercat locurĭ multe,
De şi-a tocit toĭagul de fer
Privind pe pămînt şi pe cer.
Locul cel ales maĭ întâĭu
Este în Surtuc sus pe Jiĭu:
Acolo peşteră a găsit
Şi într'însa tot s'a sălăşluit,
Care peşteră şi pîn'acum se găsesce
Ş'a sfântuluĭ Nicodim se numesce.
Apoĭ s'a dus în ţéră şi maĭ în întru
Pînă la apa ce se ḑice Motru:
Acolo puţin a conăcit
Şi după vremĭ mănăstire s'a zidit.
De acolo s'a dus spre Vodiţa,
Unde'ĭ acum schitul Topolniţa;
După acésta pişătórele a găsit,
Unde şi sfânta lavră Tisména s'a zidit,
Unde şi móştele sfântuluĭ se găsesc
Şi minunile tóte i se vestesc.
Decĭ dela sfântul Nicodim s'a făcut
Tuturor de obşte început
In Ţéra-Românéscă la munte zidirĭ:
Bisericĭ, schiturĭ şi mănăstirĭ.
A doua lavră Cozia Mircea a zidit
Şi sfântul Nicodim o a sfinţit...

Orĭ de unde ar fi luat necunoscutul versificator ardelén isvó-rele sale, naraţiunea de maĭ sus, afară de erórea de a confunda Vodiţa cu Topolniţa, douĕ sate apropiate, dar deosebite, este de o remarcabilă exactitate.

Ea pune pe sama luĭ Nicodim următórele şése lăcaşurĭ, tóte în Oltenia:

1. Prislopul în Haţeg;
2. O peşteră lîngă Jiĭu;

3. Schitul dela Motru;

4. Vodiţa;

5. Tisména;

6. Cozia.

Tisména şi Cozia fiind posterióre luĭ Vladislav-vodă, — cele-
lalte patru, anterióre Vodiţeĭ, sînt tóte din epoca acestuĭ principe,
ba şi începutul Tismeneĭ, numaĭ terminarea datorindu-se luĭ Radu-
Negru, după cum şi Cozia fusese începută de Radu-Negru şi ter-
minată de Mircea cel Mare. Despre Vodiţa s'a conservat însuşĭ
crisovul de fundaţiune, care sună aşa: „Findcă eŭ, cel în Crist
„Dumneḑeŭ bine-credinciosul voevod Vladislav, din graţia luĭ Dum-
„neḑeŭ Domn a tótă Ungro-vlachia, am bine-voit din inspiraţiune
„divină a rădica o mănăstire la Vodiţa în numele mareluĭ şi de
„Dumneḑeŭ purtătoruluĭ Antonie, *ascultând pe onestul între monahĭ*
„*Nicodim,* încât dela domnia-mea să fie pornire şi donaţiune, iar
„*munca luĭ kir Nicodim* şi a călugărilor seĭ etc.“ Apoĭ încheiă:
„După mórtea luĭ *kir Nicodim,* nicĭ Domnul, nicĭ mitropolitul, nicĭ
„alţiĭ să nu fie liberĭ a pune egumen în acel lăcaş, ci *după cum*
„*va ḑice şi va regula însuşĭ kir Nicodim...*“

La peştera dela Jiŭlu s'a păstrat pînă astăḑĭ o tradiţiune po-
porană despre Nicodim, iar la Motru o altă legendă a fost culésă
în secolul XVII de cătră călătorul Paul de Aleppo, care ḑice:
„Mănăstirea Motru se consideră ca maĭ veche decât Tisména, căcĭ
„sântul Nicodim fusese cel întăĭu om ce venise a locui acolo într'o
„cuviósă solitudine, apucându-se a clădi o biserică, şi numaĭ cu
„mult timp maĭ în urmă tot dînsul s'a dus de a zidit Tisména...“

Inainte de 1365, sub Alexandru-vodă, exista bisericĭ, maĭ ales
cele douĕ marĭ domnescĭ, una la Câmpulung şi cea-laltă la Curtea-
de-Argeş; primele mănăstirĭ însă, în adevĕratul înţeles al cuvîn-
tuluĭ, s'aŭ rădicat anume sub Vladislav-vodă, tóte în Oltenia şi tóte
prin rîvna luĭ Nicodim.

Deşi ambele mitropoliĭ ale nóstre aŭ fost puse sub patronagiul
patriarcatuluĭ constantinopolitan, totuşĭ Domnul Ţereĭ-Romănescĭ
n'a încetat de a fi în bună înţelegere cu tronul patriarcal bulgă-
resc dela Tîrnov, pe care şedea Eutimie, unul din prelaţiĭ ceĭ maĭ
celebri aĭ bisericeĭ ortodoxe de atuncĭ. Intre numerósele lucrărĭ
inedite ale acestuĭa se păstréză o epistolă cătră mitropolitul Antim
dela Severin şi o altă cătra Nicodim dela Tisména.

Să maĭ adaog că Vladislav-vodă trimitea darurĭ pióse şi la

Muntele Atos, unde o icónă din partea acestuĭ principe o vĕ₫use acolo reposatul Odobescu în Lavra sântuluĭ Atanasie.

Pentru a isprăvi cu cele bisericescĭ, nu sciŭ, ₫eŭ nu sciŭ de loc, ce s'ar puté spune despre móştele sânteĭ Filoteia dela Curtea-de-Argeş. E frumósă legenda, fórte frumósă, maĭ cu samă cum e meşter de a brodà Francesul Bellanger; dar ea nu oferă absolut nemic istoric, cel puţin cronologic. Pe cât timp mărturia contimpurană necontestabilă a mitropolituluĭ Iosaf dela Vidin constată că acolo la Vidin acele móşte aŭ fost aduse dela Tîrnov la 1394, decĭ înainte de 1394 ele nu puteaŭ fi aşe₫ate la Curtea-de-Argeş, nicĭ sub Alexandru-vodă, nicĭ sub Vladislav-vodă, nicĭ sub Radu-vodă, adecă sub nicĭ unul din ceĭ treĭ Negri-voevo₫ĭ, ci neapĕrat când-va după 1394. Cerceteze dară alţiĭ, pe prima linia însă cronologia.

Voĭu încheĭa istoria luĭ Vladislav-vodă printr'un episod fórte întunecos. Dela 1330 domnĭa pe tronul dela Tîrnov tzarul Alexandru, despre care eŭ am vorbit maĭ sus cu ocasiunea resboĭuluĭ serbo-bulgar. El avusese douĕ neveste: de'ntâĭu o creştină, din care treĭ fiĭ, cel maĭ mare Straşimir dela Vidin, cumnatul luĭ Vladislav-vodă; apoĭ pe o Evreĭcă, din care s'a născut Şişman, fiĭul cel maĭ mic. Straşimir căpĕtându'şĭ de timpuriŭ dela tată-seŭ Bulgaria occidentală ca apanagĭu, se mutase la Vidin şi a scăpat astfel de uneltirile Evreĭceĭ. Ceĭ-lalţĭ doĭ fiĭ din prima căsătoria remânênd la Tîrnov pe lîngă teribila mumă-vitregă, aŭ murit în curând unul după altul, şi tzarul Alexandru n'a întăr₫iat de a'şĭ numi ca moştenitor al tronuluĭ pe Şişman, fiĭul Evreĭceĭ, deşi prioritatea se cuvenĭa luĭ Straşimir. Intre ambiĭ fraţĭ erà o ură ne'mpăcată, şi tot aşa de aprig ură Şişman pe Vladislav-vodă şi pe Radu-Negru, ceĭ doĭ protectorĭ aĭ Vidinuluĭ. La 1365 Şişman se proclamă de o dată tzar al Bulgarieĭ şi'şĭ începe stăpânirea immediat printr'o mişeliă, prin₫ênd rob pe împĕratul Ion Paleolog, care venise la Tîrnov ca óspe pentru a cere un ajutor contra Turcilor. Tatăl luĭ Şişman murise óre? şi când anume? Iată un adevĕrat mister. Jireček presupune că tzarul Alexandru trebuià să fi murit în 1365, de vreme ce'l urméză pe tron Şişman, dar nu aduce nicĭ o probă. Engel credea, êrăşĭ fără nicĭ o probă, că a murit tzarul Alexandru la 1353, ceea ce ar implicà o absurdă vacanţă de 12 anĭ fără nicĭ

un principe. Cronica oltenéscă a luĭ Moxa afirmă că tzarul Ale-
xandru a murit la 1371: „anĭ 6879, atunce muri Alexandru,
domnul Trănovuluĭ". Cum dară de se urcă pe tron Şişman la
1365 cu şése anĭ înainte de mórtea tatăluĭ seŭ? Faptul este că
tzarul Alexandru nu era încă mort nicĭ la 1371. La 1365, tocmaĭ
atuncĭ cănd Vidinul fusese luat de Ungurĭ şi însuşĭ Straşimir era
în robiă, tzarul Alexandru se retrăsese desgustat de tóte din Bul-
garia în Ţéra-Românéscă, petrecêndu'şĭ restul vieţeĭ, bătrân nepu-
tincĭos, pe lîngă Vladislav-vodă, singură rudă pe deplin generósă,
care'ĭ dete să trăéscă din venitul judeţuluĭ Muscel, unde îl maĭ
găsim apoĭ într'un mod documental sub Radu-Negru. Daĭ despre
acésta în §-ful următor.

Prismă a némuluĭ Basarabesc: dintr'un tată Basarabă şi
dintr'o mumă Basarabă, mare vitéz peste orĭ-ce vitejiă, o minu-
nată agerime politică, fórte cavaler şi fórte cumpătat tot-o-dată,
Vladislav-vodă îşĭ incunună atătea şi atătea însuşirĭ frumóse prin-
tr'o nemărginită bunătate de inimă. . .

§ 40. Radu-vodă Negrul.

Bibliografia : Archiva istorică t. III p. 192. — Istoria critică p. 84 sqq. — His-
toire critique p. 8, 66, 86 sq., 111. — Etymologicum magnum v. Banovȩț. — Cuvente den
bătrăni t. I p. 402. — Fotino, Ἱστορία t. II p. 20-24. — A. Xenopol, Istoria t. II p. 84,
136 sqq. — Magazin istoric t. IV p. 231 sq. — Engel, Gesch. v. Serwien p. 332, 478. —
Jireček, Gesch. d. Bulgaren p. 324, 329. — Pray, Dissertationes historico-criticae, Vindo-
bonae 1775 in-f. p. 140. — Miklosich, Monumenta serbica p. 215. — Condică a sfinteĭ mă-
năstirĭ Cozieĭ, 1778 in-f, p. 25-6, 249, MSS. în Archiva Statuluĭ din Bucurescĭ. — Ke-
mény, MSS. in biblioteca Universităţiĭ din Cluj: index Kenderesianus t. II ad voc.
Stroja. — Benkö, MSS. ibidem: Collectaria ad res Transilvanicas t. XIV p. 273, 293. — Ar-
chiv des Vereins f. siebenbürg. Landeskunde, Kronstadt 1853 p. 49. — Fóia Transilva-
nia 1871 p. 238 sqq., 1872 p. 172 sq., 188 sq., 198 etc. — Bresolanu, Vechile instituţiunĭ
ale Româniĭ, Buc. 1882 in-16 p. 232. — Rykaczewski, Inventarium privilegiorum, Paris
1862 in-8 p. 250, 378. — A. Odobescu, Revista Română 1861 p. 709 sqq. — I. Bogdan în
Archiv f. slav. Philologie t. XIII p. 530 nota. — Dr. Miletič, Новы влахо-български
грамоти, Sofia 1896, in-8 p. 45, 47. — Сборник за народни умотворения t. V p. 77 ;
cfr. Miladinovtzi, Български народни пѣсни pag. 281 sqq. — Акты западной Россіи
t. I. Petersb. 1846 in-4 p. 1, 21. — Karadžić, Српске народне пјесме t. II p. 444. —
Чойкович, Пѣванія p. 60. — Draganov, Македонско-славянскій сборник, t. I p. 100.
— Alessandrescu, Dicţionar geografic al judeţuluĭ Vâlcea, Buc. 1893 in-8p. 86. — Onciul
în Conv. liter. 1884 p. 1 sqq., 1886 p. 266 sq. — N. Densuşianu, Documente t. I v. II p. 73,
160, 242, 276. — Stefan Ieromonahul, etc.

O mare parte din viéţa luĭ Radu-Negru se petrecuse sub
tată-seŭ Alexandru-vodă şi sub frate-seŭ Vladislav-vodă, astfel că

din §§-furile precedente ne ajunge aci de a reaminti în scurt urmă-
tórele puncturĭ :

născut pe la 1330 plus-minus, fĭu din a doua căsătoriă a
luĭ Alexandru-vodă cu Dómna Clara din familia contală ungurésca
Kukenus ;

din acelaşĭ mumă avênd douĕ surorĭ : una căsătorită cu îm-
pĕratul bulgăresc Straşimir, cea-laltă cu regele serbesc Vucaşin ;

după 1352 pus de cătră Alexandru-vodă ca ban al Severinuluĭ,
unde se face popular la vecinĭĭ Serbĭ, şi atuncĭ întră în relaţiunĭ
cu călugărul Nicodim, în urmă fundator al primelor mănăstirĭ la
Romănĭ ;

pe la 1360, prin intervenirea mitropolituluĭ Iacint Kritopul,
căsătorit cu Dómna Kalinikia, Gréca ;

sub Vladislav-vodă luând parte în 1366 la resboĭul contra
Turcilor, aduşĭ de împĕratul Şişman dela Tîrnov ;

pe la 1370, după luarea Vidinuluĭ de cătră Vladislav-vodă,
lăsând Severinul şi trecênd peste Carpaţĭ ca duce al Făgăraşuluĭ
şi Amlaşuluĭ ;

înfiinţând acolo pe un episcop ortodox, adus în urmă pe
scaunul mitropolitan din Curtea-de-Argeş ;

remănênd apoĭ în Făgăraş pînă la mórtea luĭ Vladislav-
vodă.

Vladislav-vodă móre pe la 1373.

Al treilea N e g r u - v o d ă, frate şi fĭĭu al celor-lalţĭ doĭ, Radu
se pogóră şi el din Făgăraş la Cămpulung şi la Argeş, de unde Ia-
răşĭ tot aşa păşesce în Oltenia pentru a fi primit şi recunoscut de
cătră Basarabiĭ de acolo.

Este a patra ediţiune a acelelaşĭ legende poporane, numĕrân-
du-se ca *editio princeps* acea necompletă dela 1240, când Radu Ba-
sarabă, numit şi dînsul la Ardeleni Negru-vodă, gonise din Amlaş
pe contele Konrad şi oprise pe Mongolĭ la hotarele Făgăraşuluĭ,
întorcêndu-se apoĭ triumfal în ţéra Severinuluĭ, fără însă a fi tre-
cut prin Cămpulung şi prin Argeş, singura particularitate stereotipă
care'ĭ lipsesce.

Ajungênd noĭ acum la al doilea Radu-Negru, aci este locul
cel maĭ potrivit de a reveni o clipă la primul Radu-Negru cel dela
1230, un Basarabă din Vâlcea, după care urmară la voevodatul oltén-

Basarabiĭ ceĭ din Dolj: Mihaĭu Liténul şi Bărbat, înlocuiţĭ în urmă eĭ-înşiĭ prin ramura Basarabilor cea din Romanaţ: Dan, Mircea, Alexandru, Vladislav şi'n fîne Radu.

Astăḑĭ, aprópe după şépte secolĭ, memoria luĭ Radu-Negru celuĭ Vălcén se maĭ păstréză tocmaĭ în cuĭbul seŭ din Vâlcea într'un mod fórte caracteristic. Iată tradiţiunea, pe care, fără a'şĭ fi putut da samă de importanţa eĭ, o reproduce institutorul C. Alessandrescu, vorbind despre schitul Cetăţuea de lîngă Rîmnicul-Vâlcea: „In vre-„mile vechĭ de tot şedea un Domn numit Basarabă în chiliile bi-„sericuţeĭ Cetăţuea. El avea cu sine tunurĭ şi ostaşĭ, cu carĭ se „păzĭa de vrăjmaşĭ. Ăst Basarabă era în mare vrăjmăşĭă cu un alt „Domn numit Olea, ce se aşeḑase în mănăstirea Fedeleşoĭu de peste „Olt ce este în dreptul Cetăţueĭ (în Argeş) şi ăl Olea avea ase-„menea tunurĭ şi ostaşĭ. Basarabă şi Olea, de vrăjmaşĭ ce eraŭ, „sloboḑĭaŭ de multe orĭ tunurĭ unul asupra altuĭa, cu gând să se „omóre, ca să remănă unul stăpân peste tótă ţera. Basarabă se „spune că era maĭ dibacĭu decât Olea şi 'l făcea mare pagubă. „Pentru acéstă dibăciă poporul scornise următorul cântec:

> Olea face óle,
> Basarabă 'ĭ le sparge;
> Olea óle o maĭ face,
> Basarabă i le-o sparge...

„şi acest cântec îl cântaŭ toţĭ Cetăţeniĭ pentru cinstea Basarabuluĭ. „Chĭar şi copiĭ îl cântaŭ păscénd vitele. Aşa, se spune, că nesce „fetiţe şedeaŭ cu gâscele la pólele déluluĭ, în vîrful căruĭa e bise-„ricuţa, şi cântaŭ: Olea face óle etc.. Se întâmplase că tocmaĭ „atuncĭ Basarabă se plimba pe culmea déluluĭ. Auḑind fetiţele cân-„tând cântecul acesta, le-a ascultat cu mult drag, fără să fie veḑut „de ele. După isprăvirea cânteculuĭ, Basarabă le-a chiămat la sine „şi le-a dat câte o farfuriă de galbenĭ şi câte o păreche cercel fru-„moşĭ şi scumpĭ. E de notat că acest cântec îl cântă copiĭ de prin „Cetăţue. Remâne a se cerceta, ce Basarabă se vorbesce şi cine „este Olea...“

Basaraba ceĭ legendar al copiilor e învederat Radu-Negru cel dela 1230, care apărase în adevěr bărbătesce Oltenia contra conteluĭ Konrad şi contra Mongolilor, ĭar duşmanul seŭ *Olea* era un *olan* cumanic, cuvîntul *ulan* însemnând tătăresce un principe saŭ un crăişor. Sub acel prim Radu-Negru, pus strajă la Cetăţuea Vâlciĭ, Tătariĭ stăpânĭaŭ întréga lature a Munteniĭ pînă la Olt; sub al doilea Radu-Negru cel dela 1380 nu maĭ era aci Tătarĭ nicăirĭ, decât numaĭ dóră pe la marginile Moldoveĭ spre Prut saŭ spre Nistru, şi chĭar peste ceĭ de acolo domnĭă acum Basarabă cel din Oltenia, astfel că în titlul seŭ domnesc vom vedé maĭ jos: „stăpân peste ţerĭ tătărescĭ". Mare deosebire între unul şi cel-alalt, deşi amîn-doĭ s'aŭ contopit într'o singură persónă colectivă mitică.

Un punct din legendă, care se potrivesce cu Radu-Negru din 1380 maĭ bine decât cu ceĭ-lalţĭ Negri-voevoḑĭ, este că, Ungur prin mumă-sa şi petrecut maĭ mulţĭ anĭ pintre Unguriĭ din Ardél, i se póte aplica pasagĭul din cronica muntenéscă: „rădicatu-„s'aŭ de acolo cu tótă casa luĭ şi cu mulţime de noróde, Românĭ, „Papistaşĭ, Saşĭ de tot felul de ómenĭ, pogorîndu·se pre apa Dâm-„boviţeĭ..." In adevĕr, sub Radu-Negru noĭ vedem pentru prima óră la 1382 un episcop catolic cu pomposul titlu „al Severi-nuluĭ şi al părţilor Ţereĭ-Românescĭ" : „Gregorius Dei apostolice sedis gracia Episcopus Severini nec non parcium Transalpinarum", con-sacrând pe un preut Ungur: „filium Valentini de Korospatak" in biserica papistaşă din Câmpulung, unde sub Vladislav-vodă era un Sas, pe al căruĭa mormînt se gravase la 1373: „Hic requiescit in „pace generosus dominus Ioannes P. huius saxonicalis ecclesiae „custos qui obiit MCCCLXXIII".

Fiĭul cel maĭ mic al luĭ Alexandru-vodă, Radu era Negru nu numaĭ ca tatăl seŭ şi ca fraţiĭ seĭ în însuşire de Basarabă în genere, prin emblema celor capete negre pe stégul nobilitar al familĭeĭ, dar purta încă în specie la popor porecla personală de negru, fiind-că avea o faţă fórte negricĭósă, după cum o vĕḑură o dată pe portretul din bi-serica Curţiĭ-de-Argeş Fotino şi apoĭ Cogălnicénu. Pînă a nu se fi des-fiinţat acel portret prin aşa numita restauraţiune a bisericeĭ, re-posatul pictor Tătărescu făcuse după el o bună copiă, pe care o po-sedă astăḑĭ Academia Română de'mpreună cu ale altor Basarabĭ. Pe acel portret Radu e mult maĭ brun decât tatăl seŭ Alexandru şi decât fratele seŭ Vladislav, ba mult maĭ brun tot-o-dată şi de-cât fiĭul seŭ Mircea. Există o probă contimpurană fórte interesantă despre porecla luĭ Radu-vodă ca cel negru. Eberhard Windek, nãscut pe la 1380, biograful împĕratuluĭ Sigismund, ne spune cã Mircea cel Mare, pe care'l cunoscuse, se numĭa c e l a l b : „der Weisse". *Cel alb* pentru Mircea este evident o antitesã cu *cel negru* pentru tatãl sĕŭ Radu. În acest mod, fiĭul cel maĭ mic al luĭ Alexandru-vodã erà N e g r u chĭar la Olteni̇̆, nu numaĭ la Munteni̇̆ şi la Ardeleni̇̆, deşi Olteni̇̆ de almintrelea nu traduceaŭ pe Basarabĭ prin rebusul eraldic de Negri. Sã maĭ adaog cã Raduvodã nicĭ o datã nu'şĭ dedea el-însuşĭ epitetul de „Negru", ci-ĭ ḑicea aşa numaĭ poporul şi ne întimpinã une-orĭ în nesce crisóve mult posterióre. Fiiĭ sĕĭ Dan şi Mircea, ca şi fiĭ acestora, nu'l numesc tot-d'a-una altfel decât „Радул воевода".

Un crisov original din primiĭ anĭ aĭ domnieĭ luĭ Radu-Negru, fãrã datã, probabil însã din 1374, se aflã în archivul municipal al Braşovuluĭ, de unde l'a reprodus Dr. Miletić. În acest crisov se confirmã tractatele comerciale dela Vladislav-vodã şi dela predecesoriĭ seĭ, se menţionézã pentru prima órã Rucãrul, Domnul îşĭ dã de douĕ orĭ prenumele de „Ioan" şi nu'şĭ pune de loc porecla cea personalã de „Negru"; dar ceea ce e maĭ cu samã instructiv, este apariţiunea t z a r u l u ĭ A l e x a n d r u, despre care s'a vorbit în §-ful precedinte şi care maĭ trãià încã decĭ în 1374, dacã nu şi ce-va maĭ târḑiŭ, deşi cronica luĭ Moxa îĭ fixézã mórtea la 1371, — un interval nu tocmaĭ depãrtat. Acel crisov fiind scurt şi fórte important în acelaşĭ timp, ĭatã'l întreg în text şi în traducere :

Іѡанъ Радулъ, великыи воивода и самодръжавни господинь въсеи земли оугровлахыискои, дават господством сïе ѡризмо господства ми пръгарем Брашевским и Ражновцем и въсеи земли Бръсѐнскои, ıако що им ест сътворило господство ми хрисовул и закони, що сѫ имале ѿ прѣродїтелеи господства ми, такождере да им сѫ узимат и при господствѐ ми. Тѡго радї, царю Алеѯандре, варе кто ти ест вамеш въ Рукеръ, да му запрѣтиш да узимат вамѫ що ест закон, а инако да не смѣетъ учинит. И койлибо щет бит вамеш под Дѫбовицѫ, и тои таждере да им узимат, понеже кто сѫ би покусил да им възмет прѣзъ закон, имат

Ion Radu, marele voevod şi autocratul Domn a tótã ţéra Ungrovlachia, am dat domnia-mea acéstã poruncã a domnieĭ-mele pârgarilor de Braşov şi Roşnovenilor şi întregeĭ ţerĭ Bârseĭ, ca lor cele încuviinţate de domnia-mea crisov şi lege, după cum avuseserã dela strãmoşiĭ domnieĭ-mele, aşa sã li se priméscã şi pe timpul domnieĭ-mele; prin urmare, *tzarule Alexandre, orĭ-cine va fi la tine vameş în Rucãr, sã-ĭ poruncescĭ a lua vamã după lege, ĭar altfel sã nu cuteze a face, şi orĭ-cine va fi vameş sub Dîmboviţa, sã facã şi el tot aşa, cãcĭ orĭ-cine se va ispiti a lua peste lege, va primi o* прїѧти велико зло и ѡргïѧ ѡт господства ми. А ино нѣст по ѡризму господства ми.

† Іѡанъ Радулъ воевода, милостїѧ божïеѧ господинь.

mare pedépsă şi urgiă dela domnia mea; şi altfel să nu fie decât după porunca domnieĭ-mele.

† Ion Radu voevod, din mila luĭ Dumneḑeŭ Domn.

Felul de înrudire a tzaruluĭ bulgăresc Alexandru cu omonimul seŭ Domnul românesc Alexandru-vodă se represintă prin următórea spiţă :

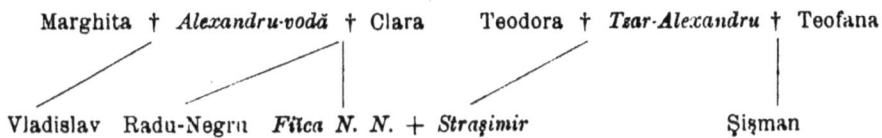

Marghita † *Alexandru-vodă* † Clara   Teodora † *Tzar-Alexandru* † Teofana

Vladislav   Radu-Negru   *Fîĭca N. N.* + *Straşimir*   Şişman

Tzarul Alexandru şi Alexandru-vodă eraŭ dară cuscri, ĭar Radu Negru era cumnat luĭ Straşimir fiĭul tzaruluĭ Alexandru. Alianţă depărtată negreşit, depărtată maĭ ales cu Vladislav-vodă, care nu era frate din aceĭaşĭ mumă cu nevésta luĭ Straşimir. Amindoĭ Alexandri avuseseră copiĭ din douĕ căsătoriĭ; la Alexandru-vodă însă copiĭ din Românca Marghita se ĭubĭaŭ frăţesce cu copiĭ Maghiareĭ Clara, pe când la tzarul Alexandru fiĭul Straşimir al Serbeĭ Teodora se ură la cuţite cu Şişman fiĭul Evreĭceĭ. Din causa Evreĭceĭ, Tzarul Alexandru nedreptăţise pe fiĭul maĭ mare Straşimir, lipsindu'l de dreptul primogenitureĭ în favórea fiĭuluĭ maĭ mic Şişman al Evreĭceĭ, pe care îl şi făcŭ tovarăş la împĕrăţiă. Supĕrat pe tatăl seŭ, Straşimir domnĭa în apanagĭul seŭ la Vidin. Când semi-Evreul Şişman, un rar specimen de reutate şi de vicleniă in tot cursul vieţeĭ sale, a desgustat pe tatăl seŭ, atuncĭ unde óre maĭ putea să se adăpostéscă nenorocitul tzar Alexandru? Nu la Vidin, căcĭ tocmaĭ la 1365 Straşimir căduse rob la Ungurĭ. Tzarul Alexandru a fost îmbrăţişat cu dragoste numaĭ in România de cătră familia reposatuluĭ cuscru Alexandru-vodă. Vladislav şi apoĭ Radu-Negru ĭ aŭ oferit unul după altul o respectată posiţiune de vice rege al judeţuluĭ Muscel, ce-va aşa cum în secolul trecut regele Ludovic XV dete în Franţa alungatuluĭ rege polonez Stanislaw Leszczynski modesta demnitate de duce al Lorreneĭ.

Documentul cel descoperit de Dr. Miletić rădică pe neaşteptate un preţios colţ de perdea de pe un mister ne'nţeles pînă acuma din istoria internaţională a Românilor şi a Bulgarilor: su-

'bita disparițiune a tzaruluĭ Alexandru, necertitudinea cea contra̦dĭ-
·cĕtóre despre anul morțiĭ sale, maĭ cu samă ne'mpăcata dușmăniă
a luĭ Vladislav-vodă și a luĭ Radu-Negru împrotiva împĕrățieĭ bul-
g̑ĭrescĭ celeĭ dela Tĭrnov. Și totușĭ vom veḑé îndată că împre-
g̑ĭurările aŭ adus fără voe ca să se maĭ înrudéscă odată fiĭul cel
·maĭ mare al luĭ Radu-Negru cu hainul împĕrat Șișman.

In *Istoria critică* eŭ mĕ arătam adesea pré-aspru pentru
Fotino din causa că fântânele luĭ inedite 'cele slavice nu se potri-
vesc maĭ nicĭ o dată cu datele istorice cele cunoscute de pe aĭurĭ.
In opera de fața, lărgindu'mĭ sfera de cercetărĭ, eŭ avuĭ din
contra dese ocasiunĭ de a mĕ convinge că acele fântâne, fórte ve-
rifice în fond, une-orĭ numaĭ nepricepute saŭ încurcate de cătră
însușĭ Fotino, ceea ce cu atât maĭ bine vădesce nevinovăția luĭ,
servesc anume a completa lacunele celor-lalte isvóre. S'ar puté
ḑice că el-însușĭ nu înțelegea textul slavic și că alt cine-va din
când în când i'l traducea saŭ i'l explica într'un mod greșit saŭ
prolix. Nu este greŭ însă, în cele maĭ multe casurĭ, de a limpeḑi
printr'o critică omnilaterală pasagele cele necorecte, și un cas de
acéstă natura ni se și înfățișéză în privința familieĭ luĭ Radu-
Negru.

După o cronică slavică, „ἐκ τῆς Σερβικῆς χρονολογίας", Fotino ne
spune că regele serbesc Lazar, cel urcat pe tron la 1371 după
mórtea luĭ Vucașin, avusese cincĭ fiĭce, măritate așa: 1⁰ cu prin-
·cipele serbesc Vuk Brankovicĭ; 2⁰ cu principele albanes Balsa;
3⁰ cu împăratul bulgăresc Șișman; 4⁰ cu sultanul turcesc Amu-
rat I; în sfîrșit ,5⁰, cu Dan-vodă fiĭul luĭ Radu-Negru; și despre
acéstă din urmă căsătoriă Fotino o maĭ afirmă într'o notă: „ὅτι τὴν
μὲν θυγατέρα τοῦ Λαζάρου Δεσπότου Σερβίας ἔλαβεν εἰς γυναῖκα οὗτος ὁ Δὰν
Βοεβόδας".

Să analisâm.

După sorgințĭ autorisate, Engel înșiră cincĭ fiĭce ale regeluĭ
Lazar: 1⁰ Mara, măritată după Vuk Brankovicĭ la 1363; 2⁰ Elena,
măritată între 1359—1368 după magnatul unguresc Nicolae de
Gara, în urmă după voevodul Sandal din Bosnia; 3⁰ Despa, mă-
·ritată de'ntâĭu după Șișman dela Tĭrnov, apoĭ cu principele mon-
·tenegrin George Balsa; 4⁰ Vucosava, măritată după marele eroŭ
·serbesc Miloș Obilicĭ; 5⁰ Mileva, dată sultanuluĭ Baiezid I.

Pentru Dan-vodă nu încape dară nicĭ un loc. Ce-va maĭ mult; afară de féta cea maĭ mică, trecută în haremul sultanuluĭ, cele-lalte eraŭ pré-bătrăne pentru Dan-vodă, care la 1385, după mórtea luĭ Radu-Negru, era de vr'o 25 de anĭ. Este însă fórte cu putință, à-priori de o cam dată, ca Dan-vodă să fi ținut în căsătoriă nu pe o fiĭcă, ci pe o nepótă de fiĭcă a reguluĭ Lazar, adecă pe o fétă a luĭ Vuk Brankovicĭ, care luase pe Mara la 1363, prin urmare la 1380 putea să aĭbă o fiĭcă de 16 anĭ, toc-maĭ potrivită pentru Dan-vodă.

Introducem dară o ipotesă rectificativă în pasagĭul din Fo-tino, şi acuma să procedem a o verifica.

Printr'o diplomă din 1396 principele serbesc Stefan, fiĭul şi urmaşul reguluĭ Lazar, dăruesce mănăstirilor oltenescĭ Vodița şi Tisména ḑece sate în Serbia, maĭ adăogénd că deja tatăl seŭ fu-sese bine-făcětor al acestor doue locaşe. Dacă Dan-vodă ținea pe o fiĭcă a luĭ Vuk Brankovicĭ, atuncĭ Stefan fiĭul luĭ Lazar era unchĭu bun al Dómneĭ Țereĭ-Romănescĭ. Printr'o înrudire aşa de apropiată s'ar înțelege o asemenea mare dărniciă, cu atât maĭ vîrtos că nicĭ o dată nicĭ un alt principe serbesc n'a făcut nicĭ un fel de donațiune în Țéra-Romănéscă. Prin singura înrîurire a sta-rețuluĭ Nicodim acésta nu se explică; se póte admite însă că in-tervenirea starețuluĭ Nicodim, despre care se crede că era chĭar rudă cu regele Lazar, va fi concurs mult la căsătoria luĭ Dan-vodă cu fiĭca luĭ Vuk Brankovicĭ.

Tatăl luĭ Vuk Brankovicĭ, voevodul serbesc Branko Mlade-novicĭ din timpul împĕratuluĭ Stefan Duşan, îngrijise a se scrie pentru propriul seŭ us personal la 1346 o psaltire slavică, remasă ca un odor în familiă. Cine óre altul, dacă nu Dómna luĭ Dan-vodă, în ipotesă nepótă de fiĭcă a luĭ Branko Mladenovicĭ, putea să aĭbă la sineşĭ prin moştenire un asemenea tesaur şi să'l lase apoĭ în România anume la posteritatea luĭ Dan-vodă? Eĭ bine, acea psaltire strămoşéscă a Brankovicilor, reposatul Odobescu o descoperise la mănăstirea Bistrița din Oltenia, lăcaşul favorit al luĭ Barbu Basarabă din némul Dănescilor. Odobescu presupune că manuscriptul se va fi adus din Serbia pe timpul luĭ Négoe-vodă pe la 1512. Dómna Milița a luĭ Négoe-vodă, ce'ĭ dreptul, era fiĭca unuĭ Brankovicĭ, dar nu dînsa — observațĭ bine — nu dînsa a dat mănăstiriĭ Bistrița acea psaltire, ci a hărăzit'o acolo un stră-nepot al luĭ Dan-vodă. Eŭ nu mĕ îndoesc dară că opera luĭ Branko-

Mladenovicĭ străbătuse în România nu altfel decât prin căsătoria fiĭceĭ luĭ Vuk Brankovicĭ cu fiĭul luĭ Radu-Negru.

Maĭ ĭată încă ce-va. In lista Domnilor muntenescĭ şi moldovenescĭ, căpătată în secolul trecut de cătră Ungurul Pray, Ţéra-Românéscă se începe cu voevoḑiĭ Dan şi Mircea, al cărora tată nu se scie, dar dînşiĭ sînt numiţĭ n e p o ţ ĭ a ĭ r e g e l u ĭ s e r b e s c L a z a r : „Pater nescitur, sed dicuntur esse *nepotes Lazari regis Serviae*". Dacă Dan-vodă ţinea pe o fiĭcă a luĭ Vuk Brankovicĭ, atuncĭ prin alianţă fiiĭ luĭ Radu-Negru se puteaŭ în adevěr considerà ca nepoţĭ aĭ regeluĭ Lazar, adecă :

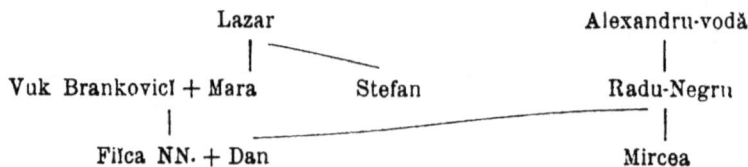

Lazar   Alexandru-vodă

Vuk Brankovicĭ + Mara   Stefan   Radu-Negru

Fiĭca NN. + Dan   Mircea

In secolul XVII Brankoviciĭ din Serbia afirmaŭ a fi acelaşĭ ném cu Brâncoveniĭ din România, susţinênd că străbuniĭ lor comunĭ, toţĭ pogorîţĭ din Vuk Brankovicĭ, eraŭ din vechime încuscriţĭ cu Basarabiĭ. Întru cât nicĭ Brankoviciĭ, nicĭ însuşĭ regele Lazar, nu eraŭ din dinastia luĭ Stefan Milutin, căsătoria luĭ Dan-vodă cu o nepótă a regeluĭ Lazar este singura cheiă a acesteĭ încuscrirĭ.

Vuk Brankovicĭ avusese treĭ fiĭ: Grigorie, Georgiŭ şi Lazar, afară de fete pe carĭ le lasă fără nume într'un act familiar din 1390 : „синовомь Грьгурȣ и Гюргю и Лазарȣ и дрȣгои дѣци". Dintre acele fete dară erà şi Dómna luĭ Dan-vodă. Nu aice voĭu cercetà originea Brâncovenilor, a cărora filiaţiune cu primul străbun Branko Mladenovicĭ o las pe sama altora. In orĭ-ce cas, numaĭ prin înrudirea cu Dăneşciĭ eĭ întrară între Basarabĭ, aşeḑându-se în Romanaţ nu înainte de secolul XVI.

In acest mod fântâna luĭ Fotino cea despre regele Lazar, o dată rectificată şi controlată, îşĭ dobândesce o necontestabilă însemnătate, căcĭ ne procură acuma un măreţ tabel sinoptic de alianţele luĭ Radu-Negru cu suveraniĭ din întréga Peninsulă Balcanică :

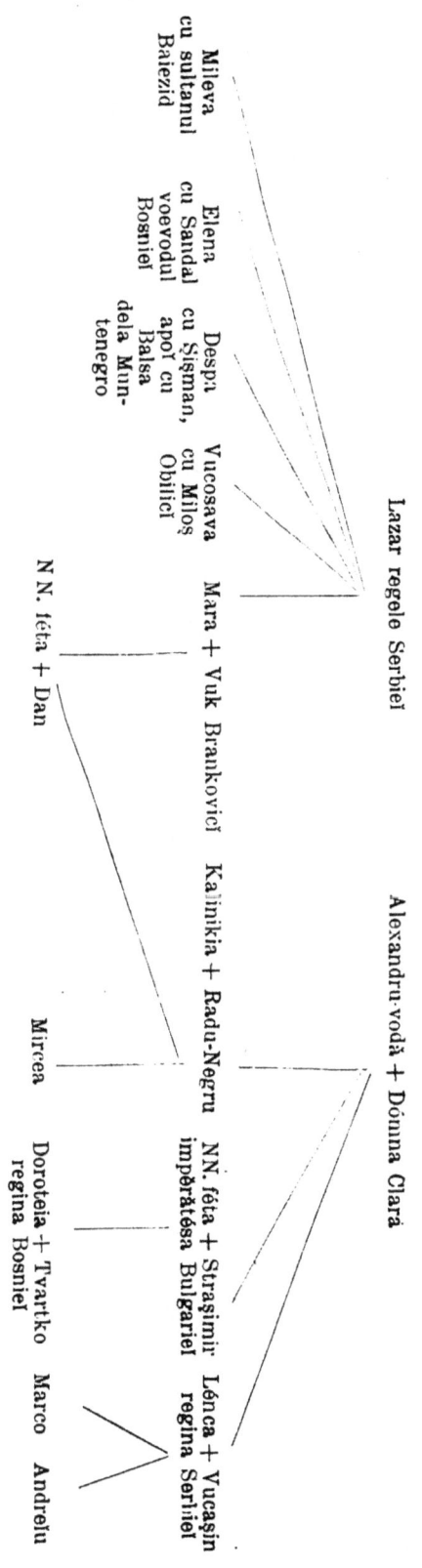

Lazar regele Serbiei

Alexandru-vodă + Donna Clara

Mileva cu sultanul Baiezid

Elena cu Sandal voevodul Bosniei

Despa cu Şişman, apoϊ cu Balsa dela Muntenegro

Vucosava cu Miloş Obilicϊ

Mara + Vuk Brankovicϊ

Kalinikia + Radu-Negru

N N. féta + Dan

NN. féta + Strașimir împărătésa Bulgariei

Lénca + Vucașin regina Serbiei

Mircea

Dorotéia + Tvartko regina Bosniei

Marco

Andreiu

Sînt maĭ puțin norocos de a puté rectifica un alt pasagĭu din Fotino, care fals nu póte să fie, dar e încâlcit peste mĕsură. După un „vechĭu fragment slavic" el ne spune că regele Vucașin, pregătindu-se contra Turcilor și cerênd ajutor dela Grecĭ și dela Românĭ, Radu-Negru îĭ trimise din parte'ĭ pe fiĭu-seŭ maĭ mare Dan cu un contingent de óste în Macedonia, dar sultanul Amurat remase biruitor, și Dan abia a scăpat cu fuga de peste Dunăre. Lupta cu Turciĭ lîngă rîul Marița avusese loc în 1371, când a și perit regele Vucașin împreună cu frate-seŭ Uglеşa, decĭ sub Vladislav-vodă, nu sub Radu-Negru; ș'apoĭ la 1371 Dan era un copilandru de vr'o ḑece anĭ. Este o învelerată nepotrivélă. Să recitim dară textul din Fotino, unde trebue să fie neapĕrat o greşélă de tra-ducere din slavonesce în grecesce. Iatâ'l : „ὁ τῶν Βουλγάρων Δεσπότης „Μαυροκραχοβίχης, χαὶ ὁ τῆς Σερβίας Βουλχασὴν Κράλης, μετὰ τοῦ ἀδελφοῦ αὐτοῦ „Οὔγγλες..." Numele cel pus în frunte Μαυροκραχοβίχης" este evident vestitul *Marko Kralĭevicĭ*, fiĭul regeluĭ Vucașin, nepot de frate al luĭ Uglеşa. Intr'o confederațiune este absurd de a pune în cap pe un fiĭu maĭ pe sus de tată și de unchĭu. Originalul slavic, pe care l'a desfigurat Fotino, cată să fi fost cam aşa: Marko Kralĭevicĭ, fiĭul luĭ Vucașin, nepot al luĭ Uglеşa etc., astfel că singura persónă activă era Crăișorul Marco, care dînsul va fi cerut ajutor dela Grecĭ și dela Românĭ. Faptul însă este că, după mórtea luĭ Vu-cașin și a luĭ Uglеşa, acest nepot de soră al luĭ Radu-Negru, deși a maĭ trăit mulțĭ anĭ, totuşĭ n'a combătut nicĭ o dată pe Turcĭ, ci încă trecù în serviciul sultanuluĭ și deveni chĭar un vrăjmaş fățiş al Românilor.

Textul cel fórte încurcat despre expedițiunea luĭ Dan-vodă peste Dunăre mĕ'ndémnă, prin asociațiunea de ideĭ, a examina tot aci nesce texturĭ nu maĭ puțin încurcate din alte cronice slavice : despre omorîrea aceluĭaşĭ Dan-vodă de cătră împĕratul Şişman de-la Tîrnov. Cronica luĭ Moxa, scrisă la 1620 după „cărțĭ slavo-neştĭ", ne spune sub anul 1389: „Pre acĭa vréme ucise și Şuş-„manŭ domnulŭ Şchéilorŭ pre Danŭ voevod domnul rumânescŭ". Intr'o cronică bulgăréscă, descoperită de d. I. Bogdan, ne întîmpină: „Шишманъ царь блъгарскы оубить Дана воеводж, брата Мирчѣ воеводѣ, въ лѣто 6902, мѣсжца септемврїа 23", adecă : „Şişman, împĕratul bulgăresc, ucise pe Dan-vodă, fratele luĭ Mircea-vodă, în anul 1393 septembre 23",— cu o fenomenală precisiune cronologică. Cronica luĭ Constantin Filipescu căpitanul se cam îndoesce : „scrie că l'aŭ ucis Şuşman voevodul Sărbi-

lor, dar pentru ce şi cum nu se ştie". La 1356 Dan-vodă nu se nă-
scuse încă, de vreme ce tată-seŭ se căsătorise pe la 1360; la
1389 şi 1393 Dan-vodă nu maĭ traĭă de de-mult, de óră ce că-
ḑuse în luptă contra frateluĭ seŭ Mircea cel Mare la 1386. De
n'ar fi în acéstă privinţă o relaţiune la Thurocz, tot încă nĭ-ar
ajunge pe deplin crisoviŭ mareluĭ Mircea din 27 Iuniŭ 1387, în
care ḑice fórte lămurit: „свѣтопочившїи братъ господства ми Іѡ Данъ вое-
вода" = „sânt-reposatul fratele domnieĭ mele Ion Dan-vodă", ba o
maĭ repetă încă o dată în acelaşĭ crisov. Decĭ nicĭ la 1356, nicĭ la
1389, nicĭ la 1393, şi nicĭ altă dată de cătră împĕratul Şişman
dela Tîrnov, Dan-vodă n'a fost omorît. Cum dară se explică o aşa
greşélă? Cronicele cele posterióre pe principele bulgăresc Şişman
dela Vidin, care ucisese la 1298 pe voevodul oltenesc Dan, il
confundă din causa dupleĭ omonimitățĭ cu împĕratul Şişman dela
Tîrnov şi cu Domnul Ţereĭ-Românescĭ Dan-vodă, ambiĭ de pe la
1385. Confusiunea era cu atât maĭ uşóră: printr'o omonimitate
nu numaĭ duplă, ci chĭar triplă, fiind-că Dan cel dela 1385, ca
şi cel dela 1298, aveaŭ câte un frate Mircea-vodă. Găsind înregistrat
într'o cronică veche evenimentul cel adevĕrat cu cele treĭ numĭ:
Şişman omóră pe *Dan* fratele luĭ *Mircea*, — cronicele cele mult maĭ
noue ĭ-aŭ adaptat fie-care câte o dată cronologică, combinată în di-
verse moduri din consideraţiunĭ diverse. In fântânele istorice nu
există în genere maĭ nicĭ o dată o minciună, ci maĭ tot-d'a-una ceea ce
ni se pare a fi o minciună este un adevĕr ne'nţeles saŭ reŭ înţeles,
o realitate trunchĭată saŭ îmbrobodită, ĭar prin urmare într'un ase-
menea cas critica nu trebuĭ să tăgăduéscă saŭ să respingă cu dispreţ,
ci trebuĭ să limpeḑéscă, dacă se póte.

Vladislav-vodă şi Radu-Negru împreună combătuseră pe împĕ-
ratul Şişman dela Tîrnov; il maĭ combătŭ apoĭ în urmă Mircea cel
Mare; Dan-vodă însă nu putea să'l fi combătut: nicĭ sub Vladislav-
vodă, căcĭ era copil încă; nicĭ sub Radu-Negru, căcĭ nu s'a întâmplat
atuncĭ vre-un resboĭu contra Bulgarilor; nicĭ devenind el-însuşĭ
Domn pe la 1385, căcĭ Şişman era un vechĭu aliat al Turcilor, ĭar
Dan-vodă ţinea de asemenea cu Turciĭ. De aceea şi poesia poporană
serbo-bulgară vorbesce despre vrăjmăşia luĭ Şişman contra luĭ Radu-
Negru, dar despre Dan nicĭ o vorbă. In baladele slavice de peste
Dunăre figuréză numaĭ Dan-vodă cel dela 1288—1298, cavalerescul
kinez din Romanaţ, mare prieten al Bulgarilor şi cel de'ntâĭu duş-

man al Otomanilor, despre care veḑĭ §-ful 32, o personalitate ca-
racteristic diferită de al doilea Dan-vodă.

Serbo-bulgariĭ cunosceaŭ, firesce, cumplita zizaniă între fraţiĭ
Dan şi Mircea după mórtea luĭ Radu-Negru, şi acest motiv epic
a fost utilisat fórte frumos în poesia poporană sudo-slavică ; dar
nicĭ acolo Dan-vodă nu se pomenesce, ci este înlocuit prin tatăl
seŭ, astfel că Radu ne apare ca frate cu Mircea, ĭar duşman di-
rect al luĭ Radu e Şişman, adecă s'aŭ fusionat la un loc douĕ
motive independente. Balada cea cu motive fusionate circuléză în
maĭ multe varianturĭ, pretutindenea aceĭaşĭ în fond la Serbĭ şi la
Bulgarĭ. Ea se începe prin cérta între fraţĭ pentru Domniă, apoĭ
Radu aruncă pe Mircea într'o temniţă, de aci Şişman chiamă pe
Radu la botez, unde vrea să'l prinḑă în cursă şi să'l omóre, dar
e omorît el-însuşĭ şi capitala sa Tîrnovul e despoĭată :

> Он потрже мача зеленога,
> Те погуби краља Шишманина.
> Око њега дванаест риџала,
> Трново му похараше благо,
> Одведеше коње и соколе,
> Отидоше ка Букрешу граду...

După o altă variantă serbéscă, e omorît nu numaĭ Şişman, dar
încă nevésta sa şi copilul :

> Пак јој чедо о кам' ударіо,
> Нек од врага неостае трага.
> А куму е за млатом удріо,
> Ни живу је земља нешчекала,
> Сад нек' вара на кумство јунаке...;

Ĭar într'o variantă bulgară, Şişman fiind omorît, împĕrătésa chiamă
pe „vitejiĭ Tîrnovuluĭ" pentru ca să ajungă şi să prăpădéscă pe
Radu-vodă cu cele treĭ slugĭ ale luĭ ; se adună dară treĭ miĭ de
Tîrnovenĭ şi plécă în gónă, dar sînt snopiţĭ şi dînşiĭ în luptă :

> Оі ле вие, Терновци іунаци,
> Чуіте мене, што кју да ви кажа:
> Дума доіде Бегу Радул Бегу
> И сус него ду три добри слуги,
> Та погубиа краљу Шишманино,
> Па си бегаа ках бели Дунава.
> Сбираіте се, та и подгонете,
> Подгонете, та и достигнете,
> Достигнете, та и погубете.
> Собраа се Терновци іунаци,
> Собраа се три илјади души...

In acésta baladă serbo-bulgară, întrarea voevodului românesc
în Tîrnov şi victoria'ĭ asupra luĭ Şişman îşĭ are o temeliă istorică
în campania luĭ Vladislav-vodă din 1366 „contra Thurcos infideles
et imperatorem de Tyrna in Bulgaria", când Radu-Negru luase şi
el parte la resboĭu, fiind atuncĭ Ban al Severinuluĭ.

Maĭ este de observat în acelaşĭ baladă, după tóte varianturile,
că din ceĭ treĭ tovarăşĭ credincioşĭ aĭ luĭ Radu-vodă unul e Serb şi un al
doilea Grec, — nestrămutata politică balcanică confederativă a pri-
milor N e g r i - v o e v o đ ĭ, inaugurată maĭ ales de Alexandru-vodă.
Ideea uneĭ confederaţiunĭ balcanice în legătură cu Radu-Negru resare
admirabil maĭ cu deosebire într'un cântec poporan bulgar din Ma-
cedonia, întitulat „Радул воевода и Сокол (Radu-vodă şi Şoĭmul)", în
care se đice: „Hora jócă pe poĭană, pe poĭana cea mare, dincolo
„de horă şéde Radu-vodă, ţinênd pe mânĭ un puĭu de şoĭm. Şoĭ-
„mul ţipă jalnic-duĭos, ĭar Radu îĭ vorbesce şoĭmuluĭ: Fóme ţi-ĭ
„óre? sete ţi-ĭ, o! surule şoĭmuleţ? De ce ţipĭ tu şi de ce te vaieţĭ?
„— Aleleŭ, Radule-vodă! Nu mi-ĭ sete mie, nu mi-ĭ fóme, ci mĕ
„uĭt eŭ la hora cea mare, cum jócă rîndurĭ-rîndurĭ frate după soră,
„jócă eĭ, şi nu se cunosc..."

> Хоро играе на поляна та,
> На поляна та на голѣма та,
> Слѣд хоро сѣди Радул войвода,
> На рѫка държи птиче соколово.
> Сокол пишчи жално-милно,
> Радул соколу думаше:
> — Гладно ли си, жедно ли си
> О, сиво соколче?
> Шчо си пискашь и жално плачешь?
> — Ой, ми та Радул войвода!
> Аз не сум жадно, не сум гладно,
> Но я си погледни 'оро голѣмо,
> Како си играят ред до ред
> И брат до сестра
> Како играят, а се не познават...

Nemic maĭ trist decât de a vedé pe fraţĭ şi pe surorĭ jucând
împreună într'o mare horă, şi totuşĭ a nu se cunósce uniĭ pe alţiĭ,
— sublimă imagine a popórelor balcanice din secolul XIV, tocmaĭ
atuncĭ când se 'ntindea asupră-le potopul Otomanilor, şi numaĭ Ro-
mâniĭ remaseră singurĭ în picĭóre.

Isprăvesc aci epizodul despre Dan-vodă. El luase în căsătoriă,
cam pe la 1380, pe fiĭca luĭ Vuk Brankovicĭ, nepóta regeluĭ ser-

besc Lazar; dar cu împěratul Şişman dela Tîrnov nu avusese ne-
mic a face dînsul personal, ci numaĭ tatăl sěŭ Radu-Negru încă
din vremea luĭ Vladislav-vodă. Pentru a încheĭă de tot acest epizod,
maĭ este de adaos o consideraţiune nu indiferentă. Ce-va după 1300
se înfiinţase datina de a se aşeḑa ca pro-duce la Făgăraş pe fiĭul
maĭ mare, saŭ pe fratele domnesc în lipsă de fiĭu: pe „Dauphin“
al Ţereĭ-Românescĭ. Aşa Mircea-vodă rînduise pe Alexandru; Ale-
xandru-vodă îşĭ asociase pe Nicolae, ĭar peste Carpaţĭ merse Vla-
dislav; Vladislav-vodă duse acolo pe Radu-Negru; şi este maĭ mult
decât probabil că însuşĭ Radu-Negru, ajungênd Domn, la rîndul sěŭ
numi duce al Făgăraşuluĭ pe Dan, ceea ce concórdă şi cu legenda
Văcărescilor la Odobescu: „Dan voevodul Făgăraşuluĭ“ (§ 38).

Deşi nu se vede de o cam dată de nicăirĭ că Dan va fi în-
treprins o expediţiune peste Dunăre, e de creḑut totuşĭ că Radu-
Negru avea obiceĭul de a căli pe fiiĭ seĭ la resboĭu, când pe unul,
când pe altul, în capul oştilor, căcĭ trimise de sigur într'o expe-
diţiune fórte importantă pe fiĭul seŭ maĭ mic Mircea. Eŭ am de-
monstrat'o cel întâĭu în *Istoria critică*, şi neminea pînă acuma n'a
contraḑis'o. Demonstraţiunea mea de atuncĭ eŭ o mănţin, modifi-
când numaĭ întru cât-va marginile cronologice, a cărora lărgire mi
se impune în urma unuĭ studiŭ maĭ de aprópe. Incep dară prin a
o reproduce *in extenso*, înlăturând se'nţelege citaţiunile.

„Maramurăşénul Bogdan, căruĭ i se cade cu tot dreptul pater-
„nitatea voevodatuluĭ moldovenesc, avusese fiĭu pe Teodor, ḑis
„altfel Laţcu.

„Nemuritorul mitropolit Dosofteĭu încă în secolul XVII věḑuse
„în anticul diptic al scaunuluĭ mitropolitan, tesaur de de-mult perdut,
„căcĭ nu maĭ exista pe la 1790, următórea liniă genealogică:

„1. Bogdan-vodă şi Dómna Maria;
„2. Fiĭul lor Teodor Laţcu şi Dómna Ana.
„El o resumă în versurĭ:

„ . . . . Bogdan-vodă,
„Cu dómnă-sa Maria *lăsând bună rodă:*
„*Pre Fedor Bogdanovicĭ, Laţcu se numésce,*
„Cu dómnă-sa cu Ana de se pomenésce“.

„Expresiunea „se pomenesce“ însemnéză că eraŭ înscrişĭ în
„*pomelnic.*

„Cronica cea veche a Moldoveĭ, scrisă în mănăstirea Putna
„sub Stefan cel Mare, adecă abia un secol în urma evenimentelor,
„confirmă acéstă seriă, ḑicênd că după Bogdan a domnit fiĭu-seŭ
„Laţcu, ĭar luĭ Laţcu ĭ-a succes Petru fiĭul luĭ Muşat.

„Să se noteze aci cu atenţiune că Petru nu este în cronica
„cea veche a Moldoveĭ fiĭu al luĭ Laţcu, nicĭ fiĭu al luĭ Bogdan, ci
„*fiĭu al luĭ Muşat.*

„Un noŭ ném s'a furişat prin încuscrire în dinastia maramu-
„răşénă.

„Roman Muşat, fiĭu al luĭ Costea Muşat şi frate al luĭ Petru
„Muşat, se însóră cu Domniţa Anastasia, fiĭca luĭ Laţcu-vodă şi
„nepóta primuluĭ Bogdan.

„Acest fapt de o extremă însemnătate îl scie lista luĭ Pray,
în care citim : „Romanus habuit uxorem *Anastasiam filiam Prin-*
„*cipis Laczko,* et peperit sex filios, ex quibus Alexander Senex est
„ultimus filius ejus".

„Îl sciea nu maĭ puţin mitropolitul Dosofteĭu tot din preţiosul
„diptic mitropolitan :

> „Petru-vodă pre urmă purcese, *cu viţă*
> „*Carele'ĭ zic Muşatin;* în bună priinţă
> „Stătut'a dup'acéstă luminată ródă
> „Stăpân ţăreĭ Moldoveĭ domnul Roman-vodă ;
> „Acesta, ce se scrie 'ntr'a ţăreĭ urice
> „Mare samoderzavet, şi 'n bună ferice,
> „C'a stăpănitu-şĭ ţara din plaĭu pînă'n Mare,
> „Lăsatu-şĭ-a în scaun puternic maĭ tare
> „Ce-a născutu-şĭ *din dómna din Anastasia*
> „Pre Alexandru cel Bun. . ."

„Mitropolitul Dosofteĭu arată fórte lămurit că Petru şi Roman
„n'aŭ fost din sângele luĭ Bogdan şi Laţcu, ci din : viţa carele'ĭ
„ḑic *Muşatin.*

„Tot aşa am vĕḑut maĭ sus în cronica cea veche a Moldoveĭ.

„Lista din Pray face pe aceştĭ Muşatescĭ din ném princiar,
„*ex familia regum,* ceea-ce se justifică nu numaĭ prin căsătoria luĭ
„Roman Muşat cu fiĭca luĭ vodă Laţcu, dar încă şi maĭ mult prin
„însurătórea luĭ Petru Muşat din familia putinteluĭ rege polon Vladi-
„slav Iagello, carele — să se noteze bine — cu nicĭ un preţ nu s'ar
„fi aliat cu un om de vr'o origine puţin ilustră.

„Prin urmare, eĭ nu eraŭ din dinastia moldovenéscă a Mara-

„murăşénuluĭ Bogdan, în care s'aŭ introdus unicamente prin în-
„cuscrire, dar totuşĭ eraŭ dintr'o dinastiă romănéscă óre-care.

„Nefiind din familia domnéscă dela Sucéva, Muşatesciĭ trebuiaŭ
„să fi fost vrénd-nevrénd din familia domnéscă din Oltenia, adecă
„Basarabĭ.

„Acéstă dilemă este dictată de logica lucrurilor.

„O maĭ întăresc însă maĭ multe alte consideraţiunĭ.

„Nomenclatura chorografică a Romănieĭ e fórte ponderósă,
„fiind-că aprópe tóte localităţile sînt botezate la noĭ după vre-un
„nume propriŭ bărbătesc.

„Astfel cele derivate dela *Vlad:* Vlădae, Vlădenĭ, Vlădăşesci,
„Vlădescĭ, Vlădilă, Vladislava, Vladnic, Vlad, Vlăduleni, Vlăduţa,
„sînt cele maĭ multe în Muntenia, dar nu lipsesc vr'o căte-va nici
„în Moldova, ceea-ce dovedesce că Vlad avusese trecere pe ambiĭ
„ţermĭ aĭ Milcovuluĭ.

„Localităţile cu radicala *Udrea:* Udrescĭ, Udrisce, Udricanĭ,
„sînt tóte în Muntenia şi absolut nicĭ una în Moldova.

„Dela *Nan* s'a format peste tot vr'o cincĭ-spre-ḑecĭ numirĭ to-
„pografice: Nănacĭ, Nandra, Nănésca, Nănescĭ, Nani, Nanovenĭ,
„Nanov, Nan, dintre carĭ un spre-ḑecĭ în Muntenia şi numaĭ patru
„în Moldova.

„Să vedem acum pe *Muşat.*

„In Ţéra-Romănéscă sînt:

„*Muşatescĭ,* sat în Gorj;

„*Muşatescĭ,* sat în Argeş;

„*Muşatescĭ,* sălisce tot acolo;

„Parte-din-*Muşatescĭ,* munte în Muscel;

„*Muşatesc,* alt munte tot acolo;

„*Muşaterca,* moşiă nelocuită în Brăila;

„*Muşatoĭu,* munte în Gorj.

„In Moldova avem numaĭ şi numaĭ o singură localitate de
„acéstă formaţiune: satul *Muşata* în Fălciĭu, despre care însă nu
„se uĭte că întréga regiune a Prutuluĭ de jos făcea parte în se-
„colul XIV din teritoriul Ţereĭ-Romănescĭ.

„In Transilvania se găsesce érăşĭ abia muntele *Muşat,* carele
„şi acesta se află nu departe de hotarele muntene spre Haţeg; şi
„tot acolo, ĭar nu în restul Ardéluluĭ, noĭ dăm de urmele numeluĭ
„propriŭ bărbătesc *Muşat* în documente din secolul XIV.

„Prin urmare, limba geografică vine la rândul seŭ a se pro-
„nunţa pentru muntenismul Muşatescilor.

„Aci însă nu se mărginesce în cestiunea nóstră misiunea filo-
„logieĭ.

„Fraţiĭ Petru Muşat şi Roman Muşat, ca şi tatăl lor Costea
„Muşat, ne apar în cele maĭ vechĭ fântâne istorice sub o formă
„nominală fórte curiósă.

„Am věḑut deja că anticul diptic al mitropolieĭ moldovene,
„o sorginte contimpurană de prima ordine, pune: viţa ce'ĭ ḑic
„Muşatin.

„Lista din Pray, a căriĭa conformitate cu dipticul îĭ dă multă
„greutate, se exprimă de asemenea: Koste Muşatin.

„In cronica putnénă, începută a se scrie pe la jumătatea se-
„coluluĭ XV, vedem nu maĭ puţin: fiĭul luĭ Muşatin.

„In fine, o altă cronică moldovenéscă, pe care o consultase
„Ragusanul Luccari pe la 1600, încât în orĭ·ce cas ea este ante-
„rióră luĭ Urechiă, ḑice: Musatin.

„Ce'ĭ óre acest Muşatin în loc Muşat?

„Munteniĭ, şi maĭ cu samă ceĭ de peste Olt, adaugă un in
cătră numile proprie personale, maĭ ales cele finite prin r saŭ t.

„Acéstă particularitate n'a observat'o încă nimenĭ.

„Luĭ Tudor Olteniĭ îĭ ḑic Tudorin.

„Din Flor eĭ fac Florin.

„Un munte în Gorj şi altul în Muscel se numesc Carpatin,
„naturalmente în loc de Carpat.

„Doŭě sate în Olt se chiamă Dobrotin, după numele bărbă-
„tesc Dobrotă seŭ Dobrot, dela care derivă maĭ multe localităţĭ
„Dobrotescĭ.

„In dreptul Mehedinţuluĭ avem insula Florentin şi alta Flo-
rentina, provenite din Florentie.

„Un sat şi o insulă în Ilfov se numesc Tatina dela Tatu.

„O sălisce în Dolj, nesce ruine în Vlaşca şi doŭě sate în Ro-
„manaţ se ḑic Marotin după vechiul nume Marot.

„Un sat în Gorj şi un alt în Argeş se ḑic Sămbotin, dela nu-
„mele personal Sâmbătă (Sabbatius).

„In Dolj avem: Valea Robotineĭ.

„Forma Muşatin în loc de Muşat ne apare dară ca o particu-
„laritate filologică în favórea basarabismuluĭ dinastieĭ Muşatescilor
„din Moldova.

„Urcarea pe tron a lui Petru Mușat nu urmase îndată după „vodă Lațcu.

„A fost un interval când reușise a cuprinde Domnia moldo-„véna un duce străin, dela care s'a conservat următorul crisov:

„Cu mila lui Dumnedeŭ, noi principe litvan Iurga Koriatovici „voevod, Domnul țerei Moldovei, și cu toți boiarii domniei mele, „facem cunoscut prin acésta carte a nóstră ori-căruĭ om bun, ce „o va vedé saŭ o va audi citindu-se, cum-că acésta adevĕrată slugă „a nóstră, credinciosul pan Iacșa Litavor, locuțiitor dela Cetatea „albă, ni-a servit cu dreptate și credință, încât noi, vĕdênd a sa „dréptă și credinciósă slujbă cătră noi, și mai ales vitejia sa în „lupta cu Tătariĭ la satul Vlădiciu pe Nistru, am miluit pe acésta „slugă a nóstră sus-scrisă cu unul din satele nóstre, numit Zu-„brouț, pentru cari tóte este credința domniei mele și a boiarilor „moldoveni, iar spre mai mare tăria a acestei cărți a nóstre am „poruncit credinciosului Ivan... Scris'a Iațcu, în Bârlad, anul 1374, „iuniŭ in 3".

„Cronicele litvane cele vechi cunosc fórte bine acésta introdu-„cere a lui Iuga Koriatovici în șirul domnesc din Moldova.

„Cea mai veche din ele dice:

„„L'aŭ poftit Moldovenii să le fie vodă și l'aŭ dus acolo".

„Gebhardi și după dinsul Wolf aŭ spus cei întâi și singuri „dintre istoricii noștri că obscurul Iuga-vodă din cronica moldovéna „póte să fie anume acel Iurga Koriatovici.

„Acésta aserțiune însă e adevĕrată numai pe jumătate.

„In Moldova aŭ fost în secolul XIV doi principi d'o potrivă „efemeri cu numele de Iurga saŭ Iuga: unul pe la 1374, dela care „vine actul de mai sus, și altul precedênd la Domnia pe Alexandru „cel Bun pe la 1399, dela care noi posedâm de asemenea o di-„plomă fórte autentică.

„Ceea-ce a făcut cronica moldovenésca, este de a-i fi confundat „pe amindoi într'un singur personagiu, deși 'i despărția în reali-„tate un spațiu intermediar de vr'o trei-deci de ani.

„Textul lui Urechea sună în ajunul anului 1400:

„„Iuga-vodă întrecut'a pre Domnii cei trecuți de mai 'nainte „de dinsul; că a trimis la patriarchia de Ochrida și a luat bla-„goslovenia, și a pus mitropolit pre Teoctist; și a descălecat orașe „prin țéră tot la locuri bune, și ales sate, și le-a făcut ocóle pe „'mpregiur; și a început a dăruire ocine prin țéră la voinici ce

„făceaŭ vitejiĭ la oştĭ ; şi a domnit doĭ anĭ, şi l'a luat Mircea-vodă
„Domnul muntenesc la sine".

„Ceea-ce aparţine în acéstă relaţiune luĭ Iuga II, póte fi, afară
„de datul cronologic, numaĭ dóră vr'o corespondenţă cu patriarcul
„bulgar din Ochrida, căcĭ tocmaĭ între aniĭ 1395—1400 Moldova
„era cam certată cu patriarcatul grec dela Constantinopole.

„Restul privesce din punct în punct pe Iuga Koriatovicĭ.

„In adevĕr :

„1. „Dăruirea ocinelor prin ţéră la voĭnicĭ ce făceaŭ vitejiĭ la
„oştĭ — şi să se observe că sub Iuga II n'a fost nicĭ un resboĭu —
„se verifică prin însuşĭ crisovul din 1374, unde boiarul Iacob Li-
„tavor capĕtă satul Zubrăuţ în urma uneĭ bătăliĭ cu Tătariĭ lîngă
„Nistru ;

„2. „Descălecarea oraşelor prin ţéră tot la locurĭ bune, şi ales
„sate, şi facerea ocólelor pe 'npregĭur, este o caracteristică distino-
„tivă a întregeĭ familie Koriatovicĭ, încât lor li se atribue re'noirea
„aprópe a tuturor urbilor din Podolia : Bakota, Smotricz, Kamie-
„nieç, Braçlaw, Winniça etc., ĭar unul dintr'înşiĭ, principele Teodor,
„fratele maĭ mic al luĭ Iurga, emigrând în Ungaria, a strămutat
„acéstă ereditară pasiune de edificare pînă 'n fundul Maramurăşuluĭ.

„Maĭ rĕmâne dar un singur punct de lămurit : „a domnit doĭ
„anĭ şi l'a luat Mircea-vodă Domnul muntenesc la sine".

„Maĭ întâĭu, ce póte fi óre : „l'a luat la sine" ?

„Un Domn nu se ĭea de bună voĭă.

„Este evident că Urechia trebuĭa să fi înţeles reŭ saŭ desfi-
„gurat cuvintele uneĭ fântâne maĭ vechĭ, pe care o va fi avut la
„disposiţiune.

„Cunoscinţa limbeĭ slavice, în care scrieaŭ pe atuncĭ Românĭĭ,
„descurcă acéstă enigmă.

„ *Vzĭati* saŭ *uzĭati* însemnéză *a lua* ; *vezati* saŭ *uzati* însemnéză
„*a lega; uznik* saŭ *uzien,* polonesce *więzeń,* însemnéză *captiv;* tóte
„aceste expresiunĭ omofone confundându-se una cu alta, cronicarul
„a tradus ḑisa slavică a sorginţiĭ sale prin *a luat* în loc de *a
„prins în resboĭu.*

„E şi maĭ uşor de a înlătura o nedomerire cronologică.

„La 1374 nu domnĭa în Muntenia Mircea cel Mare, ci tată-seŭ
„Radu-Negru, frate şi urmaş al luĭ Vladislav Basarabă.

„Cu tóte astea se scie că :

„1. Fiĭĭ domnescĭ în România purtaŭ titlul de *voevoḑĭ.*

„2. Când suveranul era împedecat de a eși el-insușI la luptă, „trimitea generalmente în locu-I pe cine-va din familiă.

„Astfel se înțelege în ce mod marele Mircea comandând óstea „părintelui seŭ Radu-Negru, fără a fi încă el-insușI „Domn mun- „tenesc" după cum îl califică Urechea, învinge și chiar omóră „pe usurpatorul principe al MoldoveI, Litvanul Iuga Koriatovici.

„În martiŭ 1375 acesta din urmă nu maI traia, precum „dovedesce un act de atunci din partea fratelui seŭ Alexandru „Koriatovici, carele 'i succesese pe tron în micul principat ruten „trans-nistrian al PodolieI la marginea orientală a Moldovei. . ."

Aci opresc reproducerea pasagiuluI din *Istoria critică*, căcI am comis o gravă eróre, pe care sînt dator a o îndrepta. Actul din Martiŭ 1375 dela Alexandru Koriatovici nu numaI că nu dove- desce de loc că fratele seŭ Iuga „nu maI traia", ci dovedesce din contra că el traia în Martiŭ 1375, de unde resultă că putea să maI traésca maI mulțI anI și, prin urmare, nu la 1374 l'a omorît Mircea cel Mare. In adevěr, acel act sună textual și 'n traducere:

Мы князь Литовскій, князь А- лександръ Коріатовичъ, Божьею мило- стію князь и господарь Подольской земли, чиниъ свѣдочно своимъ лис- томъ всѣкому доброму, кто жъ на сей листъ посмотритъ: штожъ былъ братъ нашъ князь Юрій Коріатовичъ при- далъ млинъ къ церкви къ Матцѣ Бо- жіей у Смотричи, то и мы князь А- лександръ потверживаемъ...

NoI principe litvan principele Alexandru Koriatovici, cu mila luI Dumnedeŭ principe și domn al țereI PodolieI, facem cunoscut prin a nóstră carte orI-cuI o va vedé, că ceea ce fratele nostru principele Juri Koriatovici a dăruit o móră bisericeI MaIceI Domnului la Smo- tricz, aceea și noI principele Ale- xandru o întărim...

Unde óre să fie aci măcar o virgulă despre mórtea luI Iuga? Inainte de a fi devenit Domn al MoldoveI, el stăpânise Podolia, unde făcuse óre-carI donațiunI; plecând apoI și cedênd acel principat fratelui seŭ Alexandru, acesta trebuIa după obiceIu să întărésca donațiunile făcute, de óra ce era o schimbare de Domniă, dar nicI decum vre-o mórte. Dacă Iuga ar fi murit ina- inte de Martiŭ 1375, actul de sigur îl numIa reposat: „почившій".

In cronica luI Urechea ceI doI anI de Domniă se referă la Iuga II cel dela 1399, care nicI n'a făcut maI nimica; Iuga Koriatovici însă, un principe care „întrecut'a pe DomniI ceI trecuțI de maI 'nainte" și căruIa i se atribue o întrégă organisare saŭ reorganisare a ţereĭ: descălecarea oraşelor, alegerea satelor, facerea ocólelor, dăruirea ocinelor la voĭnicĭ ce făceaŭ vitejiĭ la oştĭ, — tóte acestea nu se realiséză in fugă, ci necesitéză un interval cel puţin de vr'o cincĭ-şése anĭ. Nu e indoélă că dupa Iuga Koriatovicĭ a domnit Petru Muşat; dar istoria cea documentală il menţionéză pe acesta pentru prima óră după anul 1380, nicĭ o dată înainte; ş'apoĭ însuşĭ Mircea cel Mare nu putea să aĭbă maĭ jos de vr'o opt-spre-ḑece anĭ când Radu-Negru îl trimitea contra luĭ Iuga Koriatovicĭ. La vrîsta de 18 anĭ Serbul Stefan Duşan, înainte de a se fi urcat pe tron, obţinuse strălucita victoriă asupra tzaruluĭ bulgăresc Mihail; cam tot aşa, nu maĭ mult decât atâta, i se póte acorda mareluĭ Mircea. Născut ce-va dupa 1360, el bătu dară pe usurpatorul Litvan între aniĭ 1378—1379. Decĭ, plus-minus, Iuga Koriatovicĭ a domnit în Moldova dela 1373 pînă la 1378.

Resturnarea Domnuluĭ moldovenesc Laţco avusese o causă cunoscută religiósă: el trecuse la catolicism, precum o constată Papa Urban V într'o bullă din 1370: „nobilis vir Laczko dux Molda-„viensis, partium seu nationis Wlachie, nobis per dilectos filios „Nicolaum de Melsac et Paulum de Swidinicz ordinis fratrum Mi-„norum professores notificare curavit, quod ipse et suus populus „ducatus seu terre Moldaviensis licet christianitatis nomine glorian-„tur, tamen ipsi et eorum progenitores scismatici fuerunt hacte-„nus...“ Resturnând pe acest L e t i n, Moldoveniĭ aŭ adus la Domniă pe Iuga Koriatovicĭ, care nu era Român, dar ortodox. Revoluţiunea a fost curat religiósă. Noul principe fiind însă străin, şi'n specie ne-Basarabă, de almintrelea un Domn de frunte şi fórte popular, Iuga Koriatovicĭ a fost resturnat la rândul seŭ, nu de astă dată printr'o reacţiune internă, ci din afară de cătră Radu-Negru. Motivul immediat al resboĭuluĭ a fost hotarele. Deja Alexandru-vodă cucerise dela Tatarĭ Moldova de jos, a căriĭa graniţă era la Bârlad. Iuga Koriatovicĭ se încerca din capul loculuĭ de a'şĭ întinde posesiunile spre Dunăre. Cu acest scop el îşĭ alese reşedinţa la Bârlad, unde a şi fost scris crisovul cel din 1374, şi tot nu departe de Bârlad a fost el învins şi ucis de cătră Mircea cel Mare. Călĕtorul polon Strykowski ḑice: „Iuga Koriatovicĭ a fost înmormîntat într'o „mănăstire de pétră ca o jumătate de ḑi maĭ jos de Bârlad, unde „am fost eŭ-însumĭ la 1575“.

În urma Istorieĭ critice se incinse o polemică între dd. A. Xenopol şi Onciul despre ceĭ doĭ Iuga. Acéstă cestiune, firesce, nu póte să nu mě intereseze. D. Xenopol afirmă cu drept cuvînt că Iuga dela 1374 n'are a face cu Iuga cel dela 1399. D. Oncĭul, din contra, susține că amîndoĭ sînt unul și acelaşĭ Iuga, că adecă cel de'ntăĭu nu fusese ucis în lupta cu Mircea cel Mare, ci a reapărut apoĭ peste 25 de anĭ téfăr-sănătos, devenind Domn al Moldoveĭ din noŭ peste un pătrar de secol. In loc de a înviuă pe Iuga Koriatovicĭ după mórte, d. Oncĭul ar fi putut maĭ bine să'ĭ studieze biografiă înainte de 1374, de când există un document autentic, publicat sub No. 1 pe pagina 1 în Акты западной Россіи, anume : tractatul de pace din partea principilor litvanĭ cu regele polon Cazimir şi cu principiĭ din Mazovia, scris puțin după anul 1340. Atuncĭ Iuga Ko- riatovicĭ era minimum de treĭ-ḑecĭ de anĭ, căcĭ în tractat el re- presîntă singur pe toțĭ fraţiĭ seĭ şi întréga familiă a luĭ Koriat : „Вѣдаи то каждыи человѣкъ кто на тыи листъ посмотрить оже ıа кнıазь Еоу- „нутий и Кистютий и Любартъ, Юрьий Наримонътовичъ, Юрьий Корıа- „товичъ, чиними миръ твердыи ис королемъ Казимиромъ...“ După teoria d-luĭ Oncĭul, Iuga Koriatovicĭ va fi fost de vr'o 90 de anĭ când s'a presintat a doua óră candidat la tronul Moldoveĭ în 1399. Să ḑi- cem că era numaĭ de 80 de anĭ, ba fie chĭar de 70, şi tot încă *credat Judaeus Apella !*

Pentru aserţiunea d-luĭ Oncĭul nu se află absolut nicĭ un te- meĭu ; ba se află tocmaĭ un colosal n e-t e m e ĭ u. Printr'o ex- tremă ușurinţă, neobicĭnuită la un bărbat atât de serios, d. On- cĭul citéză doue documente cu desăvîrşire imaginare. Casul fiind fórte grav, sînt dator a'l demască. D. Oncĭul ne asigură că Iuga Koriatovicĭ „este adeverit cu documente ca în viéţă încă în aniĭ 1387 şi 1401“, şi drept probă ne trimite la paginele 250 şi 378 din *Inventarium privilegiorum, litterarum etc. quaecunque in Archi- vio regni in arce Cracoviensi continentur, confectum anno 1682,* pu- blicat de Rykaczewski. In acel inventar nu se găsesce nicăirĭ nicĭ un document din aniĭ 1387 şi 1401 despre Iuga Koriatovicĭ. La pag. 250 din 1387 este un „Georgius Belzensis“ şi „Georgius Slu- censis“, dar nicĭ un „Georgius Koriatowicz“. La pag. 378 din 1401 este un „Georgius Mihalowicz dux cum Andrea fratre suo“, dar ĭarăşĭ nicĭ un „Georgius Koriatowicz“, care nicĭ o dată nu se numĭa „Michalowicz“, măcar-că tată-seŭ se ḑicea Mihail din bo- tez, şi care nu avusese nicĭ un frate Andreĭu, ci numaĭ pe fraţiĭ Alexandru, Constantin, Teodor şi Vasile. Din aceştĭ patru, Vasile e menționat pe acelaşĭ paginî 378 : „Basilius Koriatowicz dux“,

nicĭ dînsul „Michalowicz". Editorul inventaruluĭ Rykaczewski ad-
notéză că „Georgius Michalowicz este Iuga Koriatovicĭ cel perit în
Moldova la 1432", ĭar d. Onciul nu se sfĭesce de a se întemeĭa pe
o asemenea enormitate. Intre anĭ 1340.—1350 Iuga Koriatovicĭ
era de vr'o 30 de anĭ ; pe la 1373 el se alege Domn în Moldova;
atâta după nesce advĕrate documente; de aci însă după d. Onciul
Iuga Koriatovicĭ se întórce în Moldova la 1399 şi móre apoĭ la
1432 după Rykaczewski, pe care nu'l desminte d. Onciul. Cu o
cronologiă atât de elastică, atât de mathusalemică, Stefan cel Mare
nu s'ar fi împedecat de a trăi pînă la Nicolae Mavrocordat.

Sdrobind pe Iuga Koriatovicĭ, tinĕrul Mircea, biruitor asupra
biruitoruluĭ Tătarilor, nu putea să nu profite de o asemenea vic-
toriă. Triumfând lîngă Prut, el trebuĭa să trécă Prutul, păşind îna-
inte pe pămîntul tătăresc în direcţiunea Kilieĭ. Nicĭ o cronică n'o-
spune, dar o probéză faptul că de atuncĭ încóce Kilia aparţinea
Muntenilor, deşi în intervalul domnieĭ luĭ Mircea cel Mare o expe-
diţiune muntenéscă peste Prut nu s'a făcut. Chalcocondylas menţio-
néză de doue orĭ Kilia ca oraş muntenesc: „τὸ Κελίον πόλιν οὕτω χα-
λουμένην τοῦ Βλάδου". Ce-va maĭ decisiv este că la 1379, adecă în
dată după înfrângerea luĭ Iuga Koriatovicĭ de cătră Mircea, Radu-
Negru începe a'şĭ da titlul de : „stăpănind tótă ţéra Ungro-vlahieĭ
„şi laturile de peste munţĭ şi încă spre ţerile cele tăta-
„r e s c ĭ".

Ajungem aci la un al doilea crisov dela Radu-Negru.

La 1874, scriind *Istoria critică*, eŭ nu cunosceam acest crisov,
pe care l'am citat pentru prima óră la 1878 în ediţiunea francesă :
„une chrysobulle de 1379", găsindu'l în Archivele Statuluĭ din Bu-
curescĭ printre nisce hârtiĭ întitulate „netrebnice", ceea ce însem-
néză în stilul biurocratic pe cele nerelative la proprietăţĭ teritori-
ale. Pe dosul pergameneĭ e însemnat cu mâna reposatuluĭ Peşa-
cov, vechĭu translator slavic al Archivelor : „6927 (1419) Mart 18,
„cartea Raduluĭ Voevod cătră mănăstirea Cozia pentru apărarea
„carălor mănăstirescĭ de vamă". Acéstă adnotaţiune a cunoscut'o
Ioan Brezoĭanu, amplificând'o la 1882 în următorul mod fórte cu-
rios : „6927 (1419) Mart. 18. Crisovul luĭ Radu duce şi domn, fiĭul
„luĭ Mircea duce şi domn, prin care scutesce carele mănăstiriĭ de-
„ver-ce taxe pe la trecătorĭ (Mon. Cozia)". Data *1419* din partea

'unuĭ *Radu-vodă* mi s'a părut mie din capul loculuĭ problematică.
Desfăşurând dară crisovul, după care se dă un fac-simile la ca-
pĕtul volumuluĭ de faţă, m'am convins immediat că anul „зцкз"
·e scris grosolan cu o altă cernélă peste o scrisóre anterióră ştérsă,
din care se maĭ recunósce luna Martie: мц̃а март", iar din ve-
lét se maĭ zăresce cifra п (80). Prin concordanţa numeluĭ Radu
·cu cifra 80 eŭ nu puteam să nu conchid la Radu-Negru, căcĭ de-
la anul 1372 pînă la 1381 figuréză consecutiv cifra п (80) în toţĭ
·aniĭ dela zidirea lumiĭ: 6880 (1372)—6889 (1381). După cuprin-
sul crisovuluĭ, pe de altă parte, referindu-se textul la mănăstirea
·Cozia, trebuĭă să fie din domnia luĭ Radu-Negru anul cel maĭ apro-
piat de marele Mircea, fundatorul cel definitiv al acestuĭ lăcaş, ĭar
prin urmare una dintre ultimele treĭ cifre 6887 (1379), 6888 (1380),
·6889 (1381). In sfîrşit, căutând a fixa pe una din cele treĭ cifre,
eŭ nu putuĭ alege nicĭ una într'un mod hotăritor, lipsindu'mĭ
atuncĭ orĭ-ce fel de criteriŭ, care'mĭ lipsesce şi astădĭ. Pînă la proba
·contrară, mănţin cifra provisoriă 1379. Orĭ-care din cele treĭ cifre
indicate este de o potrivă posterióră victorieĭ asupra luĭ Iuga Ko-
·riatovicĭ.

Prima cestiune preliminară în faţa documentuluĭ din 1379
·este: existat'a óre mănăstirea Cozia sub Radu-Negru? Fundaţiunea
din temeliă se atribue tot-d'a-una luĭ Mircea cel Mare, şi şĭ-o atri-
·bue el insu-şĭ în crisovul seŭ din 1388, în care — după traducerea
·omănéscă din vechea Condică — el dice: „bine am vrut domniĭa
mĭa de am ridicat din temelie mănăstirea", dar constată chĭar din-
·sul în acelaşĭ crisov că la Cozia, înainte de clădirea cea măréţă
a mănăstiriĭ, chiliile cu călugăriĭ eraŭ deja maĭ de'nainte în fiinţă
sub Dan-vodă, începute din timpul luĭ Radu-Negru: „la Râmnic
„móră care a dat'o Dan voevod, şi viĭ ĭar acolo a închinat
„jupân Buda după voĭa părinteluĭ domnieĭ méle Radu
„voevod". Cestiunea cea prealabilă fiind dară resolvită, ĭată textual
şi'n traducere crisovul din 1379:

† Азь благовѣрныи, и христѡлю-
·бивыи. Iѡ радоуль великыи воевода.
·и господинь ѡбладажщомь и господ-
·ствужщомоу въсеи земли въ ҉ тровлахiи-
·скои, и заплaнинскыи. ещеже и къ та-
·тарскыимь странамь. и амлашь и фа-

† Eŭ bine-credincĭosul şi de Crist
iubitorul Ioan Rădu, marele voevod
şi Domn, stăpânind şi domnind tótă
ţéra Ungro-vlachia şi peste munţĭ
şi *încă spre ţĕrile tătăresci*, şi ducele
Amlaşuluĭ şi al Făgăraşuluĭ, şi Domn

грашоу херцег. и сѣверинскомоу бан-
ствꙑ господинь. и ѡба поль по вьсе-
моу подꙑнавїоу. даже и до великааго
морѣ. и дрьстрь градоу владалець. бла-
гопроизволи господство ми своим бла-
гꙑмь произволенїемь. и чистꙑимь
сердцемь. и дарова господство ми
сьи вьсечестнꙑи и благоѡбразнꙑи и
настожи хрисовꙑль господства ми. мо-
настꙑрю свѧтѣи и живоначѧлнѣи
троици. настоателюже старцꙑ кѵр Со-
фрѡнїю, телѣгамь мѡна тꙑрскꙑм. да
хѡдѧть по земли господства ми. и где-
же сѧ ѡбрѧщеть коумеркь или коу-
пень, или некꙑпень. да сѧ нихто
смѣеть покꙑсити ѡт коумеркꙑрь и да
позабавит единого власа вꙑше писан-
нꙑимь рѣчем. тоизи имать прїѧти гнѣвь
божїи. и клѧтвꙑ свѧтꙑхь тїи ѡтць.
и паказь и ѡргиж ѡт господства ми.
ꙗко прѣстꙑпникь. ѣсца март...

al Băniei Severinului şi pe ambele
laturi ale Dunării pînă la Marea cea
mare, şi stăpân al Silistriei. Am
binevoit domnia mea cu buna voinţă
a mea şi din inimă curată de am
dat domnia mea acest pré-cinstit şi
bine-cuviincîos şi adevĕrat crisov al
domniei mele mănăstirii sfinteĭ şi
de viéţă începĕtóreĭ Treimĭ, precum
şi stareţuluĭ actual Kyr Sofronie,
pentru cărruţele mănăstirescĭ, ca să
umble ele pe pămîntul domnieĭ mele,
astfel că orĭ-unde se dă vamă pen-
tru lucrurĭ de negoţ saŭ fără negoţ,
nimenea dintre vameşĭ să nu cuteze
a se ispiti şi a opri măcar un fir de pĕr
peste cele spuse maĭ sus, căcĭ alt-
fel va primi mânia Dumneḑeéscă şi
blăstemul celor 318 părinţĭ, şi pe-
dépsă şi urgiă dela domnia mea ca
un călcător. Luna Martie...

Un titlu atât de lung pentru un act aşa de scurt şi aşa de pu-
ţin însemnat prin cuprinsul seŭ, o simplă poruncă de scutélă de
vamă, nu se póte explica decât numaĭ printr'un motiv psicologic
lesne de înţeles : fericit de campania cea din Moldova şi de peste
Prut, Radu-Negru în primul entusiasm îşĭ dă un noŭ titlu domnesc,
şi cancelaria princiară s'a apucat în pripă a'l aplica la tóte actele,
pînă şi la cele maĭ secundare. Ceea ce erà maĭ cu samă noŭ în
acel titlu, este : ţerile tătărescĭ. Deja Vladislav-vodă cucerise Silis-
tria cu gurele Dunăriĭ în resboĭul seŭ trans-danubian cel din 1366.
Deja şi maĭ de'nainte Alexandru-vodă, cucerind Moldova de jos, se
va fi resboit nu o dată cu Tătariĭ de peste Prut. Victoria luĭ Mircea
pînă la Kilia erà însă un mare pas înainte, maĭ ales în condiţiu-
nile în carĭ s'a obţinut. Radu-Negru avea acum nu numaĭ dreptul
de a se ḑice stăpân spre ţerile tătărescĭ, dar deveniă pînă la un
punct chĭar suzeran al Moldoveĭ. Resboĭul între Ţéra-Românéscă
şi între nenorocitul Iuga avusese în vedere pur şi simplu stabi-
lirea dinastieĭ Basarabilor în Moldova, unde ramura Muşătescilor
a fost admisă de cătră popor cu atât maĭ uşor cu cât unul din-
tr'inşiĭ se căsătorise maĭ de'nainte cu o fîĭcă a luĭ Laţcu-vodă din
dinastia maramurăşénă a Bogdănescilor. Printr'o consecinţă de ori-

gine şi de gratitudine, Petru-Muşat în tot cursul domniei sale in-
dura superioritatea Ţerei-Românescî asupra Moldovei. In anul 1389
ambasadorul seŭ la curtea polonă numesce pe marele Mircea: „domn
al meŭ", ceea ce ar fi fost ne'nţeles fără un grad de vasalitate saŭ
cel puţin de subordinaţiune.

Autenticitatea crisovului luî Radu Negru din 1379 se contro-
léză şi se întăresce definitiv prin alte douĕ crisóve dela Mircea cel
Mare din acelaşî archiv al mănăstirî Cozia. Le voĭu întrebuinţa aci
în traducerea românéscă din vechea condică. În crisovul din 1387 ne
întimpină acelaşî titlu ca la 1379 : „Io Mircea marele voevod, cu
„mila luî Dumneḑeŭ şi cu darul luî Dumneḑeŭ stăpânind şi dom-
„nind tótă ţéra Ungrovlachieî şi preste munţî, *incă şi spre ţerile*
„*tătărescî*, şi Amlaşuluî şi Făgăraşuluî herţeg, şi stăpânitor bana-
„tuluî celuî dela Severin, şi de amîndouĕ părţile de peste tótă
„Dunărea pînă la Marea cea mare, şi cetăţiî Dîrstoruluî stăpânitor" ;
ĭar maĭ jos figuréză ca egumen al mănăstirî acelaşî Sofronie:
„rugătoruluî domnieî mele stareţuluî Sofronie şi tuturor fraţilor
„mănăstirî". Decî dela 1379 pînă la 1387, in intervalul de opt
anî, noĭ vedem la Cozia pe acelaşî Sofronie. El incetéză însă de a
maĭ fi stareţ peste un an, căcî în crisovul din 20 Maĭu 1388 îl
inlocuesce un Gavrilă : „după mórtea popeî luî Gavril să nu aibe
„nimenea ca să puĭe egumen, nicî eŭ Mircea voevod, nicî alt Domn
„carele bine va voi Dumneḑeŭ a fi după mine, nicî mitropolit, nicî
„alt cine-va, numaĭ fraţiĭ pre carele il vor alege dintre dînşiĭ, după
„aşeḑămîntul popeî luî Gavril..." Cu alte cuvinte, după 1387 chĭar
dacă ar fi un alt Radu-vodă, totuşî cu anevoe s'ar fi putut găsi
ad-hoc un alt stareţ Sofronie, ş'apoî chĭar dacă se găsia cum-va
amîndoî aidoma, totuşî după Mircea cel Mare nu se maĭ putea
potrivi acelaşî titlu din apogeul puteriî N e g r i l o r v o e v o ḑî.

După cum se invederéză prin crisovul din 1379, Radu-Negru
nu încetă de a stăpâni „ţerile de peste munţî", „Amlaşul şi
Făgăraşul", „banatul de Severin", intinsul teritoriŭ cel în formă
supus Ungarieî. Acéstă vasalitate se manifestă pe moneta de
argint a luî Radu-Negru, ce-va maĭ mică decât a luî Vladislav-
vodă, cu inscripţiunea latină „Radul Waiwoda Transalpinus" şi
unde, pe lîngă cele treĭ rîurĭ ale Ungarieî, maĭ figuréză un crin:
stema familiară de Anjou a regeluî Ludovic. Ţéra-Românéscă

recunoscea dară suzeranitatea corónei sântuluĭ Ștefan pe banĭ, prin banĭ însă n'o recunoscea de loc. Radu-Negru nu plătĭa nicĭ un tribut regeluĭ Ludovic, măcar-că acest puternic suzeran, dela 1371 încóce, devenise tot-o-dată rege al Poloniĭ, stăpânind dela Marea Adriatică pînă la Marea Baltică, astfel că Țéra-Romănéscă părea acum ca o sorbitură dintr'un păhar, o sorbitură totușĭ care putea să otrăvéscă păharul întreg. Regele Ludovic se pregătĭa mereŭ s'o înghiță, dar nu'ĭ pré venĭa la socotélă. Intr'o diplomă fórte importantă din 1377 el ḑice că nouluĭ seŭ castel Törzburg de lîngă Brașov îĭ va hărăzi tributul ce se plătĭa la Rucăr altă dată Ungariĭ de cătră Țéra-Romănéscă, dar care nu se maĭ plătesce, ci e speranță în Dumneḑeŭ pe viitor: „spondemus, quod, si, „Deo volente, terra Transalpina, ut speramus, ad manus nostras „deveniet, et tunc tributum, iuxta Rufam arborem pro nostra ma-„iestate dare consuetum, circa ipsum novum castrum exigi etc." Promisiunea e naivă. In faptă regele Ludovic se mulțumise la 1373 de a opri exportul săriĭ din Oltenia: „ut sales transalpini „nequaquam in regnum nostrum adducantur", ĭar la 1383, după mórtea regeluĭ Ludovic, atuncĭ când se apropiă de mórte însușĭ Radu-Negru, tronul unguresc a dăruit pe hârtiă Amlașul cu câte-va sate familiĭ episcopuluĭ catolic Goblin din Transilvania, ceea ce pe Mircea cel Mare nu'l împedeca în urmă de a remâné „duce al Amlașuluĭ". Aci se referă o notiță pusă pe documentul cel din 1488 al Rășinărenilor de lîngă Sibiŭ. Documentul în sine e fals; notița însă, un *pro memoria* scris la margine despre ḑestrea vecheĭ biserice din Rășinar, cuprinde următórea tradițiune, care nu înfățișéză nemic suspect: „Patrona ecclesiae antiquae est beata Parasceva. „Dos ecclesiae *tres fundi sunt collati a principe Radul Negru Voda* „in inferiori campo ex via claustri superius pene in strimt. Me-„dietas a silva est ecclesiae, alter fundus infra claustrum, qui *„collatus est a principe Mirtse Voda Bassarab...*" Este dară vorba nu despre Radu-Negru cel dela 1230, pe care de asemenea îl cunoscusără Rășinăreniĭ, ci despre tatăl și fiĭul Radu-Negru și Mircea-vodă ceĭ din secolul XIV, carĭ ambiĭ stăpâniseră pe rând ducatul de Amlaș, hărăzind atuncĭ consecutiv nesce pămînturĭ bisericeĭ sânteĭ Vinerĭ din Rășinar.

Din posesiunile cele trans-carpatine ale luĭ Radu-Negru e obscură numaĭ țéra Hațeguluĭ, de care nicĭ sub Alexandru-vodă și nicĭ sub Vladislav eŭ nu m'am atins într'adins, reservănd'o pentru capĕt.

Pe la 1247 parte integrantă a Oltenieĭ, Hațegul vĕduse la 1278 pe Doljénul Mihaĭu-vodă Liténul perind vitejesce în luptă contra Ungurilor, ĭar în 1308 pe Romănațénul Mircea-vodă ținénd aci în robiă pe regele maghiar Ottone.

In tot timpul îndelungateĭ domniri a luĭ Alexandru-vodă nu există nicĭ o dovadă de posesiunea maghiară în Hațeg. Singurele documente discutabile se ivesc numaĭ pe la anul 1360, şi anume cele relative la doue némurĭ romăne boierescĭ de acolo: Muşă-tesciĭ, din carĭ se pogóră familia nobilă ungurésca Zalasdi, şi Căn-desciĭ, de unde magnațiĭ maghiarĭ conțiĭ Kendeffi.

La 1359 văduva luĭ Mihaĭu Căndescu, supranumit Fecior, „dictus Fychor", se plânge că nesce Basarabĭ: „Dan Parvus S a r a-„c h e n u s, Ogh Vanchuk, Ladislaus Draguzlon Sarachenus, Wa-„dazon B o z a r a b filii Pop et Brahyl" îĭ răpiseră treĭ moşiĭ de lîngă castelul regesc Hațeg: „prope castrum nostrum Haczak", care usur-pațiune a fost întărită pe nedrept de cătră voevodul transilvan Andreĭu Apor, şi decĭ regele Ludovic desfiiințéză acel act, fórte interesant prin doĭ Basarabĭ ḑişĭ S ă r ă c i n ĭ, adică A r a b ĭ.

La 1362 şi 1363 regele Ludovic dăruesce Romănuluĭ conte Ladislaŭ fiĭul luĭ Muşat: „comiti Ladislao filio Musath de Almas" o moşiă de lîngă Deva. Contra acesteĭ donațiunĭ aŭ protestat doĭ kinezĭ romănĭ din țéra Hațeguluĭ, carĭ pretindeaŭ a avé eĭ drep-turĭ asupra satuluĭ în cestiune. Vice-voevodul transilvan, însoțit de cățĭ-va nobilĭ din Deva, se transpórtă în persónă la Hațeg: „in villa Haczak", unde judecă procesul împreună cu „toțĭ ki-nezĭi şi bătrăniĭ romănĭ" de acolo: „ambabus partibus, cum earum „instrumentis universis in facto ipsius possessionis Zalasd, coram „nobis et Regni nobilibus de Comitatu Hunyad, ac universis Ke-„neziis et Senioribus Olachalibus Districtus Haczak comparendi „assignassemus".

Acestea sînt tot ce se scie despre amestecul Ungurilor în Hațeg dela 1310 pînă la 1380 în restimpul domniriĭ celor treĭ Negri-voeḑĭ. In realitate este aprópe nemic. Un lucru decisiv s'ar păré împregĭurarea că regele Ludovic numesce Hațegul „ca-strum nostrum"; dar în calitate de suzeran, după stilul cel feodal de atuncĭ, el numĭa de asemenea pe însuşĭ Domnul Țereĭ-Romănescĭ „nostrum wayvodam". Restul celor doue procese se explică pe deplin prin posiţiunea personală a celor împricinaţi, dintre cari unii eraŭ din districtul Deveĭ, supușĭ Ungarieĭ, ĭar ceĭlalţĭ din districtul Haţeguluĭ, supușĭ Olteaieĭ, ba maĭ aveaŭ chĭar proprietăţĭ teritoriale în ambele părţĭ, necesitându-se ast-fel, după dreptul medieval, fie o judecată mixtă, fie o hotărîre a suzeranuluĭ.

In privinţa diplomeĭ din 1359 este de observat o particularitate. Ceĭ cincĭ Basarabĭ din Haţeg usurpaseră moșiile luĭ Căndescu pe la 1344, de vreme ce atuncĭ erà voevodul transilvan Andreĭu Apor, „quondam wayvoda“ după expresiunea regeluĭ Ludovic. La 1344 Alexandru-vodă era în cele maĭ bune relaţiunĭ cu Ungaria. Cum dară de se plânge văduva luĭ Căndescu la 1359 după atâţĭa anĭ ? Tocmaĭ pe la 1359, din causa ajutoruluĭ muntenesc dat Maramurășénuluĭ Bogdan în Moldova, regele Ludovic începù a se supěra pe Alexandru-vodă ; resboĭu însă nu s'a făcut, și văduva luĭ Căndescu a trebuit să maĭ aștepte mult pînă la realisarea diplomeĭ. din 1359, redobândindu'șĭ în faptă moșiile numaĭ dóră după mórtea luĭ Radu-Negru.

Abia între aniĭ 1390—1400 Haţegul se deslipesce cu desăvîr-șire de Oltenia. Primul castelan unguresc, dacă nu mě'nșel, a fost Styborius de Dobusky la 1398. Acest castelan însă nu judeca altfel decât în fruntea unuĭ tribunal compus din 12 kinezĭ Românĭ. Devenind atuncĭ stăpână peste Românĭĭ din Haţeg, Ungaria n'a zăbăvit de a primi stăpânĭ peste dînsa tocmaĭ pe Românĭĭ din Haţeg : Ion Huniade și Mateĭu Corvin. Cine óre să fi fost maĭ stăpân ?

La 1383 se încheiă ceĭ treĭ Negri-voevoḑĭ, întemeiătorĭ aĭ Statuluĭ Ţereĭ-Românescĭ, cărora li s'a datorit de asemenea, aprópe peste tot, întemeĭarea Statuluĭ Moldoveĭ, ba încă de douě orĭ : de'ntâĭu după 1352 ajutând pe Bogdan, apoĭ pe la 1379 așeḑând la Sucéva pe Petru Mușat. Ultimul din ceĭ treĭ descălecătorĭ, Radu-Negru a fost cel maĭ norocos : maĭ puţin înţelept-resboĭnic decât Alexandru-vodă, maĭ puţin resboĭnic-înţelept decât Vladislav-vodă, el avuse mândra stea de a fi avut de o parte un așa tată și un așa frate, ĭar pe de altă parte pe un fiĭu numit Mircea ceL Mare.

§ 41. **Conclusiunea.**

S'aŭ terminat pînă acï p o l e m i c a (§§ 1—24) şi e x e g e s a (§§ 25—40). Trecutul problemeï mi se închide mie personal pentru tot-d'a-una. Progresul însă cel impersonal nu se opresce nicĭ o dată, în cursul timpuluĭ indefinit, asupra nicĭ uneĭ probleme. Pentru a se aşterne maĭ curând calea ulterióră, voĭu clasifica eŭ-însumĭ resultatele cele dobândite printr'o vastă panoramă d o g m a t i c ă, unde urmaşiĭ meĭ cu mult maĭ lesne să pótă observa lacunele, carĭ sînt inevitabile, şi greşelile, carĭ sînt posibile.

Iată dară a treïa şi ultima parte a studiuluĭ meŭ : C r o n i c a B a s a r a b i l o r.

CRONICA BASARABILOR

DINTRE ANII

1230—1380

NB. Cifrele marginale cele cursive sînt aproximative, de ex. anul *1363* insemnéză
o şovăire între aniî 1362 şi 1364, saŭ cu unul din eî.

1220. În acelaşî timp, aprópe în acelaşî an: o parte din Basarabî, emigraţî
de de-mult din Oltenia, fundéză câte-va kinezaturî românescî peste
Nistru în Podolia şi 'n Volinia, numiţî în cronicele rusescî contim-
purane Principî Bolohovescî, mereŭ în luptă cu Ruteniî şi cu Po-
loniî; pe de altă parte, Basarabiî ceî remaşî în Oltenia, avênd un
voevod în capul kinezilor, se afirmă ca un element energic într'o
duşmănia ne'ncetată cu Unguriî şi cu Saşiî.

I. VOEVODII OLTENESCI

1230—1245. Radu Basarabă.

1230. Kinez din Vâlcea, ales voevod al Olteniêî, Radu Basarabă, în Ardél
dis Radu-Negru, stăpânesce tot-o-dată peste Haţeg, Amlaş şi Făgăraş.

1231. Maghiariî cuceresc o parte din Mehedinţ şi pun acolo pe Luca, prim
Ban unguresc al Severinuluî; apoî trec peste Dunăre contra princi-
peluî bulgaresc Alexandru Asan dela Vidin şi'l împedecă de a veni
în ajutor luî Radu vodă.

„ „ In acelaşî timp, profitând de strîmtorarea Oltenilor, contele săsesc
Konrad Kryspanowić, Bohem de origine, cunoscut la Românî sub
epitetul de „Domnişorul", surprinde ţéra Amlaşuluî şi apucă partea
de sus a Vâlciî, unde rădică lîngă Olt la gura Lotruluî un puternic
castel numit Lothorvar.

„ „ Tot atuncî, Oltenia fiind îndepărtată prin posesiunile conteluî Konrad,
Saşiî pun mâna pe administraţiunea ţereî Făgăraşuluî, de când anume
datéză actul de revendicaţiune cel din 1231 despre satul Boie.

„ „ Lovit de pretutindenî, Radu Basarabă îşî concentréză tóte forţele
în Gorj.

1233 Chiămat de cătră Radu-vodă în ajutor contra Ungurilor, Iona, regele Cumanilor din Teleorman, trece în Oltenia, ocupând o parte din Romanaţ şi din Dolj, unde reşedinţa luï pórtă de atuncï numele de Craïova (a Regeluï), maï conservându-se tot-o-dată despre dînsul o legendă poporană la Olteni şi chiar în Temeşiana.

1237. Radu Basarabă gonesce pe contele Konrad din Vâlcea, îl împinge spre Sibiïu, redobândesce ţéra Amlaşuluï şi caută a se întinde din noŭ asupra ţereï Făgăraşuluï.

1238. Papa Gregoriŭ IX constată înmulţirea catolicilor în Oltenia.

1239. Regele Iona al Cumanilor deşertéză Oltenia, părăsind tot-o-dată Teleormanul, şi trece în Bulgaria la Vidin, unde se aliază cu Bulgariï şi cu Cruciaţiï pentru a păşi spre Constantinopole contra Grecilor.

„ „ Reluând Romanaţul şi Doljul după retragerea Cumanilor, Radu-vodă se vede din noŭ stăpân peste ţéra întrégă, afară de Mehedinţ.

1240. Temêndu-se de un atac din partea luï Radu-vodă, Unguriï pun un noŭ Ban al Severinuluï pe Oslu, bărbat fórte energic, al căruïa nume maï trăesce în toponimia din Mehedinţ şi din Gorj.

1241. Mongoliï luï Batu năvălind asupra Ungarieï, o óste sub conducerea hanuluï Ordă străbate în ţéra Făgăraşuluï, iar cetele hanuluï Bugek trec Carpaţiï în Prahova, unde memoria luï Bugek s'a perpetuat în numele munţilor Bugecï, şi se respândesc de acolo la drépta şi la stânga în Muntenia.

„ „ Mongoliï luï Ordă înving într'o bătălia crâncenă pe Radu-vodă la marginea ţereï Făgăraşuluï, dar nu sînt în stare de a pêtrunde maï departe prin codriï ţereï Amlaşuluï, ast-fel că Oltenia rêmâne neatinsă.

1242. Tradiţiunea luptelor ulterióre între Mongoliï ceï din partea Muntenieï şi între Radu-vodă, care le opria trecerea Oltuluï, maï trăesce pînă astădï la poporul din Vâlcea sub figurele a doï vrăjmaşï: Basarabă şi Olan.

1243. Vêḑênd slăbirea Ungarieï prin invasiunea mongolică, Radu vodă alunğă administraţiunea maghiară din Severin, ast-fel că voevodatul oltenesc se restabilesce în deplina sa întregime.

1245—1278. Mihaiŭ Basarabă Liténul

1245. După mórtea luï Radu-vodă ḑis Negru, kineziï oltenescï aleg voevod pe kinezul doljén Mihaïu Basarabă, supranumit Liténul, adică Papistaşul, fiind-că era din oraşul dunărén Nedeïa-cetate, slavonesce Nedin-grad, port al Veneţianilor, unde trecuse cu familïa sa la catolicism.

1247. Regele unguresc Bela IV, atribuindu-şi suveranitatea asupra Olteneï şi Cumanieï întregï, deşi în realitate nu maï stăpânia nicï măcar Severinul, face Cruciaţilor Ioaniţï dela Rodos o donaţiune in spe peste acel teritoriŭ, de care nicï el-însuşï nu s'a folosit nicï odată.

„ „ Kineziï oltenescï ceï maï importanţï sub voevodatul luï Mihaïu Basarabă sînt Ion şi Fărcaş.

„ „ In Muntenia se află un deosebit voevod romănesc numit Semeslav şi maï mulţï kinezï, a cărora coordinaţiune şi subordinaţiune nu sînt cunoscute, precum nicï raporturile lor cătră căpeteniile Cumanilor de acolo.

1249. Regele Bela IV reuşesce a relua Severinul, reînfiinţând banatul unguresc.

1250. După plecarea reguluï Iona pe la 1239, Cumaniï din Teleorman fiind slăbiţï, şi din contra întărindu-se kineziï romănï de acolo, acest district se anexéză cătră Oltenia, cel întâïu adaos teritorial din corpul Munteniei, compensându-se ast-fel lipsa Severinuluï.

1251. Cruciațiĭ Ioanițĭ se plâng papeĭ Innocențiŭ IV, că regele Bela nu se ține de promisiunea de a le da lor Oltenia și Cumania.

1255. Mihaĭu-vodă recunósce suzeranitatea Ungarieĭ, îndatorindu-se a'ĭ plăti un tribut anual pentru Hațeg și pentru cele-lalte posesiunĭ trans-carpatine.

1260. Propaganda catolică, susținută de Basarabiĭ din Dolj, deșteptă o reacțiune ortodoxă din ce în ce maĭ viuă din partea Basarabilor din Romanaț.

1270. Mihaĭu-vodă aduce în Gorj la Novacĭ o colonia de Venețianĭ pentru a lucra la minele de aur.

„ „ Nascerea tradițiuniĭ într'o cronică despre originea Românilor din Veneția.

1274. Căsătoria fiĭceĭ luĭ Mihaĭu-vodă cu regele serbesc Ștefan Milutin, pețirea fiind sěrbătorită la Nedeĭa-cetate prin strălucite jocurĭ equestre.

1275. Simțindu-se destul de tare, Mihaĭu-vodă refusă de a maĭ plăti tribut Ungarieĭ.

1276. Pentru a'l constrînge la supunere, regele Ladislaŭ Cumanul îl amenință a lua țéra Hațegulul și numesce titular pe un „Comes de Hatzek", Ungaria fiind însă împedecată de o cam dată prin rěsboĭul cu Bohemia.

1277. Regele serbesc Ștefan Milutin se divorțéză de fiĭca luĭ Mihaĭu-vodă și o trimite înapoĭ în țéră.

1278. O armată maghiară întrând în țéra Hațegulul, Mihaĭu-vodă o întimpină cu o óste oltenéscă, dar este bătut și cade în luptă, Iar fratele seŭ Bărbat Basarabă e prins și dus în robiă.

1278—1288. Bărbat Basarabă

1278. Bărbat Basarabă se rescumpere din robiă, recunoscut și introdus în țéră ca voevod oltenesc vasal de cătră regele Ladislaŭ Cumanul, fără a fi fost ales de adunarea kinezilor.

1283. Bucuros de a'șĭ resbuna contra regeluĭ Stefan Milutin, Bărbat-vodă trimite peste Dunăre în ajutorul împěratuluĭ bizantin Andronic Paleolog contra Serbieĭ un contingent de Oltenĭ și Cumanĭ din Teleorman sub povața kinezuluĭ Basarabă dela Bălacĭu, cunoscut la Slaviĭ trans-danubianĭ sub numele de Balacĭco cu capul negru.

„ „ Contingentul românesc, după ce pustiise tot drumul în Serbia, în mare parte pere în fluviul Drin împreună cu kinezul dela Bălacĭu.

„ „ Originea boierilor Bălăcenĭ.

1284. Ferberea Basarabilor din Romanaț contra catolicismuluĭ, ocrotit pe fața de cătră Bărbat-vodă.

1285. Făcêndu-se o mare invasiune a Tătarilor în Transilvania și'n Ungaria, regele Ladislaŭ Cumanul cere o óste auxiliară oltenéscă, pe care l-o trimite immediat Bărbat-vodă, alegênd maĭ cu samă pe ceĭ din Romanaț pentru a departa ast-fel din țéră pe dușmaniĭ ceĭ maĭ aprigĭ aĭ catolicismuluĭ.

„ „ Sângerósa bătăliă lîngă Tisa între Tătarĭ și între Ungurĭ, victoria fiind datorită maĭ ales viteȷieĭ Oltenilor din Romanaț.

„ „ In lipsa oștiriĭ din Romanaț, Bărbat-vodă prigonesce pe ortodoxiĭ de acolo.

„ „ O samă de kinezĭ din Romanaț, în urma victorieĭ dela Tisa, primesc drept resplată dela regele Ladislaŭ Cumanul maĭ multe moșiĭ în Maramurăș.

„ „ Originea voevoḑilor Maramurășenĭ Bogdănescĭ, maĭ tărḑiŭ fundatorĭ aĭ Statuluĭ Moldoveĭ.

1286. Dan Basarabă din Romanaț, stăpân peste regiunea dela Corabia și dela Celeĭu, unde abordaŭ corăbiile veneţiane mergênd la Nedeia, se face cunoscut prin bogăţiă şi prin vitejiă, tot-o-dată fórte popular la Bulgarĭ, şi se pune în capul reacţiuniĭ ortodoxe contra propagandeĭ catolice.

1288. Rescóla contra luĭ Bàrbat-vodă.

1288—1298. Dan Basarabă.

1288. Basarabiĭ din Dolj fiind resturnaţĭ din causa catolicismuluĭ, kineziĭ aleg pe Dan din Romanaţ.

1290. Dan-vodă incetéză de a plăti tribut Ungarieĭ.

1291. Ungurul Magistru Ugrin Csák se incércă a apuca Făgăraşul, căpêtând o diplomă de donaţiune dela regele Andreĭu III, dar nu isbutesce a intra în stăpânire.

„ „ Kinezul Stefan Maĭlat din Basarabĭ intăresce Făgăraşul contra Ungurilor.

„ „ Originea Maĭlaţilor.

1292. Dan-vodă, imbărbătând pe voevodul transilvan Roland de a se rescula contra regeluĭ Andreĭu III, iĭ trimite în ajutor o cétă de Făgărăşanĭ sub kinezul Stefan Maĭlat.

„ „ Şişman, principele bulgar dela Vidin, fiind bătut de regele serbesc Stefan Milutin, îl adăpostesce Dan-vodă în Oltenia.

1293. După resturnarea luĭ Bărbat-vodă incetând duşmănia intre Romănĭ şi intre Serbĭ, Dan-vodă se aliază cu regele Stefan Milutin.

„ „ Hanul tătăresc Noga, stăpânind atuncĭ peste Moldova şi Bulgaria, atacă Serbia, iar Dan-vodă, pentru a face o diversiune, trimite spre Siret o óste oltenéscă sub kinezul Stefan Maĭlat.

„ „ Dan-vodă cuprinde dela Cumanĭ Vlaşca şi o parte din Ialomiţa.

1295. Dan-vodă dă pe o flică a sa după Mihail, fiiul fostuluĭ împêrat bulgăresc Constantin Asan şi atuncĭ pribég la Constantinopole.

1296. După poesia poporană bulgară, Dan-vodă prevestesce cel intâiŭ apropiarea juguluĭ turcesc.

1297. Dan-vodă se aliază cu Imperiul Bizantin.

1298. Mihail Asan, ginerele luĭ Dan-vodă, inaintéză din Constantinopole cu o oştire grécă pentru a cuprinde imperiul bulgăresc dela Tîrnov.

„ „ Dan-vodă trecênd Dunărea cu un contingent oltenesc pentru a merge în ajutorul luĭ Mihail Asan, e oprit de cătră principele Şişman dela Vidin şi cade în batălia.

1298—1310. Mircea Basarabă.

1298. Mircea, fratele luĭ Dan-vodă, e ales voevod oltenesc.

1299. Voevodul transilvan Ladislaŭ Apor surprinde Făgăraşul.

1300. Făgăraşul e fortificat de Ungurĭ.

„ „ Alexandru, fiiul luĭ Mircea-vodă, trece din ţéra Făgăraşuluĭ în Muntenia şi apucă Câmpulungul, pe care îl stăpânise pînă atuncĭ un conte săsesc Laurenţiŭ.

1301. Murind regele Andreŭ III şi urmând o anarchiă în Ungaria, Ladislaŭ Apor se 'mpacă cu Mircea-vodă şi 'ĭ inapoiază Făgăraşul.

„ „ Mircea-vodă numesce pe fiiul seŭ Alexandru duce al Făgăraşuluĭ.

1302. Fiiul domnesc Alexandru işĭ intinde posesiunea din Muscel asupra Argeşuluĭ.

1307. Ladislaŭ Apor prinde pe noul rege ungurescu Bavarezul Ottone și 'l închide în castelul Deveĭ.

1308. In fața unor protestațiunĭ internaționale în favórea regeluĭ Ottone, Ladislaŭ Apor îl dă pe mâna luĭ Mircea-vodă, care 'l închide în Hațeg.

" " Magistrul Ugrin Csák, fostul pretendent la stăpânirea Făgărașuluĭ, caută în zădar să apuce pe regele Ottone.

" " După o robiă grea, Mircea-vodă eliberéză pe regele Ottone și 'l face să scape din Ungaria prin Maramurăș în Galiția.

" " Scăparea regeluĭ Ottone din Hațeg se datoréză în mare parte Dómneĭ, muma luĭ Alexandru-vodă.

" " Memoria robieĭ regeluĭ Ottone în Hațeg se maĭ păstréză în poesia poporană serbă.

II. DOMNII ȚEREI-ROMÂNESCI.

1310—1363. Alexandru Basarabă.

1310. După mórtea luĭ Mircea-vodă, kineziĭ oltenescĭ aleg voevod pe fiĭul domnesc Alexandru, poreclit „Câmpulungénul" din causa cuceririĭ Câmpulunguluĭ dela contele săsesc Laurențiŭ.

" " Prin căsătoria sa cu Marghita, fiĭca luĭ Ivancu Basarabă dela Nedeia, Alexandru-vodă împacă desăvîrșit pe Basarabiĭ din Romanaț cu ceĭ din Dolj, certațĭ dela 1288 încóce prin înlocuirea luĭ Bărbat-vodă de cătră Dan-vodă.

1315. Ce-va înainte și ce-va în urmă, stăpânind din trecut în Muntenia județele Argeș, Muscel, Teleorman și Vlașca, Alexandru-vodă cuprinde treptat în mare parte restul teritoriuluĭ cumanic: Dâmbo-vița, Ilfovul, Prahova, Buzěul și întréga Ialomița.

" " Intemeiază saŭ întăresce Tîrgoviștea, Bucurescĭĭ, Buzěul, și maĭ ales Orașul-de-Flocĭ, tătăresce Iflok.

" " Zidesce pe munte castelul numit al Argeșuluĭ, ḑis în urmă cetatea luĭ Negru-vodă.

1320. Se amestecă și exercită o mare înrîurire în afacerile imperiuluĭ bul-găresc.

1323. Trimițênd peste Dunăre o óste de Romanĭ și de Cumanĭ, ajută pe principele Mihail dela Vidin de a se urca pe tronul dela Tirnov.

" " La Bulgarĭ Alexandru-vodă pórta numele cumanic de *Olur-voevoda.*

1327. Alexandru-vodă se află în relațiunĭ cu papa Ioan XXIII.

1328. Incetéză de a maĭ plăti tribut Ungarieĭ.

" " Móre Dómna Marghita, muma primilor copiĭ domnescĭ Nicolae și Vladislav.

1329. Alexandru-vodă ĭea în căsătoriă pe Dómna Clara, catolică, din familia contală maghiară Kukenus.

1330. Trimite pe socru-seŭ Ivancu Basarabă cu o óste românéscă și cu un contingent săsesc dela Brașov împěratuluĭ Mihail dela Tirnov contra regeluĭ serbesc Stefan dela Decĭan, unde Bulgarĭĭ aŭ rěmas bătuțĭ.

" " Regele ungurescu Carol-Robert, profitând de ne'nțelegerea între Romanĭ și între Serbĭ, năvălesce în Oltenia cu o puternică armată și ocupă Severinul.

1330. Alexandru-vodă propunênd condiţiunĭ de pace, Carol-Robert refusă, înaintéză prin Gorj şi prin Vâlcea, trece în Muntenia şi asediază castelul Argeşuluĭ.

„ „ Alexandru-vodă înfrânge pe Ungurĭ şi silesce pe Carol-Robert a cere de astă-dată el-însuşĭ încetarea dela arme.

„ „ Simulând pacea, impune Ungurilor retragerea din ţéră prin Gorj spre hotarele Temeşianeĭ, îĭ ademenesce într'o cursă şi nimicesce întréga armată maghiară, însuşĭ regele abia scăpând travestit.

„ „ Fiĭ domnescĭ Nicolae şi Vladislav concurg bărbătesce la victoria Românilor.

„ „ Alexandru-vodă reĭea Severinul.

1331. Bizantiniĭ atacând pe noul împěrat bulgăresc Alexandru dela Tîrnov, Alexandru-vodă îĭ trimite un ajutor de óste Românĭ şi Cumanĭ.

„ „ Cu acéstă ocasiune Bizantinul Cantacuzen constată că tactica militară a Românilor e identică cu a Tătarilor.

„ „ Alexandru-vodă începe a 'şĭ lua titlul de Domn a tótă Ungro-vlachia.

1332. Ascultat de Bulgarĭ şi temut de Ungurĭ, Alexandru-vodă, în curs de maĭ mulţĭ anĭ de pace, organiséză şi întăresce ţéra.

1342. Murind Carol-Robert, fiĭul seŭ Ludovic urméză pe tronul Ungarieĭ.

„ „ Pentru a încerca pe noul rege unguresc, Alexandru-vodă îndémnă la rěscólă pe Saşiĭ din Ardél şi se pregătesce el-însuşĭ la resboĭu.

„ „ Pedepsesce cu o mare străşniciă câţĭ-va boierĭ oltenĭ devotaţĭ regeluĭ Ludovic, maĭ ales pe Zărnescĭ, carĭ sînt siliţĭ a fugi în Ungaria.

1343. Regele Ludovic întră în Ardél şi potolesce rěscóla Saşilor.

„ „ Alexandru-vodă merge el-însuşĭ în Ardél la întimpinarea luĭ Ludovic şi, primit cu multă consideraţiune, recunósce suzeranitatea Ungarieĭ pentru Severin, Haţeg, Amlaş şi Făgăraş.

1345. Hanul tătăresc Atlamos din Moldova face o invasiune în Ardél.

„ „ Rugat de cătră regele Ludovic, care era ocupat atuncĭ cu afacerile Polonieĭ, Alexandru-vodă se pune în fruntea uneĭ oştirĭ din Românĭ şi Ardelenĭ, maĭ ales Săcuĭ, gonesce pe Tătarĭ, îĭ urmăresce în Moldova şi 'ĭ biruesce, căḑénd în luptă însuşĭ hanul Atlamos.

„ „ Memoria aceluĭ han se păstréză în balada puporană romănă despre mórtea luĭ Alimoş.

„ „ Vestea despre puterea politică şi militară a luĭ Alexandru-vodă ajungênd la Roma, maĭ cu samă prin episcopul catolic Dimitrie dela Oradea, amic al Românilor, papa Clemente VI adreséză o bulă cătră Domnul Ţereĭ-Romănescĭ şi tot-o-dată cătră maĭ mulţĭ fruntaşĭ Românĭ de peste Carpaţĭ, numindu-ĭ pe toţĭ „Romanĭ".

„ „ Alexandru-vodă autoriséză înfiinţarea unuĭ episcop visitator peste bisericele catolice din ţéră, sub-ordinat episcopuluĭ titular din Ardél.

1346. Primind dela regele Ludovic un ajutor de Săcuĭ, Alexandru-vodă face o nouă victoriósă campaniă în Moldova contra Tătarilor.

1347.
1348. } Repeţite expediţiunĭ spre Siret şi spre Prut, în urma cărora se
1349. anexéză cătră Ţéra-Romănéscă Rîmnicul-Sărat, Brăila şi Moldova
1350. } de jos la sud de Bârlad.

„ „ Dese negociaţiunĭ diplomatice între regele Ludovic şi între Alexandru-vodă prin intermediul episcopuluĭ catolic Dimitrie dela Oradea.

1351. Intărîtat prin neastîmpěrul Romănilor, hanul tătăresc cel mare din regiunea Nistruluĭ se mişcă cu o oştire formidabilă, contra căreĭa înaintéză Alexandru-vodă numaĭ cu Romăniĭ, reţinéndu-l cât-va timp lîngă Siret în aşteptarea unuĭ contingent unguresc.

„ „ Regele Ludovic trimiţênd în ajutorul luĭ Alexandru-vodă 40000 de ómenĭ din Ardél, se încinge o gróznică bătăliă fórte încăpěținată, în care nicĭ o parte n'a obținut o victoriă decisivă, și totușĭ Tătarĭ, cuprinșĭ de panică, se retrag, fără a maĭ reveni în Moldova.

1352. In luptele precedente distingêndu-se prin vitejiă nu numaĭ Nicolae și Vladislav, dar încă și fiĭul domnesc cel maĭ mic Radu-Negru din căsătoria cu Dómna Clara, Alexandru-vodă pe Nicolae și'l asociază la Domniă, pe Vladislav îl pune duce al Făgărașuluĭ, ĭar pe Radu-Negru îl face Ban al Severinuluĭ.

1353. Inlesnit prin participarea la Domniă a celor treĭ fiĭ, Alexandru-vodă îșĭ concentréză personal atențiunea asupra organisăriĭ nouelor sale posesiunĭ din sudul Moldoveĭ.

1354. Regele Ludovic, aliându-se cu Poloniĭ și avênd cu sine pe Alexandru-vodă cu o cétă de Românĭ, devastéză teritoriul tătăresc de peste Nistru pînă la fluviul Bug.

„ „ Din acea expedițiune, trecĕtórea rîuluĭ Slucz în Volinia maĭ purtà încă la Polonĭ în secolul XVI numele învechit de „Vadul luĭ Ba-sarabă“, „antiquis Bassarabei vadum“, după numele luĭ Alexandru-vodă maĭ probabil decât după Basarabiĭ așa dișĭ Principĭ Boloho-vescĭ ceĭ de pe la 1220.

1355. Alexandru-vodă pe fie-sa Lénca o dă în căsătoriă principeluĭ Vukașin, devenit în urmă rege al Serbieĭ.

1356. Pe a doua fiĭcă o mărită după împĕratul bulgăresc Strașimir dela Vidin.

1358. Alexandru-vodă negociază cu imperiul Bizantin și cu patriarcatul cons-tantinopolitan.

„ „ Pe ruda sa Bogdan-vodă din Maramurăș, descendinte din kinezĭ ceĭ emigrațĭ din Romanaț sub Bărbat-vodă, Alexandru-vodă îl îndémnă de a ocupa Moldova nordică și de a se substrage corónei unguresci.

„ „ In acelașĭ timp arată pe față multă amiciă regeluĭ Ludovic, dându'ĭ și obținênd în schimb condițiunĭ favorabile pentru comerciul inter-național cu Transilvania.

„ „ Lucréză pentru înflorirea porturilor dunărene Brăila și Orașul-de-Flocĭ.

1359. Se încuviințéză de cătră patriarcul ecumenic Calist I o mitropoliă ro-mănéscă la Curtea-de-Argeș, numindu-se primul titular Iacint Krito-pul cu titlul de: a tótă Ungro-vlachia și al Plaĭurilor.

1360. Fiĭul domnesc Radu-Negru se însóră cu o principésă bizantină Kalinikia.

„ „ Alexandru-vodă, pe lîngă titlul de mare-voevod, maĭ adoptéză prenu-mele imperial Ioan după modelul titulatureĭ bulgărescĭ, fără a fi acésta vre-un semn de înrudire, întocmaĭ după cum germanul *Kaiser* și rusul *Tsar* derivă din latinul *Caesar*, fără a însemna vre-o des-cendință din romanul Cesar.

„ „ Nicolae-vodă, asociat la Domniă, trimite 2,000 de călărețĭ peste Du-năre în ajutorul luĭ Vukașin contra Turcilor.

„ „ Alexandru-vodă nu încetéză de a da ajutóre pe sub mână luĭ Bogdan-vodă din Moldova de sus contra Ungurilor.

1361. Regele Ludovic află aceste uneltirĭ și începe a amenința pe Alexan-dru-vodă, dar se feresce de un rĕsboĭu.

„ „ Bogdan-vodă reușesce a respinge tóte succesivele atacurĭ din partea Ungurilor și întemeĭază voevodatul moldovenesc, grațiă ajutórelor luĭ Alexandru-vodă.

1363. Trecut de octogenar, móre „marele Basarabă“, după cum îl diceaŭ Românĭĭ luĭ Alexandru-vodă, și lasă fiilor seĭ o puternică țéră, pe care mult timp în urmă străiniĭ din occident o numĭaŭ „țéra luĭ Alexandru Basarabă.“

1363—1364. Nicolae Basarabă.

1364. Asociat la Domniă încă dela 1352, Nicolae-vodă domnesce singur abia un
an după mórtea luĭ tată-sĕŭ, în memoria căruĭa ĭea numele duplu
de Nicolae-Alexandru.

„ „ Sașiĭ dela Sibiĭu, în specie posteritatea conteluĭ Konrad dela Tălmacĭu,
încep a rădica pretențiunĭ asupra ducatuluĭ de Amlaș.

„ „ Nicolae-vodă móre și e înmormîntat în biserica din Câmpu-lung, pe
care o înḑestrase de pe la 1852.

1364—1373. Vladislav Basarabă.

1364. Vladislav-vodă, numit în popor Laĭotă, sinonim cu Negru, plécă
din Făgăraș, aflând despre mórtea frateluĭ sĕŭ Nicolae.

„ „ Maĭ întâĭu îngrozesce pe Sașiĭ dela Sibiĭu, pustiind Tălmacĭul și dând
foc mănăstiriĭ catolice de acolo, unde eraŭ depuse tóte documentele
familieĭ conteluĭ Konrad.

„ „ De aci se pogóră la Câmpu-lung, apoĭ la Curtea-de-Argeș, în fine trece
în Oltenia, unde e recunoscut de cătră Basarabĭ, carĭ îĭ daŭ titlul
de Rege.

1365. Supĕrat maĭ de 'nainte pe Alexandru-vodă pentru ajutórele date luĭ
Bȯgdan-vodă din Moldova, maĭ indignat acuma de îndrăznéța ardere a
Tălmacĭuluĭ de cătră Vladislav-vodă, regele Ludovic proclamă resboĭu
Țereĭ-Românescĭ.

„ „ Sciind că Românĭ sînt gata a respinge invasiunea, Ungurĭ ocolesc
Oltenia, trec peste Dunăre în Bulgaria, surprind Vidinul, prind pe
împĕratul Strașimir, cumnatul luĭ Vladislav-vodă, și așéḑă acolo o
garnizónă maghiară.

„ „ In acelașĭ timp cel-alt împĕrat bulgăresc Alexandru dela Tîrnov e gonit
de fiĭul sĕŭ Șișman și se adăpostesce la Vladislav-vodă, care 'ĭ dă
să tráéscă din venitul județuluĭ Muscel.

1366. Șișman dela Tirnov, însoțindu-se cu o oștire turcéscă, se pregătesce
a ataca Vidinul și Oltenia.

„ „ Vladislav-vodă, împreună cu fratele sĕŭ Radu-Negru, atuncĭ Ban al
Severinuluĭ, pre 'ntimpină mișcarea Turcilor, trece Dunărea cu 20,000
de Românĭ, lovesce 80,000 de inamicĭ și 'ĭ înfrânge, fugărindu-ĭ pînă
la Tirnov.

„ „ De aci surprinde Silistria și cuceresce Dobrogea pînă la gurele Dunăriĭ.

„ „ In acéstă campaniă se distinge prin vitejiă Ungurul Ladislaŭ de Do-
bokă, fratele Dómneĭ Clara, străbun al Văcărescilor, căruĭa Vladi-
slav vodă îĭ dăruesce drept resplată maĭ multe moșiĭ în țéra Făgă-
rașuluĭ

„ „ In legătură cu Văcărescĭ, datéză tot de atuncĭ familiele boierescĭ Ceu-
cuțiĭ din Făgăraș și Dăbăcescĭ din Gorj, ambele stînse.

„ „ Vestea străluciteĭ victorie asupra Turcilor se respândesce în Europa;
se bucură papa Urban V; regele Ludovic și-o atribue șie'șĭ ca su-
z-ran al luĭ Vladislav-vodă, se împacă cu Domnul Țereĭ-Românescĭ,
poruncesce Sașilor de a nu maĭ turbura ducatul de Amlaș, și pe
unele monete ungurescĭ întipăresce capul negru al Basarabilor ca
semn glorios despre vasalitatea învingĕtoruluĭ Turcilor.

1367. Cu ocasiunea delimităriĭ ducatuluĭ de Amlaș, între vecinĭ din partea
Transilvanieĭ apare un Iovița Basarabă, poreclit Tompa, purtând
titlul de conte de Wintzberg saŭ al munților Sibiĭuluĭ.

„ „ Pe de o parte poporul înmulțindu-se peste mĕsură în Oltenia, pe de

altă parte fiind trebuință de întărirea elementuluǐ romănesc în po-
sesiunile trans-carpatine, Vladislav-vodă aduce și așéḑă o numěrósă
coloniă de Oltenǐ în ducatul de Amlaș, căruǐa îǐ dă latinesce numele
de „ducatus Novae Plantationis".

1367. Înființéză lîngă Prut, la marginea teritoriuluǐ muntenésc din Moldova,
la localitatea numită Salatină, un noŭ punct de vămuire pe calea
spre stăpănirile hanuluǐ tătăresc.

1368. Acórdă Brașovenilor un tractat comercial, confirmând cele anterióre
din partea luǐ Alexandru-vodă și a luǐ Mircea-vodă.

1369. Vladislav-vodă întăresce cleruluǐ catolic drepturile acordate maǐ de'na-
inte de cătră Alexandru-vodă.

1370. Fără a renunța în formă la suzeranitatea Ungarieǐ, adecă urmând de
a'șǐ da titlul „Dei et regis Hungariae gratia", Vladislav-vodă trece
pe neașteptate în Bulgaria și gonesce din Vidin garnisóna unguréscă,
ceéa ce'ǐ procură o mare popularitate la Serbǐ și la Bulgarǐ.

„   „   Declarând moștenitor al tronuluǐ pe Radu-Negru, îl depărtéză din Se-
verin și'l trimite peste Carpațǐ ca duce al Făgărașuluǐ.

„   „   O admirabilă baladă poporană serbă despre plecarea luǐ Radu-Negru
din Severin, cunoscută sub forma'ǐ actuală deja în secolul XV.

„   „   Vladislav-vodă ocupă Vidinul în numele cumnatuluǐ seŭ Strașimir,
mănținut în robiă la Ungurǐ.

„   „   Regele Ludovic se mișcă cu o formidabilă armată pentru a strivi în-
trégă Țéra-Romănéscă: dintr'o parte însușǐ regele prin Temeșiana
asupra Vidinuluǐ și de acolo asupra Olteníeǐ; din altă parte, voe-
vodul transilvan prin Săcuime asupra Munteníeǐ.

„   „   La sud Vladislav-vodă părăsesce Vidinul și închide pe Ungurǐ în Se-
verin, mărginindu-se a împedecă juncțiunea celor doue corpurǐ ungu-
rescǐ; la nord Romăniǐ atrag pe Ungurǐ într'o cursă și'ǐ exterminéză.

„   „   Victoria se datoréză în mare parte luǐ Dragomir Basarabă, kinez din
Dâmbovița, în urmă stareț al mănăstiriǐ Cotména.

„   „   Regele Ludovic, învins, se'mpacă cu Țéra-Romănéscă, înapoiază Seve-
rinul și eliberéză pe împěratul Strașimir, care se întórce la Vidin,
iar Vladislav-vodă în schimb recunósce suzeranitatea Ungarieǐ.

„   „   Prin înțelegere cu patriarcatul constantinopolitan, Vladislav-vodă în-
flințéză o a doua mitropoliă romănéscă, cu reședința în Severin,
anume pe mitropolitul Antim, fratele mitropolituluǐ Iacint Kritopul
dela Curtea-de-Argeș.

„   „   Se află tot-o-dată în bune relațiunǐ cu papa Urban V și nu împedecă
propaganda catolică, în fruntea căriǐa se află Dómna Clara, muma-
vitregă a luǐ Vladislav-vodă.

1371. Prima monetă romănéscă, de argint, cu stema Țereǐ-Romănescǐ și a
Ungarieǐ.

„   „   După stăruința luǐ Radu-Negru, se hirotonisesce un episcop deosebit
la Făgăraș, anume Chariton.

„   „   Roman Mușat, un Basarabă înrudit cu Vladislav-vodă, iea în căsăto-
riă pe fiǐca luǐ Lațcu-vodă din Moldova.

„   „   Turciǐ, îndemnațǐ de împěratul Sișman dela Tîrnov, fac o invasiune
în Oltenia, dar sînt surprinșǐ de Vladislav-vodă și aruncațǐ în Dunăre.

„   „   In acest an și'n aniǐ învecinațǐ călugărul Nicodim, în înțelegere cu
Vladislav-vodă, întemeǐază în Oltenia maǐ multe mănăstirǐ saŭ schi-
turǐ: Prislop, Motru, Vodița, Tisména.

1372. Corespondența patriarculuǐ bulgar Eutimie dela Tîrnov cu mitropolitul
Antim dela Severin și cu călugărul Nicodim dela Tisména.

„   „   Vladislav-vodă trimite darurǐ la Muntele-Atos.

1373 — 1384. **Radu-Negru Basarabă.**

1373. Radu-vodă, supra-numit Negru fiind-că era fórte negriciós la faţă în antitesă cu fiĭul séŭ Mircea, căruĭa i se ḑicea Albu, s'a pogorît din Făgăraş la Câmpulung, apoĭ la Curtea-de-Argeş, în fine a trecut în Oltenia, întocmaĭ ca predecesoriĭ seĭ, şi a fost recunoscut de cătră Basarabĭ.

„ „ Laţcu-vodă din Moldova fiind resturnat de cătră popor din causa catolicismuluĭ, tronul îl apucă un principe litvan ortodox Iuga Koriatovicĭ din Podolia.

1374. Radu-vodă confirmă Braşovenilor şi Bârseĭ întregĭ vechĭul tractat comercial cu Ţéra-Românéscă, menţionând în specie vama dela Rucăr şi punênd'o în vedere tzaruluĭ Alexandru, fiind el însărcinat cu administraţiunea judeţuluĭ Muscel.

„ „ Radu-vodă încetéză de a maĭ plăti tribut Ungarieĭ, deşi recunósce suzeranitatea regeluĭ Ludovic, punênd stema Ungarieĭ şi a dinastieĭ Anjou pe moneta românéscă de argint.

„ „ Iuga Koriatoviĭ se aşéḑă la Bârlad şi învinge pe Tătarĭ peste Prut.

1375. Móre tzarul Alexandru.

1376. In acest an şi'ntr'un şir de anĭ, împreună cu călugărul Nicodim, Radu-vodă construesce saŭ împodobesce mănăstirile oltenescĭ cele începute sub Vladislav-vodă şi începe el-însuşĭ Cozia, a căriĭa clădire definitivă remâne pe viitòr luĭ Mircea cel Mare.

1377. Regele Ludovic se plânge de neplata tributuluĭ din partea Românilor şi'l ameninţă cu un resboĭu.

1378. Iuga Koriatoviĭ începe a impresura posesiunile Ţereĭ-Românescĭ în Moldova.

1379. Radu-vodă susţine la Domnia Moldoveĭ pe ruda sa Petru, fratele luĭ Roman Muşat, şi'l trimite cu fiĭul domnesc Mircea în fruntea uneĭ oştirĭ contra usurpatoruluĭ Iuga Koriatoviĭ.

„ „ Intr'o bătăliĭ maĭ jos de Bârlad, Mircea înfrânge şi omóră pe Iuga Koriatoviĭ, aşéḑă pe Petru Muşat Domn al Moldoveĭ, trece apoĭ peste Prut, bate pe Tătarĭ şi cuprinde pămîntul pînă la gurele Dunăriĭ la Kilia.

„ „ Radu-vodă începe a'şĭ adăoga la titlul domnesc „stăpânirea peste Silistria şi spre ţerile tătărescĭ pînă la Marea-négră".

1380. Fiĭul domnesc maĭ mare Dan se căsătoresce cu o fĭĭcă a principeluĭ Vuk Brankoviĭ, nepótă a regeluĭ serbesc Lazar, prin care Radu-vodă întră în alianţă cu maĭ tóte familiile princiare slavice de peste Dunăre.

„ „ Murind mitropolitul primat Iacint, vine în locu'ĭ episcopul Chariton dela Făgăraş, mitropolitul secundar Antim remânênd la Severin.

Din acéstă Cronică a Basarabilor, şi anume a celor treĭ întemeiătorĭ aĭ Ţereĭ-Românescĭ, resultă, nu prin cuvinte, ci prin fapte, ca un fel de Decalog, următórele maxime de Stat, dela carĭ eĭ nu s'aŭ abătut nicĭ o dată.

1⁰. Când biruescĭ pe un duşman, nu'l împinge la desperare, ci pune-te la invoélă şi să primescĭ pacea.

2⁰. Să înduri în ţéră orĭ-ce altă religiune, dar nicĭ o dată nu 'ţĭ schimba pe a ta proprie, apĕrând'o cu o extremă energiă.

3⁰. In politica externă, ca şi în cea internă, să sciĭ a ţiné la fond, cedênd sub raportul formeĭ.

4⁰. Pe toțĭ Românĭĭ din afară să'ĭ ajuțĭ pe sub mână, să nu te facĭ însă pe față solidar cu dînșiĭ.

5⁰. Tronul fiind electiv în principiŭ, fiiĭ Domnuluĭ trebuĭ să strălucéscă prin fapte marĭ înainte de mórtea tătăluĭ lor.

6⁰. In privința bisericeĭ, dacă e nevoe de un patriarc din afară, atuncĭ ĭea'l cât maĭ de departe, nu la vecinĭ.

7⁰. Clerul e subordinat Statuluĭ, nu supra-ordinat, și nicĭ măcar co-ordinat.

8⁰. Nicĭ o dată să nu uĭte Românĭĭ că eĭ fac parte din Peninsula Balcanică, avênd interese familiare comune.

9⁰. Să nu'țĭ întindĭ țéra decât numaĭ pas la pas, printr'o asimilațiune treptată, nu printr'o cucerire pripită.

10⁰. Față cu dușmanĭĭ din afară, tóte vrăjmășiele și zizaniele din lăuntru să dispară într'o clipă, ĭar cine nu se supune—strivesce'l!

Pe aceste dece învĕțăturĭ s'a întemeĭat Statul Țereĭ-Românescĭ de cătră Negru-vodă cel în treĭ ipostasurĭ.

F I N E

Hic semel jacit semper redivivus.

APENDICE 1

TEXTURĬ DIPLOMATICE.

NB. In acest apendice s'ar fi putut intercala in-extenso tóte texturile diplo-
matice relative la Țéra-Rômânéscă înainte 1380, precum corespundința Patriarcatuluĭ
Constantinopolitan cu Alexandru-vodă și cu Vladislav-vodă, Bullele Papale cu amîndoĭ
aceștĭ Voevoḑĭ, tóte diplomele luĭ Vladislav-vodă etc. Ca specimen, reproduc aci un sin-
gur act, póte cel maĭ important din maĭ multe puncturĭ de vedere, despre care a se
vedé pag. XXXIII, XLI, L, CVIII, CCXII—CCXIII, CCXX, CCXXIX.

Vladislaus Vajuoda Transalpinus, Banus de Zeurinio et Dux Nouae
Plantationis et de Fugaras, notum facimus vniuersis praesentibus et futuris:
Quod magister Ladislaus, strenuus miles, filius quondam Ianus Meister de
Doboka, nepos Mikud Bani, noster consanguineus dilectus et fidelis, cum esset
liber factus ab Excellentissimo Principe Ludouico, illustri Rege Hungariae,
adhuc nos semper eramus sub iugo, sed in gratia principis praedicti, exercitum
validum contra Thurcos infideles et imperatorem de Tyrna in Bulgaria pro-
clamari fecimus. Ipse Magister Ladislaus de Doboka strenuus miles supradic-
tus, noster caro et sanguis et genitura, nobiscum et cum exercitu nostro virili-
ter contra saeuissimos et infideles Thurcos et imperatorem de Tyrna, ipsosque
inuadendo perpetrauit, actus militares nobiles et honorificos ibidem exercendo,
propter fidem christianitatis, et gratiam Serenissimi [Principis, Ludouici Regis
Vngariae ita, quod ipse Lasla Meyster de Doboka, in inuasione in infideles
supradictos, causa Omnipotentis Dei, gratia et praedicti Regis, caput suum
causa timoris declinando retrorsum nunquam mouebatur; et cum tantam
fidelitatem semper in Ladislao percepimus, vidimus et inuenimus ex parte
Domini Regis et nostri, dedimus et assignauimus propter huiusmodi seruitia
fidelia nobis semper exhibita, et propter consanguineitatis connexionem, qua
ligati sumus, forum dictum Schenkhengen, situm in terra Fugaras, prope
Alt cum suis pertinentiis, item villam dictam Venecze, villam Koczalad,
villam quae vocatur Calidae aquae, villam Dobka cum omnibus suis iuribus
et pertinentiis, quemadmodum possidebant, et in possessione habebant olim
filii Barnabae, perpetuo possidenda. Etiam ipsum Ladislaum de Doboka,
nostrum consanguineum dilectum, qui vna nobiscum semper fidelis, et sub-
iectus Serenissimo Principi Ludouico, Illustri Regi Hungariae fuit, Domino
nostro naturali, inuestimus et perpetuamus in haereditatibus et possessio-
nibus supra dictis fide nostra mediante, tali conditione, si et quando ipsum
Ladislaum de Doboka, filium Janus Meister de Doboka, nepotem Mikud
Bani, praedictum contingeret transire vniuersae carnis viam, Nicolaus filius
ipsius Ladislai de Doboka, aut filia, quae post ipsum in vita manserit, seu
alter ipsorum, et ab ipsius in posterum venientibus genitura, praedictum

forum Schenkhengen, villas et possessiones supra notatas debent iure hereditario Successorie perpetuo possidere ; quod sub iuramento fidei et capitis nostri affirmamus, omni reuocatione semota, nec reuocare valeamus et debeamus, sicut iuramento nostro concessimus, et confirmauimus. Quam donationem sic fecimus nostro dilecto consanguineo Ladislao de Doboka, eiusque Successoribus perpetue, cum eramus in gratia copiosa Domini nostri, Ludouici Regis Hungariae. Quare supplicamus Serenissimo Domino nostro, Ludouico R. H. Domino nostro naturali, eiusque Successoribus, quatenus litteras nostras praesentes in vigore suo confirment, et corroborent, et donationem nostram, sic nostro dilecto consanguineo et fratri, secundum quod profertur, confirment et stabiliant. Causa ea nostris Successoribus qui in nostro Vajuodatus Dominio erunt Successores, ac Baronibus supplicamus, et committimus similiter, vt litteras nostras praesentes non violent, nec reuocent, ne iuramentum meum disrumpant, contra salutem et in detrimentum animae nostrae ; et quod donatio nostra facta nosto dilecto consanguineo Ladislao de Doboka, strenuo militi, scilicet secundum quod in praesenti pagina continetur, quod seruitiis suis fidelissimis apud nos meruit, et eam donationem obtinuit, perpetuo vna cum suis Successoribus praedictas possessiones possideat, etiamsi nos vel aliquis Successorum nostrorum imposterum litteras nostras praesentes, et donationem praesentem suprascriptam reuocare intenderet, impedire reipsa vellet, et praesenti chartae contradiceret, et donationi, fiat super talem, aut tales furor et indignatio Dei, B. V. Mariae, omnium Sanctorum indignatio Sanctorum Regum Stephani, Ladislai, et Emerici. In quorum omnium suprascriptorum testimonium firmitatemque perpetuam praesentes litteras nostras nostri maioris Sigilli appensione fecimus roborari. Datum in Argios in nostra Residentia, sub Anno Domini M. CCC. LXXII, in die diuisionis Apostolorum, proxime praeterito.

APENDICE II

TEXTURI EPICE

NB. In acest Apendice s'ar fi putut intercala in-extenso tóte texturile epice relative la Țéra-Românéscă dintre aniĭ 1230—1380, precum baladele şi cântecele poporane serbe şi bulgare despre Mihaĭu-vodă Liténul, despre Dan-vodă, despre Vladislav-vodă şi despre Radu-Negru. Ca specimen, reproduc aci o singură bucată, cea maĭ interesantă din punctul de vedere al vechimiĭ, de óră-ce există deja în secolul XV sub forma eĭ cea actuală şi despre care a se vedé pag. CCXXV.

ВОЈВОДЕ РАДОСАВ СЕВЕРИНСКИ И ВЛАТКО УДБИНСКИ

Када ми се Радосаве војевода одиљаше
Од својега града дивнога Северина,
Често ми се Радосав на Северин обзираше,
Тере то ми овако белу граду бесидјаше:
„Ово ми те остављам, бели граде Северине,   5
               Мој дивни граде,
Не знам ветје видју ли те, не знам ветје видиш ли ме!
Сва је тада дружина брзе коње устегнула,
Тере ставши Радосава дружина упрашаше:
„Једа нам си, војевода, але билиге кê видио,   10
Опета се завратимо к граду Северину“.
А он ми се јунаком тихим муком ујимаше,
               Радосаве,
Удрио је острогами јуначкога добра коња,
Тере то ми одјизди прид јунаци црном гором.   15
И када је био сриди оне црне горе,
Паднуо је Радосаве с дружином вино пити;
Да прво то бише стражице разредио.
Истом стража припаде к Радосаву војеводи,
               Северинцу: 20
„Да ти је у знанје, нају мили господине,
Ово ти се броде турске кириџије караване,
Нека то их појдемо јунаци разјагмити“.
Радосав ми стражици војевода одбесиди:
„Немојте их по ништо, дружине, разјагмити“.   25

„Да истом им вазмите једно бриме добра вина,
                                    Јунаци братјо;
Липо им га вазмите и добро им га платите".
Липо га су вазели, и липо га су платили.
И када су паднули јунаци винце пити,   30
Друга стража припаде к Радосаву Северинцу:
„Зло си винце попио, Радосаве војеводо,
На те се је справио Влатко удбински војевода,
                                    Северине!"
Брзо ми су јунаци брже коње похитали,   35
Тере ми су поседи јуначке добре коње,
Радосав ми не може свога коња ухватити,
За што му се брз коњ бише по ливади разиграо.
За њим то ми потичутји војевода кликоваше:
„Стани јуре, коњу, стани јуре, брзи коњу,   40
                                    Ај давори коњу,
Стани јуре, брзи коњу, да би, коњу, загинуо!
Како је мени тебе цитје загинути".
Када ми га не може Радосаве сустигнути,
Поклопио се је својим штјитком переним: 45
Тере ми је отишао за дружином без коњица,
Својом свитлом сабљицом, свитлим копјем на раменку,
                                    Северине,
За њим се је упустио Влатко, удбински војвода,
На својему витез Влатко јуначкому добру коњу;   50
И када ми Радосава Северинца сустизаше
Смирио га бише мејy плетје ударити,
Положивши вито копје брзу коњу медју уши.
Ветј ми се је Радосаве јуначки извриуо,
                                    Војевода,   55
Тере тому витез копје на перен штјитак прија,
На перен га штјитак прија, а сабљицом га опсиче.
Ставши то ми витез Влатко Радосаву узбесиди:
„Ото сам те кушао, Радосаве Северинце,
Би ли ми се умио у потреби извриути;   60
А сада ти вера буди, Радосаве, Влаткова,
                                    Витешко копје,
Да те хотју прид дружином поставити.
Одметни то од себе јуначко оружје,
Нека да се медју собом јунаци поздравимо".   65
Радосав ми отпаса своју сабљу јуначку,
К њему ми је приступио Влатко, удбински војвода,
Тере му је причео беле руке везати,
                                    Северинцу,
А сам га је одвео на своје дивне дворове.   70
К њему су се купиле све девојке и невисте,
И оне млајахне, дружино, удовице.
Тере то ми Радосаву Северинцу кликоваху:
„Ај давори, давори, Радосаве Северине,
Мнозим ти нам си црно рухо поставио,   75
                                    Војеводо!
Ветј то ми је хотила ника сритја Влаткова,
Да те је јунака на вери привариo:
И његова би љубовца црно рухо проносила".
Туј ми се је, Радосаве, на Влатка ражалило,   80

Тере то му јунак из гласа кликоваше:
„Неверна ти, Влатко, вира, и неверна ти љубовца,
                           Витеже Влатко !
Када га је зачуо витез Влатко кликујутји,
Веле т' се је на њега војвода разгњивао,   85.
Тере ми је дозвао оне своје верне слуге,
Којим то је придао Радосава Северинца,
Тере га је послао јунака загубити.
А сада ми и вазда добра сритја с тобом буди,
                       Наш господару !   90.
И здраво нам свуда ходи и весело домом дојди.

———

ADDENDA ET CORRIGENDA

Pag. XXVI, în rîndul 8, după „p. 39 sqq." a se adăuga: ; cfr. Hasdeŭ, Pe unde sînt şi pe unde aŭ fost Românii, în: Calendar pentru toţi, ed. H. Wartha, Buc. 1867 in-8 p. 1—8; Петрушевичъ, Кто были Болоховскіи князи? în diarul Слово, Lemberg 1877 No 94—5; Дашкевичъ, Болоховская земля în Труды археологическаго съѣзда, Kiev 1878.

Pag. XXXVIII, rîndul 23, în loc de „1280" să se citéscă: 1285.

Pag. CLIV, rîndul 5, în loc de „1385" să se citéscă 1386.

INDEX

OPERELE D-LUĬ B. PETRICEICU-HASDEŬ

1. VIÉŢA ŞI SORIERILE LUĬ LUCA STROICĬ; Bucurescĭ, 1864, în-16.
2. FILOSOPIA PORTRETULUĬ LUĬ ŢEPEŞ; Bucurescĭ, 1864, în-16.
3. ANALISE LITERARE EXTERNE: WOLF, RAICEVICH, EUTROPIUS, PALAUZOW etc. Bucurescĭ, 1864, în-16.
4. MICUŢA, o nuvelă satirică; Bucurescĭ, 1864, în-16.
5. IÓN VODĂ CEL CUMPLIT; cu un portret şi 10 gravure; Bucurescĭ, 1894, în-8. Ediţiunea 2.
6. SHYLOCK, GOBSECK ŞI MOISE; studiŭ literar; Bucurescĭ, 1866, în-8.
7. TALMUD; studiŭ filosofic; Bucurescĭ, 1866, în-8.
8. INDUSTRIA NAŢIONALĂ FAŢĂ CU PRINCIPIUL CONCURENŢEĬ; studiŭ politico-economic; Bucurescĭ, 1866, în-8.
9. RĂSVAN-VODĂ; dramă istorică în 5 acte în versurĭ; Bucurescĭ, 1895, în-8. Ediţiunea IV.
10. ISTORIA TOLERANŢEĬ RELIGIÓSE ÎN ROMÂNIA: PROTESTANŢĬ, CATOLICĬ, MAHOMETANĬ, LIPOVENĬ ŞI JIDANĬ; ediţiunea 2, Bucurescĭ, 1865, în-8.
11. SATIRUL; ḑiar umoristic; Bucurescĭ, 1866, în-fol.
12. ARCHIVA ISTORICĂ A ROMÂNIEĬ; Bucurescĭ, 1865—1867, în-4, 4 tomurĭ marĭ.
13. POESIĬ; Bucurescĭ, 1873, în-8.
14. ISTORIA CRITICĂ A ROMÂNILOR; tomul I-iŭ, a 2-a ediţiune. In-4 mare în 2 colóne fără linie.
15. PRINCIPIE DE FILOLOGIA COMPARATIVĂ. Curs ţinut la Facultatea de Litere din Bucurescĭ. Aŭ eşit numaĭ patru lecţiunĭ, pag. 108.
16. FRAGMENTE PENTRU ISTORIA LIMBEĬ ROMÂNE. ELEMENTE DACICE I. GHIUJ.—Bucurescĭ 1876, in-8.
17. FRAGMENTE PENTRU ISTORIA LIMBEĬ ROMÂNE. ELEMENTE DACICE II. GHIOB. — Bucurescĭ, 1876, in-8.
18. BAUDOUIN DE COURTENAY ŞI DIALECTUL SLAVO-TURANIC DIN ITALIA. — CUM S'AŬ INTRODUS SLAVISMELE IN LIMBA ROMÂNĂ?—Notiţă linguistică —Bucurescĭ, 1876, în-8.
19. DINA FILMA. GOŢIĬ ŞI GEPIḐIĬ IN DACIA. —Studiŭ istorico-linguistic, Bucurescĭ, 1877, în-8.
20. COLUMNA LUĬ TRAIAN. Revista mensuală pentru istoriă, linguistică şi psicologia poporană. 8 tomurĭ.
21. TREĬ CRAĬ DELA RESĂRIT; comediă în 2 acte, Bucurescĭ, 1879, în-16.
22. ORIGINILE CRAIOVEĬ 1230—1400. Bucurescĭ, 1878, în-8.
23. CUVENTE DEN BĂTRÂNĬ. Tom 1. Limba română vorbită între 1550 — 1600. Studiŭ paleografico-linguistic; 448 pag. în-8 maj.
24. CUVENTE DEN BĂTRÂNĬ Tom II. Cărţile poporane ale Românilor în secolul XVI, Studiŭ de filologiă comparativă. Pagine XLVI şi 768 în-8 maj.
25. CUVENTE DEN BĂTRÂNĬ, Suplement la tomul I. Controverse. Pagine a — u CX în 8 maj.
26. OLTENESCELE. Craiova, 1884 in-8.
27. REVISTA NOUĂ, sub direcţiunea luĭ *B. P. Hasdeŭ*, 7 tomurĭ in-4.
28. SIC COGITO. CE E VIAŢA? CE E MÓRTEA? CE E OMUL? Studiŭ filosofic. Bucurescĭ, 1895, ediţiunea III.
29. SARCASM ŞI IDEAL 1887—1896. Bucurescĭ 1897 in-8.
30 ETYMOLOGICUM MAGNUM ROMANIE; 4 tomurĭ marĭ în-8 în 2 colóne.
31. PSALTIREA LUĬ CORESI. — ZILOT ROMÂNUL, etc.

www.ingramcontent.com/pod-product-compliance
Lightning Source LLC
LaVergne TN
LVHW082321080426
835508LV00042B/1422